映像アーカイブ・スタディーズ

ミツヨ・ワダ・マルシアーノ 編著

法政大学出版局

映像アーカイブ・スタディーズ／目次

序章　映像アーカイブ・スタディーズが求められる理由

ミツヨ・ワダ・マルシアーノ

映像アーカイブについて研究をしようと思い立った時の話から始めたい。二〇一八年初夏、京都大学に赴任するためカナダから日本へ移住した。それは単に職場が変わっただけではなく、自分を取り巻く新しい研究環境に遭遇した時でもあった。

カナダでは、文字通り「映画学／Film Studies」と名のつく学部で教えていたものだから、自分が大学院で学んできたことを継続しながら研究を行い、それを学生に教え、共に映画を見ながらディスカッションをする、これが日常だった。そこでは常に映画が話題の中心であり、〈フィルム〉という素材、〈ムービー〉という産業から生まれた商品、〈シネマ〉という映像文化、そのどれをとっても限りない興味の対象を見つけることができた。

首都オタワという地の利から、各国の大使館を窓口として世界中の映画が常にどこかで上映されていた。毎年九月上旬には、トロント国際映画祭へ学生を引率し、同月下旬には世界三大アニメーション映画祭の一つであるオタワ国際アニメーションフェスティバルに参加した。アニメーションフェスティバルの一週間は、授業を休みにして学生たちと出かけた。当時映画は生活の一部であり、一〇名を超える同僚たちも皆、映画のことしか考えていなかった。

京都大学大学院文学研究科は違った。旧帝大以来の講座制を継承する文学研究科は、〈人文社会学〉の広大な塊であると共に、そこには映画研究のような所謂「新しい」学問領域は存在しなかった。当然のように、映画のことしか考えず、映画研究に全力を傾ける研究者は回りにいない。私はその時、自分と映画との距離感を再考せざるを得なかった。確かに、映画との隣接感の喪失を感じずにはいられないのだが、それを〈寂しさ〉と捉えるのではなく、新たな〈気づき〉に転換したかった。そんな時、私の注意を喚起したのが映像アーカイブの存在だった。

ある日、ドキュメンタリー映画作家の想田和弘が、なぜ人は最終的に死ぬというのに生きるのだろうという問いから、彼が宗教学を学び始めたこと、また彼の映画制作スタイルである〈観察映画〉もその疑問に深く結びついていると語った。[1]このような自己の存在理由に関わる問いを、私は〈映画〉と交差しながら考える。人は死ぬ、なぜ私は死ぬことが分かっていながら、映画を見、映画の事を考え続けるのだろう。この問いに答えがあるわけではないが、一つ明らかなことは、人の生涯は思いの外短いものだが、映画作品は芸術や工芸品と同様に長く生き続ける可能性があるということだ。〈生き続ける映画〉を見る時、私は一体どのような歓びを見出しているのだろう。映画の中には、私が存在する世界が、沢山あるバリエーションの中の単なる一つでしかないと相対化させるだけの、無限の世界が拡がっている。別の世界を見るために私は映画館に通い、映像アーカイブへ赴く。

しかし、私が見たいと思う映画／世界が、実は物凄いスピードで消失していることに気づかされた。二〇二〇年春、前年の台風一九号の豪雨によって水没してしまった川崎市市民ミュージアムの視察に行った。収蔵品約二六万点のうち二三万点が水害に遭い、多くのフィルムが取り返しのつかない状態に陥り、文字通り死んでしまった。映画という名の世界の〈死〉を目の当たりにしたとき、無限のはずの世界がこんなにも簡単に失われてしまうのかと深い悲しみを抑えきれなかった。他の映像アーカイブは大丈夫なのだろうか、自然災害が多い日本にとって、これは喫緊の問題だと直感した。

映像アーカイブについて研究する意義とは何なのだろう。無意味な反復のように聞こえることを怖れずに言うならば、それは映画・映像研究領域にとって映像アーカイブの研究は不可欠な分野であり、やらざるをえない、つまり必要だとしか言いようがない。周知のように一九九五年にインターネットの商業化が完了し、その営利目的利用に制限がなくなって以来、コンピューター技術やオンライン・システムは益々民主化され、それに伴うかたちで映像のデジタル化は進んだ。今ではすでにほとんどの映像作品がボーンデジタル――制作当初からデジタル形式で記録されており、フィルムといった従来の眼に見えるメディアを持たず、デジタル・メディアによってのみ制作及び流通している映像――となり、今まで使われていたプラットフォーム（例えば映画館やテレビモニター）以外でも、映像が拡散される可能性が急激に増加した。しかし、技術進歩の速度に比べ、映像周辺の法規制環境が追いついていない。これら二つの現実の齟齬――「技術」と「法」――の時代を、われわれはすでに三〇年間近く生き抜いている。なんとかしないと映像文化遺産が消えて無くなる。消失しかけている映像の、組織的で網羅的な保存方法や、映像保存に不可欠であるデジタル化にともなう規制や支援のインフラ設備が、以前にも増して必須である現在、映像研究者や、映像制作者、またこれらを享受する消費者の多くが、互いに繋がり、情報を交換し、映像遺産の将来に対するビジョンを共有しないことには、私たちはコンヴィヴィアルな――共に生きるための――映像環境を失ってしまう。

映像アーカイブの未来を築くためには、誰が声を上げなくてはならないのだろうか？　国家だろうか、国立・私立に限らず映像アーカイブに勤めるアーキビストたちだろうか、それともアーカイブを利用する人たちだろうか、そして、そういった利用者の一部でもある映像研究者には、いったい何ができるのだろう？

映像アーカイブの未来を考えることを研究の対象とすることは、二〇一九年一一月に行われた表象文化論学会でのワークショップ、「映像アーカイブの未来を考える」から始まった。ワークショップでは、本論文集の執筆者でもある、とちぎあきら（当時、株式会社 IMAGICA Lab. フィルム・アーカイブ事業本部プロダクション部アーキビスト）、常石史子（当時、オーストリア国立フィルム・アーカイブ、技術部長。現、獨協大学准教授）、小川佐和子（北海道大学准教授）らと対話を始めることができた。こういった対話の延長線上で、映像アーカイブの未来について考える有志が集まり、二〇二〇年四月から科研プロジェクト「デジタル映像アーカイブの未来研究」が開始されることとなった。

本論文集は、その一つの成果として世に送り出されるわけだが、映像アーカイブの未来を考えるという関心領域を戦場と捉える私たちは、決して本研究を出版だけで完結させるつもりはない。ここから映像アーカイビングの現状を変えていきたいと考えている。

1　アーカイブ研究が必要とされる幾つかの理由

映像アーカイブを研究する意義に関して再考してみよう。なぜ、映像アーカイブについての研究が、今まさに必要とされるのだろうか。それを考えるために不可欠な、日本社会特有のコンテクストを、ここでは三つ紹介したい。

記録保存が必要だという意識が根付かない社会

まず、近代日本社会では、アーカイビング＝「記録を保存する行為」が長年ないがしろにされてきた。その結果、アーカイブの意義や必要性が社会に浸透しておらず、結果としていまだに根付かないという現実が横たわっている。二〇一八年に石原香絵（第5章執筆）が明らかにした、日本における映画フィルムの残存率には驚かされる。以下、少し長いが引用する。

日本映画の種別には、劇映画、テレビ番組、ニュース映画、アニメーション、文化・記録映画があり、一九一〇年から二〇一五年までに約三万七〇〇〇作品が公開されたとされる「日本劇映画」の内、フィルムセンターには七〇七五作品（本数換算で約一万二〇〇〇本）が所蔵されている。何らかのかたちでフィルムセンターに所蔵されている状態を「残存」と見なすとき、製作年の判明している六七二八本の残存率はわずか一八・一％（一九一〇年代＝〇・二％、一九二〇年代＝四・一％、一九三〇年代＝一一・七％、一九四〇年代＝三三％、一九五〇年代＝三二・五％、一九六〇年代＝二九・五％、一九七〇年代＝三〇・三％、一九八〇年代＝三三・七％、一九九〇年代＝二一％、二〇〇〇年代＝八・三％）に過ぎない。(2)

驚くべき低い数字である。初期映画やサイレント期作品の残存率が低いだけではなく、戦後になっても数字がほとんど上昇していない点にも驚かされる。なお、二〇〇〇年代以降、再び数字が急激に減少しているのは、二〇〇〇年に国立国会図書館法が改正されるにあたり、ＤＶＤやブルーレイといったいわゆるパッケージ系電子出版物として、映画作品は国会図書館に納本されるようになったためである。

なぜここまで日本映画は残存率が低いのかという疑問に対し、石原は三つの要因を挙げている。第一に、歴史的に、映画フィルムは単純に「娯楽ソフト」と見なされ、それを手間暇及び資金を投資して保存するといった意識が、もともと産業内にも国政内にもなかった点だ。つまり社会の無関心が消滅の要因であったと指摘している。

また第二の要因としては、「自然災害や戦禍」を挙げている。これは、文化遺産の無闇な東京一極化に伴う問題とも言えるだろう。東京は、一九二三年に関東大震災によって破壊されただけでなく、第二次世界大戦末期には東京大空襲で再び焼け野原となった。地震、津波、それに伴う火災や浸水を避けられない日本だが、それに抗いながら文化遺産を保存するための計画は、戦後約八〇年経っても、いまだほとんど工夫がなされていない。日本は、アメリカや中国などに比べると確かに小さい国家だが、立地条件から考えられる災害の多さを考えるとき、文化遺産は各地に分散されるべきではないだろうか。

第三の要因として、石原は「経年劣化」を挙げている。周知のとおり、映画フィルムはどんな種類のものであれ、常温常湿では充分な保存ができない。しかし、映画フィルム保存に適した収蔵環境を作るには莫大な費用が必要であり、こういった環境を整えるだけの資金の投資が限られているため、「公共フィルムアーカイブや民間の倉庫会社の提供するサービスを除いて」適した収蔵環境を保持する施設はほとんどない[3]。

日本映画の残存率の低さの直接の要因は、以上のような点に集約できるかもしれないが、その背後にある広範な問題として、法整備が充分でないこと、またそのさらなる背景として、為政者（政府／政治家たち）の意識とも深く繋がっている。京都の地方都市で起こった事件を一例として挙げてみよう。二〇一二年に京都府北部にある亀岡市で、無免許運転の車が小学生たちの列に突っ込み一〇人が死傷する暴走事件が起こった。当時保護処分を受けたのは未成年の少年であり、この事件の記録は京都家裁に保管された。しかし近年、当時の家裁担当者が、「記録を保存するのは殺人や放火などの重大事案だと考え、暴走事故の廃棄手続きを進めた」ことが発覚。その結果、二〇二三年六月、事故によって長女（当時二六歳）を亡くした父親・中江美則に対し、最高裁が謝罪するという顚末を迎えた。最高裁が提示した今後の改善策は、国立公文書館へ移管する記録の範囲を拡大すること、また常設の第三者委員会の設置をすることといった、僅かばかりの改造に過ぎなかった。この事件は、家裁担当者当人の公文書保管に対する意識の低さを露呈しただけでなく、この軽便な対処策から、犯罪の記録を保存するという行為——アーカイビング——に対する公的機関や国政の意識の低さを露呈した[4]。

このような記録保存問題は、家裁といった法務組織だけで起こっているわけではなく、社会のあらゆる領域で見受けられる。記録保存という行為に対する見直しが非常に難しいその背景には、利便性の問題（記録の保存には手間と時間とお金がかかる）や、企業の論理（各企業にとって不都合な情報は開示されないだけでなく残されない）とは別に、見直しをさらに難しくしているのは、政府及び政治家の記録保存に関する根本的な意識の低さではないだろうか。例えば、二〇二三年三月、現経済安全保障担当大臣（当時）・高市早苗が、総務省から提出された行政文書を「怪文書」だ「捏造」だと国会で答弁し、その後この文書が実際の公文書であったことが判明した。しかし、この記録に関する論争が解決されたといった報道はその後発表されていない。公文書が作成された当時、総務大臣であった高市自身が、同省から正式に提出された記録を「怪文書」であり「捏造」だと否定する行為が、国民に伝える「メッセージ」は、現在の日本の政府において、正しい記録保存はあり得ないという諦念以外の何ものでもないだろう。

要するに、第三者がアクセスできるように文書（あるいは映像を含めたその他文化的な記録）を保存するという考えが、残念ながら日本の社会ではいまだに根付いていない。民主主義に不可欠な仕組みと言われている情報公開制度が、「行政機関の保有する情報の公開に関する法律」（二〇〇一年）や「独立行政法人等の保有する情報の公開に関する法律」（二〇〇二年）によってようやく推進され始めたにもかかわらず、アーカイブに関する制度そのものは、それよりさらに遅れていると言わざるを得ない。

国家戦略というトップダウン思考が罷り通る環境

『アーカイブ立国宣言』（二〇一四年）という書籍によると、二〇一二年に「文化資源戦略会議」という会合があり、そこではこの会議を、「日本の豊富で多様な文化資源の整備と活用について、国家戦略的観点から論議し、政策提言することを目的に二〇一二年に設立。各種文化資源専門家、研究者、行政担当者などの有志から成る官民横断的組織」であると定義している。(5)「国家戦略？」と、筆者は首をかしげた記憶がある。この出版物の監修担当者や編集委員会のメンバーは、政治家でも官僚でもなく、いわば民間人である研究者や弁護士、そして図書館の司書たちだ。しかし、彼らが、本来であれば政府が使いそうなプロパガンダ的な表現を用い、こぞって国家戦略に奉仕しようとする意向は驚き以外のなにものでもなかった。

第17章で、辻泰明が欧米のテレビ番組のアーカイブに関して言及しているように、長期にわたる番組アーカイブには、継続できる組織と資金が必要とされる。よって、政府の関与は不可欠かもしれない。しかし、政府が映像文化のアーカイブに関与することと、政府あるいは時の為政者にアーカイブに関する決定権を一任してしまうことは、同じではない。『アーカイブ立国宣言』には「鼎談：アーカイブとは文化そのものである」という章があり、そこでは青柳正規（美学史学者、当時文化庁長官）、御厨貴（政治史・政治学者、当時サントリー文化財団理事）、吉見俊哉（社会学者、当時東京大学教授）が、文化資源の整備と活用について話している。彼らは、「文化戦略特区」という仮想空間を設け、「あらゆる岩盤規制を打ち抜く突破口とするために、内閣総理大臣が主導して、地域を絞ってエリア内に限り従来の規制を大幅に緩める」(6)というアイデアを提案している。吉見の「特区では、具体的に何をやればよいと思われますか」という質問に対して、青柳は「平面的な記録を経時的に積み重ね、文脈化する」(7)のだと答えている。ここで立ち止まって考えるなら、記録を文脈化する、つまり内閣総理大臣が主導権をもつ環境で、個々の記録を歴史化するということは、そこから生まれる新しい歴史そのものが、国家にとっての正義や利益だけを射程に据えた、いわゆる「正史／History」、ひいてはプロパガンダになる危険性を孕んでいると言えないだろうか。

アーキビスト訓練機関の不在、「近くて遠い隣人」図書館情報学の偏重

日本では、映像アーカイブの専門家を養成する機関がほとんどないことを認識している人は少ない。財団法人放送番組センターの児玉優子が、「近くて遠い隣人」と表現しながら、日本における伝統的なアーカイブ学＝図書館情報学と映像アーカイブ学とを比較している。後者が、伝統的な図書館情報学とは異なる発達をしてきたこと、また、映像アーカイブが「様々な地域や主題に特化した動的映像保存へと、多様化と広がりを見せていること」、そして、根本的な課題として「アーキビストの教育・研修の場で、紙以外のメディアの保存と取り扱いの知識を習得する機会が［さらに］必要」である、と現場からの声を挙げている。(8)

児玉の論文が発表された二〇〇九年から約一〇年経って、二〇二〇年にようやく認証アーキビスト制度、つまりアーキビストの公的資格化が日本で実施される運びとなった。認証アーキビストに関しては、国立公文書館のＨＰに詳しく記載されているため、ここでは概略を説明するに留める。国立公文書館はアーキビストを、「公文書館を

はじめとするアーカイブズ（archives）において働く専門職員[9]」と規定した上で、「アーキビストは、組織において日々作成される膨大な記録の中から、世代を超えて永続的な価値を有する記録を評価選別し、将来にわたっての利用を保証するという極めて重要な役割を担う」と定義づけている。認証アーキビスト制度は二〇二〇年度から始まったと記したが、二〇二四年四月一日現在、計三二三名の認証者が登録されている。また、本制度の発足にあたり、現段階では、学習院大学大学院人文科学研究科アーカイブズ学専攻のみが、国立公文書館が認定した養成課程を満たしていると言われている。しかし二〇二〇年以来、大阪大学のように、「アーキビスト養成・アーカイブズ学研究コース」といった大学院横断コースを提供し、別の研究科、専攻、専修に属する教員が兼任する形で、認証制度に見合った人材育成をすでに開始し始めている大学も少なくない[10]。

しかし、ここで注目したいのは、これらの専攻やコースが育成しようとする人材が、必ずしも映像アーカイブに携わる人ではないという点である。国立公文書館のＨＰは二〇二四年四月一日付の「認証アーキビスト名簿」を掲載しており、この一覧の「所属名」から判断する限り、映像アーカイブに直接携わるアーキビストは、本書執筆者の一人であるＮＰＯ法人映画保存協会の石原香絵のみである。認証者の多くは、博物館、文書館、史料館、図書館、学校といった機関に所属しており、認証アーキビスト制度が、歴史的に構築されてきた図書館情報学と強固に結びついていることが推測できる[11]。

2　映像アーカイブに関する問題点と提唱

映像アーカイブそのものが公的な存在であることが多く、公共機関との繋がりが強いという先入観のためか、アーカイブに関する話題を始めると、どこか遠い話、自分たちの生活空間からはかけ離れた話だと思われやすい。しかし、映像アーカイブの問題は、人々のニーズにもっと寄り添い、身近な未来の問題として捉え直す必要があるだろう。

筆者は、二〇〇九年に『ニッポン・モダン　日本映画1920・30年代』（名古屋大学出版会）を上梓した。この本を書くにあたり、残存する一九二〇―三〇年代の日本映画をできる限り見る必要があり、当時まだ東京国立近代美術館フィルムセンターと称されていた国立映画アーカイブに、そこにしか残っていない作品を見るため、足繁く通った。先にも記したように、日本映画の残存率が一九二〇年代の場合は四・一％しかなく、一九三〇年代でも一一・七％であることに、当時の私は焦りこそ感じていたが、こういった現実に対して〈何とかしなくてはならない〉というところまでは、意識が及ばなかった。つまり、〈そういうものなんだ〉といった諦め、現状に対する無自覚な受容しかできなかった。しかし、これほど低い残存率が、収集の難しさや、権利処理の壁、あるいは修復そのものの難しさといった困難から生じていること、そして、この僅少さは決して当然ではないこと、また、これからもその割合が上昇することは、このままでは期待されないという事実に、次第に気付くようになった。

結論から言うならば、映像アーカイブについては、誰かがいつかやってくれるだろうといった悠長な考えでは、これら貴重な映像文化遺産は、あっという間に抜き差しならない危機的な状況に陥ってしまうこと、もうすでにそういった状態であることにやっと気付いたというわけである。そう思えるようになったのは、多くの映像アーキビストたちの声を聞き、また国内外の映像アーカイブの現状を知ったからに他ならない。

現在、日本のアーカイブにとって必要とされる最重要項目は、①経済的な永続性と、②法定納本制度といった法制度の整備、また、③限りないデジタル映像のマイグレーションに対応するための間断ない技術的な開発、そしてなによりも④それらを司る人材の育成だと思う。〈技術的な側面〉と〈人材育成〉との間には、おのずと密接な関係がある。日々刷新されるアーカイビングのための技術を教える教育機関の開設、それに伴う研究者やアーキビストの育成は不可欠だ。つまり、「金」「法」「技術」「人」という四つの要因が欠かせない[12]。その中で、私のような映像研究者が、最初に手をつけられることは、人材育成だと思う。この点については、本書の終章「研究から実践へ」で改めて触れたい。

前記四つの必須項目の他にも、日本の映像アーカイブの未来にとって不可欠だと思われる周辺項目を幾つか記しておきたい。まずは、政府によるトップダウン型の機関ではなく——つまり東京一極主義的な集中型のアーカイブではなく——複数のアーカイブズ、それを運営する複数の「主体」(agencies) を培うことが必要だと思う。国営組織だけが、唯一政治決定権を持った組織だと思い込むのは危うい。事実、日本における映画アーカイブは、国からのトップダウンで始まったものではなく、一九六〇年に川喜多かしこが「フィルム・ライブラリー助成協議会」(一九七〇年にフィルム・ライブラリー協議会に改称) を組織した、民間の声からボトムアップで始まっている。フィルム・ライブラリー助成協議会は、一九八一年、川喜多長政の死後、故人の遺産をつぎ込み、「川喜多記念映画文化財団」へと展開した。確かに、私的な資産に基づいたプロジェクトだけでは、文化資源の配信及びアーカイビングは末永くは賄えないだろう。しかし、国、さらに具体的に言えば、国会図書館にアーカイブを一極化しさえすれば、物事は永続的に続き、安定した文化財の保存ができるという根拠のない楽観主義は余りにも暢気だ。むしろ、映像アーカイブの未来を考えるとき、デイビッド・ランシマンやテッサ・モーリス・スズキが提唱する「生活政治」(informal life politics) というコンセプトを基軸にするべきだと、私は思う。生活政治の考え方では、政治は上から与えられるものではなく、下から求め、突き上げるものである。ランシマンの基本コンセプトとなる「政治」とは、人々の生活を形成する多くの共同の選択であり、これらの複数の選択から生まれた、多くの人々の相互関係である。[13] また、モーリス・スズキは、「人間」が直面する重要な問題の多くは、国家政治レベルでは解決できないという、生活政治を実践する上での考え方を提示している。[14] この考え方は、単に個人レベルに適応されるだけでなく、共同体としても同様であると言えるだろう。

また、二つ目の周辺事項として、すでに地方に点在する複数のアーカイブが、さらに強力に連帯する必要がある点を指摘したい。その連帯は、単にアーカイブ間だけではなく、地方行政や企業、及びわれわれのような研究者あるいは研究機関とも行う必要があるだろう。これに関しては、本書の第II部にあたる「国内を見つめる」の各章で、日本国内の各地域における異なるアーカイブの現状報告とその分析が行われているので参照して頂きたい(国立アーカイブ、地域アーカイブ、映画産業のアーカイブ、大学のアーカイブ)。

第三の項目として、連帯は国内だけではなく、またアーカイブという領域だけに留まるべきではないことを提案したい。特に東アジア・東南アジア諸国を中心に、海外の映像アーカイブとの協賛は不可欠だ。海外との連携に関しては、すでに東南アジア太平洋地域視聴覚アーカイブ(SEAPAVAA)や、EUにおけるEuropeanaといった事例が存在する。また、学術レベルでのコンソーシアム(共同事業体)も不可欠だ。それが「学会」という形になるのが望ましいのか、あるいはもう少し機動性が高く運営において経済的な負担がかからない小規模なものが良いのか、さらなる考察が必要だが、形状そのものに拘るのではなく、人材レベルの繋がりがいち早く行われることを切望する。

最後となったが、これが一番大切なことかもしれない。一般市民との結びつきをどうするか、それを真剣に考えるアーカイブ作りが必要である。とどのつまり、今われわれが考える映像遺産は、国家の遺産であるだけではなく、皆の世襲遺産であるわけで、それを大切にしまい込むだけではなく、どのように見せるか、どのように使えるようにするか、ユーザーにとっての使い勝手をどうするかを試行錯誤するアーカイブを構築する必要があるだろう。そのためには、ウェブを通じてオープンアクセスできるアーカイブが、近未来のアーカイブにとっての目標となるだろう。

3　日本の映画アーカイブとその歴史

日本の映画アーカイブ政策は、戦後早期に体系化されなかったため、長期的な目標設定をいまだに立てられずにいる。公共政策としての映画振興政策が、欧米先進諸国に比べ、遅れて出発した点も挙げておこう。一九六八年に文化庁が設立され、その二年後、一九七〇年に東京国立近代美術館フィルムセンターが開設された。当時、映画産業はすでに経済的な下降を続けており、自社の作品を公的な利用のためにアーカイビングするより、自社の経営をどうやって存続させるかがむしろ当面の課題であった。つまり、日本の映画アーカイブ政策は、公的アーカイブ機関と映画産業との連帯や取り決めから始まったのではなく、一九六〇年に川喜多かしこが立ち上げた「フィルム・ライブラリー助成協議会」という組織からの単一の働きかけが大きかったと言えよう。[15] 映画アーカイブ政策の必要性が唱えられ、それを牽引する確固とした一つの主体が、必ずしも政府機関にあったわけではなく、国立機関であるフィルムセンターは、中央政府による映画振興政策として「体系化・一元化されることなく、文化振興、社会教育、文化外交、産業振興などに関わる多様な官庁により、薄く広く展開された」という見方ができるだろう。[16]

日本の映画アーカイブ史を考えるとき、京橋で起きた一九八四年の火災事故はあまりにも不幸な出来事であると共に、その教訓をいつまでも記憶に留めることで、未来のアーカイブのあり方に繋げる必要がある。一九七〇年のフィルムセンター設立以来、フィルムの保存は、東京都中央区京橋にある同センター建物内で行われていた。一九八四年九月三日、セルロイド製の可燃性フィルムが、室内の高温化に伴い自然発火を起こし、それが原因となり、保存されていた日本国外で製作された映画のポジフィルムの多くが焼失してしまう。[17] 当時フィルムセンターが保持していた日本国外の映画四二一作品中、三三〇作品が焼失したと報告されているように、その被害は甚大であった。しかし、当時すでに神奈川県相模原市にフィルム収蔵庫として分館が着工されていたこともあり、残された作品を相模原の収蔵庫へ移動することによって、当時問題化されるべきであった、映画アーカイブ政策そのものに対する見直しは、一九八四年の段階では大きく取り上げられることはなかった。相模原市の分館は一九八六年に完成し、その後、フィルムセンターが国立映画アーカイブと改組された後も、引き続き四〇年間近くにわたり、日本における映画フィルムの収蔵をほとんど一挙に引き受けている。これも一極主義の映画アーカイブ政策の表れと言えるわけだが、川崎市市民ミュージアムが、二〇一九年の浸水被害で一一二九点のフィルムを含め、多くの収蔵品を失ってしまった実状に鑑みるにつけ、相模原分館の標高が川崎市市民ミュージアムとさほどかわらず、相模川に近く、東京湾と相模原湾からも等距離にあるといった立地、そして南海トラフ地震の想定被害を考え合わせると、どう考えても絶対に安全であるとは言えない。しかし、多くの人々は相模原分館におけるフィルム保存は大丈夫だと信じている。それは、分館が国立映画アーカイブの一部であり、国に紐付く機関だから間違いはないだろうという安易な思い込みからくる根拠のない安心でしかない。ここで読者の皆様には、東日本大震災後、福島で明らかになった国政の無力さや非力さを思い起こしてもらいたい。

他国との比較をすることによって、日本の映画アーカイブ政策の特色が見えやすくなるだろう。もちろん、各国における映像アーカイブ政策を、短絡的に画一化して捉え、安易な比較をすることは意味がないことを踏まえながら、ここでは、中央集権型のフランスの場合と、地域主権・民間主導型のアメリカの場合について簡単に言及するに留めようと思う。この点に関しては第4章の執筆者であるとちぎあきらが、独立行政法人日本芸術文化振興会のホームページに「フランスにおける映画振興に対する助成システム等に関する実態調査報告書」を上梓しているので、そちらも参照していただきたい[18]。

フランスでは、国立映画映像センター（Centre national du cinéma et de l'image animée: CNC. 一九四六年―）が、映画やテレビ等のオーディオ・ビジュアル産業の規制と振興を司っている。CNCのアーカイブ部門は一九六九年に設立しており、一九九二年からは上映ビザを受けた全ての映画を法的に納入している。とちぎの説明によると、フランスにおいて助成や支援の窓口となっている機関や団体はCNCだけではなく、CNC公式ウェブサイトには、映画やテレビといった映像専門組織として五五にも及ぶ団体のリストが掲出されており、こういった下部組織に資金提供をしながら支援をするのがCNCである[19]。さらに注目に値する点は、CNCの助成システムが、映画産業との連携の中で生まれており、一概に政府の予算、つまり政府の決定によって左右されるものではない点である。

「[CNCの]助成システムの財源となってきたのは、当初より、映画館入場料から徴収する特別税であり、この納税額に応じて次回作の製作への再投資を促すための自動支援も、審査会の意見に基づき助成を行う選択支援も、制度設計において対象としたのは長篇映画であり、その制度を応用する形で、支援対象と領域（企画開発や配給、公開など）を拡張してきたと言ってよい」と、とちぎは記述している。[20] ここから明らかになることは、フランスの映像助成システムが、劇場用長篇映画への支援形態から発展していること、また、映画館入場料から徴収する特別税が大きな資源となっているため、政府によって予算が振り分けられるわけではないことである。つまり、CNC自体が決定権を持つ主体として多くの決断を行うことができるという仕組みになっている。

一方、地域主権・民間主導型のアメリカ合衆国の場合を見てみよう。アメリカには、文化政策を一元的に担う省庁はなく、連邦政府の独立機関として大統領直轄の全米芸術基金（National Endowment for the Arts: NEA. 一九六五年―）が文化芸術助成を行っている。NEAはいわゆるマッチング・グラント――助成金の半分を他の機関から調達することを条件に助成する制度――を基本とし、多数の芸術家を支援し、その活動範囲は美術、舞台芸術、交響楽といった伝統的なハイ・アートだけではなく、映像を含めた写真、建築、ファッションといった広義の芸術ジャンルの活動に対して、それらの普及及び教育活動を視野にいれた助成を行っている。NEAの場合、政府との繋がりが、その主体性という意味において、大きな影を落とした時期があった。例えば一九八九年に開催された「ロバート・メイプルソープ　パーフェクト・モーメント」展――NEAからの支援を受けていた――が引き金となり、性的な「不道徳性」を揶揄する保守派議員の批判により、その後NEAの予算が大幅に削減されることになる。結果的に、NEAはジェンダー・マイノリティーや戦争といった政治的に繊細な問題を扱う芸術作品への助成に対して一時期慎重にならざるをえなかった。[21] しかし同時に、松永しのぶが記述しているように、「米国では文化分野への国の直接支援の割合は低く、税制面において優遇政策を設け、非営利の団体や個人、企業、財団による積極的な支援を促している。そのため、公共の文化施設では州や地方政府単位での活動が中心となっており、デジタルアーカイブの作成も州ごとのプロジェクトや民間企業によるものが多かった」[22]とあるように、税制面における優遇政策が一つの大きなインセンティブとなり、必ずしも政府からの助成金に頼るだけではなく、全国各地に点在する映像アーカイブが、自己決定権を保ちながら運営されていると言えよう。

アメリカの場合は、著作権の登録機関でもあるアメリカ議会図書館(Library of Congress. 一八〇〇年—)が図書、地図、演劇、音楽作品、版画、写真等と共に、映画を法定納入制度の下に網羅的に収集している点が、日本と大きく異なる。また、企業、大学、NPOなどの多様なフィルム・アーカイブが、自己資金のみならず、公的機関や財団からの補助金、寄付金、税控除等によって運営されている。先ほど記述した税制面における優遇政策が、比較的小さい映像アーカイブを成り立たせているわけだ。サンフランシスコにあるGLBT歴史協会(The GLBT Historical Society)なども、そういったアーカイブの一例として挙げることができるだろう。[23]

日本における映像アーカイブに関しては、本書の第II部「国内を見つめる」(国立映画アーカイブ、地域映像アーカイブ、メジャー五社、大学博物館)、第IV部「他メディアの場合」(テレビ、アニメ産業、インターネット)、そして第V部「周辺化されたシネマ」(非市民映像作品、ホームムービー、ブルーフィルム)に譲りたい。この後、各章の紹介に進む前に、ここでは映像アーカイブと国会図書館との関係性について言及しておきたい。

一九四八年、日本の国会図書館は、戦後連合軍占領時代に、アメリカ文化使節団の勧告に従う形で、アメリカ議会図書館をモデルとして構築された。しかし、フィルムというメディアに関して、国会図書館はアメリカ議会図書館とは大きく異なる対応の仕方を採択し、それが結果として先述した日本映画の残存率の低さに結びついたことを強調しておく必要があるだろう。この点でも、日本の国会図書館は、国家に任せてしまうことへの、あるいは文化の一極集中主義への疑問を呼び起こす政府機関であると言えよう。

この日米における「異なる対応」とは一体何を意味するのだろう。国会図書館の場合、資料の収集方法としては、購入、寄贈、交換等によるものもあるが、六割が法定納入によるとされる。法定納入制度の主な目的は、元来、検閲であったり、著作権証明であったり、また文化保存が謳われる場合も多い。しかし、財産権を保障する憲法第二九条第三項に「私有財産は、正当な補償の下に、これを公共のために用ひることができる」という条項が存在するため、民間出版物の納入に当たって、発行者が無償でよいとする場合を除いては、「納入代償金」を交付しなくてはならないという規則がある。書籍の場合は、この「発行者が無償でよいとする場合」を優先させたわけだが、映画フィルムについては同様の措置をとることができなかった。言い方を変えれば、国会図書館にとっては、映画フィルムは扱いづらい対象物となったわけだ。結果として、映画フィルムについては、一九四九年から納入が免除という形になってしまった。

当時の映画産業にとっては、願ってもない自由が得られたわけだが、歴史的な観点に立つとき、それは後の世代にとって、貴重な文化遺産の喪失を意味した。フィルムが納入免除になった理由として幾つかの要因を挙げておこう。まず、フィルムの場合、もともと販売の対象ではなかったことだ。つまり値段がついていなかった。映画会社はフィルムを売るわけではなく、映画館に配給することによって、その売り上げから決められた割合を徴収するという受益形態を取っていた。要するに、代償金の計算が非常に難しいという理由で、取り扱いの対象にならないという判断が下った。それ以上に大きな問題として、国会図書館には、取り扱いの難しい可燃性のフィルムを保存する保管スペースや、ましてや利用者のための上映施設が無いことが、納入免除の直截的な原因となった。当時はナイトレートフィルムが主流であり、自然発火の可能性が高い可燃性フィルムであった。それを適切な保存施設のない国会図書館で保存することは、余りにも危険だという判断である。映画フィルムが不可燃性フィルムへと転換され始めるのが一九五〇年代初頭であることから考えても、国会図書館での一九四九年の判断は、当時のフィルムの危険性が鍵となっていただろうと想像がつく。結果として、先述した相模原分館が完成した一九八六年までの約四〇年間、映画フィルムは、法規制の下で組織だって収集されることも、安全性を担保されながら保管されることもなかった、というのが日本の現状であった。七五年前の国会図書館での決断が、映画の歴史を大きく左右したとも言える史実を、今さら嘆いても仕方がないが、私たちは、今できることが何なのかを見極め、それを聲高に社会に語りかけねばならない。それが本書の目的だと言っても過言ではない。

4　本書各章の紹介

本書は五部から構成されている。第I部「映像アーカイブの現状」では、アーカイブを考える際に必ず浮かび上がる疑問や、その歴史的な概観、そしてアーカイブにとって不可欠とも言える法的環境を明らかにする。ここでは、二〇世紀映像文化の核とも言えるフィルムを中心に据えながら、哲学、アーカイブ学、法学といった異なる学術領域から考察を加えることになるだろう。第1章で吉岡洋は、哲学にとって「記録」とは何を意味するのか、あるいは「アーカイブ」とはいったい何なのか、といった根源的な問いを投げかける。「一介の哲学研究者にすぎない」と自己の立ち位置を表明した後、吉岡はアーカイブとは何かについて「ゼロから考えてみたい」と本章を書き始める。プラトンの『パイドロス』、毒であり薬でもあるギリシャ語「ファルマコン」、「傷」とアーカイブとの類似性、という風に、彼の発想は川の飛び石を渡るように軽々と飛躍し、引いては舞台芸術を参照しながら記録／アーカイブ化の不可能に考えを馳せる。第2章において常石史子は、オーストリアでの自身のアーキビストとしての長い経験（二〇〇六―二〇二〇）を活かしながら、フィルムを保存することの実践と、デジタルへの移行の難しさについて、豊富な具体的事象と共に、アーキビストの視点を提示する。映画がフィルムからデジタルに移行するとき、いったい何が保存されることになるのか、常石は、誰もが知りたいと思うこの疑問に対し、新たな考察を展開する。第3章では、行政法学を専門とする早川和宏が、映像アーカイブを保存し、利用に供するうえでの法的課題について整理・検討をしながら、現行法の下では「いったいどこまで映像をアーカイブすることが可能なのか」ということを、映像制作時、アーカイブ機関への受入れ時、作品の保存・利用時といった、各段階での法的規制を明確にすると共に、今後必要とされる法制度構想の提案をする。

第II部「国内を見つめる」では、日本国内に点在する映画映像アーカイブを中心に、国立映画アーカイブ、地域映像アーカイブの数々、メジャー五社と呼ばれた映画産業とアーカイブとの関係性、そして最後に大学博物館におけるアーカイブの在り方について分析する。第4章では、フィルム・アーカイブにおける収集活動の重要性について、とちぎあきらが考察する。具体的には国立映画アーカイブの活動の全体像を捉えながら、収集を起点とする資料の取り扱いの観点から見た時、フィルム・アーカイブ活動とはどのように構築されているかについて紹介する。また、近年とちぎの大きな業績といえる日本芸術文化振興会からの委託事業で文章化した、フランスのフィルム・アーカイブ等における収集方針の事例を挙げながら、国立映画アーカイブにおける収集方針との差異について言及する。第5章では、石原香絵が地域映像アーカイブの現状と課題について報告する。対象とする地域映像アーカイブは、福岡市総合図書館フィルムアーカイブ、広島市映像文化ライブラリー、京都府京都文化博物館、山形ドキュメンタリーフィルムライブラリーといった府県市の地方公共団体と深く結びついたものであり、また、神戸映画資料館や記録映画保存センターといった民営団体及び非営利団体の映像アーカイブについても言及する。第6章では、木下千花が、メジャー五社映画会社（松竹、日活、東宝、東映、大映）とアーカイビングの関係について論考を展開する。同章では、一九五〇年に起こった松竹下加茂撮影所における可燃性フィルムの火事と、一九七一年の大映倒産にともなう京都撮影所から京都文化博物館へのフィルムの寄贈という、京都で起きた二つの歴史的出来事をケーススタディとしながら、フィルムを保存することと映画ビジネスとの関係について再考する。第7章にて久保豊は、早稲田大学内にある坪内博士記念演劇博物館の活動に焦点を当てながら、大学／教育機関での映像アーカイブの実践を紹介する。大学に所属する博物館という特殊性が、映像アーカイブの蓄積及び公開にどのような影響を与えているのか、またフィルム調査やアーカイブ作品の公開を通じた教育効果というものが、はたして大学内の映像アーカイブにどれだけ期待できるのかを考える。彼自身が二年半（二〇一八—二〇二〇）、演劇博物館で助教として映像資料係を務めた実績の中から、映像アーカイブと教育との関係を鋭い観察眼で掘り下げる。

第Ⅲ部では、文字通り「国外を眺める」。まず隣国である東アジアから、第8章ではキム・ジュニアンが、国立機関である韓国映像資料院（Korean Film Archive: KOFA）のアーカイブ構築及びその活動について紹介する。韓国初のカラー長編アニメーション『ホンギルドン』（洪吉童、一九六七年、邦題『少年勇者ギルドン』）のフィルムプリントをケーススタディとしながら、映像の保存だけではなく、その利活用に力を注いだKOFAの積極的なアーカイビングを解明する。第9章において馬然は、ポスト社会主義時代の中華人民共和国における、国営及び民間（非政府系）の映画アーカイブ（中国語では「資料館」または「檔案館」）を、二〇〇〇年以後の二〇年間を中心に概観すると共に、中国国内外におけるインディペンデント映画を扱うアーカイブや関連組織に目配りする。中国映画資料館（China Film Archive. 一九五八年―）といった公的な映画アーカイブと、中国の独立映画に特化した非政府組織及び研究センターとの分断の構造に焦点を当てながら、ほとんどが中国本土の外側に存在する「分離したアーカイブズ」（detached archives）に、馬は読者の注意を喚起する。第10章でハムザ・ファラズ・カラマットは、成長し続けるデジタル映画製作の中から生まれた近年のパキスタン映画に注目し、国家・非国家にかかわらず多くの機関が映画のアーカイブ化に興味を示している現状を詳らかにする。また、隣国インドにおける、パキスタンとは異なる国政中心のアーカイブ制度も紹介する。カラマットは、国家が映像アーカイビングに関与することの意味、そしてそこで構築されるデジタルアーカイブの果たす役割について考察を加えると共に、パキスタンとインドの歴史と映画に対する集合的な記憶の相違点について語る。ロチェスター大学で教鞭を執るジョアン・ベルナルディは、第11章で、ロチェスターにあるジョージ・イーストマン博物館における映画保存について紹介すると同時に、同館とロチェスター大学の連携でアーカイビングを学ぶユニークな試みを紹介する。先に私は、日本には映像アーカイブに特化した教育機関が皆無に近いと記述したが、ロチェスターで行われているこのようなアーカイブと大学教育機関の協働により、多くの優れた人材が輩出された現実を知るにつけ、日本でもこのような連携教育と人材育成が生まれることを切望する。第12章では、小川佐和子が、映画祭を活用するヨーロッパ諸国、特にイタリアにおける映画祭とアーカイブとの関係を報告する。同章で小川が注目するのは、チネマ・リトロバート映画祭（別名・ボローニャ復元映画祭。一九八六年―）とポルデノーネ無声映画祭（一九八一年―）といった専門性の高い映画祭である。第13章において、國永孟は、未だ形成期である映像アーカイブの配信活動のあり方を議論する。特に、英国におけるビデオ・オン・デマンド（ＶＯＤ）方式による映像配信の事例を取り上げながら、デジタルアーカイブ構築に向けた論点を紹介する。第14章は、旧ソ連圏における映像アーカイビングについて、特にロシアを中心にその状況を報告する。二〇世紀初頭のロシア・アヴァンギャルド演劇に造詣が深い楯岡求美が、世界的にも最初期に映画のプロパガンダ機能に着目し、文化政策として映画の普及と保存に取り組んだソ連のアーカイブの歴史を概観する。第Ⅲ部の最後にあたる第15章は、カナダ在住のアフリカ映画研究者であるアブバカール・サノゴによる、アフリカにおける映画・映像のアーカイブについてだ。同章から発せられる、非西欧諸国におけるアーカイブ全てに対する彼の注意喚起が私の心に突き刺さる。長い歴史があり、すでにスタンダードを構築したかのように見える西欧諸国のアーカイブに対し、非西欧諸国におけるアーカイブが、遅れて現れた、不完全でレベルの低い、劣った存在だという固定観念よりも、それぞれの地域が有するアーカイブの現状をこのような先入観から解放するところから、新しい映像アーカイブ研究は始められなくてはならない、とサノゴは声高に語る。

第Ⅳ部「他メディアの場合」では、テレビ、アニメ産業、インターネットに注目する。第16章では、朝日放送テレビのエー・ビー・シーリブラに勤務する現職テレビマンである木戸崇之が、民放テレビ局の映像アーカイブについて、その課題と可能性を報告する。テレビ局に残されている映像は、事象発生直後に現場を取材したものがほとんどであり、貴重な映像が多い反面、それらは往々にして自社電波媒体での放送及び再放送のためだけに蓄積されており、目的外の利活用は権利の壁に阻まれ、なかなか生かせられていない。自身が深く関わったオンライン・アーカイブ「激震の記録１９９５　阪神淡路大震災取材映像アーカイブ」をケーススタディとしながら、民間テレビ局のアーカイブ・プロジェクトのあり方について語る。第17章を担当する辻泰明は、テレビを中心とした映像アーカイブに関して多くの書籍を出版している。同章では、日本におけるテレビ番組アーカイブの特性について、欧米のものと構造的な比較をしながら、その特徴を掘り下げる。第18章では、石田美紀がアニメ産業におけるアーカイブの現状について、アニメの中間素材に焦点を絞りながら紹介及び分析する。映画やテレビとは異なる生成過程を持つアニメーションの場合、その中間素材は莫大な量である。この貴重な文化資源を、誰が、どこで、どのように収集すべきかについて、石田が思いを馳せる。第19章で、コンピューター史の専門家である喜多千草は、ウェブ・アーカイビングの可能性について読者を誘う。ウェブの世界は広く、そこに存在する記録は膨大である。このような際限のない記録の宝庫をアーカイブすること、またそうすることで新しい歴史を築き上げることの難しさと可能性について言及する。

第V部「周辺化されたシネマ」では、映画作品でありながらも、さまざまな理由から歴史的にアーカイブされにくかったジャンルを取り上げながら、一概にひとまとまりの「映画アーカイブ」が存在するわけではない現実をあぶり出す。第20章で小川翔太は、「非市民アーカイブ」という概念を用いながら、紛争や災害によって余儀なく移住を強いられた人々＝「非市民」たちの映像が、上映の難しさだけでなく、アーカイブされ残されることの難しさを考察する。アーカイブという行為そのものには、すでに地域や国家といった帰属意識が付随されているケースが少なくないが、「非市民アーカイブ」はそういった帰属意識とは異なる立ち位置を抱えている。第21章は久保豊と藤城孝輔の共著であり、二人はホームムービーのアーカイビングをめぐる諸問題について論述する。久保は「ホームムービーの日in一乗寺」というイベントについて、そして藤城は「沖縄アーカイブ研究所」の活動に焦点を当てながら、それぞれの地域——京都と沖縄——におけるホームムービーのデジタルアーカイビングの状況を報告する。最後になったが、第22章では、倫理学者である吉川孝が、ブルーフィルムをアーカイブすることの難しさについて、幾つかの異なる角度から考察を詳らかにする。ブルーフィルムとは、性的に「猥褻な」映像作品であり、多くは非合法に製作・販売される映像媒体である。吉川がケーススタディとして取り上げるのは、一九五〇年代に「土佐のクロサワ」と呼ばれた、多くのブルーフィルムを高知県で製作販売していた映画集団の作品群である。

アーカイビング――資料を公文書のかたちで保管すること――という考えそのもの、またその行為の意義がいまだ一般的に確立されていない日本社会の中で、貴重な文化遺産としての映像テクストを、最良の形でどのように後世へ手渡せるのか、この喫緊の課題を根底に置きながら、本論文集は編纂された。本書は、映像アーカイビングについて書かれた多くの専門書にありがちな、技術的な側面やデータに特化しないだけでなく、アーカイブという概念を、抽象的に吟味するに留まらない。また、第15章の紹介でも記述したことだが、アーカイビングとはこうあるべきだと、ヨーロッパ諸国のアーカイブ先進国を目指すことも目的とはしていない。むしろ、各々の地域と結びついた映像メディアが抱える、「現在」という歴史の中における映像テクストの在り方や、未来における可能性について注目する。いわば、映像――動く映像（moving images）――の存在の可能性に関する思索の書だと言えるだろう。われわれは、研究の対象とする映像テクスト（フィルム、ビデオ、テレビ、インターネット、デジタルデータ、その他）の現状における立ち位置を精査しながら、「映像をアーカイブするとは何を意味するのか？」「映像アーカイブを考察するとは、いったいどういうことなのか？」「映像アーカイブの可能性や限界は何なのか？」といった、今こそ突きつけられている映像研究の根幹ともいえる数多くの疑問に取り組むことになるだろう。

注

（1）二〇二三年及び二〇二四年夏、想田和弘氏を京都大学大学院文学研究科にお招きし、夏期集中講義を行って頂いた。二〇二四年の講義（七月三〇日―八月五日）において、彼は自分のバックグラウンドや若い時から抱え続けてきた疑問について学生たちに話をした。ここで紹介する「問い」は、その際の授業内容に基づくものである。

（2）石原香絵『日本におけるフィルムアーカイブ活動史』美学出版、二〇一八年、二九頁。これらの数字に関しては、大傍正規による口頭発表論文を利用している。大傍正規（口頭発表）「フィルムセンターにおけるデジタル化の取り組み――信頼性の高い映画フィルム保存・復元との共存」映画におけるデジタル保存と活用のためのシンポジウム、東京国立近代美術館フィルムセンター、二〇一七年一月二六日。

（3）前掲石原、二九―三〇頁。

（4）光墨祥吾「最高裁遺族に謝罪　亀岡の暴走　記録廃棄の経緯説明」『朝日新聞』二〇二三年六月七日（京都）、一九面。

（5）福井健策・吉見俊哉監修『アーカイブ立国宣言』ポット出版、二〇一四年。

（6）同前、四五頁。

（7）同前。

（8）児玉優子「アーカイブズと動的映像アーカイブ――近くて遠い隣人？」『アーカイブズ学研究』第一一号、二〇〇九年一一月、七三―八九頁。

（9）国立公文書館のHPや大学専攻名等では、単数形「アーカイブ」ではなく複数形の「アーカイブズ」を統一して利用しているため、引用時には後者の表現を意識的に使うが、日本語は周知の通り単数形・複数形を明示しない言語であるため、本論文集はどちらかに統一することはしない。

（10）国立公文書館のHP「アーキビスト認証」では、認証アーキビストとして必要な知識・技能等の内容が習得できる大学院や関係機関の研修期間として、学習院大学（大学院人文科学研究科アーカイブズ学専攻）や大阪大学（アーキビスト養成・アーカイブ学研究コース）以外に、島根大学、昭和女子大学、東北大学、中道大学、筑波大学等を挙げている。詳しくはHP「アーキビスト認証」を参照。https://www.archives.go.jp/ninsho/aboutCAJ/index.html（二〇二四年七月一八日アクセス）。

（11）「認証アーキビスト名簿」（令和六年四月一日現在、独立行政法人国立弘文館書）https://www.archives.go.jp/ninsho/download/JCA_list_20240401.pdf（二〇二四年七月一五日アクセス）。

（12）フィルムおよびデジタルデータの保存に関し条件となる要素として、「技術」「人」「お金」「法」の四つを、当時東京国立近代美術館フィルムセンター主幹（現・国立映画アーカイブ館長）であった岡島尚志が記述している。岡島尚志「デジタルアーカイブは「保存」に役立つか」福井健索・吉見俊哉監修『アーカイブ立国宣言』ポット出版、二〇一四年、一一三―一二三頁。

（13）David Runciman, *Politics: Ideas in Profile*, London: Profile Books, 2014. Tessa Morris-Suzuki, "Introduction: Informal Life Politics in Northeast Asia," in eds. Tessa Morris-Suzuki and Eun Jeong Soh, *New Worlds from Below: Informal Life Politics and Grassroots Action in Twenty-First-Century Northeast Asia*, Australian National University Press, 2017.

（14）Tessa Morris-Suzuki, *Japan's Living Politics: Grassroots Action and the Crises of Democracy*, Cambridge, New York, Port Melbourne, New Delhi:

Cambridge University Press, 2020, p. 13.

（15）「財団について　川喜多記念映画文化財団の歩み」『KAWAKITA 公益財団法人川喜多記念映画文化財団』https://www.kawakita-film.or.jp/zaidan_2.html（二〇二四年七月一八日アクセス）。

（16）堀口昭仁『日本のフィルム・アーカイブ政策に関する考察——映画フィルムの法定納入制度を中心に』二〇一一年。

（17）ポジフィルムとは、現像時に色や明るさがそのまま投射できるフィルムのことで、そこからデータ化したり、プリントをしたりできる特徴がある。また、フィルムセンターの火災については、https://ja.wikipedia.org/wiki/フィルムセンター火災　を参照（二〇二三年六月二七日アクセス）。

（18）独立行政法人日本芸術文化振興会委託事業「フランスにおける映画振興に対する助成システム等に関する実態調査報告書」https://www.ntj.jac.go.jp/assets/files/kikin/artscouncil/France_Movie/France_movie_chyosa_V2.pdf（二〇二三年六月二七日アクセス）。

（19）とちぎあきら「「フランスにおける映画振興に対する助成システム等に関する実態調査報告書」のためのささやかなガイド」*Arthouse Press*　https://arthousepress.jp/articles/cnc_report_guide/（二〇二三年六月二七日アクセス）。

（20）同前。

（21）https://artscape.jp/artword/7062/（二〇二四年七月一八日アクセス）。

（22）松永しのぶ「世界のデジタルアーカイブ実践例」福井健策・吉見俊哉監修『アーカイブ立国宣言』ポット出版、二〇一四年、二三五頁。なお、日本語圏では「デジタルアーカイブ」という表現は、デジタルとアーカイブとの間に黒丸を入れないものが慣用表現になっているため黒丸を省略するが、「フィルム・アーカイブ」の慣用表現では黒丸表記になっているため、本章もこの表現を踏襲する。

（23）https://www.glbthistory.org/（二〇二四年七月一八日アクセス）。

第I部

映像アーカイブの現状

第1章　哲学にとっての記録

吉岡　洋

1　アーカイブとは何か？

最初にお断りしなければならないが、私はアーカイブの仕事に携わっているわけでも、アーカイブの研究を行なっている専門家でもなく、一介の哲学研究者にすぎない。したがってアーカイブに関わる個別的・実際的な問題について議論する能力は持ち合わせていないし、そうするつもりもない。その代わり、そもそもアーカイブとは何なのかということをゼロから考えてみたいと思う。私にとってアーカイブとは、ああそうですかと受け入れられるような自明な概念ではない。アーカイブという概念自体の中に、何か基本的な、そして哲学的な問題が存在していると感じているからである。別な言い方をするなら、私にはアーカイブという言葉がまだ「ピンとこない」とも言えるだろう。そしてそれは私に限らず、少なからぬ一般の人々も、多少とも同じように持っている感覚ではないかと想像する。そこでまず、アーカイブという言葉について検討することから出発してみたい。

アーカイブという言葉を聞いてまず最初に気になることは、それがまだ「英語のまま」の言葉として感じられるということだ。これはどういうことか？　カタカナ書きされているのだから外来語、つまり日本語ではないのか、と反論されるかもしれない。けれどもアーカイブという言葉は、日本語として一般に広く定着しているとはとても言えない。それはほとんどの日本語話者にとって、まだ一種の専門用語のようなものにとどまっているのではないか。少なくとも、英語のarchive(s)という言葉を聴いて一般の英語話者が知覚しうる程度の意味の輪郭を、アーカイブという日本語（外来語）は備えていない。だがそれは、たんに適切な訳語がまだ存在しないということではない。つまり訳語を作れば済むという問題ではないのである。「インターネット」だって、訳語はなく英語のまま外来語化しているが、すでに立派な日本語であり、それが何を意味するのかは一般の日本語話者にとって明確だからである。

たしかに「アーカイブ」を辞書で調べてみると、それがもともとは公文書を記録し体系化した資料の集合体、あるいはそれが保管されている場所を意味する言葉であることは容易に理解できる。けれども現在多様な文化的領域において議論されているアーカイブという主題は、そうした定義だけでは理解できない。アーカイブは本書におけるそれを含め、公文書の集成とか公文書館と翻訳できるような意味を越えた、はるかに広い文脈でとらえられている。公文書に限らない文字化された情報や作品、音響や映像などの非言語的な制作物や生成物、さらにはパフォーマンスや舞台芸術のような、記録することが本来不可能と思える「出来事」についてまで、アーカイブという課題が議論されているからである。

こうしたより拡張された意味での記録行為を指し示す適切な日本語が存在していないために、とりあえずアーカイブという英語からの借用語に、その意味を託しているというのが現状ではないだろうか。意味の拡張された部分とは何かというと、公文書記録というモデルには収まりきらない部分のことである。つまり文字や画像などの「データ」としては保存できない要素、あらゆる明示的事実を取り囲む、潜在的で複雑な文脈、「出来事」性といった側面のことである。いわば、単純な意味では記録不可能なものを記録するという課題が、拡張された意味での「アーカイブ」において意識されていると思われる。そしてそれこそが私にとって、アーカイブに関して最も気になる点であり、哲学的な関心を持つ点である。といってもそれについて、体系的に語れるような見晴らしがあるわけではない。そこで本論では、自分自身が関わった映像作品の制作や、舞台芸術のアーカイブというリサーチプロジェクトの経験を通して、この問題を探ってみたいと思う。だがその話に入る前に、まずアーカイブとはどのような意味で「記録」なのかということについて考察してみたい。

アーカイブとは記録の一種であり、このことは疑うことができない。それではそもそも「記録」とは何なのだろうか？　記録とは、記憶の内容が何らかの物質的痕跡に転写されたものであると考えることができる。[1]記録する目的とは、記憶内容の維持、伝達、想起にある。記録を可能にする物質的痕跡の最初の形態は、粘土板や石板、パピルス、紙に記された画像や文字である。そうした記録以前には、記憶内容の維持・伝達は記憶を保持するための様々なテクニック、いわゆる「記憶術」によって、とりわけ物語的構造を持った韻文の朗誦のような、何らかの身体技法を通じて実現されていた。そうした記憶術から文字による記録への移行とは、言ってみれば記憶が生きた身体から「外部化」されることだと言える。記憶内容の外部化は、大量の文字情報を正確かつ恒久的に保持することを可能にする反面、そうした身体技法によって支えられていた記憶の生きた動態を喪失するという、両義的な意味を持つことになる。プラトンの『パイドロス』の有名な箇所において、エジプトの王タムゥスは発明の神タウトの薦める文字言語の使用に対して、次のように答えたとソクラテスは語る。

彼らは、書いたものを信頼して、ものを思い出すのに、自分以外のものに彫りつけられたしるしによって外から思い出すようになり、自分で自分の力によって内から思い出すことをしないようになるからである。じじつ、あなたが発明したのは、記憶の秘訣ではなくて、想起の秘訣なのだ。……彼らはあなたのおかげで、親しく教えを受けなくても物知りになるため、多くの場合ほんとうは何も知らないでいながら、見かけだけはひじょうな博識家であると思われるようになるだろうし、また知者となる代りに知者であるといううぬぼれだけが発達するため、つき合いにくい人間となるだろう。[2]

記憶を記録として定着する手段つまり文字言語は、たんに便利な技術であるというだけではなく、同時に記憶する能力を人間から奪うという、両義的な働きを持つ。文字言語にかぎらず、すべての技術的な手続きとは、新たな利便性を獲得すると同時に、その技術以前に人間が持っていた能力を失わせる「ファルマコン」[3]なのである。このことに無自覚なまま新たな技術を単純に「進歩」として受け入れてしまうと、私たちは無知と自己欺瞞に陥る結果となる。記憶が記録として外部化されることによって、「見かけだけは非常な博識家である」存在として自分を見せることが可能になり、「知者となる代りに知者であるといううぬぼれ」が生じるとタムゥス王は警告する。このことは二千数百年の時間を越えて、大量の情報に取り囲まれ、知的活動とは情報処理であるかのように考えている現代の我々に、そのまま当てはまるのではないだろうか。

文字言語の使用からデジタル技術に至るまで、記憶の外部化とは同時にその脱文脈化でもある。記録することによって、特定の情報がそのオリジナルの文脈において持っていた、生き生きとした意味は失われるしかない。しかし記録なしには知識の蓄積は不可能であり、記録とはいわば文明化の基本条件なのである。このことは文字言語の採用以来、人類にずっと付きまとってきた基本的なジレンマである。記録による生きた意味の喪失を避けたいからといって、私たちは文字以前の口承的言語の状態に立ち戻ることはできない。したがって重要なのは、外部化された記録をいかにして、新たな仕方で再び生きた記憶と結びつけるのかという問いである。これが、現在のアーカイブという課題にまで引き継がれている基本的な問題ではないかと思う。

だとすれば、アーカイブ化とは一体何をする行為なのか。ひとつ確かなことは、アーカイブ化とはそれを行なっている現時点において完了する行為ではないということである。その行為は未だ見ぬ人々、アーカイブの将来のユーザーに向けられている。ここで常に心に留めておくべきことは、私たちは彼らのことを知らないということである。私たちが残したものを彼らがどのように読み、いかなる仕方で彼らの生の文脈に結びつけるのかは、私たちにはけっして分からない。そのことは、翻って現在の私たちが何世紀も前の記録を当時の人々が思いもしなかった仕方で読んでいることを考えてみるならば、容易に想像できるだろう。

さてアーカイブとはたしかに記録の一種ではあるが、どんな記録でもアーカイブとなるわけではない。記録がアーカイブとなるためには、そこに何らかの体系化・組織化が加えられなければならない。それはいわば第二段階の外部化・脱文脈化であると考えることができる。もしも記録が私自身の、あるいは私の家族や親友にとってだけ重要なものにとどまるならば、体系的や組織化は必ずしも必要ではない。親密な人々に関する記録は、たとえ断片的なものであっても、人はそれが何を意味するかを知りうるからである。あるいは知りえないとしても、それらが断片的であるがゆえになおさらかけがえのないものとして感じられる、という側面もある。たとえ意識的に手記や日記を残さなくても、誰でも生活しているかぎり何らかの生の痕跡が残り、そうした個人的な記録は、身近な人々にとってはそれだけで貴重なものかもしれない。だが身近でない人々にとってはそうではなく、記録はそのままではアーカイブとならない。アーカイブとなるためには、その記録が何らかの仕方で秩序立てられ、組織化されていなければならないからである。それは、記録が個人的・個別的な領域を越えて、直接かかわりのない人々、空間的にも時間的にも隔たった受け手にまで到達するような形態へと変化するということを意味する。

言い換えれば、アーカイブとはある意味で「公的」な性格を持つ記録なのである。ここで言う「公的」とは、必ずしも政治や行政に関わる、形式的な意味で公共的であるという意味ではない。むしろ、記録の持つ私的な制限が脱落し、共有に向かって開かれた状態にあるという意味である。この公的性格は、その文書が書かれた意図とは無関係である。たとえばある人の日記や私信は本来私的なものであり、関わりのない赤の他人にとっては意味を持たないが、もしもそれらが過去の著名な作家や政治家によって書かれたものである場合は、否応なく公的な性格を帯びるようになる。

さて多少とも公的となった記録、たとえば印刷された言葉は、そのことによって必然的にある「力」を獲得する。

それは特定の個人の身体と結びついた一時的な発話という状態を離れ、後にその言葉を読む人々にとって、何らかの起源となりうるような痕跡へと変容するからである。この点に関して、ジャック・デリダの『アーカイブの病[4]』は重要な示唆を与えてくれる。この本はタイトルに「アーカイブ」とあるために、この主題に関心を持つ人がよく手に取る書籍ではあるが、内容は精神分析やユダヤ性をめぐるきわめて抽象性の高い哲学的考察であり、正直あまり扱いやすいテキストとは言えない。とはいえ、最初は私的なものとして生まれたものが公的な記録となることによって、それは必然的に潜在的な「起源（アルケー）」として作動し始めること、「創設する」と同時に「保守する」ことによって力（権力、暴力）を獲得することを、これほど徹底的に思考しているテキストは類例がないと言える。

　この本の内容はもともとロンドンのフロイト博物館が開催した「記憶――アーカイブの問い」という国際会議で発表された講演によるものである。したがってここでアーカイブと言われているものはまず、博物館に蓄積されたフロイトや精神分析運動に関するアーカイブを指している。と同時に、精神分析そのものがある種のアーカイブ化として機能するという考察がそこに重なっている。精神分析とは本来、患者の経験におけるきわめて私的な領域を対象とする研究活動であり、それが扱う心的外傷（トラウマ）とは、個人的で非言語的な出来事である。精神分析とはそれを言語化し、外傷に起因する心的過程の中に何らかの秩序や法則性を見出し、それを記録するという活動である。ここでは痕跡が「傷痕（きずあと）」という姿で現れる。傷痕とは傷を負ったという出来事の記録であるが、それは出来事が終結した後も残り続け、出来事を想起させる一種の文字のようなものとして機能する。

　以上の考察を簡単にまとめておきたい。まず、①アーカイブとは記録の一種であり、記録すること一般が持つ、記憶を何らかの客観的なモノとして保持すると同時に、生きた文脈を抹消するというジレンマから逃れることができない。次に、②アーカイブとはたんなる記録ではなく組織化・体系化された記録の集合体であり、広い意味における「公的」な性格を持つようになる。そして、③出来事は記録されアーカイブ化されることによって、それがそもそも属していた個別的な生の文脈を喪失するが、一方では固有の文脈を越えた他者に到達する可能性へと開かれるのである。こうしたことが、アーカイブの「記録不可能なものの記録」という意味を可能にしているのではないかと、私は感じている。少なくとも以上のような考察によって、私は少なくともアーカイブという主題のすぐ手前までは接近できたと考えている。以下はこのことを踏まえた上で、私自身の経験の中にアーカイブに関わる主題を探りつつ、さらに考察を加えてみたい。

2　傷痕（スカーズ）、記憶の抹消とその痕跡

「傷」とアーカイブ。一体何の関係があるのかと思われるかもしれない。けれども考えてみれば、傷とはそれを作り出した出来事の記録にほかならない。身体の傷はもちろん、心の傷もそうだ。精神分析におけるいわゆる「心的外傷（トラウマ）」とは、身体的な傷にもとづく一種の比喩である。この比喩の元になっている、事故や手術などによって私たちが負う外傷は、時間経過とともに傷痕（スカーズ）へと、すなわち過去の出来事を記す身体上の記録へと変化する。このことを、前章で考察したアーカイブの特徴のうちの③、つまり出来事から私的な文脈が脱落することでそれが公的に共有可能な記録に変化するという点に関して考えてみたい。

傷痕（スカーズ）は一般には私的・個人的な身体の徴であって（もちろん戦争による「名誉の負傷」のようにはじめから公的な意味を持つ傷痕もあるが）、ふつうは人目から隠すものだと考えられている。それらを見るのは家族や親友、恋人などの親密な人々だけであり、イメージとして広く共有されることはない。だが写真家の石内都は、彼女が一九九〇年代から続けているシリーズ*SCARS*において、そうした傷痕を持つ人々の身体を写真に撮り続けてきた。(5) この作品は裸体を撮影したものであるが、いわゆるヌードとして構成されたイメージではなく、また顔が撮られていないことによって個人の肖像写真でもありえない。それでは、こうした作品制作はいったいどんな意味を持つ行為なのだろうか。私はこれまで、それをアーカイブという言葉と結びつけて考えたことはなかった。だがそれは「傷痕の

アーカイブ化」のような行為として、考察できるのではないだろうか。

二〇〇〇年、私は京都で批評雑誌の編集を任され、その創刊号において石内都氏と対談する機会を得た。[(6)] その中で交わしたいくつかの話が、今も強く印象に残っている。まず第一に、この写真家は自分の作品の素材（被写体）として傷痕のある身体を意図的に求めていたわけではないということが重要だと思った。このことは、制作過程で次第に判明してゆく。最初のうち、彼女は自分がそうした作品を制作していることを展覧会などで話し、傷痕を撮影させてくれそうな人を探していた。だが個展や写真集を通じてこのプロジェクトが知られるようになると、傷痕を持つ人々の方から撮ってほしいと申し出て来るようになった。つまり、撮影し収集する主体が首尾一貫してアーカイブ化の作業を取り仕切るのではなく、ある時点から収集される対象の方に主体性が移行し、自分を記録してくれるように求めはじめたということである。そうしたあり方の中に、私は*SCARS*というプロジェクトの中心的意味があると考えた。[(7)] 言い換えれば、記録が私的文脈から共有可能なアーカイブに変化する過程で、記録行為が記録者のコントロールから離れてゆくという局面があるということである。

それにしても傷痕を持つ人々は、なぜそれを撮影・記録してほしい、いわば自分の傷痕をアーカイブ化してほしい、と望むようになるのだろうか？　個人的な傷痕を秘匿し続けることはたしかに負担である。けれども個人の顔が特定できるポートレートを晒すのは決心がいるし、またその場合はあえてカムアウトした個人の顔の方に注目が集まる。秘匿すべきか、公開すべきか。*SCARS*は、いわば秘匿と公開との中間を行くプロジェクトである。そこでは個人よりもむしろ傷痕を中心に考え、それを写真作品のシリーズとすることによって、公的なイメージへと変換することが試みられている。石内は傷痕を撮影してほしいと言ってきたある若い学生に、「もう、撮られてしまったら、あなたの傷はあなただけのものではない、世界の傷、宇宙の傷なんだ[(8)]」と語ったという。

ここには、*SCARS*という写真のシリーズに加えられ共有されることによって、傷痕を持つ人自身が私的世界の閉域から解放されるという、アーカイブ化の持つ治療的とでも呼びうる側面がある。またインタビューをした二〇〇〇年当時、石内都は*Mother's*という次の写真作品に取りかかっているところであった。これは、その頃亡くなった彼女の母の遺品――とりわけ口紅や下着など持ち主の身体の存在を強く感じさせるもの――を中心に撮影したものであり、これもアーカイブ的な側面を持つ作品である。石内はその後二〇〇五年のベネチア・ビエンナーレに日本代表として参加し、作品*Mother's*は世界中の人々に観られることになった。その時彼女は私に次のような意味のことを語った。母の遺品のイメージは最初は私的で親密な世界の中にあったものだが、それが作品化され、多くの人に観られることで、だんだんと私とのつながりから解放され、私から遠くなってゆく――そしてそれは良いことなのだ、と。

以上は、身体に刻まれた傷痕がその私的文脈から遠ざかることで共有可能性を得ることを示す、ひとつの例であった。次に、少し違う例について考えてみたい。それは、人間の身体ではなく風景に刻まれた痕跡が癒えてゆくプロセス、当初の生々しい歴史的文脈を失いながら共有されてゆく例であり、私自身がより直接的に関わってきた作品制作に関わるものである。一九九九年以来、私は映像作家の伊藤高志、音響作家の稲垣貴士、現代美術作家のKOSUGI＋ANDO（小杉美穂子＋安藤泰彦）と共に、*BEACON*（ビーコン）と題する映像インスタレーション作品の制作に携わってきた。これは基本的には、パソコンによって制御されるターンテーブルの上にビデオカメラを載せて回転させながら風景を撮影し、それを暗い展示空間の中で、やはりターンテーブル上で回転するプロジェクタで再生し投影するものである。結果として三六〇度のイメージが再生されることになるのだが、いわゆるパノラマとは似て非なるものである。*BEACON*のイメージはパノラマのように一望することはできず、二台のプロジェクタから投影され壁の上を水平に動いていく部分しか見ることができない。投影部分は動いていくと同時に、その内部では時間が進行してゆくので、同一の時間は現在投影されているイメージの中にしかなく、その左右の風景は闇の中に隠されている。こうした基本的なシステムを用いて、現在までの約二〇年間に八回、異なった場所の風景をもとに制作し、展示を行なってきた。

図 1-1　*BEACON 2020* 使用映像から抽出，伏見区藤森駅周辺。撮影：BEACON Project Team 伊藤高志

いったいなぜこのような作品を作ってきたのか、何が制作チームの五人に共通する問題意識であったのだろうか。最初の頃私たちが考えていたのは「記憶」というテーマであった。一九九〇年代後半、インターネットとパソコンが家庭や社会の中に普及し、それと共に人間の記憶をパソコンの「メモリ」になぞらえて理解する習慣が、一般の人々の間にも広がった。だが、機械のメモリと人間の記憶の間には決定的な違いがある。機械のメモリにおいては、同じアドレスに新たに書き込まれた信号によって、以前のデータは完全に消去される。それに対して人間の記憶においては、過去の内容の上に新しい情報が上書きされ、過去は消去されることなく痕跡として残り続ける。これはフロイトが「不思議のメモ帳」の比喩によって示そうとした、人間の記憶の基本的なあり方である[9]。私たちは記憶のそうしたあり方を、具体的に風景の中に見出そうとしたのであった。たしかに風景においても、都心部の高層ビル街のように、過去の痕跡が完全に消去されて新たな建造物が建てられる場合もあり、そうした風景の更新のされ方は、どちらかというと機械のメモリに似ている。だがそれは例外的なことであり、私たちがふだん目にしている多くの風景の中には、時代を異にする過去の痕跡が多かれ少な

かれ残っていて、それらは積み重なって層をなしている。いわば私たちを取り巻く風景とはそれら自体が自然に形成されたアーカイブのようなものなのだが、私たちはそうした風景を見慣れているために、そのことに気づくことは少ない。作品*BEACON*は、そうした日常の何でもない風景を、説明なしに淡々と映し出すことを意図したインスタレーションであった。

二〇一九年、最新作を京都文化博物館で展示できることが決定し、京都の風景に焦点を当てて作品制作をすることになった。だが京都における市街中心部の風景はどこも、そのイメージがすでにメディアの中に過剰に流通しており、どこを撮影しても典型的な「京都」を想起させてしまう。私たちが求めてきた「何でもない」風景にはなりにくい。そこで中心部ではなく、制作チームの中で唯一京都出身者であった私自身が生まれ育った、宇治と深草の風景を取り上げることにした。それとともに、これまではほとんど説明しなかった映像内容に関して、風景を蓄積された記憶の層として、ある程度具体的な説明を加えることにしたのである。

そこで撮影したのは、ふつう京都の風景が語られる際に言及される、平安朝から幕末と明治維新に至る近代以前の長い歴史ではなく、明治期から現在に至る百数十年の時間の集積であった。この時期の京都は、戦争と切り離すことができない。宇治は明治五年、黄檗（おうばく）に火薬貯蔵庫が建造され、明治二七年には今は自衛隊駐屯地となっている場所に火薬製造所が作られて、現在京都大学宇治キャンパスの敷地まで広大な軍事施設が建設されていた。また私が育った伏見区深草は、明治の終わりに帝国陸軍第十六師団の駐留地となり、私が毎日のようにその前を通っていた聖母女学院本館が、その師団司令部なのであった。*BEACON 2020*ではそうした歴史的記憶の蓄積した風景を映し出すとともに、それらの風景がいかにして作り出されたのかを、私自身の個人史と重ね合わせて語ることを試みた。(10)

この例を通して私が注意を促したいのは、私たちがふだんほとんど無意識に眺めている日常の風景それ自体が実は一種のアーカイブにほかならず、いわば私たちは好むと好まざるとにかかわらず、アーカイブに取り囲まれて生きているという事実である。たしかに風景とは、誰かが意図を持って作成した記録資料ではない。だが、何気なく見ている風景の中には、特定の過去の出来事へとアクセスできる痕跡が至るところに潜んでいる。その反面、もはやそうした遡行の経路が絶たれ、それが何であったのか分からないような痕跡も存在している。将来明らかになるかもしれないが、当面は謎として現れる純粋な痕跡――そうしたものを受け入れることもまた必要であると、私は感じた。そこには「記録不可能なものの記録」の対極にある、いわば「解読不可能なものの痕跡」とでも言うべき主題がある。

3　記録不可能性と戯れる

常識的な意味では身体や風景は視覚的に存在するものであり、それらは写真や映像によって「記録」できるかのように想像されている。だが注意深く考えてみると、その中には常に「記録不可能」なものが存在する。そしてそれは記録の中で完全に消失するのではなく、「記録不可能なもの」として残り続け、後世の人々にとって「解読不可能なものの痕跡」として現れる。これが前節において考えたかったことだった。それに対して、アーカイブという課題が立てられながら、そもそも原理的に記録不可能であるような対象もある。たとえば舞台芸術のような、「出来事」という本質を持つ作品である。こうした記録の原理的な不可能性と向き合う時、私たちはどんな認識へ導かれるのだろうか。本節ではそのことについて考察してみたい。

二〇一七年度から、ロームシアター京都という劇場が行なっている「リサーチプログラム」にかかわってきた。これは舞台芸術に関する研究、それも必ずしも直接集客などの営業的効果を目指す実用的研究ではなく、広い視野を持つ基礎的な研究を、劇場の中に蓄積してゆくという事業である。具体的には、大学院修士課程レベルの研究指導をするものであるが、大学における研究とは異なり劇場と直結しているので、そこで行なわれている事業については舞台芸術関係者に聞き取りをしたり、制作の現場に入って調査が行なえるなどのメリットがある。また、専門化されたアカデミックな環境では必ずしも歓迎されないようなテーマや手法も許容することから、学位は出ないにもかかわらず毎年少なからぬ応募者がいる。リサーチャーは独自テーマに基づいて研究することもできるが、劇場側からはいくつかの重点テーマを提示してきた。二〇一九年以降は「現代における伝統芸能」「子どもと舞台芸術」「舞台芸術のアーカイヴ」の三つがあり、これまで何人かのリサーチャーが「舞台芸術のアーカイヴ」というテーマに沿って研究を進めてきた。

私はこの事業にメンターとして参画してきたのだが、「舞台芸術のアーカイヴ」という課題に関しては、正直なところ当初ある種の困惑を感じていた。舞台芸術とはパフォーマティブな「出来事」であり、普通の意味でそれを記録するとは、演劇やダンスの公演を映像記録として残したり、あるいは脚本や制作過程におけるさまざまな記録を整理・保管するようなことが考えられるが、それだけなら哲学研究者である私が研究指導に関与する意味はあまりないように感じたからである。だがリサーチャーたちがこのテーマのもとに提示した研究課題を見て驚いた。二〇一九年度は三名のリサーチャーがこの課題に取り組んだのであるが、そのどれひとつとして、私が最初想像したような映像記録や資料保存の方法について研究するものではなく、アーカイブという課題をはるかに深いレベルでとらえるものだったからである。

シェークスピア研究者の中谷森による「観客の記憶とアーカイヴ——未来に向かって、いま語ること」では、「観客の記憶のアーカイヴ」という、ある意味途方もない目標が立てられていた。それは演出家のピーター・ブルックが語った「唯一の記録は、彼ら（観客）が記憶しているものである」という考え方に共感するものであるが、これは私が本稿において先述した、何らかの物質的な痕跡としてのアーカイブ理解を大きく越えるものである。中谷自身も、ブルックのこうした考え方は舞台芸術の記録可能性そのものの否定であると述べている。にもかかわらず、観客の記憶を「アーカイブ」という概念のもとで考えるという課題設定に、私は感銘を受けたのである。それはまさに記録不可能なものの記録という課題であり、そのことによってアーカイブとは何かという問題を根底から問い直す試みだと思ったからである。

日本の現代演劇に関して「劇場のアーカイヴを横断する——京都市内の文化施設を事例に」という研究課題を遂行した、京都芸術大学舞台芸術センターの新里直之もまた、その研究報告論文の冒頭において、舞台芸術とアーカイブとは水と油である、と宣言する。そうであることを踏まえた上で、新里は松田正隆、松井周、高山明、木ノ下裕一といった劇作家や舞台芸術関係者に、アーカイブ的なものをどう考えるかという聞き取り調査を行ない、舞台芸術とその記録行為、アーカイブ的なものとの関係についてのインタビューを記録してゆく。この研究はいってみれば、舞台芸術家たちがアーカイブにどう向き合っているかを記録する、メタ・アーカイブ的な行為である。さらに東京芸術大学大学院（当時）の松尾加奈が行なった「創作プロセスのアーカイヴ：ダムタイプ『2020』における協働をめぐって」においては、タイトルにあるように舞台作品の制作過程そのもののアーカイブという課題が立てられている。この研究は、演出家や振付家のようなリーダー的存在が制作プロセスを牽引してゆく伝統的な舞台芸術集団とは異なり、リーダーが存在せずメンバー間の「フラットで平等な関係」における長い対話の中から舞台を創作するとされるダムタイプの制作現場を観察し、そこでのコミュニケーションを記録するというものであった。舞台芸術の制作はふつう外部の人間を入れない密室で行なわれるが、そこにあえて観察者として参与することによって、この記録自体が非常に複雑な構造を持つ報告となっており、これも常識的な意味でのアーカイブ研究を大きく越えたものとなっている。(11)

これらの研究は共通して、舞台芸術のアーカイブとはそもそも単純な意味では不可能な課題であるという共通認識から出発している。舞台芸術はパフォーマンスであるかぎり、映像や書かれたものを記録し整理しても、舞台芸術作品をアーカイブしたことにはならない。にもかかわらず私たちは、舞台芸術の上演をただ時の流れとともに消え去るに任せるのではなく、私たちがその中に見出す中心的な意味を、何らかの形で記憶し続けたいと強く感じていることもたしかなのである。舞台芸術のアーカイブという課題への関心は、そうした願望を示すものと言えるだろう。

さて、そうした意味での舞台芸術の記録が機械的な録画や文書保存ではない仕方で可能だとすれば、それは広い意味における一種の「批評」として遂行されるべきではないだろうか、というのが、数年間このプログラムに関わってきて私が得た認識である。舞台芸術のアーカイブというテーマに呼応して、観客の記憶のアーカイブ、制作プロセスのアーカイブ、ドラマトゥルギー、舞台写真、美術パフォーマンスとの統合といった様々な視点からアプローチする研究は、知らず知らずのうちに、批評という行為に接近してゆくのではないだろうか。そしてそのことは舞台芸術に限らず、そもそもアーカイブ化という行為そのものが、客観的・中立的な手続きとしては遂行不可能なものであり、優れたアーカイブというものが存在するなら、それは不可避的に批評性を持たざるをえないことを示唆しているのではないだろうか。このことが、アーカイブという課題が出来事の記録不可能性と直面することによって最終的に帰着する問いであると私は考える。

4　再文脈化のための空白

これまでの考察を振り返ってみよう。石内都の*SCARS*という例は、傷痕を持つ身体という対象を記録し収集することで一種のアーカイブを作成するだけではなく、逆に対象の方が主体となっていわばアーカイブが自律的に形成されてゆくという興味深い側面を示していた。主体的なコントロールをむしろ弱めることが、アーカイブの可能性に繋がっていることを示唆しているかのようである。また作品*BEACON*における風景という例では、過去を凍結して保存するのではなく、たえず重ね書きされて集積する記憶の様相を見てとることができる。アーカイブもまた風景と同じように、そこには経過する時間の痕跡が堆積してゆくはずである。さらに舞台芸術のアーカイブに関するリサーチの例では、出来事の記憶やプロセス自体を記録するという不可能な課題に直面することで、アーカイブ化という行為が、中立的・客観的な見かけとは裏腹に、本質的な意味での批評性と結びついているのではないかという問いが提起された。

こうした考察を通過した上で、アーカイブについての当初の問いに再び立ち戻ってみたい。第1節の終わりでまとめたアーカイブの存在様態の、三つの側面を思い出しながら補足を試みよう。

まず、①アーカイブとは記録の一種であるが、そこには記録するという行為一般が持つ、生きた記憶を客観物として保持すると同時に、元の文脈を抹消してしまうというジレンマがある。このことは一見、忠実な記録としてのアーカイブという課題の不可能性を示しているようにも思える。だがこの不可能性が、同時にアーカイブの可能性をも示唆している。アーカイブ化とは、想起させると同時に記憶を喪失させる両義的（ファルマコン的）な手続きだ。個的な文脈を喪失することで、ある種の意味の空白が生み出され、それが個を越えた新たな公共性の獲得という可能性を開くと思われる。

アーカイブとは公的なものとして共有される記録であり、記録であるかぎりにおいて、記録された対象が元来属していた生きた文脈から分離されざるをえない。記録者がどんなに忠実な再現を期待しようとも、記録はまったく

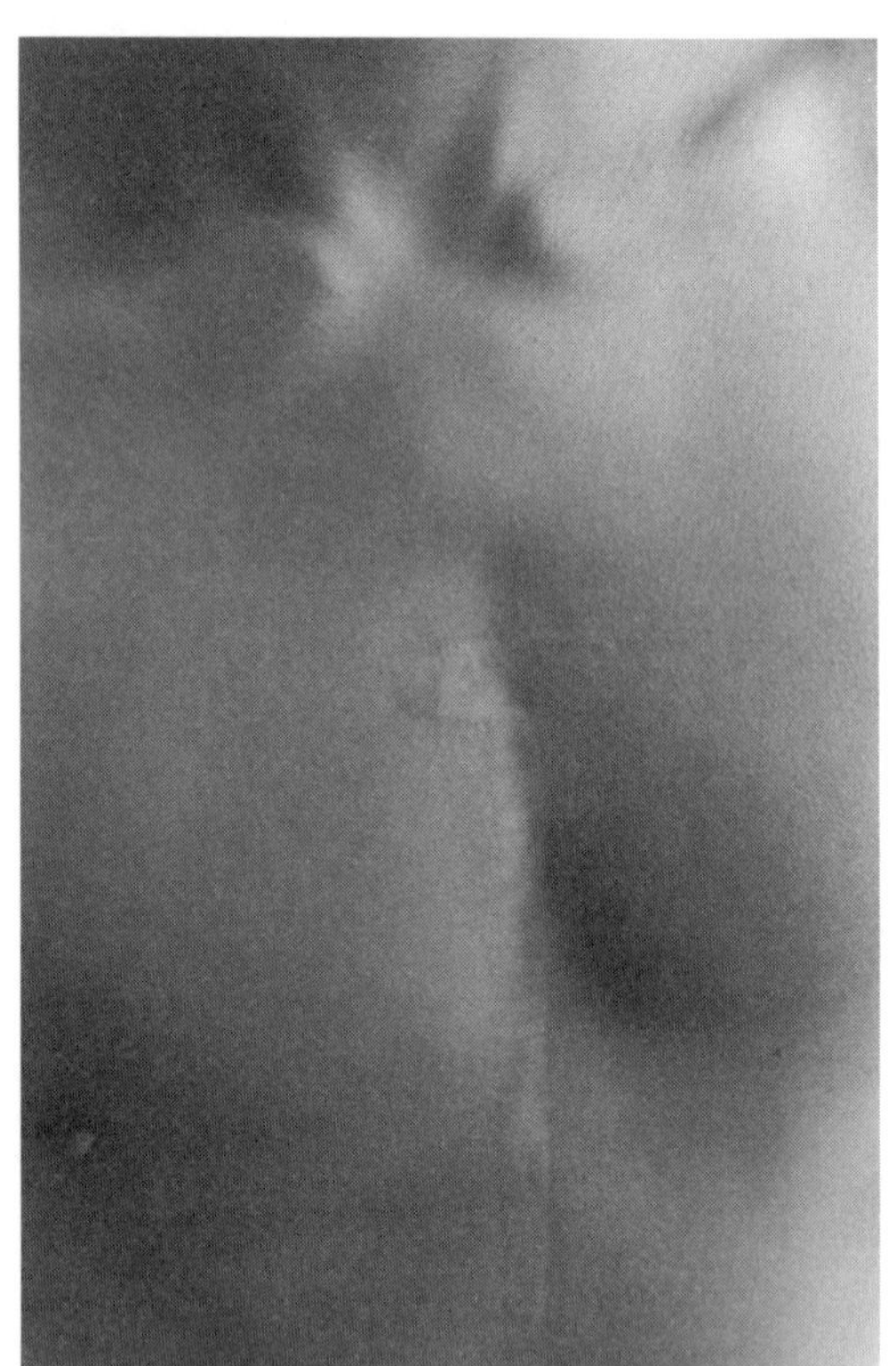

図1-2　石内都 *SCARS* 作品。©Ishiuchi Miyako「Scars #4 illness 1980」Courtesy of The Third Gallery Aya

異なった、思いもしなかった仕方で読まれるのである。だがこの脱文脈化こそが、アーカイブの可能性と不可能性とを共に意味する基本的な条件となる。逆説的な言い方に聞こえるかもしれないが、アーカイブの可能性とはまさにその不可能性の中に、その不可能性から出発することの中にしかないのである。

このことがアーカイブの第二の局面、つまり②アーカイブとはたんなる記録ではなく組織化・体系化された記録の集合体であるということへと導く。アーカイブとは、広い意味における「公的」な性格を持つ存在なのである。公的というのは、その記録を多かれ少なかれ重要と認める集団によって共有されるということである。共有された記録となることによってアーカイブは、「起源（アルケー）」としての創生的な力を獲得する。アーカイブにおいては、個人的な生の痕跡があたかも公文書のような性格を獲得する、と言うこともできるだろう。

ここからさらに、アーカイブの持つもう一つのファルマコン的な性格が導かれる。つまり、③出来事は記録されアーカイブ化されることによって、それがそもそも属していた個別的な生の文脈を喪失するが、それと引き換えに、固有の文脈を越えた他者に到達する可能性へと開かれるのである。私たちはそもそもアーカイブの未来の受容者について何も知らないのだが、この「知らない」ということがアーカイブを作るという行為に意味を与えるのである。アーカイブを確定したデータの集合として考えると、それは長く生き残ることはないだろう。むしろ未来の不確定性を内包した、生き物のような状態としてイメージした方が良いのではないか。アーカイブにとって本質的に重要なことは、それが再び新たな生の文脈に結びつくために必要なある種の空白、経路、距離を許容し、それを確保することだと言えるかもしれない。

注

（1）　ただし、デジタル情報は物質ではない。したがってデジタル・アーカイブは哲学的にはアーカイブ一般とは全く異なった問題を含んでいると思われるが、ここでは詳述する余裕がない。拙論「デジタルメディアの形而上学」『京都美学美術史学』第七号、

京都大学美学美術史学研究室編、二〇〇八年三月参照。

（2）プラトン、藤沢令夫訳「パイドロス」『プラトン全集』第五巻、岩波書店、一九七四年、二五五―二五六頁。

（3）「ファルマコン」は毒と薬、また犠牲を意味するギリシア語である。この概念に基づいて研究プロジェクト「現代社会における〈毒〉の重要性」（二〇一八―二〇二一年、京都大学こころの未来研究センター）を行ない、それに関連する美術展「ファルマコン」（二〇一八―二〇二二年）を開催し、研究報告書『ポワゾン・ルージュ』（一―四巻）を刊行した。

（4）Jacques Derrida, *Mal d'Archive*, Édition Galilée, 1995（福本修訳『アーカイヴの病――フロイトの印象』法政大学出版局、二〇一〇年）.

（5）石内都『キズアト』日本文教出版、二〇〇五年。

（6）『ダイアテキスト　第一巻　未来記憶』京都芸術センター、二〇〇〇年。

（7）こうした主体と対象の反転は、『ダイアテキスト　第五巻　１９７０』においてインタビューした、具体美術出身のアーティスト、嶋本昭三による「女拓」プロジェクトを思い起こさせる。これも裸体の女性の拓本的イメージを集積してゆくある種のアーカイブ的作品であるが、この場合も美術作家が自己表現のために拓本を作ってゆくことが問題なのではなく、女性たちの方から自分自身の身体を拓本化することを求めることによって、プロジェクトが進行してゆくのである。

（8）「SCARS ――〈時間〉を見ること」『ダイアテキスト』第一巻、一三頁。

（9）太寿堂真訳「『不思議のメモ帳』についての覚え書き」『フロイト全集』第一八巻、岩波書店、二〇〇七年、三一七頁。

（10）「BEACON 2020の風景」『BEACON 2020』京都文化博物館、二〇二〇年。風景ばかりではなく、子供の頃何とも思わず親しんでいた近所の呼び名――「軍道」や「練兵場」――自体が、歴史的記憶を担う地名なのであった。

（11）ロームシアター京都のリサーチプログラムの活動と報告書のＰＤＦは、以下のリンクで公開されている。https://rohmtheatrekyoto.jp/event/57994/（二〇二四年九月一五日最終アクセス）

第2章　フィルムの保存とデジタルへの移行

常石史子

フィルムというモノが、映画にとって最重要にして不可欠の支持体としての地位を降りてから、すでに二〇年ほどが経過しようとしている。フィルムはごく限られた用途でいまだかろうじて命脈を保ってはいるものの[1]、映画産業の基幹としての地位を取り戻すことはない。映画フィルムを「いかに」保存するべきかについては、これまでに多くの議論が費やされてきたが、映画の支持体がフィルムからデジタルメディアに明確に切り替わったいま、あらためて問われなければならないのが、そもそもいったい「何を」保存するべきなのか、という問いである。また、多くのフィルムアーカイブが「保存」との二本柱で取り組んできた「公開」の領域においても、直営映画館での上映という伝統的な出口のほかに、多様なアクセス対応が求められるようになっている。

1　「何が」保存されてきたのか

フィルムアーカイブは一般に、動的映像Moving Imagesが記録されたフィルム媒体を主要な収集対象としている[2]。とはいえ具体的に何をアーカイブするべきかについては、一義的に定まっているわけではない。フィルムの周辺には紙資料、機材、実物資料など、さまざまな関連資料がひしめいている[3]。著名な映画人が死去すれば、その人物が遺したいわゆる「生涯資料」[4]が一括して舞い込むこともある。ありとあらゆる種類のフォーマットの写真、ビデオテープ、オーディオテープ、データファイルなどの映像・音声記録メディアが、映画フィルムに混ざって漂着することもしばしばである。フィルムアーカイブと分類される機関においても、収蔵対象を厳密に映画フィルムのみに限定することは一般的でなく、どういった資料を受け入れ、どういった資料を受け入れないかの線引きは機関によって千差万別である。

逆にフィルムアーカイブで保存されるための条件として、「映画フィルム」であれば十分かと言えば、必ずしもそうではない。映画フィルムは一般に画と音、あるいはそのどちらかを記録したものであるが、映画は複製技術に依拠した芸術形態であるため一本の作品に対して多くの物理的なモノが存在する。画に関して言えば、もっとも「オリジナルに近い」ものとして、撮影時にカメラの中で実際に感光されたフィルムそのものである「オリジナル・カメラネガ」があり、そこから編集・複製された様々なマスター素材（編集されたオリジナルネガ[5]、マスターポジ、デュープネガなど）がある。これらはどのような機関においても、通常はもっともプライオリティの高い保存対象とみなされる。

こうしたマスター素材から、上映用プリントが作られて映画館での上映に供される。その数は数本から数百本まで、作品の公開規模によって大きな幅がある。上映用プリントは原則として消耗品であり、保存を前提としていない。映画は上映されることによって利益を生むものであるから、プリントが権利者以外の手にわたって不当な利益をもたらすことを防ぐため、興行が一巡したら回収して確実に廃棄するのが権利者にとって一般的なビジネスモデルである[6]。保存を旨とするフィルムアーカイブといえども、プリントが多数残されている場合にはそのすべてを保存するという方針が採られるとは限らない。マスター素材が残っているかなどの事情にもよるが、長さ（欠落の多寡）や状態（ダメージの多寡）などを比較した上で、もっとも状態が良いと判断されるプリント一本あるいは数本を保存し、それ以外を廃棄することも一般的である。

マスター素材の周辺にも、保存が必須とは言い難い種々のモノが存在する。撮影されたが本篇に使用されなかったフッテージ（アウトテイク）、合成などのために使用され、本篇に直接使用されるわけではないいわゆる中間素材などである。プリントに字幕を焼きこむためには、過去にはタイトルネガと呼ばれる素材が広く使用されていたが、字幕付け作業が別の技術に取って替わられて久しいため、保存対象とみなされない場合もあるだろう。デュープネガのような優先度では上位に位置する素材であっても、それが複数あるならばすべてを保存しないという判断がありうる。さらに言えば、ある作品にとって唯一の現存するフィルムであっても、物理的・化学的なコンディションが悪すぎれば、廃棄を選択せざるを得ない場合もある。可燃性フィルムが固形化してほどくことができない、フィルムの乳剤が溶解して映像が失われているといった場合、あるいはアセテート製のフィルムがいわゆるビネガー・シンドロームに罹患して著しく変形し、プリンターやスキャナといった機材にかけられない場合などがこれに該当する。

音声に関しては事態はより複雑で、もっとも「オリジナルに近い」素材が保存対象になるとは限らない。プリントを作成する過程で必要となる音ネガと呼ばれるフィルムが、対応する画ネガとセットで保存されるのが一般的である。だが、音ネガの元となるファイナル・ミックスの音声が入っているシネテープと呼ばれる磁気テープは、音ネガよりオリジナルに近く音質も上であるにもかかわらず保存されないことが多いし、そのさらに元になる音源となると保存されることはごく稀だ。

商業公開された映画以外のフィルム、とりわけ8ミリを主とするホームムービーは近年その史料的価値が見直され、大きな注目を集めているが、収蔵対象に含めるか否かの判断は機関によって大きく分かれる。紛れもなく「動的映像を記録した映画フィルム」であるにもかかわらず、保存されない場合があることの理由として考えられるのは、総量が摑めないほどに膨大であること、フィルムアーカイブが主たるターゲットとしてきた商業映画の枠組みから外れることなどだろうか。

こうした映画フィルムを中心とするさまざまなモノについて、保存すべきか否かを逐一判断し、カタログ化し、収蔵庫に配架する。適切な温湿度管理等によって経年劣化をできる限り遅らせつつ、折々に収蔵庫から取り出して直営の上映・展示施設その他で公開に供するというのが、伝統的なフィルムアーカイブの主要な活動だったとひとまずは言うことができるだろう。

2　可燃性フィルムとは

映画の誕生から一九五〇年代前半まで、半世紀以上にわたってほとんどの映画フィルムに使用されていたのは硝酸セルロース（セルロース・ナイトレート。以下「ナイトレート」と記す）という可燃性の物質である。綿（セルロース）と硝酸を化合させ、樟脳を加えて得られるこの物質は、はじめての可塑性樹脂（プラスティック）として一九世紀後半に急速に普及したものである。一般にはセルロイドとも呼ばれ、人形や櫛など身近な日用品にも幅広く使用された[7]。

同じ頃、「運動」を記録し再生したいという人々の野心、「動く映像」への欲望が急速に高まりつつあった。マイブリッジからエジソンを経てリュミエールに至る発明家たちの功績についてはここでは詳述を避けるが、一八九〇年代初頭には、少しずつ変化する連続写真として「運動」を記録し、これらを連続的に提示することで「運動」を再現するという基本的な構想は確立されつつあった。そのための記録媒体として、光をよく透過し、画像を定着するに十分な平面性をもち、かつ複数の画像を次々に送る物理的な動きに耐えうる柔軟性をもつ素材が求められており、それにナイトレートが合致したのである。動く映像の記録と再生のメカニズム、可塑性物質のベース、さらにこのベース上に塗布するのに適した乾式乳剤の開発、これらが合わさって、一八九五年にリュミエール兄弟のもとで映画というメディアが完成する。

透光性と平面性、柔軟性に関してはきわめて優秀なナイトレートは、しかし二つの重大な欠陥を抱えていた。第一に、可燃性の危険物であることである。四〇度程度で自然発火するだけでなく、「分解熱により自然発熱する」[8]ため、収蔵場所の室温が四〇度に達していなくても、通気性の悪い保存環境では局所的に温度が上がって自然発火する可能性がある。その燃焼は爆発的で、燃焼に空気中の酸素を必要としないため消火方法がほぼ存在しない。しかも当時の映写に使用されていた光源は主にカーボンアーク灯であり、高輝度が得られる利点がある一方で高熱を発するため、映写の際にフィルムが切れる、フィルムのつなぎ目（スプライス）がゲートに引っ掛かるなどの事故により、映写機が少しでも停止しフィルムの一部に必要以上の光が当たれば、たちまち高熱を帯びて発火の危険が生じた。ナイトレートとカーボンアーク灯は、きわめて危険な組み合わせだったのである。映画館だけでなく、撮影所、現像所、編集作業室、フィルム保存庫などでも、火災事故は映画史上数限りなく起こっている。

第二の欠点は化学的な安定性を欠くことである。空気中の水分と結び付くことによってベース部分が加水分解を起こすのだが、これによって発生する硝酸ガスがベースに塗布された乳剤を溶かし液化させるため、乳剤部分に形成された銀塩画像が失われる。ベース面と乳剤面、双方の分解が進むと、最終的にはフィルム全体が朽ちてしまう。

これらの重大な欠点を克服するため、コダックをはじめとするフィルム製造業者は早くからナイトレート以外のフィルムの開発に取り組んでおり[9]、一九二二年にフランスのパテがリリースした9・5ミリ、一九二三年にコダックが出した16ミリなど、アマチュアによる使用を想定した小型のフィルムにはいずれも不燃性のアセテートが用いられた。35ミリも製造されはしたものの、高価である上耐久性に劣り、ナイトレート並みの使用回数が見込めなかったため、なかなか商業的な上映に普及するには至らなかった。コダックが、35ミリ用の不燃性ベースが商業使用に耐えるレベルに達したと判断し、さまざまな製品の切り替えを始めたのはようやく一九四八年のことで、この開発でコダックは第二二回アカデミー科学技術賞（一九四九年）を受賞している。一九五二年にまずコダックが、つづいて富士フイルムなど他のフィルム製造業者が、35ミリフィルムのベースの素材を完全に切り替えることを決めた。以降、国によって程度の差はあれ、可燃性フィルムの使用や所持には制約が課されることになった。

3　可燃性フィルムの「保存」とは

日本では、可燃性フィルムからの切り替えの時期直前にあたる一九五〇年に起きた、松竹下加茂撮影所内フィルム原版収蔵庫における火災をはじめとして、あまりにも無残な事故が映画の撮影所等で頻発したために、可燃性フィルムに対する消防法上の規制は極端に厳格なものとなった。消防法が施行されたのは一九四八年八月一日のことで[10]、このとき映画フィルムが属する「ニトロ化合物」は危険物として規制の対象となったが、どれだけの量を扱うことが許されるかを示す「指定数量」は市町村条例によるとされていた。一九五〇年の法改正でこれが初めて明文化され、「ニトロ化合物」の指定数量は二〇〇キロとされた。続いて一九五九年、「危険物の規制に関する政令」が施行された。ナイトレートフィルムは、第五類危険物「ニトロ化合物」の中でもより危険性の高い「第一種自己反応性物質」に分類されるが、その指定数量は大幅に縮小されて一〇キロとなった。これは消防法で規制される危険物の中で最小の数値であり、もっとも危険度が高い物質のひとつということになる。指定数量以上の危険物を貯蔵・取扱する場合には、危険物施設としての特別の許可、ならびに危険物取扱者と呼ばれる専門技術者による作業・監督が必要となる。

35ミリの映画フィルムは長篇のプリント一作品分ですでに一〇キロほどの重量になってしまうため、指定数量二〇〇キロという制限、さらには一〇キロへの変更は、各映画会社がそれまで保存してきた過去作品の原版を所持しつづけることを事実上不可能にするものであり、各社は迅速な対処を迫られた。対処とは、具体的には在庫の可燃性フィルムに相当な金額を投資して一気呵成に不燃性フィルムに複製すること、そして元の可燃性フィルムを廃棄することである。日本の映画産業はそのころいまだ上り調子で、過去作品から利益を引き出すことの優先度はさほど高くなく、大量のフィルムの複製は、純粋に損得の面から考えれば過重な負担だった。それでも多くの映画会社は原版をなんらかの形で複製して残すべく努めたが、すでにあった不燃性の上映用プリントを「保存用」と称して残すに留める例も少なくなかったし、それが35ミリならまだしも16ミリという場合もあり、映写にさんざん使用された後のキズだらけのプリントということもある。単純に何も残さずに、ただ可燃性原版が廃棄されてしまうケースさえ皆無ではなかったようだ。

いまある可燃性フィルムをどうするのかという難しい決断を各映画会社が迫られた時期に、「可燃性フィルムの引き取り手」としてのフィルムアーカイブがすでに存在していたかどうかが、過去の映画遺産が今日まで生きのびるか否かのある種の分水嶺になった。例えばフランスにおいては、私設の団体ではあるが一九三六年にすでにシネマテーク・フランセーズが設立されており、ナイトレートの規制が厳格化された一九五〇年代前半に、同館は規制の適用を除外され、可燃性フィルムの受け入れ先となることができた。[11]日本はこれが間に合わなかった悲劇的なケースのひとつで、東京国立近代美術館の一部門という形でフィルムセンターが設立されたのはようやく一九七〇年になってからのことであった。[12]日本は少なくとも製作本数に限っていえば、こと一九三〇年代と五〇年代においては世界有数の映画生産国であったが[13]、かつて存在したはずの膨大な量の可燃性フィルムはフィルムセンター設立[14]時までに徹底的に廃棄され尽くしており、ごくわずかしか現存していない。

フィルムセンターが成立した直接の契機は、敗戦直後にＧＨＱによって接収されて米国議会図書館に保存されていたものなど、大量のフィルムの「返還」が実現したことであった。一〇〇〇本を超える日本映画の極めて重要な（その大部分が国内にはすでに存在しない）コレクションを、国家事業として一気に獲得できたのである。[15]ところがその時アメリカから「返還」されたフィルムさえも、国内で複製されたのちに原則として廃棄されてしまっている。所蔵品を恒久的に保存することを基本とする国立美術館の枠組みにおいては、可燃性フィルムを収蔵品として登録してしまうと登録を抹消することが難しく、廃棄がままならなくなるという制度運営上の制約があり、かつ、可燃性フィルムはごく近い将来に廃棄せざるを得ないほどに劣化すると信じられていたのがその理由である。苦肉の策として、可燃性フィルムはそもそも登録せず、不燃性フィルムに複製したものをはじめて登録するという慣行が近年まで続けられていた。恒久保存されるべきものは可燃性フィルムという具体的なモノではなくいわば抽象的な「映画作品」であり、可燃性フィルムは不燃性フィルムに転写されることによってその生命を終える一時的な（エフェメラルな）存在であるという考え方がその背景にはあった。

著名なコレクター、小宮登美次郎によるヨーロッパ無声映画コレクションのような奇跡的な例外はあるものの、日本国内に現存している可燃性フィルムの総量はごくわずかである。二〇一四年には国立映画アーカイブが、洗練された空調・消火設備を備えた高機能な可燃性フィルム保存庫を新設したが、その容量はわずか一一五二缶にすぎない[16]。このように日本のケースは、可燃性フィルムに対する国家的な規制と、そのことに対する救済手段の乏しさが、映画文化の継承に対して甚大で致命的な影響を及ぼした極端な例である。ただし保管に伴うリスクやコストを理由に、複製作業を終えた後にオリジナルの可燃性フィルムを組織的に廃棄しつづけてきたアーカイブは日本以外にも存在し、ドイツ連邦公文書館のフィルムアーカイブはその代表的な例である。

4　可燃性フィルムを積極的に集めること

可燃性フィルムを、不燃性フィルムに転写されればその使命を終える一時的な媒体とはとらえず、恒久保存の対象とみなすアーカイブももちろん存在する。ここで筆者が長く勤めたオーストリアのフィルムアーカイブ（Filmarchiv Austria: FAA）に焦点を当ててみたい。オーストリアでは一九六七年に可燃性フィルムを個人の住宅等（特に室温の上昇する最上階）において所持することが禁じられたため、個人コレクターや公的機関は急遽手放さなければならなくなった。それでも一九五五年にすでに設立されていたフィルムアーカイブ[17]がそれらの受け皿となることができ、一九七二年には可燃性フィルム専用収蔵庫も建設された[18]。その後も可燃性フィルムの収蔵本数は増加の一途を辿り、二〇一〇年には大規模な専用収蔵庫が新たに竣工した。国内産の木材をふんだんに使用したシンプルな木箱のようなユニークな建築で、温湿度を一定に保つ上で効果的な構造になっている。国内外を問わず、公的・私的を問わず、可燃性フィルムの管理が過重な負担となっている諸機関や個人コレクターから多くの可燃性フィルムを受け入れ、コレクションは拡大をつづけている。この可燃性フィルム専用収蔵庫が、竣工当時の既所蔵本数およそ四万缶を大幅に上回る七万缶というキャパシティーで建てられた[19]ことも、同アーカイブの積極的な姿勢をよく示している。実質的なナショナル・フィルムアーカイブとして、オーストリアのナショナル・シネマの保存を第一の使命としてはいるが、可燃性フィルムである限り、収集の対象はオーストリア関連映画に限定されない。

コレクションの国際性はその歴史的・地理的な特殊性にも拠っている。一九一八年以前にオーストリア＝ハンガリー二重帝国の覇権が及んでいた地域や、帝国と境を接していた地域で、現在では別の国になっている近隣諸国、具体的にはハンガリー、チェコ、スロバキア、セルビア、クロアチア、スロヴェニア、トルコなどの国々のフィルムが相当数コレクションに含まれている。二〇〇四年にはセルビアにとって幻の国民的映画であった『英雄カラジョルジェの生涯と功績』（*Karađorđe/ The Life and Deeds of the Immortal Vožd Karađorđe*, 1911）が発見され、当地でセンセーションを巻き起こした。マイケル・カーティス[20]の『最後の夜明け』（*Az utolsó hajnal/ The Last Dawn*, 1917）は、ＦＡに所蔵されていたわずかな断片がハンガリー・フィルムアーカイブによって同定され、二〇〇五年のポルデノーネ無声映画祭で上映された。そのことがオランダのＥＹＥ映画博物館（EYE Filmmuseum）に所蔵されていたより完全に近い版の同定に結びつき、二つの版を統合した最長版の復元・公開にまで至った。カーティスのハンガリー時代の監督作がほぼ現存しないことから、ハンガリー国内にとどまらず英語圏を含め広範な関心を集める重要な発見になった。この例のように、オリジナル・タイトルが他の言語に翻訳されたり、まったく別のタイトルに変えられたりしているために、同定されないまま他国のアーカイブのコレクションに眠りつづけているケースがヨーロッパでは非常に多い。その種のフィルムの出自を明らかにするにはこうしたアーカイブ間の国際的な協力関係が大きな力をもつ。本国では失われた重要な作品であることが近年になって判明し、華々しい帰還に結びついたこれらのフィルムは、可燃性フィルムであるということをほぼ唯一の理由に、現在に至るまでオーストリアで護られてきた無名のフィルムだったのである。

5　「オリジナル」を保存しつづけること

現在では、良好な保存環境に置かれさえすれば可燃性フィルムは不燃性フィルム以上の寿命を持ちうることが広く知られるようになっている。だがかつては、"Nitrate Won't Wait"[21]（可燃性フィルムは待ってくれない）という標語に象徴されるように、可燃性フィルムは化学的に不安定で劣化が避けられず、早晩使用できなくなるのだから、一刻も早く「安全」で「安定」した恒久的な保存媒体、すなわち不燃性のトリアセテート・ベースのフィルムに複製しなければならないというのが共通認識だった。日本が消防法を根拠として国家的に強制し、一気に完了してしまったこの複製作業を、世界のフィルムアーカイブはその後数十年、延々とやりつづけていたと言ってもよい。可燃性フィルムを不燃性フィルムに複製するという特殊な作業が「保存」（preservation）と呼ばれ、フィルムアーカイブの主要な使命と考えられていたのである。そして複製後に可燃性フィルムが意図的に廃棄されたにせよ、劣化その他の不可抗力で事後的に失われたにせよ、複製しか残されていないケースはきわめて多い。

複製物が残っているのならばそれで十分ではないか、という考え方もあるだろう。もちろん何もないよりはいいのだが、複製はさまざまな問題を生じさせる。最善策は、35ミリの可燃性原版（オリジナルネガ）を同じ35ミリの保存用マスターポジ[22]に複製することであるが、この選択肢が常に採られるとは限らない。再び日本のケースに立ち返れば、大手映画製作会社のなかで35ミリマスターポジの作成を原則としたのは東宝のみで、作業コストや収蔵スペースの節約のため、松竹や大映は多くの作品を16ミリのマスターポジに複製した。映像の精細度（画質）は一般にフィルムの物理的な面積に比例するから、35ミリ幅のフィルム（一コマの有効面積は24ミリ×18ミリ）を16ミリ（同10・26ミリ×7・49ミリ）に転写すれば、画質はおよそ四分の一になるわけだ。むろん、当時の切羽詰まった状況を考えれば、完全に失われなかっただけでも良しとしなければならないが。こうしたことで、たとえば元は画と音あわせて二〇缶ほどあったはずの一作品の原版は、一〇センチほどの厚みのたった一缶にすべて収まっているのである。[23] 小津安二郎監督作品をはじめ、日本映画の名高い名作のうちにもこのような形でしか現存していないものは数多い。フィルムの幅は記録されうる情報の量、すなわち画質を直接的に決定する要素であり、16ミリに縮小することで日本映画はその構成要素のうちの重要な一部分を捨て去ってしまったと言える。

そもそも写真化学的な複製においては、どれほど細心の注意を払って理想的に作業したとしても、世代が下るごとに精細度の劣化と画像の硬化（コントラストの上昇）が避けられない。それだけでなく、作業時のフォーカスの甘さで画がぼやける、元素材やプリンターについていた物理的なキズや汚れが画面に焼きこまれる、無声映画がトーキー映画の画面比率になってしまい画面の左側が大きく失われる、[24] フレームの位置がずれて画面の中（パーフォレーション一つか二つ分ずれた箇所）にフレームラインが焼きこまれる、現像や水洗の不備でムラや画調のばらつきが生まれる等々、さまざまな不具合が高頻度で生じる。元素材自体の問題に加えて残念ながらこうした複製に起因する画質の劣化も一因となって、古いフィルムは汚い、見にくいといった先入観が広く共有されてしまった。また、無声映画期には白黒のプリントをステンシルカラー、染色、調色といったさまざまな手法で着色することが一般的であったが、白黒フィルムによる複製のために色彩が失われてしまうことも多かった。[25]

だが過去十数年の間に、不燃性フィルムに複製する過程を経ることなく、現存する素材を直接高精細でデジタル化することでその本来の美しさをより正確に再現することが可能になった。古いフィルムは直接スキャンするとなるとパーフォレーション付近の破れ（目壊れ）、収縮によるパーフォレーション間のピッチの狂い（目縮み）、変形によるフォーカス不良といった様々な問題を引き起こすが、技術は成熟して相当に状態の悪いフィルムでもスキャンが可能になった。4K解像度でのスキャニングのコストは商業ベースでもかつての写真化学的複製よりもはるかに安価になっている。安価なスキャナも登場して、組織内にスキャナを備えて自ら運用し、直接コストを発生させることなくデジタル化を行う機関が増えつづけている。こうした流れを受け、過去に写真化学的な複製によって繰り返し復元されてきた古典的な作品についても、可燃性フィルムなど、現存するなかでオリジナルにもっとも近い素材を直接スキャンすることから出発して、新たにデジタル復元を行うことが盛んになっている。現在まで生き延びた可燃性フィルムたちはその本来の美しさを存分に引き出され、過去の技術と美学の驚くべき完成度を広く知らしめる契機を提供しており、それはまた、オリジナルのフィルムが現存していることの重要性を強く印象づける結果ともなっている。

6　デジタル・ジレンマ(26)

現在までフィルムのかたちで残っているオリジナル素材や、保存や上映のために過去につくられてきた複製フィルムについて、恒久的な保存が行われるべきことはおおむね衆目の一致するところだ。だが、こうしたデジタル復元などで生まれるデジタル的な複製物についてはどのように考えるべきなのだろうか。写真化学的な複製に代わってデジタル復元が行われるようになった当初(27)は、映画館の上映に使用されていたのは依然として35ミリフィルムだった。復元したフィルムを映画館で上映するためには、デジタル処理したデータを35ミリフィルムにレーザーでレコーディングしてネガをつくり、プリントをつくることが必須だった。このような場合、恒久保存されるべきものはこの新しいネガとプリントであって、デジタルデータはそのための中間素材のような扱いとなり、そのサステナビリティ、すなわちそのデータが将来にわたって使用可能なものであるかについてはさほど深く考えられてはいなかった。[28]

二〇〇五年以降、映画館においてフィルムに代えてデジタルで上映するための規格を標準化する取り組みが進み、現行のDCP（Digital Cinema Package）の仕様が確定された。[29]これを受けて映画館のデジタルシフトが急激に進行し、新作の製作現場においても映画の復元や保存の分野においても大きな変容が起こった。上映素材としてDCPのみをつくり、35ミリフィルムをまったくつくらないことが急激に一般的になっていった。そうすると、保存されるべきは上映用コピーとしてのDCPと、そのもとになるデジタルマスターということになる。DCPは合計数十からせいぜい数百ギガバイト程度のデータに過ぎないが、マスターの方は一時間半の映画ならば一二万九六〇〇個におよぶDPXまたはTIFF画像ファイルに、音声ファイル、さらには字幕などの各種メタデータを加えたもので、データ量は数テラバイトから一〇数テラバイトにのぼる。オンラインのサーバーやクラウド上で管理しつづけるのが合理的とはいえないデータ量であり、オフラインの保存メディアとしては現在LTO（Linear Tape-Open）と呼ばれる磁気テープが一般的に使用されている。[30]

LTOは二〇〇〇年に第一世代が登場して以来、二〇二一年に第九世代まで更新を重ねている。書き込みは一世代前まで、読み出しは二世代前までしかできない。新しい世代は数年おきにリリースされるから、短いスパンで途切れなくマイグレーションを行う必要がある。メーカーは少なくとも五〇年はデータを安全に保存できると公称しているが、いったんマイグレーションのチェーンが途切れてしまうと古いテープからデータを取り出すことには非常な困難とコストが生じる。マイグレーションの成功確率はメディアそのもののエラーレートで論じられることが多いが、ユーザーがそうした作業のエキスパートばかりではないこと、人為的なオペレーションミス、放置期間が長くなる傾向などを考え合わせると、データ消失の危険はかなり高くなる。こうしたデジタル保存にまつわる矛盾を一般にデジタル・ジレンマと呼んでいる。[31]

デジタル保存の困難さ、コスト、不確実性から、データの保存媒体として改めてフィルムを採用するという考え方がある。フィルムの需要の減少によるコストの上昇や、世界中で現像所が次々に閉鎖されてゆく中でいつまでフィルムの作業を行えるのかという不確実さはあるものの、資金が許すならば35ミリフィルムはいまだもっとも信頼のおける映画の保存媒体としての地位を明け渡してはいない。上映のための35ミリプリントが不要だとしても、保存のためにデジタルマスターを35ミリフィルムにレコーディングし、できれば保存用のプリントも作成しておくのが望ましいのはおおむね異論のないところであるが、上映という重要なゴールがすでにデジタルの形で一元化されているいま、純然たる保存のためにこの大きな投資を諾う製作会社やアーカイブは多くない。デジタルデータを将来ふたたび使用可能な状態で、可能な限り恒久的に保存しつづけるにはどうしたら良いのかについては、理論的にも実践的にも最適解が見出されないまま、データの量ばかりが日々爆発的に増えつづけている。

7　フィルムアーカイブの新たな役割

新作にフィルムが使われることがほとんどなくなって以来、世界のフィルムアーカイブは、過去の遺産の受動的な管理人ではなく能動的な活動主体であることを示すべく、変革を迫られつづけている。従来は収集対象に含めてこなかったホームムービーやビデオを扱い始めたところは多いし、記録映像のアーカイブやアニメーションのアーカイブなど、国内の他の機関と統合して、フィルムに限らず広くメディア一般、オーディオビジュアル資料一般を扱うようになった機関もある。そうしたなかで共通して見られる顕著な傾向は、所蔵する現物資料のデジタルアーカイブ化である。オリジナル素材をデジタル的に視聴可能な状態にするまでのハードルはいまだかつてないほど低くなった。過去十数年の間に、フィルムアーカイブの活動の場はデジタル領域に大きく重心を移し、フィルムそのものはこの主戦場を背後から支えるバックヤードとなった。

ヨーロッパのフィルムアーカイブにおいては、諸機関を統合するプラットフォームとしてヨーロピアン・フィルム・ゲートウェイ（European Film Gateway: EFG）[32]の構築がＥＵの枠組みで二〇〇八年に開始されたことを端緒とし、少しずつデジタルアーカイブ構築の取り組みが進展した。まずはそれまで各館に蓄積されていたテレシネ[33]によるマスターテープ（デジタルベータカムなど）をファイル化する形で、コレクションの中でも著作権が失効しているものなどから順に、インターネット上で無償閲覧が可能な状態が整えられていった。デジタル公開されるのはあくまでＳＤ画質の、ロゴやタイムコードが大きく入っていたりもする映像で、いわば各機関の所蔵作品の映像付きカタログという位置付けであり、フッテージセールス、上映、展示など、従来のプレゼンテーション形式での需要を喚起する役割を担うものとしてオリジナル素材との棲み分けが行なわれてきた。ＥＦＧから現在も閲覧することのできるビデオファイルはおおむねこうした類のものである。

こうした従来の常識的な運用からいち早く転換を果たしたアーカイブの例として、オランダのＥＹＥ映画博物館の取り組みを見てみよう。ＥＹＥの前身であるオランダ映画博物館は、一九九七年という早い時期からコレクションのデジタル化を積極的に進め[34]、ＥＦＧの構築においても基幹メンバーとして主導的な役割を果たした。二〇〇九年に国内の映画関連機関三館と合併して生まれたＥＹＥは、二〇一〇年開設のYouTubeチャンネルを活発に運用している。多くのフィルムアーカイブがインデックスとして低画質映像のみを提供してきたのに対し、ＥＹＥは修復済みの２Ｋマスター素材など、上映や展示に用いるのと同じ水準のファイルを惜しげもなく公開してきた。国際色豊かなコレクションをアーカイブ内に囲い込まず積極的に外部に提供することで、機関の認知度を高めたばかりでなく、アーカイブ映像の「珍しさ」や「資料的価値」だけでなく、その「美しさ」の周知に貢献したといえる。

第一次世界大戦関連資料を網羅的に収集するという目的をもつ英国帝国戦争博物館（Imperial War Museums）の取り組みもまたユニークである。ウェブサイトに設けられたStories & Videosと名付けられたセクションは、「第一次世界大戦の原因」「第一次世界大戦はどのように終焉を迎えたのか」といった王道的なものから、「第一次世界大戦中の動物たち」「戦車のジェンダー」といった意表をつくものまで、訴求力のあるテーマを掲げたうえで、関連するアイテムをコレクションからピックアップしながらひとつの物語を語るビデオとして構成されており、キュレトリアルなヴィジョンを鮮明に打ち出している。だがそれだけでなく、写真やドキュメントなどとともに、基本的に未修復ではあるが2K解像度の映像を全篇通した形で網羅的に公開してもおり、一般的な視聴者の関心を広範に惹きつけることに注力しつつも、特定の調査目的をもつ利用者にも広く門戸を開放している。

いずれの例も、従来のフィルムアーカイブの取り組みとは一線を画する積極的なデジタルアーカイブの運用が長らく注目されてきたところであり、後発のさまざまな機関の取り組みにも波及効果が見られる。

8　デジタルアーカイブとフィルムアーカイブの未来

YouTubeや各種の映像配信サービスをはじめとして、多種多様なプラットフォームから提供されるデジタル映像が急速に市民生活に浸透するなかで、フィルムアーカイブはそれらとどのような関係を取りむすぶべきなのだろうか。コロナ禍で上映・展示活動が一時的に大きく後退したことを受け、その代替としてデジタル上映やオンライン公開を選択する機関が続出し、フィルムアーカイブのデジタルシフトは劇的に進行した。営利企業にコレクションを託すことへの疑念、公共性のある事業に広告が入ることの問題などから、従来フィルムアーカイブの間ではYouTube忌避の傾向が明確にあったが[35]、過去に例を見ない緊急事態のさなかにあってその利用はいわばなし崩し的に急拡大した。独自サイトですでに映像を公開している機関が同じ映像をYouTubeでも重複して公開するケースも目立つようになり、かつてEFGが果たしていたような、各機関の所蔵作品の映像付きカタログとしての役割をも、YouTubeは担いはじめている。

デジタルアーカイブの積極的な運用は、当然ながらフィルムアーカイブの従来の活動にも影響を与えることが避けられない。デジタルアーカイブが伝統的な上映・展示活動の集客力や収益性にマイナスの影響をもたらし、現物資料アーカイブとしてのフィルムアーカイブの存在意義を削いでしまうのではないかとの懸念は当然ある。だが、EYEや帝国戦争博物館のようにフルスペックでの映像配信を行なっている機関の先例は、そうした発信がきわめて喚起力のある広報活動となり、機関のオンサイトでの活動にとってむしろプラスになり得ることの可能性を十全に示しているように思われる。

フィルムアーカイブによるデジタルアーカイブ運営について考えるうえで重要なのは、アーカイブはほとんどの収蔵作品について著作権を持たないという事実である。著作権が生きている作品については、アーカイブは原則として単なる所有者であり、法的根拠に基づいた明確な権利を主張することはできない。所蔵フィルムが新しい作品に二次利用される場合などに、せいぜい成果物における謝辞やクレジット、目的外使用の禁止といった条件を課すことができる程度である。対して著作権が失効しているものについては自由な運用ができるはずであるが、こうした場合にアーカイブはまるで第二の著作権者であるかのように振る舞いがちだった。アーカイブは長い期間、相応のコストを負担して、著作権者に代わり作品の素材を大切に守ってきたのだから、重要な作品についてごく限られた機会にしか館外に出さない、出す場合には少なくない金銭的負担を求めるといった運用がごく一般的に行なわれてきた。それまでアーカイブが担ってきた負担について、受益者にも応分の負担を求めるという側面のほか、映画がフィルムというモノと不可分であった場合には、プリントを映写すると傷むから、あるいは失われる危険があるからという明確な根拠もまた、アーカイブのフィルムの流通を妨げる要素としてたしかに存在していた。

しかしコロナ禍以降のデジタルアーカイブの急速な進展のうちには、こと収益性を確保する必要性の低い公的アーカイブにおいて、こうした従来の権利認識を部分的に手放してでも率先して「公共性」に舵を切る動きが明瞭に見てとれる。パブリックドメインのものやオーファンフィルム（権利関係が不明のもの）から始めて、網羅的に収蔵作品のデジタルアーカイブ化を進め、利用者のステイタスや利用目的を問わず無差別に公開するという流れは、今後より一層大きな趨勢となってゆくだろう。それはまた、代替の効かない現物資料をアクセス対応のための使用から解放することにもつながり、現物資料保存の観点においても大きな利点となる。こうして惜しみなく「公共性」のために差し出された作品たちが、翻って、それらを護りつづけてきた現物資料アーカイブの存在意義をあらためて認識させる役割を担うことになるだろう。

　現物資料アーカイブによるデジタルアーカイブの展開について懸念されるのは、その膨大なコレクションの中からごく一部を何らかのテーマやコンセプトにしたがって選別し、意味づけをし、アーカイブ本体とは別の枠組みで公開するといった活動が目立つことである。そうした形態は第一に、持続可能性の点で深刻な問題を含んでいる。そのような形で編まれた多くの「キュレトリアル」で魅力的なデジタルアーカイブが、時限的な予算等が原因で消滅や形骸化に至っているのである。新たなウェブサイト等の立ち上げには潤沢な予算がついても、恒久的に維持してゆくための経費は手当てされず、プロジェクト遂行期間終了後にサーバー・コストやメンテナンス・コストの担い手がなくなってしまうケースは枚挙にいとまがない。第二の問題点は、こういったキュレーションの行為そのものがはらむ政治性である。ダグマー・ブルノーは、「アーキビストは、映画遺産の選択・展示・最文脈化のプロセスにおいて、キュレーターのような存在になっており、デジタル時代においてはなおさらである[36]」と警鐘を鳴らしている。ブルノーがここで念頭においているのは、アライダ・アスマンが『想起の空間』において展開した「機能的記憶」と「蓄積的記憶」のモデルだ。「機能的記憶」とは「住まわれた記憶」であり、「何らかの担い手と結び付」き、「過去、現在、未来を橋渡し」し、「ある部分を思い起こし、ある部分を忘れることで選択的にふるま」い、「諸価値を媒介する」。これに対し「蓄積的記憶」は「住まわれざる記憶」であり、「特定の担い手からは切り離され」、「過去を現在と未来から根本的に切断」し、「すべてが等しく重要」で、「価値や規範を保留する」。アスマンはこの両者を「二つの互いに補い合う想起の様態」として、二元的な対立ではなく「前景と後景というモデル」として提示する。両者の区分は固定的なものではなく、「歴史の学問の大きな屋根の下には、……使用されなくなった遺物や、所有者のいなくなった品物が保管されるが、それらは再び評価されて、新たに機能的記憶の仲間入りをすることがある」のである。[37]

今後のデジタルアーカイブにおいて優先されるべきなのは、キュレーターシップよりも網羅性である。オンサイトでの上映会や展覧会は、時空間の物理的な制約のために、アーキビスト／キュレーターによる選別に全面的に依拠せざるをえなかったが、デジタルアーカイブは、こうしたキュレーションの政治性から流通をついに解放する可能性を秘めている。網羅的なデジタルアーカイブは、どれほど創造的なキュレーションよりも、その収蔵物を絶え間ない想起の機会にさらし、機能的記憶へと送りこみつづけるという意味で、すぐれてラディカルな取り組みであるはずだ。

それでも、YouTubeのようにあらゆる人が等しくアクセス可能な既存のサービスにすべてをランダムに放り込むというやり方にも、とうてい首肯できない。個々のアーカイブに関心を持っているわけではない視聴者に偶発的な出会いを提供する意味では効果的であるにしても、一営利企業に公共的利益を託すことになることは大きな問題をはらむ。そうした意味において望ましいのは、現物資料アーカイブにおけるアーキビストの日常的な活動の延長線上でのデジタルアーカイブではないだろうか。アーカイブの日常業務に不可欠な基盤インフラとしてのデータベースと連結され、日々の調査の進捗によって不断に更新されつづけ、拡張されつづけるような形態は、少なくとももっとも確実に持続可能ではあるだろう。アスマンが『忘却の形式』において展開した「収蔵による忘却」（Verwahrensvergessen）という概念[38]は、収蔵というアーカイブの実践が忘却の行為にほかならない場合がありうることを鋭く指摘するものであったが、網羅性と持続可能性を兼ね備えたデジタルアーカイブこそが、現物資料アーカイブを「収蔵による忘却」の場とすることなく、未来の想起に向けて不断に開かれた記録と記憶の巨大な貯蔵庫として原動化しつづけることにつながるはずである。

注

（1）富士フイルムは二〇一四年に一部のデジタルレコーディング用製品を除いて映画用フィルムの製造から撤退したが、コダックは二〇二四年現在、撮影用製品を含めて映画用フィルム製造を継続している。少数とはいえ、撮影にフィルムを使用する作品も途切れることなく続いている。二〇一六年にデジタルとのハイブリッド撮影が可能なスーパー8フィルムが、二〇一八年にはエクタクロームが再販されるなど、アマチュアフィルムの分野を中心に新たな需要を生み出そうとする動きも存在する。

（2）動的映像の保護及び保存に関する勧告（一九八〇年一〇月二七日、第二一回ユネスコ総会採択）に応えるもの。https://www.mext.go.jp/unesco/009/1387391.htm（二〇二四年九月二〇日最終閲覧）

（3）その中でも紙媒体の資料が「ノンフィルム」と総称されることが多い。

（4）その範囲は撮影台本や撮影時のアルバム、撮影に使われた衣装、手帳、日記、手書きメモ、書簡といった「史料価値」が高いと考えられるものから、蔵書、愛用の手回り品など、あらゆるものにおよぶ。

（5）「オリジナル・カメラネガ」が「オリジナルネガ」と区別されるのは、アメリカ映画など大規模な公開を前提とし、多数のプリントを必要とする作品において、オリジナル・カメラネガを丸ごとマスターポジに複製し、マスターポジ上で編集するような場合である。編集されたマスターポジから複数のデュープネガを作成し、それぞれのデュープネガからプリントを焼く。結果として、オリジナル・カメラネガは一度しか使用されず、未編集のままで残されることになる。日本ではそうしたプロセスが採られることはほぼなく、オリジナル・カメラネガを編集してオリジナルネガとし、そこから直接プリントを焼くのが一般的である。

（6）ただし映画史の初期（おおむね一九一〇年代まで）には、プリントを売り切る形で流通することも多くあった。

（7）厳密には映画に用いられた素材はこれとは若干組成を異にする。可燃性フィルムについての先駆的な日本語文献として、岡田秀則「ナイトレート・フィルムの保存」『マテリアルライフ学会誌』第一六巻二号、二〇〇四年、四一―四六頁がある。

（8）鈴木健「火災の着火源について」『消防研究所報告』第一一六号、二〇一四年、一三―四六頁。

（9）初期の不燃性フィルム開発の取り組みに関する資料が以下の文献にまとめられている。Roger Smither, "Safety Film: False Dawns," in *This Film Is Dangerous: A Celebration of Nitrate Film*, Roger Smither and Catherine A. Surowiec eds., Lausanne: Federation Internationale des Archives du Film, 2002, pp. 319-327.

（10）交付時の名称は昭和二三年法律第一八六号。

（11）Penelope Houston, *Keepers of the Frame: The Film Archives*, London: British Film Institute, 1994, p. 43.

（12）一九五二年に国立近代美術館の中に「フィルムライブラリー」が設置されたことで、国立機関による映画保存の第一歩が踏み出されたのは大きな前進ではあったが、あくまでも美術館内の講堂での上映を目的としたプリント収集がその趣旨であり、可燃性フィルムを含むオリジナル素材を保存目的のために組織的に収集したり、ましてや複製したりするような資金的・人的余裕には乏しかった。一九七〇年に設立されたフィルムセンターは二〇一八年に、国立映画アーカイブとして美術館から独立した。

(13) 大手の製作会社は最盛期には毎週二本、年間におよそ一〇〇本の新作を製作していた。一九六〇年に日本の劇場公開映画の製作本数は五四七本で最高を記録し、以後急激に減少する。

(14) 原版だけでも、一本あたり画、音それぞれ一〇巻ずつで試算して年間二〇〇〇巻ものフィルムが各社に新たに蓄積しつづけていたことになる。

(15) 一九六七年にまとまり、東京国立近代美術館フィルムライブラリーが受入先となった。三年にわたる返還作業の結果、劇映画一〇二本、文化・記録映画五二一本、アニメーション映画二五本、ニュース映画六三八本、計一二八六本の不燃化が一旦完了したとされる（フィルム・ライブラリー助成協議会『返還映画の特集』第一期・第二期、登川直樹・清水晶・丸尾定編、一九六八年）。返還映画については、常石史子「ナイトレート返還／変換始末」『文化資源学会ニューズレター』第二号、二〇〇二年、二—三頁、中村秀之「「返還映画」とは何か——コレクションの解明に向けて」『NFAJニューズレター』第二四号、二〇二四年、六—八頁、板倉史明「返還映画コレクションの来歴を紐解く——接収と収奪の先に」『NFAJニューズレター』第二五号、二〇二四年、六—九頁を参照のこと。

(16) 国立映画アーカイブが管理する可燃性フィルムの保存場所は他にも存在し、他の機関や企業のもとに保管されているものも一定量ある。

(17) 設立時の名称はÖsterreichisches Filmarchiv. 一九九七年に現行のFilmarchiv Austriaに改称された。

(18) Ernst Kieninger, "Tradition Is... the Preservation of the Nitrate Film Heritage in Austria," in *This Film Is Dangerous: A Celebration of Nitrate Film*, Roger Smither and Catherine A. Surowiec eds., Lausanne: Federation Internationale des Archives du Film, 2002, pp. 409-413.

(19) この収蔵庫は日本の『小林富次郎葬儀』（一九一〇）のフィルムが収納されていた桐箱にインスパイアされた木造建築である。この点につき詳細はFumiko Tsuneishi, "From a Wooden Box to Digital Film Restoration," *Journal of Film Preservation* 85, 2011, pp. 63-72、常石史子「ヨーロッパにおけるフィルム・アーカイヴの現状 第一回 それはひとつの木箱から始まった」『映画テレビ技術』第七一〇号、二〇一一年、三三—三六頁、およびAnna Dobringer, "The Wooden Vault. A Unique Approach to Nitrate Film Storage at Filmarchiv Austria," *Journal of Film Preservation* 99, 2018, pp. 110-116を参照のこと。

(20) ハンガリー出身の映画監督（一八八八—一九六二）。ハンガリーでケルテース・ミハーイKertész Mihály、ドイツ・オーストリアでミヒャエル・ケルテスMichael Kertesz の名で活動したのち、ハリウッドではマイケル・カーティスMichael Curtizとして名声を極めた。

(21) Anthony Slide, *Nitrate Won't Wait: A History of Film Preservation in the United States*, Jefferson: McFarland Publishing, 2000.

(22) 上映プリント用とは異なり、複製による情報の欠落が最小化されるよう、粒子が細かく、コントラストがやわらかく設計された特別の乳剤が使われているフィルムで、プリント用に比べ高価である。

(23) オリジナルネガは画と音が分かれているが、これをマスターポジに複製する際に画と音をまとめることで、さらに量が半減する。省スペースには資するが、音質劣化の一因となる。

(24) 無声映画は35ミリフィルムのパーフォレーションを除いた部分を、上下左右くまなく画に使っているが、トーキー化以降は画面の左側にサウンドトラックが入るため、さらに上下にも黒味を入れておよそ四：三の画面比率を保った。トーキー化以降に複製された無声映画には、トーキーの画面比率が適用された結果、画面の左側が欠けてしまったものが少なくない。

(25) 無声映画特有の着色を保存・再現するために、カラーフィルムを用いて複製を行う取り組みが一般化したのは一九九〇年代に入ってからのことである。この課題を扱った先駆的なシンポジウムの記録がDann Her Togs and Nico De Klerk eds., *'Disorderly Order': Colours in silent film*, London: British Film Institute, 1996にまとめられている。

(26) 詳細は常石史子「フィルムアーカイブにおける映画の復元と保存」『デジタルアーカイブ学会誌』第三巻四号、二〇一九年、三九四—三九八頁を参照。

(27) 長篇商業映画のデジタル復元としては、一九九三年にディズニーが行った『白雪姫』(*Snow White and the Seven Dwarfs*, 1937）が最初の例と考えられている。

(28) 筆者が携わった初期のデジタル復元（二〇〇三—〇五年）では、数百ギガバイトという当時としては桁外れに大きかったデータを格納するためにソニーの規格ＤＴＦ（Digital Tape Format）を使用したが、この規格は一九九九年に第二世代がリリースされて以降、後続の世代が出ず、いまやアクセス不能なメディアになっている。

(29) ＤＣＰは映像ファイルをはじめとする複数のデジタルファイルをまとめるパッケージの統一規格で、二〇〇五年にディズニー、パラマウント、ソニー、ユニヴァーサル、ワーナーの五社から成るDigital Cinema Initiatives によって最初に標準化されたものである。

(30) 多量のデータの長期保存のための選択肢としてはさまざまな新しい技術が提唱されては消えていっているが、実用の域に達しているものとして他に光学ディスクがある。二〇一一年の東日本大震災での津波により、写真やビデオ、フィルムなど、人々の記憶に関わる記録媒体が甚大な被害を受けたことから、災害に強いメディアとして日本で特に活発に開発・導入が進められているが、ＬＴＯのシェアを奪う存在となるかどうかは未知数である。

（31）Academy of Motion Picture Arts and Sciences, *Digital Dilemma 2*, 2012. https://www.oscars.org/science-technology/sci-tech-projects/digital-dilemma-2（二〇二四年九月二〇日最終閲覧）。東京国立近代美術館フィルムセンターによる邦訳（二〇一六年）がある。

（32）ＥＵの文化遺産のためのデジタルプラットフォーム、Europeana のパートナー・プロジェクトとして二〇〇八年から二〇一一年にかけて整備された、ヨーロッパにおける先駆的なデジタル映像アーカイブ。あくまでポータルに徹し、メタデータのみを扱う。四二のフィルムアーカイブが参加している。https://www.europeanfilmgateway.eu/

（33）フィルムを低解像度でビデオ化する技術の総称。

（34）https://www.eyefilm.nl/en/about-eye/history

（35）ＥＦＧにおいても、映像を公開した四〇の機関のうち主要な映像配信プラットフォームとして YouTube（二〇〇五年サービス開始）を使用したのはわずかに三館で、Vimeo（二〇〇四年サービス開始）の方が一六館と圧倒的に優勢だった。

（36）Dagmar Brunow, "Curating Access to Audiovisual Heritage: Cultural Memory and Diversity in European Film Archives," in *Image [&] Narrative* 18. 1, 2017, pp. 97–110.

（37）Aleida Assmann, *Erinnerungsräume, Formen und Wandlungen des kulturellen Gedächtnisses*, München: Verlag C.H. Beck, 1999/2018, S. 130–142（アライダ・アスマン、安川晴基訳『想起の空間——文化的記憶の形成と変遷』水声社、二〇〇七年、一五八—一七二頁）.

（38）Aleida Assmann, *Formen des Vergessens*, Göttingen: Wallstein Verlag, 2016.

第3章　保存・利用を巡る法的課題

早川和宏

1　「物」としての映像と法(1)

「物」としての映像

映像は映像として存在するのではなく、何らかの「物」に固定されて存在している。アナログ形式であれば、フィルム、ビデオテープ、アナログディスクが代表的なものであり、デジタル形式であればハードディスク、デジタルテープ、デジタルディスク、USBメモリーが代表的なものであろう。

一般に、「物」については所有権が発生している。所有権とは、所有者が有する「法令の制限内において、自由にその所有物の使用、収益及び処分をする権利」(民法二〇六条)をいう。映像を視聴するということは、それが自覚的であるか否かにかかわらず、(2)何らかの権限に基づいて「物」を使用しているということに他ならない。

物を使用するためには、当該物を使用するための何らかの権利が必要である。購入(売買：民法五五五条)、寄贈(贈与：民法五四九条)によって物の所有権が映像アーカイブ機関に移転した場合、当該機関は当該物を使用・収益・処分をすることができる。また、映像アーカイブ機関が、物の所有者から寄託(民法六五七条)を受け、かつ、寄託物の使用の承諾を受けた場合、(3)承諾の範囲内で使用することができる。ただ、ここで注意が必要なのは、「物の使用」は「物に記録されている情報の利用」と同義ではないということである。この点については、節を改めて論じる。

映像が記録されている物を購入、寄贈、寄託により取得する場合、留意しなければならないことがある。それは、所有者が明らかでないケースがあることである。

所有者が不明である場合

所有者が不明である場合の所有権をめぐる諸問題については、「記録映画保存に関する研究会」が網羅的に検討している。[(4)] 詳細はそちらを参照していただきたいが、同研究会の検討のポイントと結果は以下のとおりであり、ここで示された結果は、基本的に記録映画以外の映像が記録された物についても妥当すると考える。

(1)　美術館等が所有権者でない者から寄贈を受けた場合：美術館等が相手方に権限がないことを知らず（善意）、かつ、過失がないときは、即時取得（民法一九二条）によって寄贈物の所有権を取得できる。ただし、「寄贈をする者がフィルムを他人から預かっている者であり所有権者ではない事を、寄贈を受けるフィルムセンターが[(5)]知っているようなケース」では、即時取得は成立しない。

(2)　所有権者でない者が、所有権者不明の物について所有権を取得した上で美術館等に寄贈することの可否：時効取得（民法一六二条一項）、無主物先占（同法二三九条一項）の成立について否定。遺失物扱い（同法二四〇条）、寄託契約を解除し、競売にかけた上で美術館等が自ら落札する方法について消極的判断。

(3)　所有権者でない者が、所有権者不明の物を、寄託によって美術館等に保管してもらうことの可否：民法六五八条二項の「やむを得ない事由があるとき」に該当すれば、寄託物を第三者である美術館等に保管させることは可能。事務管理（同法六九七条以下）としての寄託について肯定。

所有者が確定していない場合

映像が記録されている物は、相続の対象になる。相続が発生した場合（映像が記録されている物を所有している被相続人が亡くなった場合）において、相続人が数人あるときは、当該物を含む相続財産は相続人の共有状態となる（民法八九八条）。共有状態となった相続財産は、遺言（同法九〇八条一項）、遺産分割協議（同法九〇七条一項）により分割され、誰が当該物を相続したのか（新たな所有者となったのか）が確定する。[6] 問題は、分割が終わっていない段階で相続人の一人から購入したり、寄贈、寄託を受けたりすることができるのかということである。購入、寄贈、寄託後に他の相続人が、自らが所有者であるとして返還を求めてくることが想定されるため、遺産分割が終了するのを待つべきであろう。[7]

これとは別に、寄託者がお亡くなりになったことにより、寄託中の物について相続が発生し、相続人の一人が寄託物の返還を求めてくるケースも想定される。この場合においても、遺産分割が終了し、当該相続人が所有者であることが確定するまでは返還をしないようにするべきであろう。

寄託物のデジタル化

映像アーカイブ機関が寄託を受けている物をデジタル化する際も、所有権との関係が問題となり得る。映像に係るものではないが、「著作権の保護期間が満了した古文書であっても、寄託資料をデジタルアーカイブで公開するに当たっては、トラブルが発生しないよう、寄託者に改めて許諾をとる必要がある」[8] との指摘がなされている。これは、古文書の所有権に含まれる「自らの所有物についてどのような使用方法を許すか」という権利行使の一形態として理解することができよう。

例えば、大阪地判平成二七年九月二四日判時二二九二号八八頁は、「博物館等が、館外所蔵者の所蔵品の資料写真の写真原版を貸し出す場合に、その利用につき所有者の許諾を求める扱いとされているのは、その資料写真の被写体となる所蔵品の所有者によるその公開範囲を決する権能を受けてされているものと解されるのであって、これも結局、所有権の問題として説明され得る」としている。ここでは、館外所蔵者（所有者）の物に対する所有権が、当該物の資料写真の作成という使用方法を認めるか否かを決することができるのみならず、撮影された資料写真の写真原版の貸出先の選定にまで及ぶとされている。[9] そうすると、例えば、著作権の保護期間が切れている映像が記録されているビデオテープであっても、ビデオテープという物の所有者は、その使用方法としてデジタル化を認めるか否かのみならず、デジタル化された映像の公開範囲までも決める権能を持つということになろう。所有権の及ぶ範囲が広くなりすぎるきらいはあるが、契約上、デジタル化を認める条件として公開範囲を入れることは可能であると考えられるため、やむを得ないであろう。

2　「情報が記録されているもの」としての映像と法

映像について発生している権利

物としての映像の持つ法的性格については前節で述べたとおりだが、物に対する所有権等の使用権を取得することは、当該物に記録されている映像を使用できることを意味するものではない。映像を含むコンテンツ全般に関連する権利について、総務省が二〇一三年三月に公表した「震災関連デジタルアーカイブ構築・運用のためのガイドライン」[10]は、表3－1のようにまとめている。写真、放送、動画、ウェブサイトといったコンテンツには様々な権利が内在していることが分かるであろう。[11] 映像アーカイブ機関がこれらの権利を違法に侵害してしまった場合、損害賠償請求等の法的紛争に直面することになる。

個々の権利についての詳細は紙幅の都合上割愛するが[12]、個人的に使用が許されていることと、映像アーカイブ機関としての使用が許されることを混同しないよう留意しなければならない。いずれも「自分」がやっていることで

表 3-1　各コンテンツに関連する権利

権利	権利の内訳	検討事項	関連法	対応コンテンツ
著作権	著作者人格権 著作財産権	・コンテンツの著作者の権利 ・コンテンツに利用されている著作物（音楽等）の著作者の権利	著作権法	書籍 新聞・雑誌 写真 放送 動画 地図 ウェブサイト
	著作隣接権	・放送事業者，レコード製作者等，著作隣接権者の権利	著作権法	放送 動画
商標権		・コンテンツに映っている（含まれている）商標に関する権利	商標法	書籍 新聞・雑誌 写真 放送 動画 ウェブサイト
意匠権		・コンテンツに映っている（含まれている）意匠に関する権利	意匠法	書籍 新聞・雑誌 写真 放送 動画 ウェブサイト
人格権	肖像権 氏名権	・コンテンツに映っている人の肖像に関する権利（声も含む） ・コンテンツ内で表示，音声等で氏名が述べられている場合の権利	憲法 判例 学説	書籍 新聞・雑誌 写真 放送 動画 ウェブサイト

出典：総務省「震災関連デジタルアーカイブ構築・運用のためのガイドライン」2013 年 3 月，296 頁より。

あるため、個人的に使用できるものは組織としても使用できると思いがちである。しかしながら、使用が許される場合・範囲については、その目的や立場によって法的に規律されている。以下、参考となる裁判例をいくつか挙げておく。

参考裁判例

(1)　知財高判平成二二年一一月一〇日判時二一〇二号一三六頁：本件の事案の概要は、以下のとおりである。映像制作を行うことを業とする会社であるA社から撮影機材とDVテープを無償で借り受けたXが、海外に出かける際に趣味の一環としてSLのビデオ映像を撮影し、帰国後に撮影機材と映像が記録されたDVテープをA社に返却した。返却を受けたA社は、当該映像を編集してDVDを作成した上で、その複製・頒布をB社に許諾し、これを買い受けたY社が販売した。Xは、Xに無断で映像を編集して作成されたDVDをY社が販売等したとして、Y社に対し、①当該ビデオ映像についての著作者人格権（同一性保持権）の侵害を理由とする、著作権法一一二条に基づく当該DVDの頒布等の差止め及び廃棄、②当該ビデオ映像についての著作権（複製権：同法二一条）及び著作者人格権（公表権：同法一八条、氏名表示権：同法一九条、同一性保持権：同法二〇条）の侵害を理由とする損害賠償を求めた。裁判所は、②の請求を一部認めた。撮影機材、DVテープの所有権はA社にあったが、記録されている映像の利用についてはXの許諾が必要であることを明確に示す事例として参考になろう。

(2)　東京地判平成二四年一二月二一日判タ一四〇八号三六七頁：本件は、旅館業を営むXが、インターネットの検索サイトを経由して入手した写真画像を、自らが運営するブログにアップロードして掲載した行為が、当該写真画像の著作権者であるA及びAから独占利用許諾を得ているB社の有する複製権（著作権法二一条）、公衆送信権（同法二三条）を侵害するとして、AからXに対してなされた損害賠償請求が認容された事案である。

Xが個人として写真画像をインターネット経由でダウンロードし、自らのPC等で個人的に使用することは、私的使用のための複製（同法三〇条）として許容される。しかし、当該画像をブログにアップロードすること[13]は、私的使用、すなわち「個人的に又は家庭内その他これに準ずる限られた範囲内において使用すること」には該当しないため、著作権者の了解を得なければ複製権・公衆送信権の侵害になってしまう。私的、かつ、特定の範囲内で認められている使用を、営業上、かつ、全世界に向けての使用に拡張することはできないのである[14]。映像アーカイブ機関としての複製は、私的なものにはなり得ないであろう[15]。

(3)　長崎地判平成四年七月二二日判自一〇六号四五頁：本件は、長崎県下の市町村のプロフィールを紹介するため、企画編集：長崎県、発行：財団法人長崎県市町村振興協会として出版された書籍『活き活き長崎』（本件書籍）に、Xの撮影した写真が無断で用いられていたというものである。Xが代表を務める有限会社は、長崎県下の七町村の町勢総覧、村勢総覧、観光パンフレット（本件町勢要覧等）の制作を受注し、それらにXが撮影した写真を掲載していた。本件書籍は、本件町勢要覧等に掲載されていたX撮影に係る写真を無断で転載し、また、一部の写真の下半分をカットして掲載していた。もちろん、複製権、同一性保持権侵害を理由とする損害賠償が認められた。判決では、「本件町勢要覧等には撮影者の表示はなかったものの、本件町勢要覧等に掲載された写真の枚数、被写体、構図、カメラアングル等をみると、右写真のすべてを本件七町村の職員が撮影したものとは到底考えられないところであるから、被告らとしてはこの点を本件七町村に確認すべき義務があったというべきであり、これを怠った被告らには過失が認められる」とされている。映像アーカイブ機関が取得した映像の中にも、複数の著作物から構成されているもの、著作権以外の複数の権利が内在しているものが存在することが想定されるため、「確認すべき義務」を果たすことが必要となる。

3　映像アーカイブの保存・利用と権利・利益との調整

第２節で述べたように、映像には多数の権利が内在している。升田純氏は、「各種のカメラが社会に広く膨大な数量で販売され、誰でもカメラを日常的に所持し、利用する現代社会においては、誰でも日常的に、著作権等の権利の侵害者（加害者）になりうるし、逆に被害者になり得る状況が社会に広がっているということができる（写真の無断利用、無断複製等は、著作権法上の権利侵害の問題だけでなく、不法行為等の他の法律問題も生じ得ることにも留意すべきである）[16]」と警鐘を鳴らすが、これは、写真のみならず映像全般に妥当することであろう。

映像アーカイブ機関は、それらの権利を侵害することがないように、a取得し、b保存し、c利用に供することが求められているわけであるが、これは一筋縄ではいかない。これまで、多くのアーカイブ機関において実践が積み重ねられているが、後述するように、現行法の解釈だけでは限界があるように思われる。以下では、映像アーカイブの保存・利用を図る上での実践の例を紹介した後、節を改めて若干の私論を述べることにしたい。

放送番組

放送番組をインターネット配信する上での権利処理の実践として参考になるのが、宮本聖二氏の二件の論考である。「放送番組の権利処理は、まず放送にあたっての権利処理のみをするのが通例」であり、「ネット配信の権利処理は、放送とは切り分けるか放送後に行う[17]」とのことである。

実際の作業としては、「番組放送後、その番組の再利用や放送権の販売やネット配信などを想定して全体構成を表にして、一カットずつに何が写っているのか、誰が写っているのか、写っているモノ・人について許諾を取らなければいけないのか、ならばそのための連絡先、取材時に付けられた条件、契約書や覚書があればその内容が一覧できる様に」した番組権利情報を作成するとのことである。番組のカット数に応じ、この一覧表は長くなり、必要な作業が増えていくことになろう。もっとも、番組制作者がこの作業を完璧にやることはなかなか難しく、権利処理の実務者が「番組制作者を捕まえて根掘り葉掘り情報を聞き出して、埋まっていない部分を完成させることになる」(18)とのことである。

しかしながら、このような努力によっても全ての権利処理が終了するとは限らない。権利者が分からない、連絡がつかない、承諾してくれないといった事例が存在するからである。そのような場合には、ぎりぎりまで権利処理の努力をしたうえで「権利処理をしないまま公開した場合発生するであろうトラブルを推測して」(19)公開の可否を判断することになるとされている。

アニメーション

アニメーションのアーカイブにおける著作権処理の実践として参考になるのが、山川道子氏・金木利憲氏の論考である。(20)そこでは、アニメーションの権利処理を巡って、以下のような問題があることが明らかにされている。

(1)　製作委員会方式で製作することが主流となっているため、製作委員会に参加する企業の中で、放送権や商品化権などが分担されており、利用したい内容によって許諾を得るべき相手が異なってくること。

(2)　権利を持つ会社が倒産、あるいは行方知れずになった場合には、許諾をとることができず利用ができなくなるおそれがあること。

(3)　企画段階から完成映像に至る過程の中間でセル画・背景・原画などの中間成果物が発生するが、それらの保存・管理を巡る問題があること。(21)

(4)　アーカイブ機関がデータを保有・管理していても、それ自体が問題であるとされる可能性があることにより、著作者を探し出すために所蔵作品名を公表しようと思ってもできないこと。(22)

(5)　発表時期未定、未発表の作品があること。

以上のように、保存についても利用についても課題が山積みである。

オペラ（演劇）

オペラのアーカイブにおける権利処理実践として参考になるのが、石田麻子氏・吉原潤氏の論考[23]である。昭和音楽大学オペラ研究所では、チラシ、プログラム、写真、上演の映像・音源などの様々な資料を所蔵しており、それらをデジタル化して公開することを検討したが、「著作権に詳しい弁護士とも協議した結果、いずれも著作権処理が容易ではないという理由で、デジタルアーカイブとしての公開は現状断念せざるを得なかった[24]」とのことである。具体的には、以下のような問題があることが明らかにされている。

(1)　作品の著作権（作曲家、原作者、台本作家等）を処理した上で、公演団体、指揮者、歌手、伴奏者／オーケストラとすべての関係者の権利処理が必要となること。

(2)　オーケストラのメンバー一人ひとりの権利までクリアすることが不可欠となること。

(3)　映像では、音源で必要な権利処理に加えて、演出家、舞台装置デザイナー、衣装デザイナー、照明デザイナー、メイクアップアーティスト等の権利処理が必要であること。

これらの問題は、オペラ固有のものというよりも、演劇アーカイブ全般に共通するものであろう（もちろん、一般的な演劇に比べてオペラは関係者が多いため、それ故の苦労は大きいと思われる）。なお、演劇アーカイブにおける権利処理について論じるものとしては、中西智範氏の論考[25]がある。

図書館

図書館における著作権処理の実践として参考になるのが、井上奈智氏の論考[26]である。この論考は、国立国会図書館においてデジタル化資料をインターネットで公開する際の著作権処理の作業を紹介しており、大いに参考になろう。もっとも、図書館の中でも国立国会図書館は、法令上特異な地位を占めていることがある。一般の図書館におけるデジタル化については、北海道図書館振興協議会調査研究チームが二〇一五年三月二四日に公表した「ゼロからはじめるデジタル化――小規模図書館でもできる」[27]が参照しやすいと思われる。

いずれの文献においても、著作権法六七条以下が定める、著作権者不明等の場合における文化庁長官の裁定制度について項目を立てて言及している点が興味深い。これは、図書館が所蔵しているのが、基本的に出版等により公表済みとなっている著作物であるからであろう。文化庁長官の裁定制度の対象になるのは「公表された著作物又は相当期間にわたり公衆に提供され、若しくは提示されている事実が明らかである著作物」（著作権法六七条一項）に限定されている。そのため、未公表著作物には用いることができないという限界がある。

震災関連（網羅的な実践）

先述の、総務省「震災関連デジタルアーカイブ構築・運用のためのガイドライン」は、「被災地域を始めとする全国の自治体職員、地域の図書館職員、ＮＰＯ法人、民間企業等におけるアーカイブ担当者等、震災関連デジタルアーカイブを初めて構築しようとする方」（同二頁）を対象として作成されたものではあるが、その内容は震災関連のものに限らず、デジタルアーカイブ全般に通底するものである。ことに、一四三頁以下の「震災関連デジタルアーカイブの権利関係の処理について」、二九五頁以下の「権利関係についての考え方（詳細）」は、当時の法制度下における一つの到達点を示すものとして、現在においても大いに参考になる[28]。

もっとも、同五頁には「本ガイドラインで紹介した権利処理の方法は、法的拘束力を伴うものではなく、……例を示したものであり、個々のデジタルデータの収集・保存・利用の可否、デジタルアーカイブ構築・運営については、各構築・運営者において法令等の解釈・運用に照らした判断が行われるものです」との記載がある。法ではなくガイドラインである以上、このような注意書きがなされるのは当然と言えば当然である。もっとも、このようなガイドラインの性格から、次に示すように、権利処理をきっちり・しっかりできるという前提に立ち、それができない場合は収集しない、利用に供しないというスタンスがとられている点には、留意が必要である。

(1)　著作権については、著作権法三〇条以下が定める著作権の制限規定に該当しない限り、著作権者の同意や承諾を要するとしている（同ガイドライン二九六頁以下）。

(2)　一般人の肖像権については、「特定の人だと分かる形で映っている動画・写真等についてはそれぞれ許諾をとる必要があると考えられる」（同ガイドライン三〇五頁）としている。

権利者からの同意や承諾が得られないものは収集できないから利用に供することもできない。しかしながら、同意や承諾が得られたものだけで構成されるアーカイブは、アーカイブとしての価値をどの程度持ちうるのであろうか。

4　調整困難（不能）の場合の取扱い（私論）

公文書等の管理に関する法律（公文書管理法）が二〇一一年に全面施行されるまで、国立公文書館法一五条（当時）は、国の機関の保管に係る歴史資料として重要な公文書等について、内閣総理大臣と当該国の機関が協議して定めた内容に基づき、合意が整ったものに限って内閣総理大臣は移管を受けることができ、内閣総理大臣は当該公文書等を国立公文書館に移管する旨定めていた。「協議」も「合意」も、国の機関と内閣総理大臣の手の内にある。これは、先述した「同意や承諾が得られたものだけで構成されるアーカイブ」に他ならない。

これに対し、公文書管理法は、歴史公文書等（同法二条六項）に該当する行政文書（同条四項）・法人文書（同条五項）については、国立公文書館等へ移管することとしている（同法五条五項、一一条四項）[29]。内閣総理大臣との協議や合意が必要とされないことにより、「都合の悪い文書」であっても（理論的には）国立公文書館等に移管され、「将来の国民に説明する責務が全うされるようにする」（同法一条）ことが可能になっている。

とはいうものの、映像には様々な者の権利が内在しているため、映像アーカイブ機関が、権利処理が終わっていない（権利処理をすることができない）映像を、取得し、保存し、利用に供するにあたっては、何らかの形で権利を制限することが必要となる。権利の制限は、法律や条例（地方自治法一四条二項参照）によることが必要となるが、映像に内在する権利の制限は地方公共団体の枠にとらわれず全国的になす必要があろう。そのため、法律を制定することにより制限するべきである。映像アーカイブ機関との関係では、以下のような権利制限規定が必要になると考える。

取得段階

先述した、総務省「震災関連デジタルアーカイブ構築・運用のためのガイドライン」が示しているように、映像の取得段階において（物の所有権を含む）権利処理がきっちり・しっかりできていることが理想である。しかしながら、権利者が多数いる場合があること、その一人ひとりが複数の権利を持ちうること、権利者が不明になることがあることから、現実問題としては難しい。とはいえ、権利処理ができていない映像の受け取りを否定することは、先述のような「同意や承諾が得られたものだけで構成されるアーカイブ」を生みだしてしまう。

そこで、映像アーカイブ機関が、権利処理が終わっていない映像を取得することを可能にするため、権利処理上必要とされる所有者や各種権利者による同意や承諾を擬制するという形での権利制限が必要となる。このような権利制限例としては、著作権法一八条三項がある。

保存段階

フィルム等の記録媒体そのものを取得する場合はもとより、フィルム等の記録媒体を預かり、複製物を作成した上で当該記録媒体を返却する場合や、通信回線を通じてデータを取得する場合においても、保存のために映像を複製（コピー）することが必要となる。映像を複製することについては、著作権法上の複製権との関係が問題となる。

いくつかの裁判例で確認したように、映像アーカイブ機関が保存のために映像の複製を作成することは、著作権者の同意や承諾を得なければ、複製権侵害になり得る。特に、撮影者以外からの映像の寄贈・寄託については、寄贈者・寄託者が複製権の譲渡を受けていない限り、それらの者から承諾を得るわけにはいかない。著作権法上の「図書館等」に該当する映像アーカイブ機関であれば、同法三一条により複製をすることができるが、それに該当しない機関も多数存在するであろう。同条を改正し、映像アーカイブ機関が著作権者の同意や承諾無くして複製できるようにする必要があろう。もっとも、映像アーカイブでは、そこに映っている人のプライバシー権、肖像権、物に対する権利等を考慮しなければならない。そこで、著作権法三一条一項が図書館等の範囲を限定しているのと同じように、映像アーカイブ機関の範囲を限定すること（諸権利に対する侵害発生の蓋然性が低い組織に限定すること）が必要であると考える。

利用に供する段階

映像に内在する各種の権利侵害が顕在化するのが、利用に供する段階である。逆に言えば、映像は、「利用に供しない限り基本的に権利侵害が顕在化しない」という性質を持つ。本稿で確認してきたように、映像を利用するに際しては、様々な権利との関係を調整しなければならない。もっとも、権利調整の必要性には期限がある。例えば、公文書管理法一六条二項は、特定歴史公文書等の利用が制限される情報（同条一項）に該当するか否かを判断するにあたり「時の経過を考慮」することを求めているが、これは、利用制限情報であっても「時の経過」により利用制限情報ではなくなる日が来ることを想定しているといえよう。極端にいえば、権利処理がなされていない映像を二〇〇年後に利用に供しても、（所有権に係るものを除けば）権利侵害の可能性はほぼないと言えるのである。そこで、映像を「積極的に死蔵」し、権利侵害のおそれがなくなった後に利用に供するという方法が考えられる。

積極的死蔵という概念は、ダークアーカイブに近いものである。ダークアーカイブとは、「通常時の利用を前提とせず、長期的保存と安定的供給とを目的として行うアーカイブ方式」と説明され、自然災害などにより、一定期間以上、出版社ウェブサイト等からコンテンツを提供できない事態（トリガーイベント）が発生した場合に、ダークアーカイブしたコンテンツをダークアーカイブサービス提供機関により公開するというものであるが[30]、積極的死蔵は、「権利侵害のおそれがなくなったとき」をトリガーイベントと捉えるというものである。

この「権利侵害のおそれがなくなったとき」は、先述した「時の経過」によって絶対的に判断される場合もあるが、①利用者の属性、②利用形態、③権利侵害の程度によって、相対的に判断されることも許容すべきであろう。これにより、「時の経過」が認定できない時期であっても、一定の範囲の者については利用に供することが可能になるからである。不完全な私論であるが、それぞれの考慮要素を挙げておきたい。

(1) 利用者の属性：映像に記録されている本人、撮影時に同席していた者、本人の親族などに限定して利用に供することが考えられる。

(2) 利用形態：映像に記録されている情報の流通可能性が高まるにつれ、権利侵害のおそれは高まると考えられる。一般には、閉架（閲覧のみ・利用者限定）→閉架（閲覧のみ・利用者情報は取得するが限定せず）→閉架（複製可・利用者限定）→閉架（複製可・利用者情報は取得するが限定せず）→開架（閲覧のみ）→開架（複製可）→展示→ウェブ（利用者限定）→ウェブ（オープン）の順で権利侵害のおそれが高まると考えられよう。先述の利用者の属性と利用形態を掛け合わせることにより、権利侵害のおそれを最小限にすることが可能であろう。なお、利用に供するに際し、権利未処理である旨、利用により権利侵害が発生する可能性がある旨を追記し、利用者の注意を喚起する（利用者が法的責任を追及される可能性があることを伝える）という方法も有用であろう。[31]

(3)　権利侵害の程度：権利侵害の程度の判断においては、デジタルアーカイブ学会が二〇二一年四月一九日に公開した「肖像権ガイドライン〜自主的な公開判断の指針〜」[32]が提唱するポイント計算という方法が参考になろう。

免責規定

現在のところ、映像アーカイブ機関が法的紛争に巻き込まれる可能性はゼロにはできない。法的紛争をおそれるあまり、取得、保存、利用を躊躇することになれば、過去を未来へ繋ぐことができなくなる。映像アーカイブ機関は、基本的に、自らが映像を作成するのではなく、取得した映像を利用に供する組織である。その意味では、「特定電気通信役務提供者の損害賠償責任の制限及び発信者情報の開示に関する法律」（プロバイダ責任制限法）にいう「特定電気通信役務提供者」（プロバイダ）に近いといえよう。同法が一定の場合にプロバイダの責任を制限しているように、映像アーカイブ機関についても、一定の場合にその責任を制限するという立法も検討に値しよう。

知的財産戦略本部は、二〇二四年六月四日に公表した「知的財産推進計画2024」[33]五七頁において「デジタルアーカイブの推進は、重要な課題である。デジタルアーカイブは、社会が持つ知や、文化的・歴史的資源等の記録を未来へと伝えるものであり、新たなコンテンツ創造の土台にもなり得るものであるとともに、教育、研究や、観光、地域活性化、防災、ヘルスケア、ビジネスなど、様々な分野における利活用が期待される」と述べている。この重要な課題を乗り越えていくためには、知的財産権はもちろん、他の権利についても一定程度制限する法制度、映像アーカイブ機関の責任を制限する法制度が必要となろう。

注

（1）　筆者は、「民間アーカイブズの保存活用を巡る法的課題――調査・収集を中心に」国文学研究資料館編『社会変容と民間アーカイブズ――地域の持続へ向けて』勉誠出版、二〇一七年、四七頁、「民間（収集）アーカイブズの保存活用を巡る法的課題――その利用を中心に」国文学研究資料館紀要アーカイブズ研究篇第一三号、六一頁において、民間所在アーカイブの保存活用を巡る法的課題について考察をしたことがある。本稿は、そこで得られた知見を映像アーカイブに特化して論じ、考察を進めるものである。なお、アーカイブという作用は、誰であってもなすことができるが、本稿では、何らかの者によって撮影された映像（アナログ・デジタル）を、①取得し（購入、寄贈といった所有権の移転を伴うものの他、寄託を含む）、②保存し、③利用に供するという三つの作用を行っている組織（以下「映像アーカイブ機関」という）が行うものを対象とする。組織の設置主体としては、国、独立行政法人、国立大学法人、地方公共団体といった公的主体のほか、企業、ＮＰＯ、学校法人、任意団体等の私的主体が想定される。また、映像アーカイブ機関が映像を取得する方法には、ａフィルム等の記録媒体そのものを取得する、ｂフィルム等の記録媒体を預かり、複製物を作成した上で、預かった記録媒体を返却する、ｃ通信回線を通じてデータを取得する、という三つのものがあると考えられる。ａ及びｂについては、記録媒体という「物」を映像アーカイブ機関が利用することになるため、「物」に関わる法との関係を意識しなければならない。

（2）例えば、動画配信サービスを利用しているときに「物」を使用しているという感覚はないであろうが、サービス提供事業者がサーバという「物」にアップロードしている動画の配信を受けているわけであるから、「物」を使用していることになる。

（3）民法六五八条一項は「受寄者は、寄託者の承諾を得なければ、寄託物を使用することができない」と定めているため、単なる寄託契約だけで寄託物を使用することはできない。一般的には、寄託契約書に使用について定めることになる。「独立行政法人国立公文書館寄贈・寄託文書受入要綱」（https://www.archives.go.jp/information/pdf/kizoubunsho_00.pdf）五条二項、様式第五号（https://www.archives.go.jp/information/pdf/kizoubunsho_05.pdf）の四条一項参照。

（4）同研究会の検討内容については、山元裕子「所有権の諸問題　オーファンフィルムの寄贈に関する問題を例に」福井健策監修・数藤雅彦責任編集『デジタルアーカイブ・ベーシックス１　権利処理と法の実務』勉誠出版、二〇一九年、八六頁を参照されたい。なお、同一〇一頁以下では、所有権者不明の文化的資産の保存を制度的に認めるための仕組みとして、立法により、所有者不明の物の国庫帰属制度、管理団体の指定制度を創設することを提言しており、興味深い。

（5）ここにいうフィルムセンターとは、旧東京国立近代美術館フィルムセンター（現、独立行政法人国立美術館国立映画アーカイブ）を指す。同前、八七頁。

（6）なお、遺産分割の効果は相続開始の時に遡って効力を生ずる（民法九〇九条）。

（7）この点については、即時取得（民法一九二条）の成立を認めるべきとの見解もあり得るが、映像が記録された物が相続財産であることを知った、あるいは推知できるときは、善意・無過失の推定が覆されると考えられよう。

(8) 森山光良「デジタルアーカイブ」塩崎亮ほか編著『図書館情報技術論〔第二版〕——図書館を駆動する情報装置』ミネルヴァ書房、二〇二二年、一七三頁。

(9) なお、この理屈は現所有者が撮影を許した写真に対してのみ及ぶものであり、前所有者が撮影を許した写真に対して及ぶものではないであろう。この点については、最二小判昭和五九年一月二〇日民集三八巻一号一頁（顔真卿自書建中告身帖事件）参照。

(10) 総務省ウェブサイト（https://www.soumu.go.jp/main_content/000225069.pdf）参照。

(11) 表中にはないが、プライバシー権も関連する権利として挙げることができる。

(12) 個々の権利について概観するものとしては、本文で示した総務省ガイドライン二九五頁以下のほか、生貝直人「デジタルアーカイブの構築に関わる法制度の概観　最近の法改正等を中心に」前掲福井ほか『デジタルアーカイブ・ベーシックス1』一頁、辻泰明『映像アーカイブ論——記録と記憶が照射する未来』大学教育出版、二〇二〇年、七六頁以下、前掲早川「民間（収集）アーカイブズの保存活用を巡る法的課題」がある。また、テレビ番組のアーカイブ公開を巡る肖像権・パブリシティー権等との関係については、本書第16章の木戸崇之論文を、アニメーションのアーカイブズ化を巡る法的課題については、本書第18章の石田美紀論文を参照されたい。

(13) アップロードは、サーバにデータ（写真画像）を複製する行為である。

(14) 本件に類似するものとして、東京地判令和四年五月二六日（令和三年（ワ）第三四〇九四号。判例集未搭載）がある。当該判決は、AがSNS（インスタグラム）にストーリー機能を利用して投稿した動画の一部を、Bがスクリーンショットにより画像として複製し、Bが投稿したツイッターに貼付した行為が、Aの複製権、公衆送信権を侵害するものであるとしている。スクリーンショットを自らのスマートフォン等で使用するだけであれば、私的使用のための複製であったといえよう。

(15) 放送事業者に「自ら放送する番組において、他のウェブページに掲載された写真等の著作物を使用するに当たり、一般的に、その著作者の著作権及び著作者人格権を侵害することがないよう注意すべき義務」と、「番組供給契約を締結し、ネットワークタイム時に放送するテレビジョン番組については、被告の放送エリア内だけでなく、各地方のネットワーク局の放送エリア内にも同一の内容の番組が放送されることを認識しているのであるから、これらの番組においても、著作権及び著作者人格権を侵害することがないよう注意すべき義務」が存在することを認めた例として、東京地判平成一六年六月一一日判時一八九八号一〇六頁があり、映像アーカイブ機関にも参考になろう。なお、「写真の著作権が誰に帰属するかということと、写真の被写体についての肖像権が誰に帰属するかということは別問題」であるため、肖像が記録されている写真を利用するには、被写体である者が当該写真を利用することを承諾するか否かを確認する義務があるとするものとして、東京地判平成一七年一二月一六日判時一九三二号一〇三頁がある。

(16) 升田純『写真の撮影・利用をめぐる紛争と法理』民事法研究会、二〇二〇年、二六三頁。

(17) 宮本聖二「映像コンテンツのデジタルアーカイブのための権利処理実務」前掲福井ほか『デジタルアーカイブ・ベーシックス1』一七四頁。

(18) 同前、一七三頁。

(19) 宮本聖二「デジタルアーカイブの構成」谷口知司編著『デジタルアーカイブの構築と技法』晃洋書房、二〇一四年、七四頁。

(20) 山川道子・金木利憲「アニメーション・アーカイブから見る資料を取り巻く権利とその問題点　I・Gアーカイブの事例より」前掲福井ほか『デジタルアーカイブ・ベーシックス1』一三一頁。

(21) ちなみに、福井健策編『映画・ゲームビジネスの著作権〔第二版〕』著作権情報センター、二〇一五年、一三六頁は、アニメ映画につき、セル画の著作権について論じたものは「目に触れた限りの文献」にはないとしている。

(22) アニメーションに係るものではないが、Xが撮影した写真のポジフィルムの交付を受けたYが、Yが発行する雑誌等に掲載された写真等のデータを保存するデータベースシステムにおいて同写真を管理するため、Xの承諾のないまま当該ポジフィルムをフィルム・スキャナーを用いてデジタル化し、サーバ及びCD－ROMに保存した行為につき複製権侵害を認めた事例として、東京地判平成一九年五月三〇日判タ一二五五号三二八頁がある。

(23) 石田麻子・吉原潤「日本のオペラアーカイブの現状と課題」高野明彦監修・嘉村哲郎責任編集『デジタルアーカイブ・ベーシックス4　アートシーンを支える』勉誠出版、二〇二〇年、一六二頁。

(24) 同前、一七三頁。

(25) 中西智範「早稲田大学演劇博物館のデジタルアーカイブの現状と課題」前掲高野ほか『デジタルアーカイブ・ベーシックス4』一二三頁。同一三六頁では、「写真資料は利用の要請が高いにも関わらず、資料現物に付随する付帯情報がない場合も多く（裏面に書き込まれた文字情報は、大変に有用な情報となる）、権利処理が極めて難しい資料である」とされており、多くのアーカイブ機関が共感するところであろう。

(26) 井上奈智「公共機関デジタルアーカイブ構築の実務と問題点　国立国会図書館を例に」前掲福井ほか『デジタルアーカイブ・ベーシックス1』一一一頁。

(27) 北海道立図書館ウェブサイト（https://www.library.pref.hokkaido.jp/web/relation/qi1ds000000ey5-att/qi1ds000000fa0.pdf）参

照。

(28) なお、デジタルアーカイブの著作権処理の流れについて簡潔にまとめたものとして、寺田遊「デジタルアーカイブの著作権処理」前掲谷口編『デジタルアーカイブの構築と技法』一五四頁がある。

(29) なお、公文書管理法下においても、三権分立の観点から、国会・裁判所の文書については、内閣総理大臣との協議による定め、内閣総理大臣と国会・裁判所との合意という制度が存在している（同法一四条）。

(30) 国立研究開発法人科学技術振興機構知的基盤情報部研究成果情報グループ発、J-STAGE利用機関宛文書「ダークアーカイブサービスの提供開始について」（二〇一八年四月二六日）（https://www.jstage.jst.go.jp/static/files/ja/pub_darkarchive_release.pdf）参照。

(31) 元となる情報に追記するという方法の例としては、戸籍の付箋処理（最二小判平成二一年四月一七日民集六三巻四号六三八頁参照）がある。

(32) 同指針の二〇二三年四月補訂版については、デジタルアーカイブ学会ウェブサイト（https://digitalarchivejapan.org/wp-content/uploads/2023/04/Shozokenguideline-20230424.pdf）参照。

(33) 首相官邸ウェブサイト（https://www.kantei.go.jp/jp/singi/titeki2/chitekizaisan2024/pdf/siryou2.pdf）参照。

付記　本稿で示したＵＲＬは、二〇二四年一〇月二三日時点のものである。

第II部

国内を見つめる

第4章　収集活動から見た国立映画アーカイブの役割

とちぎあきら

コレクション・ポリシーは、アーカイブの最も重要な文書である。ミッション・ステイトメントとともに、アーカイブの目標と目的、哲学的な基盤、ビジョンを宣言するものである。コレクション・ポリシーを通じて、人々はなぜ収集機関というものが存在するのか、その諸活動を支えている考えとは何か、そこで働いている人たちが支持する原則とは何かを理解することになる。(1)

1　フィルムアーカイブ活動の起点としての収集

フィルムアーカイブは「フィルムがあること」を前提としない。ここで言う「フィルム」とは、通常はロール状に巻かれている厚みの薄いセルロイド製品のことだけを意味しているわけではない。国際フィルムアーカイブ連盟(International Federation of Film Archives: FIAF)が定義する「映画用フィルム、その他これまでに知られている、ないしは今後発明されるあらゆる媒体上に記録された動画の記録物」(2)を指すとともに、いわゆる映画に関連する資料類(ノンフィルム)や、これらすべてのモノに関するドキュメンテーションを含めてもよい。つまり、映画に関連するあらゆるモノや情報になるが、これらの存在がフィルムアーカイブ活動の所与の条件ではないということだ。むしろ、「フィルム」があるかないかを明らかにすること、もしあるとすれば、それはどのようなものとしてあり、どのような状態であるのか、もしないとすれば、なぜそれが失われているのかを調べることが、フィルムアーカイブの重要な使命なのである。

「フィルム」の存在を前提としない背景にあるのは、かつて「フィルム」に記録された作品が確かに存在していたということを裏付ける証拠があまりに乏しい、という現実である。国立映画アーカイブ（National Film Archive of Japan: NFAJ）では、前身である東京国立近代美術館フィルムセンター（ＮＦＣ）の時代から、日本映画の残存に関する調査を行い、ホームページ上などで公表してきた。二〇二四年三月末現在のＮＦＡＪの所蔵映画フィルム本数は八万七二五〇本だが[3]、公表されている最新の残存率調査は二〇一六年三月末の数字を基にしている。その時点での所蔵フィルム七万八一三二本のうち、日本劇映画に分類されるフィルムは一万二〇九六本。うち製作年が確認できる作品は六七二八作品である。この数字を分子に、一九一〇年から二〇一五年までに公開された日本劇映画の総数三万七二三三作品を分母として計算すると、一八・一％になる。とりわけ、ＮＦＡＪにおける所蔵数が国内における残存数にかなり近いと思われる戦前作品については、一九一〇年代＝〇・二％、一九二〇年代＝四・一％、一九三〇年代＝一一・七％、一九四〇年代＝三三％となっている。調査から八年を経たとはいえ、この間に戦前日本劇映画が大量に発見されたわけではないので、これらの数字を現時点での日本劇映画の残存率とみなすことに、大きな抵抗はないだろう[4]。

ただし、この百分率の分母となる日本劇映画の総数は、全数把握ができる公的な登録制度[5]を持たないわが国の映画史においては、『日本映画作品大鑑』（掲載作品の製作年は一九一〇―三〇年）や『日本劇映画作品目録』（一九四〇―四四年）、『映画年鑑』（一九四五年―）など、主に民間による出版物に頼る以外になく、精度面での疑問が残る。また、製作年が確認できない作品が多数あるという点にも注意が必要だ。フィルムを検査したことがある人ならば、誰もが経験していると思うが、メインタイトルやエンドタイトル、クレジットが残っていないのは日常茶飯。明らかに編集が不自然だったり、タイトルと本編の内容が合致していなかったり、異なる作品が一巻に繋がれていたりすることも間々ある。文字情報やストーリーを外部にある情報と紐づけられないとすれば、どうやって作品の同定を行えばいいのだろうか、途方に暮れる。劇映画ではない文化・記録映画の場合、そもそも総数とすべき精度を持つ目録やリストが存在していないため、残存率を計算すること自体お手上げである。となれば、収集する際に行われる検査と、それに並行して行われる調査・研究という作業が、作品の存在自体を明らかにするうえで極めて重要になるのは、当然と言えるだろう。

国の重要文化財に指定された映画を思い出してほしい。二〇〇九年以来、ＮＦＡＪが保管する以下の三作品、四本の映画フィルムが重文指定を受けてきた。さすがに初の指定となった『紅葉狩』（一八九九年。指定フィルムは一九二七年製35ミリデュープネガ）は日本映画史上著名な作品であるし、フィルムの存在も長年知られていたが、二件目の『史劇 楠公訣別』（一九二一年。指定フィルムは35ミリオリジナルネガ）は、摂政宮（後の昭和天皇）が尾上松之助一派の撮影現場に立ち会ったという事実は伝えられていたものの、その場面を撮影した映画の存在は、日活からの寄贈によって初めて明らかになった。ライオン株式会社創業者の葬列を撮影した三件目の『小林富次郎葬儀』（一九一〇年。指定フィルムは35ミリオリジナルネガと、同時に作成したと思われる35ミリ上映用ポジフィルム）も同様で、伝記の記述と映像を照合することで、初めてその内容が判明した。『小林富次郎葬儀』は現在、日本に残存する最古の映画フィルムと考えられている。

ここから明らかなように、収集活動の一環として行われる検査や調査・研究の作業とは、フィルムが存在していたことを確定させる作業でもあり、それがその後に続く保存や公開・運用といったフィルムアーカイブ活動の出発点になっているのである。そもそも自ら製作を行っている映画会社や、製作会社に発注するクライアント側の行政機関や企業などによるアーカイブ活動でない限り、フィルムアーカイブは、自らが作成した記録資料を保存する「組織（機関）アーカイブズ」ではなく、さまざまな外部組織や個人が作成した記録資料を保存する「収集アーカ

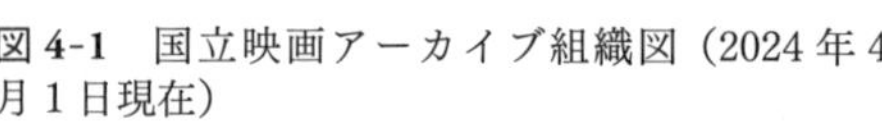
図4-1　国立映画アーカイブ組織図（2024年4月1日現在）

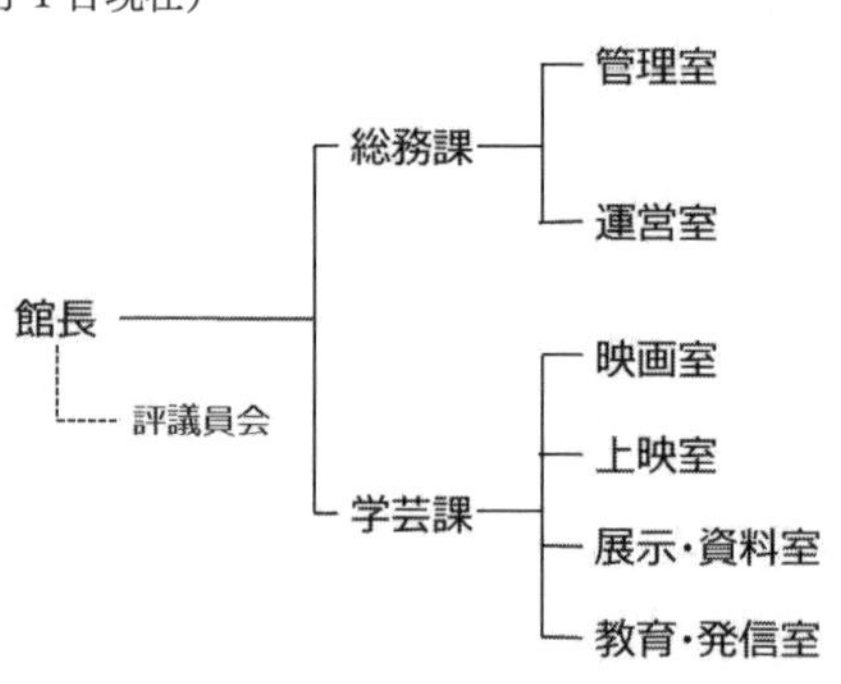

イブズ」である場合がほとんどである。[6] ＮＦＡＪも「収集アーカイブズ」の一つである。そこでは、アーカイブがどのような収集方針を立て、どのような法令や契約関係、個々のルールによって、収集先との関係を構築しているかが、所蔵品の内容とコレクションの形成を決定するカギとなり、その後の活動内容を大きく左右する。機関としてのフィルムアーカイブにとっては、「初めに収集ありき」なのである。

2　資料の取り扱いから見た活動の全容と国立映画アーカイブ

フィルムアーカイブ活動は、さまざまな基準や内規、ルールに基づきながら行う多様な作業から成り立っている。たとえば、ＮＦＡＪの組織構成は現在、図4-1のように、組織運営を担う事務系の総務課に管理室と運営室の二室、調査研究や成果の公開、外部との連携・対応を担う学芸課に映画室、上映室、展示・資料室、教育・発信室の四室が置かれているが、それぞれの室が所掌する業務内容は極めて広範囲で、その全容を簡潔に要約することは難しい。

「映画保存」という言葉でイメージされる内容とはかけ離れた作業に費やされる時間や労力も、膨大である。人の行為に焦点を当ててフィルムアーカイブ活動の全容を捉えるのは、困難なのである。そこで、映画フィルムなどの資料がどのように取り扱われているのかという観点から、活動を構成する主だった作業の流れを表したのが、図4-2である。出発点となる収集については後に詳しく論じるが、ここでは収集後の作業プロセスについて具体的なイメージを共有してもらうために、その定義とともに、ＮＦＡＪでの実際の取り組みを簡潔に紹介しておきたい。

図 4-2　フィルムアーカイブ活動の作業プロセス

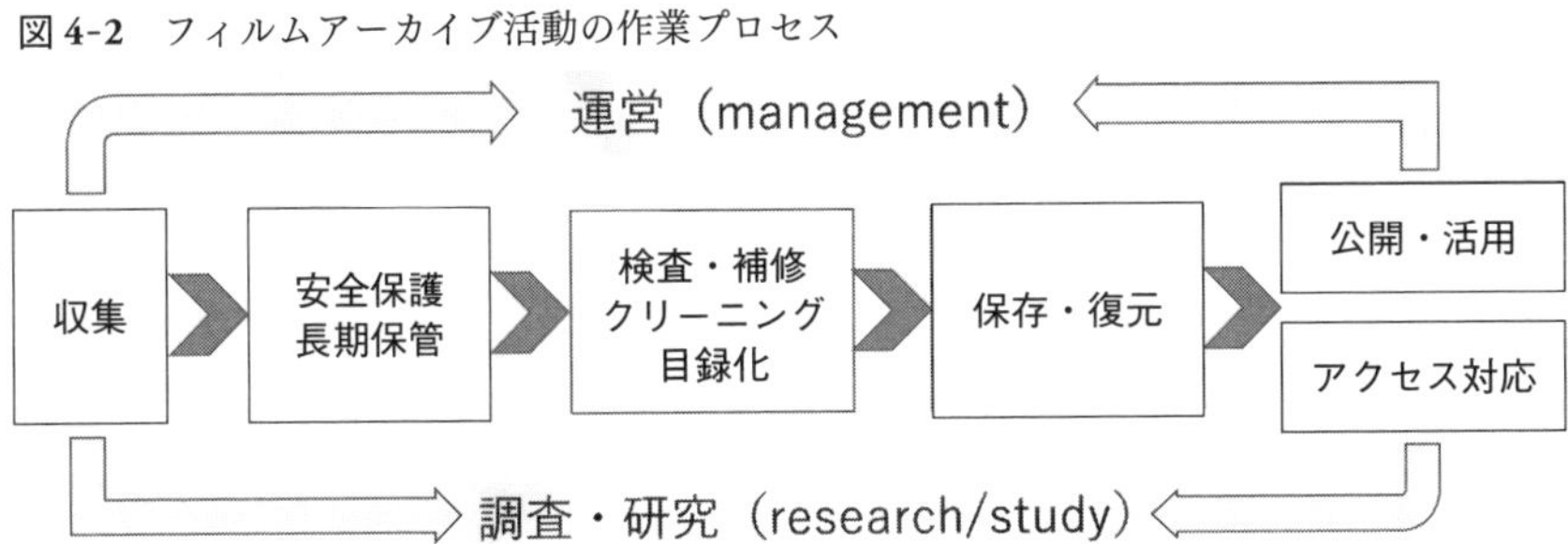

安全保護・長期保管

フィルムを、散逸・滅失・劣化・損傷から護るために、物理的に安全で、化学的に安定した状態を保証する環境の下に置いて管理し、その延命を図ること。フィルムの長期保管に最適化された環境を用意し、そこに格納することを意味している。

一三〇年ほどの歴史を持つ映画フィルムは、主にベースに使用される材料（ナイトレート、アセテート、ポリエチレンテレフタレート）の特性から、恒常的な低温低湿環境において保管することにより、劣化の促進を抑制し、期待寿命を伸ばせることが、保存科学的見地から立証されている。これを受けて、ＮＦＡＪでは一九八六年に、神奈川県相模原市に分館を設置し、映画フィルム専用の保存棟を建築した。その後、二〇一一年に保存棟Ⅱを増築、二〇一四年には可燃性ナイトレートフィルムを保管する保存棟Ⅲを設け、映画フィルムの安全保護と長期保管を行っている。(7)

検査・補修・クリーニング・目録化

フィルムの物理的状態や再生状態を、一定の基準やルールに従って調べ（検査と並行して、補修やクリーニングが施される）、素材やコンテンツに関する情報を採取し、それらすべてのデータを入力し更新させながら、アクセス権限を持つすべての人に対して、常に参照可能な状態にしておくこと。フィルムというモノを情報化させるための作業で、ここで取得される情報を通して、初めてフィルムアーカイブ機関の内外におけるコミュニケーションが可能になる。

ＮＦＡＪの場合、所蔵することを前提に納品されたフィルムは、技術スタッフによる検査を経て、長期保管や映写などの運用のための仕様変更が行われる。検査結果はデータベース入力を行うスタッフに送られ、コンテンツに関する情報などを追加して、データベース化が完了する。この作業は、既に所蔵されているフィルムについても、遡及的に行われることがあるが、新規収蔵の場合は、以上を経て初めて保存庫への格納となるため、収集、安全保護・長期保管、検査・目録化などの作業は、一連のものとして、広義の収集活動を構成していると考えていいだろう。

保存

すでに劣化や損傷が見られるフィルム、滅失や腐朽、散逸の危険性があるフィルム、ないしはその素材しか存在しない最終原版と考えられるフィルムなどに対して、より長期的に安全で安定した媒体への複製を通じて、コンテンツの長期再現性を保証すること。

復元

劣化や損傷が見られるフィルムを、その時点において入手可能な素材、技術、ノウハウ、機器などを用いて複製することにより、できるかぎりその作品の真正な状態を再現すること。

フィルムアーカイブにおける保存や復元は、絵画の修復や建造物の復原とは異なり、複製を通して行われるものであり、そのための設備や装置、技術的なノウハウを持たないＮＦＡＪのようなフィルムアーカイブにおいては、外部のラボに作業を発注することになる。従来からのフィルムからフィルムへの複製に加え、この二〇年、画・音両面に亘る丹念な修復作業を伴う復元プロジェクトから配信や簡易視聴を目的としたファイル化まで、レベルも規模も異なるさまざまなデジタル化作業が、並行して行われるようになった。ＮＦＡＪでも近年フィルムスキャナーを導入し、一定のフィルム素材に対しては、館内でスキャニング作業を行っている。

公開・活用

アーカイブの所蔵品（ないしは借用品）を、特定のコンセプトに基づいてキュレーションした上映企画を通して、オーセンティックな映写や活用形態を再現することにより、アーカイブの内外で観客に見せること。

ＮＦＡＪ上映室が企画・運営を行い、館内にある二つの劇場で行う上映企画、教育・発信室が主催する教育や人材育成のための自主企画や外部機関との連携企画では、さまざまなコンセプトのもとに、所蔵フィルムが大いに利用されている。その内容を類型化するのは困難だが、最適な速度や画郭での映写、サイレント作品における活弁や伴奏音楽付き上映の実施などは、作品の真正性を可能な限り保証するというフィルムアーカイブの立場からすれば、上映時に求められる基本線と言えるだろう。[8]

アクセス対応

外部ユーザーによるアーカイブの所蔵品利用について、著作権処理や書面申請などの一定のルールのもと、その要望に応えること。

ＮＦＡＪにおける所蔵品へのアクセス対応は、映画フィルムなどに関しては三つの規則（フィルム貸与、フィルム複製利用、特別映写観覧［館内における研究目的の試写］）に基づいて行っている。

なお、前掲の図4-2と各作業の定義は、取り扱う対象として映画フィルムを念頭に置いたものであるが、[9]一九七〇年代以降、放送用や家庭用を中心にさまざまな展開を見せてきた磁気テープの保存には固有の問題が生じている。[10]また二〇〇〇年代になってから急速に進行したデジタルシフトに伴う多様なメディアやデータファイルの出現は、これまで想定していなかった取扱いや管理に関する多くの問題を生み出し、ＮＦＡＪに限らず、どのフィルムアーカイブもこの課題に直面せざる得ない状況である。[11]ただし、フィルムアーカイブ活動の全体像を、収集を起点とした一連の作業プロセスとして捉えるというアプローチは、取り扱う媒体や記録形式の違いにかかわらず、有効ではないかと考えている。

3　収集方針の事例

フィルムアーカイブ機関において、収集方針と収集計画を策定することは、最も基本的な作業の一つである。上映企画の内容は所蔵品次第で決まることが多いし、逆に企画ありきで収集計画が見直されることもある。そこには常に必要な保存・復元の措置が伴うし、所蔵品の増加に伴う保存庫の整備や拡充の問題も付随してくる。つまり、収集に関わる作業とはフィルムアーカイブ活動の起点であるとともに、機関としての存在に大きく関わってくるのである。

海外のフィルムアーカイブにおける収集方針を観てみると、館が掲げるミッションと密に連関させながら、その理念に基づいた作業を仔細に明文化している機関がある。ここでは、オーストラリア国立映画音響アーカイブ（National Film and Sound Archive of Australia: NFSA）を例に挙げてみる。[12] 同じナショナルフィルムアーカイブとして、後述する国立映画アーカイブの収集方針と対比してみるのも興味深い。

ＮＦＳＡは、二〇〇八年に公布されたオーストラリア国立映画音響アーカイブ法に基づいて設置されている国立機関である。前身は、イギリス連邦国立図書館の一部門で、一九八四年に準独立機関となり、今世紀に入って一時期はオーストラリア・フィルム・コミッションの一部に編成されたこともあったが、二〇〇八年に独立。二〇二四年六月現在所蔵している資料は、動画、音響双方の作品を合わせて、約三六〇万アイテム。時代、ジャンル、フォーマットは多岐に亘り、関連資料もコレクションの主要な一部を形成している。

ＮＦＳＡでは、自らが遂行する任務を、以下の三点にまとめている。

・オーストラリア人の体験のあらゆる側面と多様なコミュニティの姿を反映する視聴覚作品と、関連するドキュメンテーションを収集する。
・最善の国際水準に則り、自らのリソースでできる範囲の作業に基づいてコレクションを保存し、恒久的なアクセスを保証する。
・コレクションが伝える複数の物語が継続的な文化発展の一郭を成すよう、共有を行う。

ところで、ＮＦＳＡの文書では、「体験」（experience）という言葉がしばしば使われ、たとえば作品収集を通して「体験の記録と解釈」を行うことがキュレーターの使命、といった表現が出てくる。作品は製作者や観客のみならず、これに関わったすべての人の体験が反映された集合的な性格を有するとともに、個人やコミュニティの体験としての個別性も尊重するという姿勢が示されていると理解できる。より具体的には、「複数の物語」という表現に集約されたオーストラリアの歴史における多様性と複雑さ、すなわち数千年におよぶ先住民の歴史、ヨーロッパの植民地主義、ポストコロニアル文化などを反映したものとして、コレクションの共有を図ることが、ＮＦＳＡの活動原理となっていることにつながっている。

コレクションの構築にあたっては、ＮＦＳＡでは以下の三点をその指標として考慮することを宣言している。

・アイデンティティ　視聴覚分野において、オーストラリア人の文化、歴史、視点、大局観をよく表わしているコンテンツ
・フォルム　視聴覚分野において、オーストラリア人の創造的、技術的達成を反映しているコンテンツ
・好奇心　視聴覚分野において、知識、教育、娯楽の発展に焦点を当てているコンテンツ

そして、収集対象としては、自国の視聴覚素材に重点を置くとともに、選択的に外国の素材も集めるが、以下のような特性を持っている素材であることが、収集の条件となる。

・オーストラリアにおいて文化的影響とインパクトを持ち、オーストラリアの人々にとって他ではアクセスできないと思われるもの
・太平洋地域における文化と創造性を反映したもの
・海外の作品で唯一残存していると思われるもの、ないしは適切に保存されていないか、手を施さなければ滅失の危険性があるもの

国内だけでなく、広く太平洋地域を対象とするという政策的な立場を踏まえながら、コンテンツが有する文化的影響力や社会的インパクトに焦点を当てるとともに、アクセシビリティの保証や素材の保護という観点が収集方針に組み込まれているところは、多くのフィルムアーカイブ機関に共通する点であろう。

ＮＦＳＡのコレクション・ポリシーには、以上の理念や方針に加え、収集方法についても具体的に明記されているところがユニークだ。以下の六つの方法（収集事由）が列挙されている。

・受贈　物理的なモノの所有権がＮＦＳＡに移譲される。この移譲の一環として、著作権の一部あるいは全部が譲渡されることもあるが、通常はオリジナルの著作権所有者に置かれたままである。
・受託　物理的なモノはＮＦＳＡで保管されるが、モノの所有権は寄託者のもとにあり、寄託者はいつでもそのモノを引き出させる。

・遺贈　遺言によって、物理的なモノの所有権がＮＦＳＡに移譲される。遺言によっては、著作権も譲渡される場合がある。
・購入　ＮＦＳＡの収集予算は、ここに使われている。購入には、著作権の取得が含まれる場合もある。予算が許すかぎり、そして、同定された対象作品がコレクションにとって充分な関係性を持っているものと見なされる場合にかぎり、購入は最終手段となる。
・法定納入　議会法に基づき、素材の複製物をＮＦＳＡに提供する義務が定められている。
・納品物　国や州ないしは準州の映画支援組織などとの契約関係に基づき、素材の複製物をＮＦＳＡに提供する義務が定められている。

最後に挙げた「納品物」（deliverables）とは、政府や公共機関との間での所蔵品の移管によって、フィルムアーカイブの大きなコレクションが形成されることを意味する。ＮＦＡＪでも同様のケースはあるが、義務化された契約はなく、実施範囲も限定的である。[13]

4　国立映画アーカイブにおける収集方針と収集活動

ＮＦＡＪは、二〇一八年四月に東京国立近代美術館フィルムセンターの名称で活動していた同館の一課から独立し、独立行政法人通則法に基づいて設置されている国立美術館を構成する六つ目の美術館として生まれた機関である。国立美術館には、通則法第二九条に基づいて定められる、五年間を一期とした達成すべき業務運営に関する中期目標[14]があり、その目標を達成するための中期計画[15]が定められている。現在は二〇二一年四月一日から二〇二六年三月三一日までの第五期にあたる。

この中期目標、中期計画では、NFAJによる収集方針は不明瞭である。国立美術館としては、「我が国の近・現代美術及び海外の美術を体系的・通史的に提示し得るナショナルコレクションの形成・継承[16]」を法人の使命の一つに掲げている。ただし、複数の美術館によって目標達成のための役割が相補的に分担されている美術館とは異なり、映画に関する唯一の国立機関であるNFAJはその使命を実現するための前提が異なるうえに、購入や寄贈・寄託受入などの収集方法や収集条件、所蔵品の保管や修復、公開や貸与など、取り扱いが美術品とは大きく異なる。そのため、NFAJにおける収集は、中期目標においては、「国内外の映画関係団体等との連携等」という、法人のナショナルセンター機能の一つとして触れられているに留まる[17]。

この構成上の不整合を補うかのように、国立美術館の年度計画では、NFAJの収集方針が細かく記述されている。二〇二四（令和六）年度の年度計画[18]には、以下の内容が映画フィルム等の収集方針として掲げられている。

・映画を芸術作品のみならず、文化遺産として、あるいは歴史資料として、網羅的に収集することを目標とする。
・日本映画の収集を優先する。
・時代を問わず散逸や劣化、滅失の危険性が高い映画フィルム等及び上映事業や国際交流事業に必要な映画フィルム等の収集を行う。
・自主製作映画等企業の管理下に置かれない映画の収集にも配慮する。
・受贈については、デジタル素材の受入れを継続しながら、映画のデジタル化に伴い散逸の危機に瀕しているフィルム原版の受入れも重点的に実施する。

網羅的な収集を原則としつつ、FIAFがナショナルフィルムアーカイブのミッションとして唱導してきた自国映画の優先的な収集など、いくつかの項目を優先させながら収集に当たるという方針は、NFAJが長年堅持してきた姿勢であり、実質的にはこれを中期目標、中期計画、ないしは館としてのコレクション・ポリシーと見なすことができるだろう。

ところで、ＮＦＡＪが右記のような収集方針を掲げている背景には、どのようなことがあるのだろうか。まず指摘しておかなくてはならないのが、日本では、国の責任において映画フィルム等の収集と保存を義務付けている法令が、実質的に機能していない、ないしは不充分である、という現状だ。法令によって出版物などを特定の機関に納入する義務を定めた制度を法定納入といい、映画・映像作品についても、多くの国や地域で実施されている。[19]日本では国立国会図書館が出版物の受け入れ先となっており、「映画技術によって製作した著作物」も納入義務の対象とされているが、附則に「当分の間、館長の定めるところにより、その納入を免ずることができる」とあり、結果として、国立国会図書館では公式には映画フィルムの収集は行っていない。[20]また、図書館法や博物館法でも、フィルムは収集対象の一つに挙げられているが、収集義務を定めたものではない。

一方、ＮＦＡＪの存在を前提として、独立行政法人国立美術館法第三条では「美術（映画を含む）に関する作品その他の資料を取集し、保管して公衆の観覧に供する」[21]ことが法人の目的とされている。また、著作権法施行令の改正においては、第三条第一項および第四条で「国立美術館が設置する施設で、映画に関する作品その他の資料を収集し、及び保管することを目的とする」ものを「記録保存所」と命名し、「記録保存所において、その保存する一時的固定物を良好な状態で保存するため、適当な措置を講じなければならない」ことが明記された。[22]ただし、これはあくまでも映画の収集・保管の義務が独立行政法人にあることを記したものであり、国の責任において行うことを述べたものではない。つまり、「映画保存法」のような法令とは趣旨が違うのである。

ＮＦＡＪの収集方針の背後にあるものとしては、他にも以下のような状況を念頭に置いておかなくてはならない。

・地方自治体等が運営するフィルムアーカイブは、いずれも予算・人員が極めて少なく、国の収集活動と責任を分担できるような規模ではない。
・行政機関、映画製作・配給会社、一般企業、コレクターなどによる映画フィルム等の保管は、保存上適切な環境で行われていない場合が多く、劣化の進行や廃棄の危険に晒されている。
・現在フィルムアーカイブでは、所蔵品の安全保護や長期保管に力を注ぐだけでなく、公開や利用、とりわけデジタル技術やネットワーク技術を利用した活用が強く求められている。

以上から察せられるように、ナショナルフィルムアーカイブとしてのＮＦＡＪが、初めから収集対象や収集方法を限定して選択的収集の方針を立てられるほど、日本における映画のセイフティネットは、法的にも業界的にも整っていないということなのである。

「網羅的収集」という目標は、映画作品にとっての最終素材である映画フィルムの最終保管場所として地位が確立していてこそ掲げられるものであるが、それを可能にするのは予算、施設、人員という三つの要素である。予算面で大きな後押しとなったのは、国立美術館の独立行政法人化（二〇〇一年）後の文化庁の動きである。二〇〇三年四月、映画振興に関する懇談会による文化庁への提言「これからの日本映画の振興について〜日本映画の再生のために〜」[23]が発表された。ここでは国の映画振興の基本的方向として、「文化遺産としての映画フィルムの保存」が第一に掲げられ、「国は、国内で製作され公開された映画作品を文化遺産として保存・継承を行う必要がある」ことが提言されている。これを受けて設置されたＮＦＣの在り方に関する検討会の審議のまとめ（「フィルムセンターの独立について」[24]）では、これからのＮＦＣの役割として、第一に収集・保存機能が挙げられ、これに係る機能とそれを果たすために必要な施設・設備の一層の充実を図ることが求められた。

以上の提言や審議に基づき、二〇〇四年度からフィルムアーカイブ整備予算、デジタルアーカイブ整備予算の措置が取られ、フィルム購入や複製作業、デジタル化に係る年間予算は億単位にまで増え、後に国立美術館への運営費交付金に組み込まれる形で規定経費化された。(25) 収集したフィルムの検査・補修・登録を支える人的・物的インフラも拡充され、前述のように、相模原分館における映画保存棟の増築も行われた。(26)

しかし、すでにこの提言から二〇年以上が経過し、所蔵映画本数はこの間三万四五六四本（二〇〇二年度末）から八万七二五〇本（二〇二三年度末）へと、約二・五倍に増加。所定の手続きを終え、所蔵品として登録される映画本数は、現在でも寄贈を中心に大量に上り、保存棟のさらなる増築を検討しなくてはならない段階に来ている。また、独立行政法人の予算に計上される国からの運営費交付金は、毎年減額をされることが原則となっており、それを補うために、新規事業を文化庁の概算要求として財務省の予算案として実現させるか、政策的な助成金や補助金にでも頼らなければ、増額はおろか現状維持すら見込めない状況が続いている。職員数についても、ＮＦＡＪとして独立をした際には、民間財団と契約した長期に亘る寄付金を人件費に充当することで増員を図ることができたが、それでも定年制の常勤職員はこの二〇年で、一一名（二〇〇三年度末）から一五名（二〇二二年度末）までしか増えておらず、大量の日常業務を有期雇用の常勤ないしは非常勤の職員（二〇二二年度末で五一名）に依存している状態が続いている。

ところで、ＮＦＡＪにおける映画フィルム等の収集は、購入と寄贈受入のいずれかを通して行われている。所蔵品とはならないが、寄託による受入も行っている。

購入には、以下の二つのパターンがある。

一つめは原版フィルムなどマスター素材の所有者（多くの場合は当該作品の著作権者）から、複製したフィルムやデジタルコピーを有償で購入するパターンである。非著作権者が所有する上映用ポジフィルム（プリント）から複製物を購入する場合もある。いずれの場合も、素材の所有者がラボに複製作業を委託し、成果物を納品してもらう形を採っている。原則として、購入物はニュープリントなど新たに作成された複製物で、既存の素材を購入することはない。

そもそも、映画には価格というものが存在しない。映画業界とは配給権や上映権といった権利を売買するところであって、美術品のように画商が価格を決めて取引を行うビジネスではないからである（もちろん、近年ネットォークションでの売買は盛んだが）。では、ＮＦＡＪではどうやって購入価格を決めているのか。一九七〇年代より大手映画製作配給会社が加盟する一般社団法人日本映画製作者連盟（映連）との契約に基づき、費目を細かく定めた作業費の基準単価に、アーカイブ内での一般公開上映や研究者等からの申請に基づく試写などを対象とした上映権利料の相当額を上乗せした金額で購入額を決めている。ラボでの作業費の上昇とともに、基準単価はこれまで何度か更新されてきた。映連加盟社以外からの購入においても、この単価で交渉することが通常ではあるが、あくまでも契約次第で価格設定は自由であり、歴史的にプリント販売を商売としてきた教育映画製作会社などとは、会社独自の販売価格で取引をする場合もある。

もう一つの購入パターンは、ＮＦＡＪが自ら所蔵するフィルムを使用、ないしはマスター素材の所有者から素材を借用し、直接ラボに複製作業を発注する場合である。その際、ラボとの契約によって定められた単価に基づいて購入額の積算が行われるが、金額次第では競争入札となる。ちなみに、上記二つのパターンを合わせ、二〇二三年度の映画フィルム購入実績は、九五本である。(27)

一方、寄贈受入とは、映画フィルム等の所有者より、所有権の譲渡を伴う形で受け取ることを意味している。原則として著作権の移譲はない。ＮＦＡＪの「映画フィルム及び映画関連資料寄贈等受入れ規程」では、以下のいずれかの条件に当てはまるものを受入対象としている。

・劇映画、文化・記録映画、アニメーション映画およびニュース映画等のフィルムのうち、名作または秀作と認められるもの

・映画史研究および映画作家研究等の映画研究にとって必要なもの
・時代、文化および風俗を反映しているもののうち重要なもの

かつ、フィルムの状態を調査のうえ適当と認めた場合、受入の決定を行う、としている。この最後の条件より、原版フィルム（および原版相当の素材）ないしは廃棄・散逸、劣化・損傷・滅失の危険性が高いフィルムは、対象を限定せずに、優先的な受入を行っている。二〇二三年度の映画フィルム寄贈受入実績は、七四八本である。

ＮＦＡＪにおける寄託受入は、原版フィルムの所有者との契約により保管しているもので、所有権も著作権も移譲はなく、あくまでも日本の映画史における貴重な作品の原版を保護するという目的で実施している。保存庫の収容能力を鑑み、現時点で寄託契約を結んでいるのは、映連加盟四社（契約順に、ＫＡＤＯＫＡＷＡ、松竹、東映、東宝）に限っている。寄託本数は、二〇二三年度末で一万九三二二本に達している。

５　直面する課題と求められる取り組み

フィルムアーカイブ活動の起点となる収集について、ＮＦＡＪの取組みを中心に見てきたが、すでに随所で現状の活動から伺える課題に言及してきた。最後に、デジタルシフトに伴って明らかになってきた課題と、インフラ整備に必要な取り組みについて、その要点を確認しておきたい。

デジタル保存に対応した収集方針の検討

フィルムアーカイブが収集対象の比重を映画フィルムからビデオテープ、データファイルへと移していくには、

従来の映画保存の方法論とは異なり、デジタル化、バックアップやマイグレーション、データ管理の方法についてのガイドラインが作成され、作業の遂行にあたり、機関ごとに運用上の条件を洗い出しておくことが必要になる。そして、このデジタル保存に対応する形で、収集方針が検討されなくてはならない。すなわち、受入可能なデータ、受入条件となるフォーマットや仕様、上映用データにおいて推奨される視聴環境、メタデータ、メディアや作品に関する情報などについて、方針を定めていくことがカギとなる。

保存活動を支える法やリソースの整備

映画保存とは常に後追いの歴史であるが、商業映画の世界でデジタルシネマが一般化し、それ以外の分野においても、映像作品がデータとして流通している現状にあっては、作品の完成・公開と同時に適切な保存が図られていくようなシステムを作れない限り、もはや文化遺産として映画を保護し継承していくためのセイフティネットはあり得ないかもしれない。それゆえ、少なくとも法定納入に相当するような法的バックアップは必要であり、デジタル保存を前提としたデータやメディアの管理、作品や著作権および作品の製作や配給などに係る契約情報に関する公的な登録制度、そして、これらの仕事に必要な人材の継続的な養成を、一体として実現できるような仕組みが求められている。

「フィルムがあること」が当然の前提となるフィルムアーカイブになるために、やるべきことは多く残されている。

注

以下の注に記載されたＵＲＬの最終アクセス日は、すべて二〇二四年一〇月二三日である。

（1）Cherchi Usai, P. (September 2006). Foreword: A Curatorial Framework for the NFSA, in *Collection Policy & Statement of Curatorial Values*, Canberra, National Film & Sound Archive. 日本語訳は筆者による。

（2）FIAF (last update: April 22, 2021). FIAF Statues and Rules Chapter 1 – Titles and Aims Article 1. Available at: https://www.fiafnet.org/pages/E-Resources/FIAF-Statutes-and-Rules.html

（3）独立行政法人国立美術館「令和五年度業務実績報告書」（二〇二四年六月）五八頁。URL: http:www.artmuseums.go.jp/media/2024/06/（国立美術館）令和五年業務実績報告書 -1.pdf

（4）ＮＦＡＪ「映画保存とフィルムアーカイブの活動の現状に関するＱ＆Ａ」（二〇一八年、最終更新二〇一八年四月一日）URL: https://www.nfaj.go.jp/research/filmbunka/

（5）たとえば、フランスでは一般公開を目的に製作された映画作品およびテレビ番組について、作品題名と関連文書を登録する「映画テレビ登録制度」（Registres du cinéma et de l'audiovisuel）が、一九四四年に法律で制定されており、二〇一五年からフランス国立映画映像センター（ＣＮＣ）による所轄業務になっている。独立行政法人日本芸術文化振興会（二〇二一年二月、二〇二二年三月改訂）「フランスにおける映画振興に対する助成システム等に関する実態調査報告書」六六―六八頁を参照。URL: https://www.ntj.jac.go.jp/assets/files/kikin/artscouncil/France_Movie/France_movie_chyosa_V2.pdf

（6）「組織（機関）アーカイブズ」「収集アーカイブズ」の名称・区分については、松崎裕子「経営資源としてのアーカイブズ」企業史料協議会編『企業アーカイブズの理論と実践』丸善プラネット、二〇一三年、五―七頁を参照。

（7）各映画保存棟の収納可能能力は、二〇〇〇フィート巻の35ミリフィルム一巻を納められるシングル缶相当で、保存棟Ⅰ二二万缶、保存棟Ⅱ二六万六〇〇〇缶、保存棟Ⅲ一一五二缶となっている。

（8）映画フィルムやビデオの画像、テレビやモニターの画面において、縦横の長さの比率を画郭（アスペクト比）という。現在使われている標準的な映写画郭を図4-3で示したが、これ以外にも多くのバリエーションがある。また、フィルム上に焼き付けられたフレームの画郭と、映写時に求められる画郭とが異なる場合があり、注意を要する。

（9）図4-2の基本になっているフィルムアーカイブ活動の考え方は、ヴォルフガング・クラウエ「フィルム・アーカイヴの主要な仕事」（東京国立近代美術館フィルムセンター編『フィルム・アーカイヴの四つの仕事――国際映画シンポジウム（東京・一九九〇年）記録』一九九二年）に拠っている。

（10）ＮＦＡＪが二〇二一年に開催したユネスコ「世界視聴覚遺産の日」記念イベント「マグネティック・テープ・アラート　膨大な磁気テープの映画遺産を失う前にできること」での配布資料や関連資料が情報を網羅している（二〇二一年、最終更新二〇二二年二月五日）。URL: https://www.nfaj.go.jp/exhibition/unesco2021/#section1-6。なお、ＮＦＡＪでは二〇二四年にマグネティック・テープ・アラートの第二弾となるイベント「磁気テープ映像の保存に向けてできること」を開催し、当日のビデオレクチャーや配布資料などを公開している。URL: https://www.nfaj.go.jp/exhibition/unesco2024/#section1-4

(11)　デジタル保存と関連する技術は急速な変化を見せており、NFCにおいて二〇一四年度から四年間実施した「映画におけるデジタル保存・活用に関する調査研究」の成果も更新が必要であることを留保しつつ、課題の所在や範囲を見定めるうえで、プロジェクトの報告書等の資料は参考になる。NFAJ「BDCプロジェクトの報告書等」（二〇一五―二〇一七年）URL: https://www.nfaj.go.jp/research/bdcproject/#section1-4

(12)　この章は、オーストラリア国立映画音響アーカイブが発行している以下の出版物の情報に多く拠っている。NFSA (2022/amended June 2024). Collection Policy 2022. Available at: https://www.nfsa.gov.au/corporate-information/publications/collection-policy

(13)　NFAJではNFCの時代に、所管官庁であった文部省（当時）が保管していたフィルムを管理換として受け取った経緯があるが、他の中央省庁から直接受贈した事例はない。

(14)　文部科学省（二〇二一年三月一日、一部変更二〇二二年二月二四日、一部変更二〇二三年二月二八日）「独立行政法人国立美術館が達成すべき業務運営に関する目標（中期目標）」。URL: https://www.artmuseums.go.jp/media/2023/04/独立行政法人国立美術館 - 第5期中期目標.pdf

(15)　独立行政法人国立美術館（最終変更二〇二三年三月二八日）「独立行政法人国立美術館中期計画（第五期）」URL: https://www.artmuseums.go.jp/media/2023/04/ 独立行政法人国

図 4-3　標準的な映写画郭（アスペクト比）

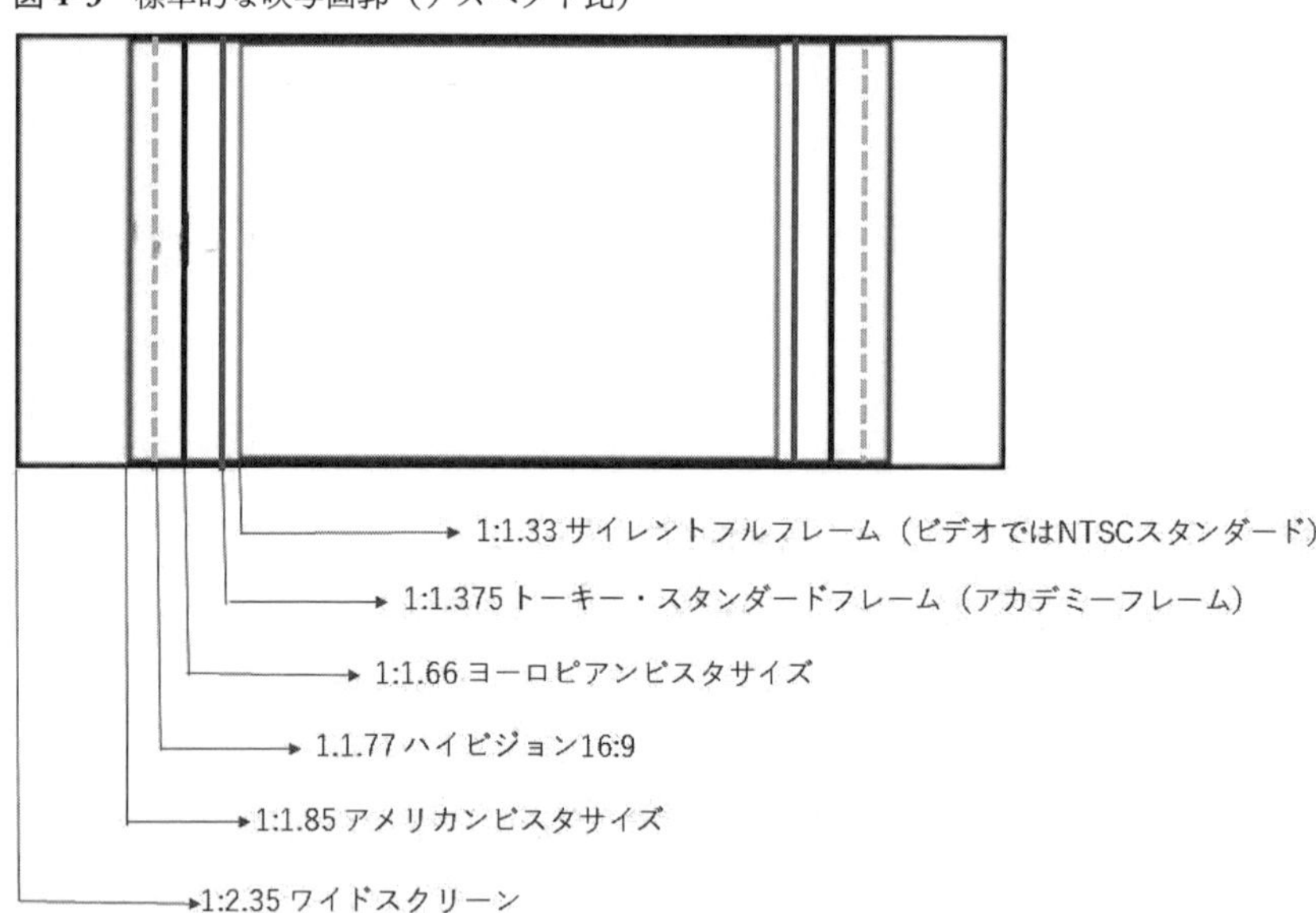

立美術館第5期中期計画.pdf

（16）文部科学省（二〇二一年）一頁。

（17）同前、一一頁。

（18）独立行政法人国立美術館「令和6年度独立行政法人国立美術館年度計画」三一頁。URL: https://www.artmuseums.go.jp/media/2024/04/【国立美術館】令和6年度計画-1.pdf

（19）網羅的な調査は見当たらないが、二〇一〇年の国際図書館連盟（ＩＦＬＡ）会議でのBesser & van Maissenによる発表では、三五カ国において実施されているとの調査結果が報告されている（Besser. H & van Maissen. K.［August 12, 2010］Legal Deposit for Audiovisual Material: Preliminary Survey Results. IFLA, Göteborg, Sweden. Available at: https://besser.tsoa.nyu.edu/howard/Talks/legal-deposit.pdf）。

（20）国立国会図書館法における映画フィルムの納入免除については、石原香絵『日本におけるフィルムアーカイブ活動史』美学出版、二〇一八年、一四五―一五九頁が詳しく論じている。

（21）「独立行政法人国立美術館法」（平成十一年法律第百七十七号）URL: https://elaws.e-gov.go.jp/document?lawid=411AC0000000177

（22）「著作権法施行令」（昭和四十五年政令第三百三十五号）URL: https://elaws.e-gov.go.jp/document?lawid=345CO0000000335

（23）映画振興に関する懇談会「これからの日本映画の振興について〜日本映画の再生のために〜（提言）」（二〇〇三年四月二四日）URL: https://www.bunka.go.jp/seisaku/bunkashingikai/kondankaito/eiga/eigashinko/korekara_nihoneiga_shinko.html

（24）フィルムセンターの在り方に関する検討会「フィルムセンターの独立について（審議のまとめ）」（二〇〇四年九月）URL: https://www.bunka.go.jp/seisaku/bunkashingikai/kondakaito/eiga/filmcenter/pdf/filmcenter_dokuritu.pdf

（25）ＮＦＡＪの年間予算は、二〇二〇年度で六億八五九二万二〇〇〇円、うち国からの運営費交付金は五億四六四五万二〇〇〇円である。この交付金から、映画フィルム等の購入費が充当されている。

（26）二〇〇三年の提言を振り返る試みとして、川村健一郎（とちぎあきらが一部執筆）「日本における映画政策の展開――「これからの日本映画の振興について」以降の二〇年」一般社団法人コミュニティシネマセンター『映画上映活動年鑑　２０２２』二〇二三年、九九―一一一頁がある。また、とちぎあきら「フィルムセンターの映画フィルム収集事業」東京国立近代美術館『東京国立近代美術館60年史　１９５２－２０１２』二〇一二年、一二五―一三六頁では、ＮＦＣ以前から始まる収集活動の歴史を概観している。

（27）後述の二〇二三年度寄贈受入実績と二〇二三年度末の寄託本数を合わせ、独立行政法人国立美術館（二〇二四年）五八頁を参照。

第5章　地域映像アーカイブの可能性

石原香絵

1　国内六機関の地域映像アーカイブ

物質としての映画フィルムや関連資料の取得、長期的な保存、そして館内上映や館外貸出などによるアクセス提供を使命とする日本国内の非営利・公共機関のうち、地域の、もしくは地方自治体の映像アーカイブには、福岡市総合図書館の文学映像課／福岡フィルムアーカイヴ、広島市映像文化ライブラリー、神戸映画資料館、京都府京都文化博物館の映像・情報室、後述の理由で休館中の川崎市市民ミュージアム、そして山形ドキュメンタリーフィルムライブラリーがある[1]。

映像アーカイブの成立条件として、コレクションの主役たるフィルムの長期保存に適した収蔵庫は欠かせないが、これら六機関のすべてが低温度・低湿度（摂氏五度以下／相対湿度四〇％前後）の環境を整えているわけではない。たとえ摂氏二〇度前後の設定であっても、フィルムが常温で放置されているのでなければ問題視されることはなかったし、専門教育を受けた映像アーキビストの正規雇用が重視されることもなかった。本章ではそのような実態に即して、①フィルムや関連資料を取得し、②専用の収蔵スペースに保管し、③定期的に上映している「地域の・地方自治体の」機関を地域映像アーカイブと呼ぶこととする[2]。往々にして東アジア諸国は中央集権的な映画保存政策を掲げるが、日本も例外ではなく、原版類、危険性の高いナイトレートフィルム、経年劣化の進行したビネガープリントなどを適切に取り扱うことのできる機関は、所蔵フィルム八万本以上と圧倒的な数を誇る国立映画アーカイブ（ＮＦＡＪ）にかぎられる。片や地域映像アーカイブに期待されるのは、国際的に見て予算・人員規模に劣るＮＦＡＪの機能を補完しつつ、地理的な分散保存や映像文化の多様性を担保する役割だろう。

しかし昨今、地域映像アーカイブと聞いてまず連想されるのは、自治体、大学、民間団体などが主体となって市民が記録した映像資料をデジタル化し、無料公開しているオンラインの情報源のことではないだろうか。一九七〇年代をピークに広く普及した8ミリフィルムのホームムービーなど、劇場公開用の標準35ミリフィルムより幅の狭い小型映画の資源化に二〇〇五年頃から着目していたｒｅｍｏ（ＮＰＯ法人記録と表現とメディアのための組織）を筆頭に、ＮＰＯ法人20世紀アーカイブ仙台、株式会社アルプスピクチャーズ、沖縄アーカイブ研究所などがアナログ資料のデジタル化、デジタル化したコンテンツを生かした映像制作、上映会やワークショップの開催など「参加・記録作成型」のプロジェクトを通して、[3]郷土史の掘り起こしや世代を超えた語らいの場の創出といった成果を上げている。その多くが収集するのはあくまでコンテンツであり、オリジナルのアナログ媒体は原則として所有者に返却される。仮に所有者が寄贈や寄託を望んでも、プロジェクト単位で原資料の長期保存のための環境を整えるのは極めて困難だろう。

本章が取り上げる地域映像アーカイブが参加・記録作成型と一線を画すのは、35ミリフィルム、小型映画、磁気テープ（いわゆるビデオ）、光学ディスクなど、実体に触れることのできる――物理的な収蔵スペースを要する――媒体に主眼を置いてきたからにほかならない。その資料が作成された時点でのオリジナルの記録形態を維持するのが映像アーカイブの原則だが、[4]国立公文書館の開館ですら一九七一年と大幅に遅れ、独立した国立の映画保存機関としてようやく二〇一八年にＮＦＡＪが設置された日本において、そのような原則に対する理解は未だ不十分である。急激なデジタル・シフトを経て二〇二〇年代を迎え、六機関の存在意義が大きく揺らいでいるのは、媒体を巡るテクノロジーの時代的な変化とともに、コンテンツの即時活用に必ずしも直結しない地道な事業を継承する従来型の機関が、研究者、上映者、映像制作者、そして一般の利用者の視界から外れつつあるからだ。

商業映画にせよ、アマチュアフッテージにせよ、現物のフィルムのアイテム・レベルの詳細調査[5]、メタデータの記述、目録作成やデータベースの構築、権利処理といった基本業務の遂行には多大な労力を要する。近年では従来型の機関がボーンデジタル資料（新作）を取得することもあれば、アナログ資料（旧作）の摩耗を防ぎつつ活用を推進するためデジタル化を進めることもある。規模の大小を問わず、それらもまた一種のデジタルアーカイビングの試みといえるだろう。ただし、デジタル対応はこれまでの業務に置き換わるのでなく、追加されるのであり、予算や人員の増強なくして実現できるものではない。六機関の所蔵データベースの横断検索ですら、当面のあいだ実現する見込みはなさそうだ。社団法人記録映画保存センターは、文化庁文化芸術振興費補助事業として二〇一四年度から四年半かけて調査を遂行し、許諾を得た国内二七六機関が所蔵する五万三六五三件ものフィルム・データを公開しているが[6]、そこにも六機関のコレクションは含まれない。

2　設立から二〇一八年までの状況

日本国内で最も古い地域映像アーカイブは、一九八二年に開館した広島市映像文化ライブラリーである。だが、京都文化博物館の映像・情報室の前身の京都府フィルム・ライブラリー事業は一九七一年、そして神戸映画資料館の前身のプラネット映画資料図書館は一九七四年[7]に始動していた。従来型の地域映像アーカイブ六機関の歴史に関する情報源の多くを占めるのは、各機関の学芸員や職員らによる活動紹介である。古くは川喜多かしこが主導したフィルム・ライブラリー協議会の冊子『世界のフィルム・ライブラリー』が、広島市映像文化ライブラリー、京都文化博物館、福岡フィルムアーカイヴの開館当初の上映プログラムを掲載し、一九九〇年代末にはＮＦＣ（現

NFAJ）ニューズレターの連載によって、[8]国内の地域映像アーカイブに相当する機関の存在が認識された。第三者の視点による総括的な論考が実を結ぶことはその後もなかったが、二〇〇六―一八年に主に京都や東京で毎夏開催され、多数の参加者を集めた「映画の復元と保存に関するワークショップ」には、主催団体の京都文化博物館と神戸映画資料館を含む五機関の実務者が少なくとも一度は招かれ、それぞれの職場の現状を報告した。[9]つまり予算・人員不足や収蔵庫の環境の不備など、地域映像アーカイブに特有の課題が共有されても、改善に向けた支援の動きは見られず、具体的な政策提言にも結び付かなかったのだ。

六機関の何れもがミュージアム、ライブラリー、アーカイブズの要素を含みながら統一された名称を持たず、設置の背景や運営母体（文化財団、NPO法人、指定管理企業など）を異にしている。インドのサイー・パラーンジペー監督らの要望に応えて一九九六年に設置された福岡フィルムアーカイヴが「アジア」、米国のパシフィック・フィルムアーカイブをモデルにした広島市映像文化ライブラリーが「原爆」「平和」、京都文化博物館が京都の撮影所で生み出された日本の「時代劇」、川崎市市民ミュージアムが「独立プロ」、そして山形ドキュメンタリーフィルムライブラリーが「ドキュメンタリー」と、収集作品のテーマも多様である。NFAJに次ぐ規模――二万本以上――のフィルム・コレクションを誇る神戸映画資料館は、例外的にテーマを絞

図5-1　広島市映像文化ライブラリーのホール（169席）の16ミリ映写機

らず網羅的な収集方針を掲げる。映画館や現像所などが業務を停止する際に大量に処分される資料を選別せず救済するため、所蔵資料が絶えず増え続け、スペースの確保は常に頭の痛い問題である。自治体からの予算に頼ることなく自律的に運営されているのもまた、同館の特徴といえる。

二〇一一年にいちはやく全館リニューアルを終えていた京都文化博物館は別として、設置から数十年が過ぎると建物や設備の老朽化は避けられない。山形ドキュメンタリーフィルムライブラリーでは、二〇二九年に開館する新たな市民会館内への移転案が浮上した。とりわけアクセス提供に秀でている同ライブラリーは、一九八九年に始まった山形国際ドキュメンタリー映画祭（ＹＩＤＦＦ）の上映作品・応募作品を収集し、閲覧可能数は既に二・二万を超えている。[10] 二〇一七年に山形市が「ユネスコ創造都市ネットワーク（映画分野）」への加盟を認められたのち、二〇一八年に山形市内でコミュニティシネマ会議の分科会「地域の映像アーカイブとその活用について：３１１が遺したもの」が開催された際には、[11] ライブラリー機能をアーカイブズ機能へと発展させる意向も表明された。また、二〇一八年に開館三〇年を迎えた川崎市市民ミュージアムでは、洪水ハザードマップが改訂され、最悪の場合は建物二階まで浸水する可能性が指摘されていた。[12] 建て替えや移転は収蔵庫や上映設備の改善だけでなく、ライブラリーからアーカイブズへの転換の好機になり得る一方、事業継続の説得力に欠くようなことがあれば規模縮小や閉鎖も検討されかねない分岐点である。建築寿命の短い日本では、今後もスクラップ・アンド・ビルドが繰り返される度にアーカイブズ活動の意義が問い直されるのだろう。

フィルム収蔵庫の適切な温湿度設定が達成されていたのは、長らく福岡フィルムアーカイヴと京都文化博物館だけだったので、残る四機関の所蔵資料は化学的にゆっくりと、しかし確実に劣化する「スロー・ディザスター」に苛まれてきた。[13] 強烈な酢酸臭をともなうビネガーシンドロームを発症しているアセテートフィルムの場合、六機関の施設内の収蔵スペースでは保管できないので、救済するなら民間の倉庫会社の専用室に頼るしかない。ナイトレートフィルムについては、危険物に指定されているとはいえ上映の機会が残されている欧米と違い、[14] 日本国内での救済はほとんど不可能に近い。長期的な建設推進運動の末、ようやく一九八〇年代に完成したNFAJの収蔵庫（相模原分館）も、ナイトレート専用の建物の完成は二〇一四年まで遅れ、入庫には重要文化財指定など厳しい評価選別基準が設けられた。NFAJ以外でほぼ唯一の合法的な選択肢となっている民間の危険物専用倉庫も、摂氏八度の設定で湿度は制御できず、湾岸に隣接していることから被災リスクが高い。「活用」とともに映画保存政策の支柱となるべき「保存」が見過ごされたまま、八方塞がりの状況が現在に至るまで続いている。

3　二〇一九年以降の変化――自然災害、国際映画祭、パンデミック

地球温暖化による異常気象のため、災害対策は国際的にも注目を集めている。[15]二〇一九年に起こった台風一九号による川崎市市民ミュージアムの収蔵庫の水没は、NFAJが一九八四年に経験したナイトレート火災を上回る規模の大災害だった。建物の老朽化を認識していた同ミュージアムは、屋上や外壁、そして内部設備の大規模な改修工事を順次実施する予定だったが、結局のところこの被災により全面的な取り壊しが決まり、救済された一部の資料は民間倉庫に仮置きされることになった。二〇二二年には広島市映像文化ライブラリーの協力を得て、ATG作品『河 あの裏切りが重く』（一九六七年）の35ミリ復元版の上映が実現し、[16]分散保存の意義が印象付けられた。予算的な制約から十分に取り組まれてこなかった修復や復元が被災後に実現したのは皮肉なことではあったが、指定管理制度の導入により疲弊した運営状況のなかで被害を最小限に抑えることができなかった事実は、今後の教訓として各所で生かされるだろう。

二〇二三年には、広島市立図書館とともに広島市中央公園内にある広島市映像文化ライブラリーのJR広島駅前ビルへの移転が決まった。文教地区の喪失に反対した市民のオンライン署名は一・五万人を超えたが、決定は覆ることなく、二〇二六年の移転に向けて準備が進められている。中国新聞の一連の報道を見ると、移転先では収蔵設

図5-2　被災前の川崎市市民ミュージアムのフィルム収蔵庫

備が大幅に改善される見込みである。既に移転が検討されていた山形ドキュメンタリーフィルムライブラリーでは、長瀬映像文化財団の支援による「移転に伴う収蔵物デジタル化プロジェクト」が二〇二三年に始まり、コレクションの概要調査、旧式メディアの権利処理、そしてデジタル化が段階的に実施されている。何れの移転先でも地上階に収蔵庫が設置されるが、中・長期的には、複数の地域映像アーカイブが共用できる収蔵庫や仮置きのためのスペースも必要だろう[17]。

映像アーカイブは地元の映画祭との結びつきが強いが、奇しくも二〇二〇年、二つの国際映画祭に終止符が打たれた。広島国際アニメーションフェスティバル（隔年、全一八回開催）と、アジアフォーカス・福岡国際映画祭（全三〇回開催）である。前者は一九八五年に始まり、広島市映像文化ライブラリーが出品作品の一部を保管してきた。福岡フィルムアーカイヴは、一九九一年に始まった後者の出品作品の収蔵を設置根拠のひとつとし、およそ六割を保存してきたが、映画祭の終了と同時期に管轄が「映像資料課」から「文学映像課」の「映像資料係」へと格下げになった。ただし、国際映画祭のレガシーは地元の上映者や観客に引き継がれている。例えば、二〇二二年の「Asian Film Joint」（第二回）は「場に宿るもの」をテーマに掲げ、福岡フィルムアーカイヴの上映施設シネラ（二四二席）を会場に、収蔵庫見学などのバックヤード・ツアーを催したほか、映画保存をテーマにした台湾国家映画・視聴文化センターのドキュメンタリー『アーカイブ・タイム』（二〇一九年）を上映した。翌年には、「イラン映画を福岡の宝物に」という市民活動によって、映画プロデューサーのショーレ・ゴルパリアンからモフセン・マフマルバフ監督作品をはじめとするイラン映画五作品のデジタル素材が寄託された。

東日本大震災の被災資料レスキューが契機となり、地域や家庭に眠る映像資料の価値は日本でも重ねて議論されてきた。さらに新型コロナウイルス蔓延の影響で、資料のデジタル化およびオンライン公開の要請が一層強まった。地域映像アーカイブにおける所蔵作品のデジタル復元やデジタル化の歴史は、京都文化博物館の「映像フィルムルネッサンス事業」が『祇園小唄絵日傘 狸大尽』（一九三〇年）と『槍供養』（一九二七年）の復元版をオンライン公開した二〇〇四―〇五年頃に遡る。二〇一一年頃を境に映画の上映方式の主流がＤＣＰ（デジタル・シネマ・パッケージ）へと移行し、国際団体が様々な指針を改訂したが、実際にオンライン上映への抵抗感が薄れ、真正なフィルム上映にこだわっていた映像アーカイブがデジタル対応に積極的になるまでには長い時間を要した。

国際映画祭に出品されるのは主にその時点での「最新作」であり、上映素材は時代とともにフィルムから磁気テープ、ディスク素材、そしてデジタルデータへと移り変わった。その流れにそってＤＣＰを早期から取得していた福岡フィルムアーカイヴは、他に先駆けてＬＴＯを使ったデジタル保存システムの運用を開始した。神戸映画資料館は二〇一八年以降、神戸芸術工科大学と共同で４Ｋデジタル化の調査研究事業を実施し、資料の同定識別のための一部抜粋など、およそ三〇件をオンライン公開した。それに加えて、二〇二〇年からは無声映画『黄金の弾丸』（一九二七年）の弁士・演奏付・英語字幕付版の有料配信を開始し、同じプラットフォームを使った事業として、新作ドキュメンタリー『フィルム：私たちの記憶装置』（二〇二一年）の配信が続いた。[18] 山形ドキュメンタリーフィルムライブラリーの母体であるＹＩＤＦＦは二〇二〇年、「10代のための映画便」をオンライン開催し、翌年、パンデミック下でオンライン開催に切り替わった映画祭を成功させた。

二〇一九年のＹＩＤＦＦ会期中、東北芸術工科大学の科学研究費プロジェクトとして開催されたシンポジウム「新たな創造都市拠点設立へ向けて」では、山形ドキュメンタリーフィルムライブラリーが映画祭の未来を担う機能であることが確認された。出品時に政治的・宗教的理由で検閲を受けた作品や、映像アーカイブが未整備だった国や地域の作家にしてみれば、同ライブラリーや福岡フィルムアーカイヴの所蔵作品が自作の唯一の残存素材、あるいは残存する最良の素材であってもおかしくない。また、それらは映画祭関連作品の収集アーカイブズであるとともに、映画祭事務局の組織アーカイブズでもある。

4　地域資料の重要性――ノンフィルムとホームムービー

京都文化博物館や神戸映画資料館は、二〇一四年に始まった地域映像アーカイブの支援に直結する文化庁の助成（美術館・歴史博物館重点分野推進支援事業：映画におけるデジタル保存・活用に関する調査研究）を受けていたが、二〇一九年度で打ち切られた同事業は、「アーカイブ中核拠点形成モデル事業（撮影所などにおける映画関連の非フィルム資料）」へと受け継がれた。二〇二〇年からは、オンライン開催の「映画資料サミット」が――コロナ禍による延期はあったものの――順調に回を重ね、連動して発行された『全国映画資料館録２０２０』（文化庁・ＮＦＡＪ・映像産業振興機構、二〇二一年）が掲載する六八カ所の映画資料館のごく一部とはいえ、横断検索可能なデータベース（ＪＦＲＯＬ）が公開されるに至った。

従来型の六機関にも、ポスター・文献・機材などから成るノンフィルム資料は少なくない。当初はフィルムがコレクションの中心を占めていたことから、付随的に集まってきたノンフィルムの編成作業は遅れがちだったが、福岡フィルムアーカイヴは「アジア映画資料室」を開設するなどして視覚的にも魅力的な資料を展示してきた。ところが人員不足から、現在はノンフィルムの寄贈・寄託の受け入れを停止している。ちなみに広島市では二〇一三年、映画館（八丁座）を経営する株式会社序破急が映画図書館を開館し、数千枚の映画ポスターや機材などを所蔵していたが、敢えなく短命に終わってしまった（二〇一六年閉館）。その事例からも、安定した公的機関による資料の保全に期待せずにはいられない。

地域映像アーカイブにとって有効な資料は、ノンフィルムだけではない。六機関の何れもが多かれ少なかれ取得している地域や家庭に眠るアマチュア撮影のフィルムも、今後ますます注目を集めるだろう。対象を名作映画に絞り、アマチュアフッテージの収集にそれほど積極的でなかった――寄贈を望む所有者には、他の専門機関を紹介してきた――広島市映像文化ライブラリーの方針も理解できなくはないが、収集対象が商業映画から非商業映画へと拡大する世界的な傾向については、はやくも二〇〇〇年には紹介されていた[19]。ホームムービーなどアマチュアフッテージのほとんどは唯一無二のマスター素材であり、その充実度は事業継続のための強力な根拠にもなる。福岡フィルムアーカイヴが映画保存領域で最も歴史の長い国際組織、国際フィルムアーカイブ連盟（ＦＩＡＦ）に加盟申請した際も、地域映像の存在が高く評価されたという。冊子目録『福岡市総合図書館収蔵映画目録 寄託・寄贈編』（二〇一三年）を捲ると、所蔵フィルムの出所――地元のテレビ局や一般市民などの寄贈者名――が掲載されているため、福岡色の強いコレクションの特徴が確かに見て取れる。山形ドキュメンタリーフィルムライブラリーが主催する毎月の上映会でも、かつて山形市が製作したニュース映画のプログラムはとりわけ人気を集めている。地元で発見される小型映画の探索や上映を介して、映像アーキビストは市民と対話の機会を得ることにもなる。

デジタル化が旧式媒体の救済の主要な選択肢とされる現在、日本国内でも二〇二二年頃から「マグネティックテープ・アラート」が話題に上るようになった。テープ素材の形状の種別は、一九七〇年代に使用されていたＵマチックから二〇二四年三月末に販売終了となったＤＶＣＡＭまで多岐にわたり、既に再生機が枯渇しつつある[20]。川崎市市民ミュージアムには――被災資料レスキューのための一時的な措置だったとはいえ――磁気テープのデジタル化ステーションが設置され、施設内にデジタル化の設備のない山形ドキュメンタリーフィルムライブラリーも、

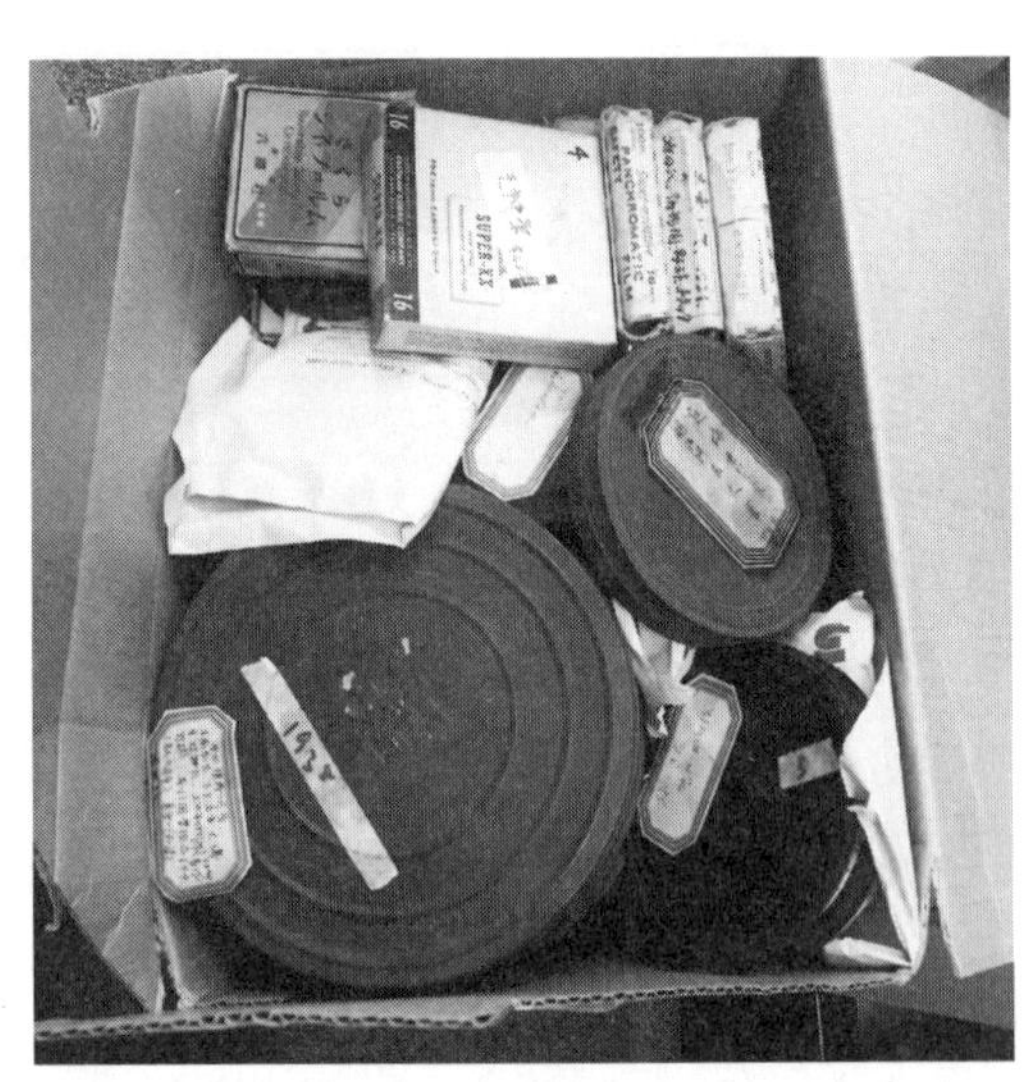

図 5-3　山形ドキュメンタリーフィルムライブラリーに市民から寄贈されたホームムービー

外注による磁気テープのデジタル化を模索し始めた。営利企業の呼びかけは鵜呑みにできない一面もあるが、テープ素材を多く所蔵する地域映像アーカイブにとってはその保存も重要な任務のひとつである。

アマチュア撮影のフィルムやビデオは、参加・記録作成型のデジタル映像アーカイブが主に扱うが、従来型の機関では、まさにその現物資料の「保存」が可能である。専用の収蔵庫を維持できない小規模な事業体は、デジタル化後のオリジナル媒体の寄贈・寄託先として、従来型の地域映像アーカイブの知見や収蔵スペースを有効に生かしてほしい。記録映画保存センターによる先述の全国的なフィルム所在調査の結果によると、映像を専門としない収集機関も多数のフィルムを保持している。同センターは原則として記録映画の原版をＮＦＡＪに移管する活動を無償で実施してきたが、調査の過程で福岡フィルムアーカイヴに移管が成立した16ミリフィルム（上映プリント）もあった。また、公共図書館などの視聴覚ライブラリーにも、十分に活用されていないおよそ一七万本もの16ミリフィルムが収蔵されている。[21] 当然ながら年間の貸出本数は減少の一途を辿り、毎年、複数の視聴覚ライブラリーが廃止されている。

地域映像アーカイブのアドボカシー活動の一環として、文化財登録も有効だろう。福岡フィルムアーカイヴが所蔵する二〇一三年のタイ映画『ヴィレッジ・オブ・ホープ』（アジアフォーカス「観客賞」受賞作）は、本国で「映画遺産」に登録されている。タイ・フィルムアーカイブ（公共機構）が二〇一一年に始めたその仕組みは、年間二〇本前後（二〇二四年現在、計二五〇本）を登録し、優先的に復元やデジタル化の対象としている。そのアイディアの源になったのが、米国議会図書館が年二五本の映画を文化財として登録する米国のナショナル・フィルム・レジストリーや、ユネスコ「世界の記憶」プロジェクトである。ナショナル・フィルム・レジストリーは、ホームムービーも含む多様なジャンルの九〇〇作品を登録してきたが、日本で重要文化財に選ばれた映画は僅か三作品であり、すべて無声映画時代の35ミリを使ったＮＦＡＪ所蔵のナイトレートフィルムである。一方、大阪市が戦前の観光映画『大大阪観光』（一九三七年）の16ミリフィルムを、そして二〇二一年に奈良県大淀町が一九二〇年代の吉野熊野地方を記録した35ミリフィルムを文化財に指定した事例もある。二〇二二―二三年、パテベビー百周年を祝うＩＮＥＤＩＴＳの企画によって、福岡フィルムアーカイヴの津田利通コレクションや神戸映画資料館の森紅コレクションが世界に紹介されたが、そのような戦前の小型映画もまた、地域の文化・歴史を後世に残す貴重な資料として、文化財指定に相応しい。

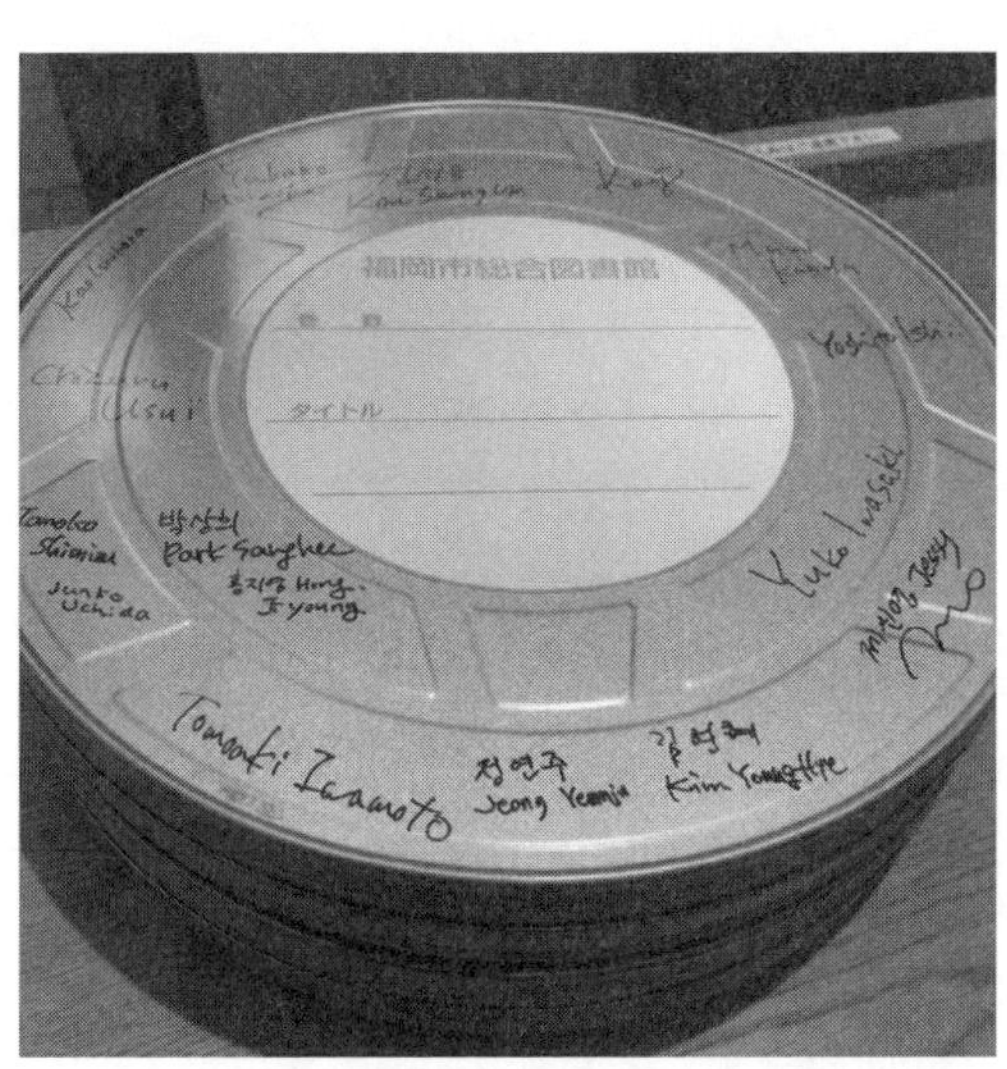

図 5-4　韓日の映写技師の交流事業の後で関係者が署名した福岡市総合図書館の 35 ミリフィルム缶。缶には韓・日・英の３カ国語による共同声明が入っている

二〇二一年にロサンゼルスにオープンしたアカデミー映画博物館がナイトレートフィルムの上映も可能かつ無声映画の生演奏付上映のためのオーケストラピットも備え、ボローニャのチネマ・リトロバート映画祭ではカーボンアーク映写の実演が話題を集めているように、オンライン上映が主流になることで、オリジナルに忠実な上映形態を再現できる映写設備の価値は増している。

ＮＦＡＪが一〇月二七日のユネスコ「世界視聴覚遺産

の日」を祝って70ミリフィルムを上映した際は、チケット争奪戦が起きたほど盛況だった。フィルム映写の最後の砦となりつつある映像アーカイブの映写機のメンテナンス業務は、数少ない高齢の技術者に頼るしかない状況にあり、映写技術の継承に残された時間は少ない。デジタル上映の利便性は否定できないとはいえ、映画を本当の意味で後世に残すためにも、オリジナルの上映形態を再現することの意義を忘れてはならないだろう。

従来型の機関は最新の上映方式も備えつつあり、広島映像文化ライブラリーや山形ドキュメンタリーフィルムライブラリーも、移転時にはＤＣＰの導入を検討するだろう。映画制作を教える大学の多くは、既にフィルムを使った実習を廃止し、学生がフィルムを手にする機会はごく稀になっている。新旧のあらゆる媒体に対応する映写室が各地に残されることは、映画教育を考える上でも重要な意味を持つ。二〇一九年に韓国のシネマテーク／ソウルアートシネマで始動した韓国と日本の映写技師の交流事業は、二〇二三年の「世界視聴覚遺産の日」を記念し、福岡フィルムアーカイヴで再開された。[22]日本のアナログ技術は韓国や台湾をはじめ各国から期待を受けているだけに、映写技師の交流は国境を超えて今後ますます拡大するに違いない。

5　新たな地域映像アーカイブの姿

福岡フィルムアーカイヴで韓日の映写技師の交流事業が再開された数カ月後の二〇二四年一月には、山形ドキュメンタリーフィルムライブラリーと姉妹関係にあるインド北東部視聴覚アーカイブの職員が福岡フィルムアーカイヴ他を訪れ、三日間の技術研修を受けた。こうした国内外の映像アーキビストの連携や協働は、これからの地域映像アーカイブの可能性の広がりを示唆するものである。国際交流は、上映作品や関連資料の貸し借りやゲストの招聘に留まらない。福岡フィルムアーカイヴが二〇〇三年にＦＩＡＦに加盟し、七五カ国一七一団体の仲間入りを果たしているように、東南アジア太平洋地域視聴覚アーカイブ連合（ＳＥＡＰＡＶＡＡ）や動的映像アーキビスト協会（ＡＭＩＡ）の地域視聴覚アーカイブ委員会など、加盟できる国際組織は少なくない。「世界視聴覚遺産の日」など、国際的なイベントへの参画も連帯の意思表明になる。これまで映画人たちが――とりわけアジアの隣国の仲間と――育んできた人的な交流を、映像アーキビストの交流へとつないでほしい。

複数の地域映像アーカイブが地元の大学の映画研究者との共同プロジェクトや学生のインターンシップを受け入れているが、常に人員不足の現場にとってそれは大きな負担でもある。国内でも映像アーカイブ学の講義を設けている大学はあるが、カリキュラムに地域映像アーカイブでの実習を組み込むような事例は少なく、両者が有益な関係を築くためのノウハウの蓄積は未だ十分とはいえない。たとえ地域内の連携が進んでも、全国の同種機関をつなぐ公式団体の設置は容易ではない。公共図書館の司書と同様に、映像アーキビストの多くが有期雇用の非常勤職員であることもまた、国内外の交流の障壁となっている。しかしながら、地域映像アーカイブや映画資料館が各地に点在する日本の状況は、自治的な民主主義を重視する考え方の広がりや文化の多様性の観点から、大きな強みでもある。

デジタル映像アーカイブと呼ばれる一群の試みが必ずしも資料の長期保存を優先するものでないこと、また、デジタル・データを保存するサーバの維持管理やマイグレーションの膨大なコストが、将来的に事業主体の重い負担になることは周知の事実である。その綻びを暗示するかのように、使われなくなったパソコンやスマートフォンなど、急増する電子ゴミやその違法処理も深刻な問題を引き起こしている。一方、フィルムは適切な環境下であれば五〇〇年は劣化しない。もっとも、唯一無二の現物資料を保存しているからといって、従来型の収集保存機関も楽観してはいられない。一九八〇年代に誕生し、米国の地域映像アーカイブのロールモデルとなってきたメイン州のノースイースト・ヒストリック・フィルムは、収蔵庫の電気代節約のため、同州立大学図書館への資料の移管を検討するところまで追い込まれたという。日本国内でも二〇二三年、東京国立博物館の館長自らが収蔵庫の電気代不足を訴える事態に陥り、国立科学博物館ですら、コレクションの保全体制を充実させるための資金をクラウドファンディングに頼らざるを得なかった。

地域映像アーカイブは、現物資料の長期的な保全を確実にし、真正な上映形態を維持しつつも、時代に即した業務に柔軟に対応し、次世代への責任を果たそうとしている。今後はデジタル／アナログを問わず、映画のオリジナルの記録媒体や関連資料を文化遺産と捉え、日常的に様々なサービスを市民に提供していくだろう。それぞれの収集方針に合致した商業映画や地域性の高い非商業映画を取得し、利用者を内外から迎え入れる体制を整えるには、ライブラリーをアーカイブズとして捉え直す必要があり、そのためにも専門教育を受けた映像アーキビストの雇用が期待される。昨今では、各機関の立ち上げ時から業務を担ってきた職員の後継者探しや女性の活躍の機会が見出されてもいる。アナログ／デジタルの両技術に対応できる次世代の優れた人材なしに、地域映像アーカイブの未来は描けない。映像アーキビストは地域映像アーカイブの認知度の向上に努めるだけでなく、コミュニティに根ざした小規模なデジタルアーカイビングのプロジェクトを支援し、現物資料が無闇に廃棄されることのないよう見守る役割も求められる。なお、運営方針は機関ごとに明文化し、公開するとともに、映像作家、研究者、上映者、そして市民の声を取り入れつつ定期的に見直すことが望ましい。地域映像アーカイブの価値は、現時点での集客数やアクセス数から判断するのでなく、長期的な視野をもって見極めるべきだろう。その潜在的な力に今後も注目していきたい。

注

（1）本章には、山形ドキュメンタリーフィルムライブラリーを除く五機関を紹介した拙著『日本におけるフィルムアーカイブ活動史』美学出版、二〇一八年、二〇二一年の講演「福岡フィルムアーカイヴの重要性」（http://cinela.com/img/202110/Lecture_20211024_PDF.pdf）、二〇二二年の口頭発表「地域映像アーカイブとの対話——福岡・広島の事例を中心に」（表象文化論学会第一六回大会パネル4 映像アーカイブ考察——福岡、広島、ソウル、そしてヨーロピアナから学ぶこと）、そして拙稿「国内の地域映像アーカイブが所蔵するノンフィルム資料の概要——映画ポスターの事例を中心に」『学術研究助成紀要』第六号、DNP文化振興財団、二〇二四年、一〇四―一一三頁の一部を改定して使用する。なお、国際公文書館会議の「アーカイブズ所蔵機関の記述に関する国際標準 第一版」に基づく全六機関の組織記述も参照されたい（http://filmpres.org/link/yamagata/）。

（2）パオロ・ケルキ・ウザイが次の著作のなかでフィルムアーカイブの七類型を示している。『無声映画入門――調査、研究、キュレーターシップ』美学出版、二〇二三年、三六〇―三六四頁（第14章痕跡1リポジトリ）。

（3）「参加・記録作成型」の概念は次の文献が紹介している。せんだいメディアテーク『コミュニティ・アーカイブをつくろう！』晶文社、二〇一八年、九九頁。

（4）レイ・エドモンドソン『視聴覚アーカイブ活動――その哲学と原則』ユネスコ、二〇一八年、四五―五三頁（第五章 保存とアクセス――特質と概念の探究）。

（5）その作業をフィルム・インスペクションと呼ぶ。インスペクションについては『フィルム保存入門：公文書館・図書館・博物館のための基本原則』全米映画保存基金、二〇〇四年などに詳しい。

（6）「全国フィルム所有施設データベース」（https://kirokueiga-hozon.jp/search-library/shisetsu-database）。

（7）プラネット映画資料図書館の五〇周年を祝い、二〇二四年一二月にNPO法人プラネット映画保存ネットワークより『プラネット映画資料図書館50周年記念誌』の刊行が予定されている。

（8）「フィルムアーカイブの諸問題第16－19回」『NFCニューズレター』東京国立近代美術館フィルムセンター、一九九七―一九九八年に福岡の八尋義幸、広島の佐藤武、京都の森脇清隆、川崎の川村健一郎が執筆した。

（9）二〇〇九年（第四回）の川村健一郎の講義「映画保存と地域――地域における映画復元の実例とその問題」を皮切りに、二〇一〇年（第五回）の佐藤武の講義「広島市映像文化ライブラリーについて」、二〇一四年（第九回）の岩槻歩の講義「地域映像アーカイブの現状：川崎市市民ミュージアムの場合」および二〇一六年（第一一回）の福岡の松本圭二の講義「無声映画『義民冨田才治』復元プロジェクト」、そして森脇清隆が司会を務め、川崎市市民ミュージアムの森宗厚子や神戸映画資料館の田中範子が登壇したセッション「国内フィルムアーカイブの映画保存の実践と課題」などがある。二〇一七年（第一二回）には、川崎市市民ミュージアムを会場として実習「ビネガーシンドローム対策」が開催された。なお、ジョアン・ベルナルディによる本書第11章のフィルムアーキビスト教育に関する論考も同ワークショップの成果の一つである。

（10）応募作品を対象とした学術成果も生まれている。代表的なものに高橋和ほか編『映像の中の冷戦後世界――ロシア・ドイツ・東欧研究とフィルム・アーカイブ』山形大学出版会、二〇一三年がある。

（11）『映画上映活動年鑑』コミュニティシネマセンター、二〇一八年、六一―七一頁。

（12）「川崎市市民ミュージアムの今後のあり方について　答申（案）」川崎市文化芸術振興会議、二〇二一年。
（13）デイヴィッド・ウォルシュ「（フィルムアーカイブの諸問題）緩慢な災禍 スロー・ディザスター――放置によってわれわれの映画遺産はいかに破壊され続けるのか」『ＮＦＡＪニューズレター』国立映画アーカイブ、二〇一九年。
（14）ＮＦＡＪは二〇一七年以降、米国ジョージ・イーストマン博物館が主催するナイトレート映画祭に小津安二郎監督『麦秋』（一九五一年）をはじめとするナイトレート・プリントを提供しているが、自館では上映できない。
（15）コロナ禍のためオンライン開催となった二〇二〇年の国際フィルムアーカイブ連盟（ＦＩＡＦ）会議は、「Prevention and Management of Natural and Human Disasters in Film Archives〔フィルムアーカイブにおける自然災害と人的災害の防止と管理〕」をテーマに掲げた（https://www.fiafnet.org/pages/Events/2020-FIAF-UNAM-Online-Symposium.html）。なお、次の報告も参考になる。鈴木伸和「水損した映画フィルムの応急処置とデジタル化――川崎市市民ミュージアムの事例」『川崎市市民ミュージアム紀要』第三四集、川崎市市民ミュージアム、二〇二二年、一一―一八頁。
（16）中国新聞の二〇二三年五月一九日および二七日付の記事「フィルムは生きている 広島市映像文化ライブラリー40年 上・「幻の名作」発掘に貢献、下・川崎と連携、被災ネガ修復」に詳しい。
（17）二〇二〇年の神戸新聞夕刊の連載「シネマの街角から」や二〇二二年の文化庁映画賞（映画功労部門・フィルムアーカイブ分野）受賞時のスピーチのなかで、神戸映画資料館館長の安井喜雄が「収蔵庫」問題に言及している。
（18）同作には本書第15章の著者アブバカール・サノゴが出演している。
（19）岡島尚志「連載フィルム・アーカイヴの諸問題第14回　ＦＩＡＦカルタヘナ総会報告　ＦＩＡＦの新しい挑戦：保存対象としてのアマチュア映画」『ＮＦＣニューズレター』第一四号、東京国立近代美術館フィルムセンター、一九九七年、二―八頁。
（20）「磁気テープの適切な取扱いと保存方法」映画保存協会、二〇一九年（http://filmpres.org/preservation/library02/）。
（21）『視聴覚センター・ライブラリー一覧 令和四年度版』一般社団法人日本視聴覚教育協会、二〇二二年、宮田悠史「地方自治体における映像アーカイブの現状と課題――アーカイブの公開と活用による地域振興に向けて」『立命館映像学』第一三・一四号、二〇二〇年、七―三〇頁。
（22）神田麻美「日韓映写技師ミーティングin福岡 映写技師は孤島のようなものだ」『映画芸術』第四八六号、二〇二四年、八二―八三頁。同ミーティングをきっかけに任意団体「アジア映写技師ネットワーク」が立ち上がった。

謝辞　本論の執筆を進めるにあたって多くの皆様にお世話になりました。記してここに感謝いたします。福岡市総合図書館：松本圭二様、清水知子様、内田淳子様、毎日新聞：上村里花様、広島市映像文化ライブラリー：佐藤武様、森宗厚子様、中国新聞：渡辺敬子様、神戸映画資料館：安井喜雄様、田中範子様、記録映画保存センター：浜崎友子様、山形国際ドキュメンタリー映画祭：畑あゆみ様、黄木優寿様、成田雄太様。

第6章　撮影所システムとアーカイブ

木下千花

一九五〇（昭和二五）年七月二四日午前七時四〇分頃、松竹下加茂撮影所のフィルム倉庫から上がった炎はすぐに別棟に燃え移り、第二ステージ、企画室などを含む四三七坪を飲み込み、付近の民家一〇数軒をも全焼して、ようやく午前九時頃に鎮火した。翌日の『京都新聞』は、阪東妻三郎、山田五十鈴ら近隣在住のスターが駆けつけ、キャストやスタッフを気遣いつつ避難の指揮を執り、率先して消火にあたったさまを活写するとともに、撮影所に宿直中に犠牲になった助監督の西井照夫氏を偲び悲しみにくれる家族や同僚の声も伝えている。

出火原因は当初から可燃性（ナイトレート）フィルムの自然発火と考えられていた。捜査に当たった京都市警察下鴨署は、関係者から事情を聴取したうえで、以下のように結論を下した。

同倉庫は四面壁、鉄筋コンクリートの厳重な建物で、中には生フィルム五千キロが貯蔵されており、撮影所では危険区域として編集部員のほかは出入りを禁止し自然発火を防ぐためには平日は一日中部屋を開放、午後五時に錠をおろして翌朝八時にあけることになっていたが、二十三日は日曜日のため朝から同室はジョウを外さず密閉したまま四十一時間空気を入れずに放置されていたために二、三日来の三十四度前後の高温で自然発火したものである。(1)

京都市消防局の検証により、発火原因はさらに特定された。

出火点は危険物貯蔵所隣中央西寄りの場所で、現場検証ならびに鑑識の結果、出火現場には昭和七年に撮したフィルムの焼残りだけが白色化し（他のフィルムは黒色）フィルムカンは高熱のため溶けていた点などから見て数日来の高温多湿のためフィルムが分解作用を起こし発火爆発し入口ドアを破壊し非常な勢いで放射状形に延焼したもので、注目されていた編集室は外部からの延焼である。[2]

フィルム倉庫と隣接した建物が一・五メートルしか離れていなかったなど、初期消火の観点からは幾つかの問題点が消防署によっても指摘されたが、[3]可燃性フィルムの自然発火は、ほぼ天変地異のような災厄として受け止められた。前年の一九四九年には東洋現像所（現・IMAGICA）の京都工場から四月四日、七月一九日、八月二五日に三度の出火があり、七月の事故では預かって保管していた原版を焼失している。[4]夏に向けてフィルム火事の危険性は強く意識されており、下加茂火災の直前、一九五〇年七月号の『松竹社報』では、東洋現像所発行のパンフレットに掲載されたアメリカの技術記事の抄訳を転載して注意を促していた。[5]同年八月号では本社や各支社における火災への対応が報告されるとともに、ハリウッドでは可燃性から難燃性（アセテート）フィルムへの転換が八五％完了し、イーストマン・コダック社は年内にも可燃性フィルムの製造を中止する旨が報じられている。[6]コダックが一九五一年、一九五四年に難燃性フィルム開発に成功した富士フイルムも一九五八年に可燃性の製造を中止しており、[7]遡行的に見れば、難燃性への移行が始まる前夜の悲劇であった。

下加茂火災の結果、同撮影所で製作中だった四作品の他、「大正一二年以来のネガフィルム」が焼失し、建物三五〇坪が灰燼に帰した松竹の損失額は一億円に上った。[8]溝口健二の傑作（と言われる）『浪花女』（一九四〇年）や

『藝道一代男』（一九四一年）をはじめ、松竹下加茂の貴重な作品が永遠に失われてしまったのは、かえすがえす残念である。[9]しかしながら、本稿の目的は、可燃性フィルム保存についての現在の基準（摂氏零度で冷凍保存するのが最良）に照らして下加茂のフィルム管理を難じることではない。[10]さらに言えば、保存・修復について聞きかじった映画研究者として、ＩＰホルダー（知的財産の権利保有者）であるメジャー映画会社によるずさんなプリント管理を告発することでもない（そのような提言がなされる局面があれば、アーキビストが専門知識と経験に基づいて行うべきである）。本稿が試みるのは、基本的に非営利の組織である日本の映像アーカイブにおいて保存・修復・上映活動の対象となるフィルム――映画作品とその原版およびプリント――を製作し、多くの場合それらの権利保有者でもあるメジャーが、営利企業としてそれらといかに向き合ってきたか、歴史的に検討することである。その際、会社ごとの特色や沿革を辿ることはしない。なぜなら、日本の映画産業においては、フィルムに対する認識は会社の枠組みを超えて共有されていたからだ。本稿は、「フィルム」がかさばる危険物から価値ある商品、さらには文化遺産へと変化し、フィルムの「ライブラリ」が在庫目録からアーカイブへと再生するプロセスをメディア史的視点から捉える。

1　撮影所システムにおけるフィルム――モノとして商品として

メジャーとは、製作・配給・興行の三領域を同一もしくは系列の会社が担うことで垂直統合された映画会社であり、日本においては、日活（一九一二―一九四二年、一九五四年―）、松竹（一九二〇年―）、東宝（一九三七年―）、大映（一九四二―一九七一年）、東映（一九五一年―）の五社および新東宝（一九四七―一九六一年）を指す。メジャーにあっては、自社の正社員・契約社員が製作に従事する撮影所において基本的に毎週長編二本の安定した作品供給と技能の継承がなされ、配給部門がプリントの作成、貸付、宣伝を担って、自社が所有・経営する直営館と、歩合制によるブロックブッキングもしくは作品ベースで契約した映画館における興行が行われた。一九二〇年代から七〇年代まで、日本の映画業界はこのようなメジャーによる寡占状態にあった。本稿が議論の対象とするのは、このようないわゆる撮影所（スタジオ）システムのもとで作られ、上映され、管理された映画作品とその原版およびプリントである。

日本の撮影所システムにおける原版およびプリントの作成プロセスを概観しておこう。[11] まず、撮影が終わったネガフィルムはすぐに現像所に送られて現像される。こうして出来たキャメラネガから、撮影所で出来上がりを確認し編集を行うためのラッシュプリントが作られる。編集作業が完了したラッシュプリントを元にキャメラネガの編集を行い、これが原版となる。原版から上映用プリントが作られるが、その数は戦前では「一流会社でも一五本程度」[12]、戦後になると三〇―四〇本から六〇本まで幅があった。[13] これらの上映プリントは東京および関西都市圏の封切館で初公開したのち地方へと送られ、二番館から三番館へと映写を重ねてゆき、最終的に返却されたものは原版とともに映画会社の資産として保管・管理される。下加茂の火災によって失われたフィルムのリストは管見の限り公開されていないが、このような原版およびプリントであったと考えられる。

岡島尚志（現・国立映画アーカイブ館長）は、一九九九年の時点で、国際比較の視点から、日本のフィルム保存の特徴を以下のように要約した。「日・米・印といった映画大国が、格段に多くのフィルムを「消費的に」失ってしまったという過去だけは否定のしようがないだろう。三国に共通するのは、映画産業が長く隆盛を誇り、公的な国家レベルのフィルム・アーカイヴによる映画保存というアイデアが育ちにくかったという歴史である」[14]。すなわち、日本、アメリカ、インドでは、上述したメジャーのような営利目的の私企業によって盛んに映画が作られ、娯楽として中心的な位置を占め、映画文化が興隆したからこそ、逆に、法定納本のような制度を通して政府のような公的な機関による映画の保存・修復、という以前に把握においてさえ遅れを取ることになってしまった。[15] 例えば、国立映画アーカイブの収蔵作品数に基づいて、戦前の日本映画の残存率を試算すると、一九一〇年代：〇・二％、一九二〇年代：四・一％、一九三〇年代：一一・七％、一九四〇年代：三三％となることが知られている。[16] しかし、日本には自国映画総目録が存在しないため、これらの数字も目安に過ぎない。

ここで言及しておきたいのが、映画検閲である。もちろん、検閲の結果「制限」（カット）となれば、プリント、場合によっては原版に鋏を入れることになる。逆にその結果、内務省の検閲カット集に含まれた断片のみが残っている映画の存在も明らかにされ、耳目を集めている。[17] だが、メジャーによって長らく寡占状態にあった映画業界の製品とアーカイブの関係を思考するにあたって、「公的機関」の最たるものとしての内務省による検閲制度は、表現の自由を制限する抑圧装置としてというよりも、プリントの管理・記録システムとして、さらに注目されてもよいのではないだろうか。一九二五（大正一四）年から敗戦まで、内務省は、長編・短編、35ミリ、16ミリ、9・5ミリの違いを問わず、日本で公開される映画の全てのプリントを検閲し、フィルム上に「検閲済」印と検閲番号を物理的に押捺・穿孔し、書類を作成して、査問の結果のみならず、映画の題名、ゲージ、巻数とメートル数、申請者（一般的に配給会社）などの基本情報を『映画検閲時報』に記録した。[18] ここで繰り返し強調したいのは、検閲が対象としたのは確かに映画作品であるものの、「新検閲」と呼ばれた初号プリントの審査結果に基づき、全ての「複本」（コピー）を精査して全て反映させ、検閲印と検閲番号を与えていた。[19] つまり、戦前期に日本で作成され公開されたプリントであれば、必ず内務省検閲によって把握され記録されていた。実際、検閲番号は国立映画アーカイブでの映画同定における必須アイテムである。[20] そうであれば、『映画検閲時報』の「査問フィルムの部」を全てデータ化すれば、少なくとも一九二五年以降の戦前期については自国映画総目録を作成でき、さらに作品毎にプリントの本数・長さまで把握可能になるはずだ。また、検閲の有効期間は三年であったため、再映の際には「再検閲」として半額の手数料で審査を受け通検しなければならず、後述するとおり映画メジャーの商品管理において問題になる再映作品についても完全に把握できるはずだ。

過去四半世紀の間にメジャーの意識には変化が見られ、二〇一一年に国立東京近代美術館フィルムセンター

（現・国立映画アーカイブ、以下ＮＦＡＪ）相模原分館に映画保存棟Ⅱが新設された頃から、旧作の原版をＮＦＡＪに寄託する流れが徐々に定着している。とはいえ、戦前の残存率はあまりに低く、戦後ですら全ての作品が残っているわけではない。

メジャーのうち最も充実した社史をもつ松竹は、原版もしくはプリントを自社で保持している映画について、『松竹百年史』の「映像資料編」において、公開年毎に列挙された製作・配給作品のタイトル上に○を付して明示している。しかしながら、○が付けられているのはリストされた四〇〇〇本以上のうちほぼ半数に過ぎない。その原因として、『松竹百年史』「ビデオ・版権」セクションの著者は以下の四点を挙げる。

一、可燃性フィルムの火事や震災・戦災による焼失。
二、製作会社の浮き沈みが激しく、フィルムの保管には手が回らなかった。
三、原版の重要性に対する認識が欠如しており、その時々の事情に左右されて鋏を入れてきた。
四、一九六〇年代、可燃性から難燃性への転換に際していくつか重大な過失があったが、可燃性原版を廃棄してしまったので取り返しがつかない。(21)

このような率直な記述に感謝しつつ、メジャーによる原版やプリントの軽視が生まれた歴史的背景をまず押さえておこう。

一九二〇年代から四〇年代にかけて映画の経済的側面について論評した石巻良夫は、一九二八年、「日本映画商事要綱」においてこう述べている。

映画は使っている中にだんだん古くなって、遂に商品価値を失うに至るのであるから、映画会社は常にこれを適当に評価し、価値のないのは償却して資産の内容を充実せねばならぬ。

（中略）

映画は興行者への貸付を目的としているので、商品ではあるが普通の商品のようにこれを流動資産とはみられぬ映画会社の映画は固定資産である。作れば作るだけその資産は増す代わりに、一方で使っているからボロ映画が出来て多くの空な資産を徒らに擁することになる。これ映画の減価償却を必要とする所以である。[22]

石巻の主張は、映画は古くなると資産価値がなくなるので、投資者を迷わせないよう、会計上きちんと減価償却をしておかなければならない、というものである。廃棄を勧めているわけではない。しかし、映画（原版とプリントと考えられる）が速やかに価値を失って「ボロ」となるとの記述には、今日読むと背筋が寒くなるものがある。多くのメジャーが、上述のように原版の貴重さに全く留意せず、自転車操業の経営にかまけて保存・管理をおざなりにしてしまったのは、こうした価値観に基づいて合理的な判断を行った結果と思われる。

しかしながら、ここから読み取るべきは、映画保存に対する現在から見れば誤った認識だけではない。一九二八年当時から戦時体制によって日本映画の製作本数が前年度の五〇〇本から二五〇本へと半減する一九四一年度まで、毎年四、五〇〇本の新作劇映画を生産してきた映画産業にあって、[23]中心から周縁へと映画館を経巡って使命を終えた映画が再映されることは、ほとんどなかった。まず、当たり前ながら、テレビ、ビデオ、ＤＶＤやブルーレイ、配信サービスのような二次使用を可能にするプラットフォームや技術は存在しなかった。また、スターや映画作家、テーマによって旧作をパッケージし回顧／特集上映を行う発想も、名画座やフィルムセンターのような施設もなかった。そのため、旧作の再映は、何らかの事情によって製作サイドの作品供給が滞った際に、映画館の番組を埋める目的に限られており、従って、そうした事態が出来しないかぎり、映画はあっという間に「ボロ」と見なされたのである。

2　アメリカ映画産業とライブラリ

一九九七年、映画史家でありアーキビストであるデイヴィッド・ピアースは、画期的論文「空行かば――なぜアメリカのサイレント映画は壊滅したか」を発表し、映画大国アメリカで製作されたサイレント映画のほとんどが失われてしまった事実を指摘するとともに、その理由を歴史的に明らかにした。(24) 同論文が端緒となって、アメリカの長編映画保存の実態についてピアースによる包括的な調査が始まり、その報告書は二〇一三年に図書館情報資源財団と米国議会図書館によって出版されている。(25) 一九七〇年代に開始された自国映画総目録の試み「アメリカ映画協会（AFI）長編映画カタログ――最初の百年、一八九三―一九九三年」も、一九九九年に完了して最終巻が紙媒体で出版され、二〇〇三年にはオンライン化された。(26) このように、商業的興行の中心となる長編映画（四巻もしくは四〇分以上、ピアースも採用するアメリカ映画協会の定義）について言えば、映画の同定、修復、保存、研究の基盤は、過去三〇年でアメリカにおいてもようやく整えられた。

ピアースの議論を要約すると、アメリカのサイレント映画の低い残存率には、以下の三つのタイプの理由が複合して作用している。まず、映画産業の構造が挙げられる。日本の場合と同様に、大都市の封切館から周縁へと番線を下ってゆく遠心的な配給システムのため、そもそものプリント数が少なかった（とはいえ、一九二六年にパラマウントでは国内向け一五〇本、海外用五〇本を焼いていたとのことで、日本とは一桁違う）。かくして、番線の最後にたどり着く頃には映画の賃料は限りなくゼロに近づいており、原版、編集されたラッシュプリント、上映用の一―二本を除き、銀を抽出した後焼却された。さらに、法的理由で廃棄されることもあった。例えば、リメイク作品の契約書には、オリジナルを原版とともに廃棄する旨が明記されていることがあったという。

次に、大まかに言って自然科学的と呼べよう理由も確かに存在した。可燃性プリントは換気を行って適切な保管をしないと縮み、やがて分解してしまう。そのため、積極的な悪意はなくとも無関心でケアをしなければ、フィルムは廃棄せざるをえない状態まで劣化する可能性がある。そして言うまでもなく、下加茂火災のような可燃性フィルムの自然発火による大災害は、アメリカでも後を絶たなかった。

最後に、映画人たちのフィルム保存に対する否定的な態度が果たした役割は大きかった。まず、ルイス・B・メイヤーからジャック・ワーナーまで、メジャー映画会社を率いた草創期以来の大立者たちはみな、よく言えば極端な未来志向、悪く言えば歴史に対する意識を欠いており、自ら製作した映画でも旧作にはほとんど興味を示さなかった。さらに、とりわけトーキー化以降、サイレントの旧作はほぼ無価値とみなされた。かくして、倉庫を借りて可燃性フィルムを保管している場合など、ビジネス上の判断として廃棄が選ばれることもままあった。

このように、ハリウッドにおける映画保存（もしくはその失敗）をめぐる事情は、『松竹百年史』が挙げたものと大枠で重なっている。違う点があるとすれば、すでに触れたリメイクの場合に見られるように、原版やプリントの廃棄がしばしば契約や法の名の下に行われ、さらに、その判断のプロセスおよび結果が文書として残され、公開され、映画史家による分析がなされていることだ。

ピアースは「死因不明」と題したセクションにおいて、ワーナーブラザーズおよびファースト・ナショナル（ワーナーにより一九二八年に合併）のサイレント映画がほとんど残存していないのは間違いないが、いったいどの時点でいかなる事情のもとそうした運命を辿ったのか不明である、と述べている。(27) この問いかけに答えたのが、映画産業史の名門ウィスコンシン大学マディソン校教授であり、同校のデジタルメディア図書室長を務めるエリック・ホイトである。瞠目すべき書物『ハリウッド保存庫――家庭用ビデオ以前の映画ライブラリ』（二〇一四年）のなかで、ホイトは、ハリウッドのメジャーが製作・配給し権利を保持する旧作のライブラリ――映画作品リストであり、保存庫で管理（あるいは放置）されたマテリアルな原版とフィルム――の歴史的変遷を辿る。(28) それはすなわち、一九一〇年代から現代に至るまで、トーキー化やテレビの普及から有料オンデマンド視聴へと、メディア史的な文脈のなかでライブラリの意義および価値が増してゆく過程であった。

ホイトは、南カリフォルニア大学が所蔵するワーナーブラザーズ・アーカイブに残されたフォルダ「映画の廃棄」に基づき、一九三四年にバーバンクのバックロットで起こった火災をきっかけに、ワーナーがサイレント映画ライブラリの廃棄を検討し始め、一九三六年から四三年の間に実行したことを明らかにした。その結果、一九二〇年から二九年までの間にワーナーおよびファースト・ナショナルで製作されたサイレントとパートトーキーの六二六作が失われたと考えられ、残存しているのは七五作に過ぎない（p. 178）。一九五〇年代後半にメジャーがネットワークテレビでの映画放映に乗り出すまで、ハリウッドの権利保持者にとっての旧作の価値は、①再映、②派生物のための素材（リメイクの原作、もしくは別作品で使い回すフッテージ用）、という二用途に集約された（p. 131）。大恐慌時代にアメリカでは二本立て興行が一般化したため、番組を埋める必要から再映はこれまでになく活発に行われたが、再映作品にはスターのような高い興行価値が求められた（pp. 158–162）。家庭をターゲットとした16ミリの配給業者も存在したものの、市場はあまりにも狭く、映画館主の反発のほうが大きな懸念事項だった（pp. 166–167）。ワーナーでは、再映の可能性、リメイク権の交渉の際の資料としての必要性、使い回せるフッテージの有無を検討し、その結果、往年の大ヒット作『シンギング・フール』（ロイド・ベーコン、一九二八年）などはさすがに救われたものの、大部分のサイレント映画が廃棄の憂き目にあった。さらに、権利の在処がはっきりしないファースト・ナショナル作品は訴訟のおそれからリストから外され、自社作品を安心してジャンクするという皮肉な結果になった（p. 176）。

こうした研究成果から導入すべきは、現在の価値基準から言えば理解に苦しむワーナーの判断を、映画の製作・配給・興行、他メディアや政府との関係からなるメディア生態系のなかで捉える視座だろう。

3　映画のテレビ放映――メディア生態系の視点から

ハリウッドのメジャーは一九五五年から五六年にかけて、一九四八年までに製作された映画のライブラリをネットワークテレビに対して貸付もしくは売却し、旧作放映を本格的に開始した。この背景にはいくつかのメディア史上の事象が交錯している。まず、一九四四年における『白雪姫』（一九三七年）再映の大ヒットをきっかけに、一九四四―四六年、再映ブームがハリウッドの絶頂期にさらなる華やぎを加えていた（pp. 181-182）。かくして旧作ライブラリは金のなる木として認識されたのである。一方、一九四八年、連邦最高裁判所によるいわゆるパラマウント判決によって垂直統合は独占禁止法違反との判断が下り、メジャーは興行部門を手放すことになる。さらに、戦後のテレビの急速な普及[29]、ベビーブームと郊外化によって、観客の映画離れは苛烈なスピードで進んだ。過酷な歴史的転換点に直面したメジャーは、当初、自らテレビ事業を所有・経営する形での生き残りを図ったが、独占禁止法や（劇場テレビや課金式テレビなどの）テクノロジー上の困難によって実現しなかった。ダグラス・ゴメリーが述べるとおり、一九五〇年代半ばには、映画館主たちの強い抵抗にもかかわらず、メジャーがコンテンツの提供者としてテレビに参入することになるのは、誰の目にも不可避なシナリオであった[30]。

劇場公開された映画作品のテレビ放映は、一九四〇年代後半からマイナーな形で行われていた。具体的には、イギリスの映画会社や、モノグラムやリパブリックのような「B」（二本立ての添え物）西部劇の製作会社がテレビ局に旧作を提供していたのである。上記のごとく追いつめられながらも、メジャーの保管庫が決壊するにはきっかけが必要であり、それはハワード・ヒューズによってもたらされた。ヒューズの経営によって破綻に追い込まれた映画メジャーRKOが一九五四年にジェネラル・タイヤに身売りし、ジェネラル・タイヤは七〇〇本の旧作の権利をWOR（チャンネル9）に売ることで巨万の富を得たのである。一九五六年一月のコロンビアに始まり、ワーナーブラザーズ、二〇世紀フォックス、MGMが続いた。『四十二番街』や『カサブランカ』を含むワーナーの旧作ライブラリが売却されるにあたっては、徹底した権利関係の調査、原版やプリントの確認、リスト作成が行われ、上述したサイレント映画の廃棄の事実もようやく社内で認識されることになった。ある意味で、売られるときに初めて、ワーナーのライブラリは「アーカイブとなった」(p. 283)。

ライブラリの貸出や売却によってメジャーにもたらされた資金は、ワイドスクリーンをはじめとしたイノベーションに使われた。ゴメリーやホイトらのアメリカ映画史家は、メジャーによるライブラリの提供を「身売り」として嘆くのではなく、テレビとの間メディア的関係によってアーカイブ意識が生まれ、ほどなくカラーテレビの普及にともなって新作の二次使用へとビジネスを展開するためのステップであったと考えている。こうした視点に留意しつつ、数年遅れで日本のメジャーが行った判断について、まず事実関係を追ってみよう。

一九五三年二月一日、NHKによるテレビ放送が開始された。テレビに対する日本のメジャー六社の対応は、以下のように推移した。一九五〇年代の日本映画産業は第二の黄金時代を謳歌し、一九五八年には年間の映画館入場者数が一一億二七四五万二〇〇〇人を記録して絶頂を極めた[31]。一方、五〇年代中葉までテレビの契約数は少なく、普及率も低かった。そのためメジャーには「電気紙芝居」を軽視する態度が見られたものの、アメリカの状況は伝わっており、そのテレビ対策は、①脅威と見なして対抗措置を取る、②テレビ用コンテンツの製作を中心に事業に参入する、の二つの方向性を示した。これら二つの方向性は一見すると相矛盾するようであるが、自社と契約する俳優のテレビ出演は許可制とし、主演級スターには原則として許さない、テレビ映画作品は低予算で尺は三〇分以内とする、などの条件を見ると、テレビという産業とメディウムをあくまで劣位に置いてコントロールしつつ利益を得ようという一貫した姿勢が浮き彫りになる。そして、①のまさに根幹をなすのが劇場用映画のテレビ放映への提供禁止を約した「六社協定」であり、一九五六年から六四年まで[32]、映画産業のこのような姿勢を体現していた。

しかし、撮影所システムの頂点であった一九五八年をまさに転機として、形勢は一気に逆転する。放送開始時点ではわずか八六六件、一九五五年でも一〇万件に留まっていたNHKの受信契約数は、五八年五月には一〇倍の一〇〇万件に達し[33]、六二年三月一日に一〇〇〇万の大台を突破して一〇〇〇万六九五二件を記録した[34]。一方、映画の観客数は五八年で頭打ちになり、六二年には六億六二二七万九〇〇〇人へとほぼ半減した。六一年七月に新東宝が倒産し、日本映画製作者連盟（＝メジャー）を脱退するとともに、従業員への未払い給与と希望退職者への退職金の支払いに充てるため、日本テレビ、東京放送（現・TBS）テレビ、フジテレビ、NHK、NET（現・テレビ朝日）に合計五五四本を売却した[35]。一九六三年には他のメジャー五社も追随して旧作放出の合意が形成され、テレビ側との条件交渉の末、六四年一〇月からNETで山本富士子などスター旧作の放映が開始され[36]、六六年には五社すべての作品が放映されるようになった[37]。

メジャーによるテレビ映画の製作については北浦寛之の優れた業績がある[38]。一方で、劇場用旧作のテレビ放映については、古田尚輝が放送史の立場からの先駆的かつ綿密な一連の論文を発表しているものの、映画研究、とりわけアーカイブ的視点から「ライブラリ」の開放として捉える研究はなされてこなかった。本稿は、そのような来るべき研究の呼び水もしくは捨て石となれば幸いである。メジャーによる旧作がテレビから消えた「空白の六年」について、古田の「この六年間に日本の映像産業において映画からテレビ放送へという劇的な主役交代が起こり、新興のテレビ放送産業が四〇年余の歴史を誇る映画産業を凌駕した[39]」という評価は、まったくもって正しい。しかし、アーカイブ的視点に立つとき、産業の栄枯盛衰とは異なった像が見えてくるのではないだろうか。以下では、一九六〇年代初頭、撮影所システムが斜陽化すればこそ可能になった新たなメディア生態系のなかに、新東宝を含むメジャー六社の旧作放出を捉え返し、結論としたい。

4　撮影所システムの変容とライブラリ

メジャー五社の旧作放出にあたり、映団連（映画産業団体連合会）のテレビ対策委員会委員長として折衝の指揮を執ったのは、東宝の森岩雄である。森は、まさにその渦中にあった六五年に出版された著書のなかで、ハリウッドのメジャーの旧作テレビ放映について、以下のように述べた。

この現象は映画事業が不況になり、会社経営の辻褄を合わせるため泣く泣くテレビに売り渡したと一般に解釈されているが、そしてまた、事実一社や二社はその通りであったかも知れないが、私はそうとばかり解釈してはいない。この問題について多くのメージャーの責任者と会談した結論は、旧作のテレビ放映は映画館に好ましくない影響を与えることは認めるけれども、しからばそれを止めたとしてどれだけ映画館が今以上に繁昌するかといえば誰も保証してくれる者はいない。むしろテレビに売って得た資金により、新しく、規模の大きな映画を一本でも多く作る方が映画館の繁栄にもより多く貢献することだと彼等は考えているようだ。[40]

森は一九五二年二月末から外遊し、ロサンゼルスとニューヨークではテレビの隆盛を直に体験し、パラマウント判決以降の映画業界の苦闘について知見を深めるばかりではなく、テレビ製作の現場にも盛んに足を運んで貪欲に見学していた。[41] 二カ月半に亘る外遊から帰国して東宝に復帰した当初、テレビ事業に携わることを希望したと自伝にはある。[42] 一九三〇年代前半に日本におけるトーキー化を先導した森は、メディア生態系のなかに映画を位置づける広い視野と先見の明を一貫して保持していたと言えるだろう。しかし、この英明な経営者は、一九六〇年代における映画をめぐるメディア環境の大きな変動を生みだしたのではなく、むしろ地鳴りを聞き分ける感覚を持っていたにすぎない。さらに広くメディア史の地層を検証しておこう。

第1節で見たように、旧作ライブラリに商品価値を見出す発想自体、三〇年代にはほとんど存在しなかった。更に調査を進めてデータを示すべき事象だが、作業仮説として言えば、それまで稀だった旧作の再映が一九四〇年代に盛んに行われたからではなかろうか。戦時下には総動員体制のもとで映画統制が敷かれ生フィルムの供給に厳しい制限がかかり、占領期には物資不足のみならずGHQの検閲が製作プロセスに対する大きな歯止めになって、一九四〇年代を通して日本映画の製作本数が低く抑えられたが、映画に対する観客の欲望は強く、需要は高止まりしていたからだ。番組を埋めるための旧作上映というまさに商業的なプロセスのなかで、映画の原版やプリントの価値が――たとえそれらに鋏を入れるような蛮行を伴っていたにしても――認識されたのである。

冒頭に掲げた一九五〇年の下加茂火災に再び目を向ければ、通常は換気に留意し、社報でも可燃性フィルムの自然発火に注意を促していた。また、焼失してしまった原版とプリントは火災保険の対象、つまり財として認められていた。戦前期にも日本映画の撮影所に火事はつきものだったが、そこで惜しまれるのがステージと機材、封切を控えた新作のキャメラネガばかりであったのとは対照的である。

再映によって認識されたメジャーの映画ライブラリの価値は、一九六〇年代、テレビへの売却可能性によってよりいっそう高められた。一九六一年の新東宝による旧作売却には前節でも触れたが、ここでは売却プロセスのなかで新東宝労働組合が果たした重要な役割を指摘して本稿を閉じたい[43]。同年六月六日、安部鹿蔵社長ら経営陣の再建方針に不信の念を募らせた組合は、経営者側による原版とプリントの搬出を防止するためピケを張り、同一二日、東京地方裁判所に対して「会社財産の組合管理を行う差し押さえ処分」を申請した。未払い賃金一三四〇万六九〇〇円に対して会社の財産を差し押さえ、労組の管理下に置くことを求めたのであり、繰り返しになるが、原版とプリントを明確に財として認めていることは強調したい。東京地裁はこの申請を受理し、照明器具などの機材に加え、原版二三〇本の労組管理を認める「有体動産仮差し押さえ命令」を出した。労組は翌一三日、この処置に応えて声明を発表し、執行の理由を説明した。その末尾には、こうある――「仮差し押さえの対象となる原版はわれわれの汗の結晶であり、また文化遺産である」。すでに見たように、最終的に旧作はテレビに売却され、未払いの給与は支払われた。しかし、ここに示されているのは商品価値のみではない。ライブラリを撮影所で労働する映画人の

「汗の結晶であり、文化遺産」とする認識である。

映画の原版を「文化遺産」と形容する言葉には、一九五〇年代後半から六〇年代初頭にかけて川喜多かしこが主導したフィルム・ライブラリー運動の成果が燦めいているだろう。[44] ちょうど新東宝が不渡り手形を出した頃、『キネマ旬報』は「観客席からの声」の特集を組み、日本映画産業・文化に対する読者の要望と意見を紹介していた。そのうち二通はフィルム・ライブラリー運動への熱い賛同である。京橋の近代美術館のフィルム・ライブラリーで『生まれてはみたけれど』と『十字路』を見て感銘を受けたという高校三年生は、フランスのヌーヴェルヴァーグが「シネマ・テークで勉強した」ことに言及し、「しかし将来日本映画を志したいという、日本の青年は自分の国の映画さえ、満足に研究できないのである」と憤る。[45] メジャー各社の製作部門が毎週二本の長編を提供し、それが封切館に始まって津々浦々へと配給され、映画館の暗闇で固唾を飲む老若男女に非日常のときめきを与えては、瞬時に忘れられてゆく。撮影所システムが確立したこのような映画の在り方は、一九六〇年代初頭、日本においてもゆっくりと自壊のプロセスに入り、新たな製作、配給、興行、受容、批評の生態系が生まれようとしていた。映像アーカイブの暁を告げるフィルム・ライブラリー運動は、こうしたオルタナティヴによって可能になった進化の様態であり、原版とプリントを資産としてばかりではなく文化遺産とみなす新東宝労組の認識もまた然りである——例え、撮影所の被雇用者としての苦境はまさにこのような変容によってもたらされていたにしても。

労働者による映画ライブラリの自主管理という新東宝労組の試みは、ちょうど一〇年後の一九七一年一二月、同じように不渡り手形を出して倒産した大映の労働組合によって発展的に継承される。大映労組は、まさにその栄光そのものである京都撮影所の原版とプリントを差し押さえ、自主上映活動を行った。[46] そして、これらの映画ライブラリこそが、京都府京都文化博物館というアーカイブの起源となったのである。日本における映像アーカイブが立ち上がったのは、撮影所システムと貴重な原版とプリントの灰燼のなかからであった。

注

（1）松竹下加茂撮影所火事の以下の描写については、『京都新聞』一九五〇年七月二五日付朝刊を参照した。
（2）「フィルムの自然発火」『京都新聞』一九五〇年七月二七日付朝刊。
（3）『京都新聞』一九五〇年七月二五日付朝刊。
（4）IMAGICA『光へ人へ――IMAGICA映像の55年』IMAGICA、一九九二年、七〇―七一頁。
（5）「フィルムの分解による自然発火」『松竹社報』第四号、一九五〇年七月、四―五頁。抄訳・転載された記事は、J. W. Cummings, A. C. Hutton, and H. Silfin, "Spontaneous Ignition of Decomposing Cellulose Nitrate Film," *Journal of the Society of Motion Picture and Television Engineers*, 54, no. 3 (March 1950), pp. 268-274.
（6）「業界使用フィルムの八五％までが不燃性フィルム／イーストマン社、ニトロ製品の製造を中止／転換完了も間近」『松竹社報』第四号、一九五〇年八月、四―五頁。
（7）石原香絵『日本におけるフィルムアーカイブ活動史』美学出版、二〇一八年、一五四―一五六頁。
（8）松竹株式会社編『松竹百年史 本史』松竹株式会社、一九九六年、六三二頁。
（9）"A Master List of Motion Pictures and Lantern Slides Censored by PPB District Station I, Tokyo (October 1945 to September 1946), Revised, 10 December 1946," Box no. 8601, CIS02811, 国立国会図書館憲政資料室。
（10）保存基準については、下記を参照。前掲石原『日本におけるフィルムアーカイブ活動史』一五六頁。"Storage Suitability," *Film-Care.org*, Image Permanence Institute, College of Art and Design, Rochester Institute of Technology, https://www.filmcare.org/storage_categories（最終アクセス二〇二三年六月一九日）。
（11）この概観の記述にあたって以下を参照した。小林利央「現像　映画完成の段階」島崎清彦編『映画講座Ⅳ　映画の技術』三笠書房、一九五四年、一五一―一六一頁。
（12）柳井義男「映画の検閲」大霞会編『内務省史』第二巻、地方財務協会、一九七〇年、七四二頁。
（13）プリント数については、岩崎昶・岡田晋・島崎清彦・田中純一郎・團伊玖磨「映画百科教室」『婦人公論』一九五七年八月号、一九一頁、「検閲の今昔――昭和二十八年十一月十日座談会記録」『松竹社報』第四五号、一九五四年一月、九頁。
（14）岡島尚志「世界の映画保存事情とフィルム・アーカイヴ」『情報の科学と技術』第四九巻第三号、一九九九年、一一〇頁。
（15）同前。
（16）「映画保存とフィルムアーカイブの活動の現状に関するQ&A」国立映画アーカイブ、二〇一八年四月一日。https://www.nfaj.

go.jp/research/filmbunka/（最終アクセス二〇二三年六月二四日）。

（17）加藤厚子「映画検閲再考——歴史資料としての切除フィルム」国立映画アーカイブ「戦前日本の映画検閲——内務省 切除フィルムからみる」講演（二〇二二年一〇月一五日）採録。file:///Users/kinotchka/Downloads/NFAJ_Censorship_Kato.pdf

（18）板倉史明「占領期におけるＧＨＱのフィルム検閲——所蔵フィルムから読み解く認証番号の意味」『東京国立近代美術館研究紀要』第一六号、二〇一二年三月、五四頁、図1。ここで言う「公開」は、例えば学会での16ミリ記録フィルムの公開のような常設館外での非営利・無料の公開も含む。

（19）内務省検閲の手順や実際についての詳細は、拙著『溝口健二論——映画の美学と政治学』法政大学出版局、二〇一六年、一八〇—一八三、二三六—二四〇頁を参照。

（20）前掲板倉「占領期におけるＧＨＱのフィルム検閲」。

（21）『松竹百年史 本史』八四一—八四二頁。なお、過失とは以下のようなものである。「サイレント映画の画面にむかって左側の一部が欠落した状態で転換作業が行われたのである。これは、トーキー映画ではフィルムの左端をサウンド用のスペースとして、そこに音声が焼き付けられているため、〝画〟のスペースは、サイレントのそれよりも狭くなっているにもかかわらず、サイレントかトーキーかを確認することなく転換作業を行ったためである。つまり、サイレントのフルフレームを、左端が狭まっているトーキーフレームへそのまま転換したのである。また原版のクリーニングが不十分なために、ゴミや埃がそのまま現像された（焼付けられた）ものもあった」（同前）。

（22）石巻良夫「日本映画商事要綱」市川彩編『日本映画事業総覧 昭和三—四年版』国際映画通信社、一九二八年、三一二頁。

（23）映画の本数は、「封切映画統計　累年内外別本数」日本映画雑誌協会『映画年鑑 昭和一八年』日本映画雑誌協会、一九四三年、二七七頁を参照。

（24）David Pierce, "The Legion of the Condemned - Why American Silent Films Perished," *Film History* 9, no. 1 (1997), pp. 5–22. なお、論文タイトルの直訳は「死刑囚の軍団」であるが、一九二八年のウィリアム・ウェルマン作品の題名であるため、その邦題を採用した。

（25）David Pierce, *The Survival of American Silent Feature Films: 1912–1929* (Alexandria, VA: Council on Library and Information Resources, 2013), https://www.clir.org/pubs/reports/pub158/

（26）"About the AFI Catalogue of American Silent Feature Films," American Film Institute, https://aficatalog.afi.com/about/, accessed June 26, 2023.

（27）Pierce, "The Legion of the Condemned," 13, 20n39.

（28）Eric Hoyt, *Hollywood Vault: Film Libraries before Home Video*, Berkeley: University of California Press, 2014.

（29）一九五一年、アメリカでテレビを所有する家庭は前年の三倍の一〇〇〇万世帯に達し、四年後にはさらに三倍の三〇〇〇万世帯となった。David Pierce, "'Senile Celluloid': Independent Exhibitors, the Major Studios and the Fight over Feature Films on Television, 1939–1956," *Film History* 10, no. 2 (1998), p. 142.

（30）Douglas Gomery, *Shared Pleasures: A History of Movie Presentation in the United States*, Madison, Wis: University of Wisconsin Press, 1992, p. 247. 以下のメジャーの映画ライブラリ提供に至る経過についての記述は、同書の二四七―二四九頁を参照した。

（31）以下、映画館の入場者数（観客数）は、「過去データ一覧表」一般社団法人日本映画製作者連盟、http://www.eiren.org/toukei/data.html（最終アクセス二〇二三年六月二九日）を参照した。

（32）古田尚輝の調査が示すように、一九五三年四月から五四年三月までの間にＮＨＫはメジャー五社の作品五本を含む一五本の長編劇映画を放映している。古田尚輝「テレビジョン放送における「映画」の変遷」『成城文藝』第一九六号、二〇〇六年、一六六頁。

（33）『映画年鑑一九六一年版』時事通信社、一九六二年、二九四頁。

（34）『映画年鑑一九六三年版』時事通信社、一九六四年、三〇六頁。

（35）『映画年鑑一九六二年版』時事通信社、一九六三年、三二八―三二九頁、『映画年鑑一九六三年版』三〇九頁。

（36）『映画年鑑一九六五年版』時事通信社、一九六六年、二七三頁。

（37）前掲古田「テレビジョン放送における『映画』の変遷」二二五頁。

（38）北浦寛之『テレビ成長期の日本映画――メディア間交渉のなかのドラマ』名古屋大学出版会、二〇一八年。

（39）前掲古田「テレビジョン放送における『映画』の変遷」二二四頁。

（40）森岩雄『アメリカ映画製作者論』垂水書房、一九六五年、五一―五二頁。

（41）森岩雄『私の藝界遍歴』青蛙房、一九七五年、一八四―一九四頁。

（42）同前、二一一―二一二頁。現に長男の伊千雄氏は映画雑誌記者から東京放送のプロデューサーに転じていた。「津島恵子結婚ロマン」『婦人生活』一九五七年四月号、一五八―一六四頁を参照した。

（43）新東宝労働組合についての以下の記述・引用はすべて『映画年鑑一九六二年版』三三八頁による。

（44）川喜多かしことフィルム・ライブラリー運動の初期の活動については、石原、前掲『日本におけるフィルムアーカイブ活動史』一七四―二〇八頁。なお、本稿ではホイトに倣って映画会社のフィルム在庫目録を「ライブラリ」と呼び、川喜多のフィルム「ライブラリー」と区別している。

(45) 中島尚道「フィルム・ライブラリーに思う」『キネマ旬報』一九六一年七月下旬号、六八頁。

(46) 大映倒産の経緯と労組の活動については、下記を参照。山本洋「永田大映から徳間大映へ繋いだ労組委員長」谷川建司編『映画人が語る 日本映画史の舞台裏［配給興行編］』森話社、二〇二〇年、二〇五―二三七頁、宮島正弘「宮川一夫に憧れて大映本社前に毎日佇む」谷川建司編『映画人が語る 日本映画史の舞台裏［構造変革編］』森話社、二〇二三年、四五―七二頁。

第7章　大学博物館の生存戦略

久保　豊

大学に所属する博物館は、映画フィルムとノンフィルム資料を継続的に収集・整理・修復・保存・公開していく過程を通じて、予算や教育の側面でどのような限界を抱え、その限界はどのように解決しうるのか。この問いへの答えを探求する本章の目的は、国内外に向けた研究・教育機関として確固な知名度を築いてきた早稲田大学の坪内博士記念演劇博物館（以下、演劇博物館）によるアーカイブ事業の取り組みを主な分析対象とし、英国東部にあるイースト・アングリア大学のイースト・アングリア・フィルム・アーカイブ（以下、ＥＡＦＡ）による取り組みとの比較を通じて、映像アーカイブとしての演劇博物館の役割と生存戦略について明らかにすることである。

1　所蔵資料のデジタル化をめぐる演劇博物館の取り組み

一九二八年一〇月の開館式において、演劇博物館の初代館長で文学者の坪内逍遥は「よき演劇をつくり出すには、内外古今の劇に関する資料を蒐集し、整理し、これを比較研究することによって基礎をつくる必要がある」と訴え、演劇博物館はこのミッションを館運営の中核としてきた。[1]そのミッションのもと、演劇博物館は古今東西の演劇、歌舞伎、人形浄瑠璃、落語、幻燈、映画などに関わる資料を収集・整理し、また、現代演劇のみならず、古典芸能や映画（16ミリおよび8ミリの映画フィルムやＶＨＳ等の映像記録媒体に加えて、ノンフィルム資料）など、多岐にわたる芸能や映像文化にまつわる一次資料の寄贈・委託を受けてきた。二〇二八年に創立百年を迎える演劇博物館は、貴重な文化資源である所蔵資料の研究調査の結果を常設展・企画展・特別展といった大小さまざまに異なる規模の無料展示による積極的な発信に努めてきた。本節では、収蔵資料のデジタル化とその公開に向けて演劇博物館が一九九〇年代から進めてきた歩みを簡単に辿る。

学内外へ向けた収蔵品の公開は、物理的な展示だけに限定されてきたものではない。演劇博物館はインターネットが利用しやすくなった一九九〇年代から所蔵資料データベースの一部を積極的に公開してきた。例えば、一九九五年にホームページを開設すると同時に、ホームページ上に設置した「歌舞伎浮世絵画廊」で六一枚の錦絵を公開した。一九九七年一二月には「錦絵検索システム」を学外へ公開、一九九八年には、所蔵資料のデータベースをインターネット上で公開するためのシステム構築に向けた「インターネット検索システム研究」プロジェクトを立ち上げている。[2]一九九〇年代を通して段階的なデータベース公開を可能としたのは、一九八八年一一月に五代目館長へ就任した鳥越文蔵が推進し、一〇年間にかけて二度行った大規模な所蔵資料の所在調査が重要な土台となったと考えられる。[3]川田浩夫が一九九一年に示唆したように、演劇博物館はパソコンを用いたデータベース検索とデジタル化画像へのアクセスを整備し、デジタル・アーカイブを用いた演劇研究の新しい局面を一九九〇年代から意欲的に開拓してきた。[4]

演劇博物館発行の『館報』において「アーカイブ」という言葉が初めて使われたのは二〇〇三年にまで遡る。二〇〇二年秋に文部科学省より採択され、二〇〇三年度から始まった「二十一世紀ＣＯＥプログラム」（「演劇の総合的研究と演劇学の確立」）の一部に「アーカイブ構築学研究」という研究グループが含まれていた。これは「主に文献資料・映像資料の収集・分析研究を行う」研究グループであり、収蔵資料を丹念に読み解く目的を掲げていた。[5]

二十一世紀ＣＯＥプログラムは、二〇〇七年より「グローバルＣＯＥプログラム」（演劇・映像の国際的教育研究拠点」）へ発展的に継続されていく過程で、国内外の大学院生・若手研究者の教育・育成に尽力し、演劇・映像学の分野で現在活躍する研究者を輩出することにも大きく貢献している。

二〇〇〇年代に突入後、二〇〇一年に「デジタル・アーカイブ・コレクション（第一期）」を、二〇〇五年に「デジタル・アーカイブ・コレクション（第二期）」を稼働させ、二〇一〇年代を通じて「演劇情報総合データベース」としてさまざまなデータベースを順次公開・更新してきた。(6) 二〇一七年には、演劇博物館のホームページで公開されてきたデータベースは「早稲田大学文化資源データベース」へと統合されている。個々のデータベースにおいて演劇博物館が有する所蔵品すべての詳細が公開されているわけではないものの、この統合により、学内外／国内外から早稲田大学の他機関が有するデータベースとの横断的検索が可能となった。(7) 二〇二〇年以降は、新型コロナウイルスの感染拡大が引き起こした要請に応じるために舞台公演映像の情報検索特設サイト「ＪＤＴＡ（Japan Digital Theatre Archives）」を立ち上げるに至った。(8) 一九九〇年代から継続したデータベース公開の積み重ねの結果、二〇二二年にはデジタルアーカイブ学会より実践賞を贈られている。二〇二四年七月現在、演劇博物館は五〇のデータベースを構築し、約九七万にのぼるデジタル資料の公開を達成している。

演劇博物館が早稲田大学に所属する学内機関の一つである以上、その存在意義を学内で証明するためには継続的に成果を生み出さなければならない。その背景には、早稲田大学からの予算配分が館運営に不可欠という理由がある。入館無料の施設であるため、日常的な資料収集・修復・保存の作業や展示の運営から利益を生み出すことはない。そうした状況において、館運営での自助努力が同時に推奨されてきた。それゆえに、「演劇博物館振興基金」を立ち上げただけでなく、文部科学省、日本学術振興会、文化庁などが提供する外部資金を獲得・投入することで、国内外に向けた研究・教育機関として発展してきた。(9) その結果、外部資金によって可能になった数々の研究プロジェクトが所蔵資料に関するデータベースの作成・公開・更新につながってきた。それらの成果により、演劇博物館のデジタル・アーカイブの基盤はできあがったのである。

２　ＶＨＳ・映画フィルムとノンフィルム資料の調査

アーカイブとしての演劇博物館は、デジタル・アーカイブの登場以前から日本の芸能文化の継承において重要な役割を果たしてきた。例えば、講談師の七代目一龍斎貞山は演劇博物館と縁が深く、七代目が得意とした怪談噺の道具一式およびテープが寄贈されている。一九七七年に八代目となった新貞山がこのテープをよく借り出し深く学んでいた記録が残っている。[10]他にも、久保田万太郎作の『蛍』が新橋演舞場で上演されるにあたり、出演の坂東玉三郎や一条久枝などが花柳章太郎演出の『蛍』の映画フィルム（青山久仁子寄贈）を参照するために観に来ている。[11]これらの事例は、アーカイブに収蔵された記録媒体が芸能文化の継承に寄与してきたことを示す。

演劇博物館は記録媒体の保存とデジタル化とどのように関わってきたのか。本節では、演劇博物館が二〇一四年から二〇一九年まで文化庁による美術館・歴史博物館重点分野推進支援事業「デジタル映画の保存・活用に関する調査研究」の助成を受けて遂行した「舞台芸術・芸能関係映像のデジタル保存・活用に関する調査研究事業」の取り組みに着目する。演劇博物館によるこの取り組みは、日本国内の演劇団体がどのような媒体に、どのような映像を保存しているのかを把握するためのアンケート調査と関連シンポジウムの開催から始まった。この調査成果の蓄積は、コロナ禍においてＪＤＴＡを立ち上げるにあたり重要な基盤を作る過程に大きく貢献した。

この事業は、個々の劇団が所有する映像に加え、批評家、劇作家、俳優、映画監督が所有する記録媒体の保存とデジタル化とも密接に関わった。この事業の大きな柱の一つとして、演劇批評家の扇田昭彦により寄贈された一〇〇〇本に及ぶＶＨＳに収蔵された舞台関連映像を二〇一八年から二〇一九年にかけてデジタル化した。その目録化の作業において明らかになったのは、扇田旧蔵ＶＨＳには、第三舞台、夢の遊眠社、天井桟敷などによる舞台作品だけでなく、洋舞や舞踏に関連するインタビューやドキュメンタリー映像が多く含まれており、ソフト化や配信が

図7-1　小林悟旧蔵映画フィルムの劣化調査。2018年12月19日撮影

されていない貴重な映像が多数含まれている点である。

しかし、扇田旧蔵ＶＨＳのデジタル化を通じて、アーカイブが普遍的に直面する二つの大きな問題が生じた。一つは著作権の問題である。これらのＶＨＳの多くがＮＨＫで放映された番組の録画であるため、目録を一般公開できないばかりか、デジタル化済の映像を外部へ公開できない状況を引き起こしている。デジタル化済の映像は演劇博物館において半永久的にマイグレーションが行われていくことで未来へと繋がっていく。しかし、著作権を理由に学外へ公開できない状況が続けば、それらの映像は死蔵されているのと同義である。もう一つはスペースを巡る課題である。ＶＨＳは視聴機材なしに中身を確認することができない。アーカイブが複製であるデジタル・データと複製元の資料の双方を残すためには、演劇博物館に与えられた有限なスペースの問題を解決する方法を同時に考えなければならない。

著作権とスペースの課題は本事業が調査対象とした映画フィルムにも関わるものであった一方で、映画フィルムの調査は劣化状態の確認という作業が喫緊の課題であった。フィルム調査の主な対象となったのは、早稲田大学に縁のあった演劇人・滝沢修が残した映像資料（8ミリ・16ミリフィルム、オープンリール、ＶＨＳ等）と映画監督・小林悟の遺族が寄贈した16ミリフィルムである。

二〇一八年度には、筆者は早稲田大学で映画研究に携わる大学院生二名と協力し、滝沢旧蔵資料に含まれた映像資料の整理に加えて、演劇博物館が所蔵する映画フィルムの中から四一四本を対象に「A-D Strips」を用いた劣化

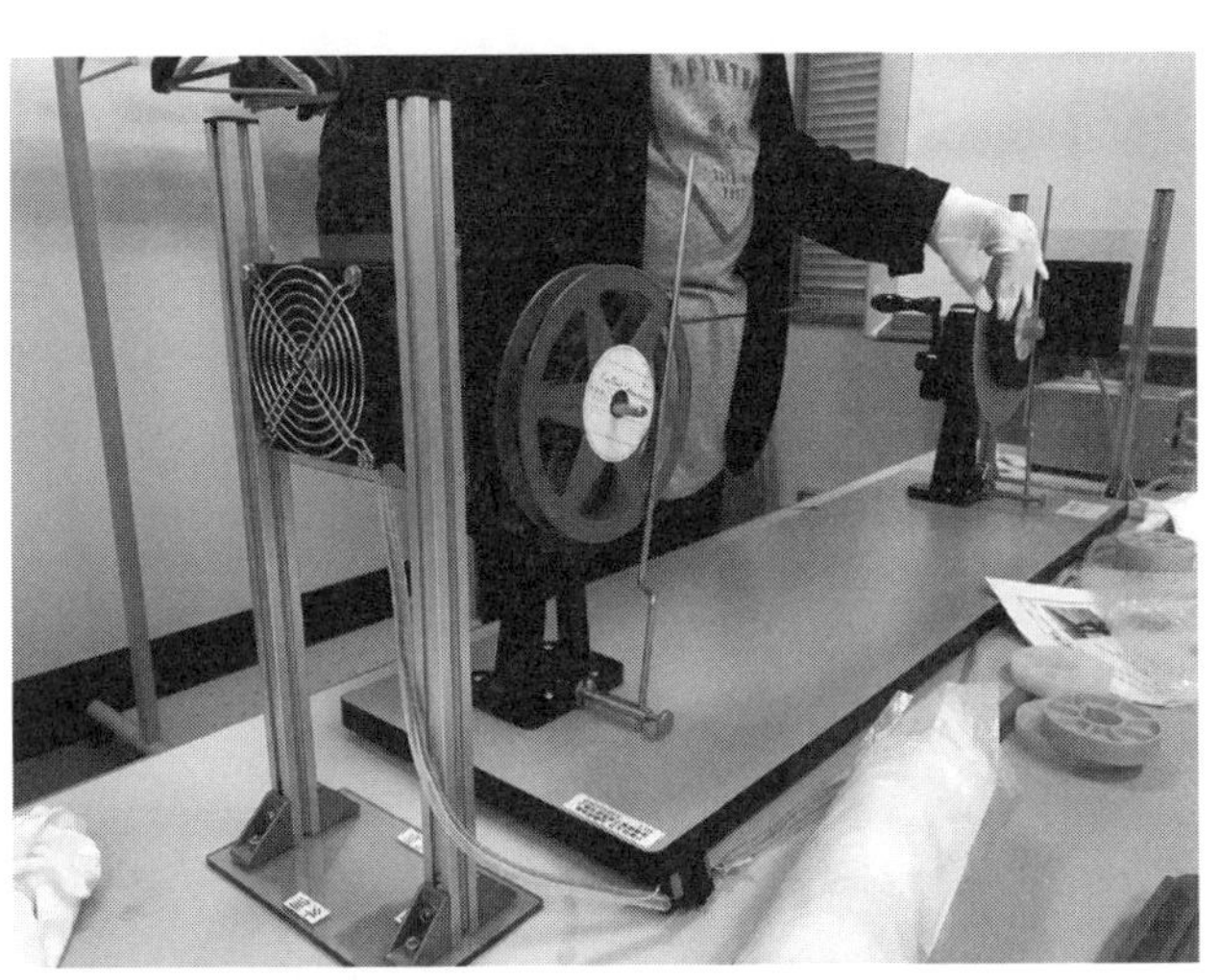

図7-2　枯らし作業。2018年8月22日撮影

調査を行った。A-D Stripsとは、アセテートフィルムの劣化にともない発生する空気中の酸に反応し、リトマス紙のように色が変化する試験紙である。フィルム缶を開き、映画フィルムの状態を調査する過程で、大学院生たちは名称だけ知っていたビネガーシンドローム状態の映画フィルムの匂いや、映画フィルムのワカメ化および結晶化といった顕著な劣化状態を実際に目にすることができた。この調査は、A-D Stripsの変色が示す劣化状態を参考に、どのフィルム資料を優先的にデジタル化していくか、また、劣化フィルムの隔離保存や換気方法といった映画フィルムの未来を定める指針の提示に不可欠なものであった[12]（図7-1）。

例えば、二〇一九年度には、前年度に調査した16ミリフィルムの中から、反応レベルが0から1・5を示した五六本を対象に、IMAGICAから提供を受けた手動の機材を用いて、一本ずつ枯らし作業を行った（図7-2）。この反応レベルは、デジタル化複製は急がないものの、劣化の進行を緩める必要がある状態を示す。枯らし作業には、映画フィルムを新鮮な空気に晒すことで酢酸濃度を減少させ、劣化速度を緩やかにする効果が期待される。この作業に従事するにあたり、IMAGICAのスタッフから実演講習を大学院生と共に受けた。外部からの技術提供のおかげで、専門知識と技能を備えた映画アーキビストが常在していない演劇博物館であっても、映画フィルムの保存に向けた簡単なケアを実践することができた。しかし、そこで同時に見えた課題がある。他の多くの博物館／美術館やアーカイブと同じように、演劇博物館で実際の資料調査に携わるのは、任期付の若手研究者や学芸員などの館内スタッフである。任期付という職業的な不安定さが、映画フィルムの保存や管理などに関わる知識や技術の引き継ぎを困難にしている現実もまた浮き彫りになった[13]。

後述するEAFAの事例からも分かるように、誰が／何がアーカイブを形成（shape）するのかという問いは常に存在する。どの映画フィルムを優先的にデジタル化するのかという決定には、デジタル化の予算を賄う個別のプロジェクトの関心によって大きく影響される。また、その決定には、誰がそのプロジェクトに携わるのかという点も関わってくる。「映画におけるデジタル保存・活用に関する調査研究」事業では、性描写と映画に関心を持つスタッフが事業の中心におり、また、演劇博物館自体がその選択を尊重できたことが重要な意味を持っていた。例えば、小林悟の旧蔵資料にはノン・フィルム資料として、成人映画（薔薇族映画を含む）の脚本および制作関連資料が含まれており、16ミリフィルムと併せてデジタル化を行った。その過程で一つ明らかになったのは、成人映画に関する脚本が「演劇博物館の収蔵資料としては相応しくない」として、所蔵することを拒否する動きが内部にあったことである[14]。スペースの問題から資料を全て残すことは極めて困難である。しかし、成人映画／薔薇族映画という特質を理由に資料の受け入れが拒否されるとなれば、そのアーカイブ運営の指針として、あるいはそのアーカイブが目指す「健全な」イメージの中から溢れ落ちてしまう映画の歴史が生まれてしまう。映画フィルムやノン・フィルム資料を未来へ残す仕事をする者たちが選択の自由を持つとき、未来に向けて何を残すのか、残さないのか、その選択は慎重に行わなければならない。

3　地域に向けた成果の還元

映画フィルムとノン・フィルム資料のデジタル化は、外部資金を用いた外部委託（IMAGICA、東京光音など）によって積極的に進められてきた。デジタル化を終えた資料の収蔵スペースをめぐる課題は継続して残るものの、それと同時に演劇博物館はデジタル化資料をどのように利活用していくかという課題を抱えてきた。本節では、デジタル化した映画フィルムやノン・フィルム資料を用いたイベントの意義について検証する。

演劇博物館は、二〇一四年から文化庁「地域と共働した美術館・歴史博物館創造活動支援事業」（「地域の核となる美術館・歴史博物館支援事業」の改称）に採択され、「新宿から発信する「国際演劇都市ＴＯＫＹＯ」プロジェクト」を発足し、複数の事業を展開してきた。「地域と共働」という名称が示すように、この事業の枠組みは、博物館が所在する地域の人々とともに文化発信の拠点として活動することを支援するものである。演劇博物館は、この事業を通じて、子供向けの演劇教室や映画教室を開いてきただけでなく、映画・テレビ・古典芸能に関わる製作者／実践者や研究者を招聘した国際シンポジウムなどを開催してきた。以下では、映画に関わる取り組みに注目する。

演劇博物館は、二〇一七年から二〇二〇年まで「エンパクシネマ」と呼ばれる無声映画野外上映会を無料開催した[15]。演劇博物館前の舞台空間を活用した本上映会の目的は、無声映画のライブラリーを保有するマツダ映画社の協力を得て、澤登翠をはじめとする活動写真弁士による解説付きで映画作品を上映し、地域に住む特に若い世代へ無声映画や弁士の魅力を伝えることであった。エンパクシネマでは基本的にフィルム上映に拘っているが、初年度には演劇博物館所蔵の無声映画『雷門大火　血染の纏』（一九一六年）のデジタル化版を上映している。

デジタル化された映画は、フィルム上映で生じる機材取り扱いの課題を払拭できるため、教育イベントにも活用しやすい。例えば、二〇二〇年に行った「映画のデジタル技術等に携わる若手クリエイター等の育成・支援」プロジェクトでは、デジタル化された商業映画やアマチュア映像を、どのように過去と現在の映像技術と融合して活用できるかについて検証した。その一環で開催したシンポジウム「デジタル時代のサイレント映画――映画『カツベン！』を事例に」でも、前述の『雷門大火　血染の纏』のデジタル化版を上映した。

デジタル化されたフィルムおよびノン・フィルム資料の利活用の可能性について模索した別のイベントとして、

国際シンポジウム「クィアな記憶を発掘する——映像メディアとアーカイブの実践を通じて」が挙げられる。映画研究者のミツヨ・ワダ・マルシアーノによる国内の映像アーカイブの状況をめぐる講演に加えて、性的マイノリティ当事者たちが二〇世紀に残したホームムービーを用いたドキュメンタリー映画『リール・イン・ザ・クローゼット』（二〇一五年）を上映後、ストゥ・マドックス監督の講演から8ミリフィルムのデジタル化およびその利活用の方法を学ぶ機会を参加者に提供した。前述した小林悟の旧蔵フィルムや薔薇族映画関連資料のデジタル化の取り組みについても参加者へ伝える機会となった。

これらのイベント以外にも、演劇博物館はデジタル化してきた映画フィルムやノン・フィルム資料を常設展・企画展・特別展を通じて地域へ還元するよう努めてきた。例えば、女優・京マチ子が逝去した際には、淡島千景旧蔵資料に含まれていた、淡島千景と京マチ子が映るホームムービーを一般公開した。徳島出身の日本舞踊家・武原はんの稽古風景を捉えたアマチュア映画のデジタル化映像を期間限定で展示室で流した際には、舞踊ファンが上映室へ通う様子を確認できた。

このように、デジタル化された映画フィルムやノン・フィルム資料は、イベントや展示の目的、または社会的・文化的・時代的な要請へと迅速に対応し、一般公開することができる。その迅速さと手軽さはデジタル化資料のなせる技だが、同時にそこにはアクセスに対する大きな問題が残る。著作権的にはインターネット上では公開できないデジタル化資料も、館内での限定的な公開、または単発的なイベントでの公開のみであれば、一時的に権利をクリアすることができる場合もある。しかし、それは継続的な公開を意味しないだけでなく、その限定的な公開時に博物館へ足を運べる者だけが得られるため、非常に限定された地理空間と経済的余裕に依存したアクセスになってしまう。

4　イースト・アングリア・フィルム・アーカイブ（ＥＡＦＡ）との比較

本章はここまで演劇博物館による映画フィルムのデジタル化と地域に向けた成果発信の現状について検証してきた。演劇博物館は創立当初からの信念を貫くなかで、多岐にわたる芸能文化で生成された映像を広く所蔵するに至った。その一方で、どのように所蔵資料、特にデジタル化済の所蔵資料を公開し、利活用の機会を拡大していくかについては複数の問題を抱えている。では、早稲田大学に所属する演劇博物館は、どのような戦略を立てることでより円滑に、あるいは挑戦的に映像アーカイブの実践を進めていくことができるのか。本節では、大学に所属する博物館／映像アーカイブの生存戦略をより広く考えるために、二〇一九年一一月二一日に現地で行ったインタビューを元に、イースト・アングリア大学のＥＡＦＡとデジタル映像アーカイブおよび地域との関わりを分析する。

ＥＡＦＡは一九七六年春にエセックス大学とイースト・アングリア大学が共同して立ち上げた、英国で初めての地域に根ざした映画アーカイブである。その設立目的は、ノーフォーク、サフォーク、エセックス、ケンブリッジシャーといったイースト・アングリア周辺地域の住民が撮った映像を映画フィルムやビデオテープの形で収集し、著作権が許す範囲で上映や視聴へのアクセスを提供することであった。[16] 主に小型映画の収集とＥＡＦＡ内でのデジタル化に尽力してきた。今では同地だけでなく、英国内外のアマチュア映画作家たちがＥＡＦＡを自分たちのフィルム・コレクションやライブラリーを寄贈するホームとして機能するまでに成長していった。現在は、アマチュア映画の収集対象地区が拡大され、商業的な作品の受け入れもあるものの、地域の記憶を収集、継承していくという基本的な目的は変わっていない。

二〇一九年時点で、ＥＡＦＡの収蔵品はフィルムとビデオテープを合わせて約七万五〇〇〇点あり、それぞれの作品に付随したサウンドトラックなどを含めると約一四万八〇〇〇点にのぼる。リール数で数えた場合、ＢＢＣや

ＩＴＶといった公共放送などの映像が多くを占める一方で、アマチュア映画も重要視されているという。筆者が二〇一九年に訪れた際にはちょうど三〇〇〇本のビデオテープの調査を行っている最中であった。この中には、学生テレビ・コレクション（Student Television Collection）やアマチュア映画作家協会（Institute of Amateur Cinematographers）から寄贈されたビデオテープなどのほか、イースト・アングリア大学が一九九一年から毎年開催している文学祭（Literary Festival）の映像も残されていた。春と秋に小説家などを招き、そのレクチャーの様子を大学が固定カメラで撮影した映像である。大学の歩みを記録した映像として今後も保存されていくそうだ。

ＥＡＦＡでは、収集した映像は基本的にアーカイブ内の設備で修復、デジタル化、保存までを行うだけでなく、ウェブサイト上でデジタル化映像の公開も進めている。では、収集、デジタル化、公開の手続きはどのように行っているのか。

ＥＡＦＡはイースト・アングリア大学が定める入手・収蔵規定（Acquisition/Collecting Policy）に沿って新規の映画フィルムの受け入れを行う。基準となるのは、①イースト・アングリア大学に関係するもの、②周辺地域に関連するもの、そして③撮影や上映の機材は受け入れない、以上の三点である。①と②に関しては、デジタル化した映像を将来的に何らかの形で使ってもよいと寄贈者が承諾した場合に限り（例えば、どのような範囲であれば公開しても良いか等）、フィルムの受け入れを行う。膨大な予算とスペースを利用してまで、使途のないフィルムを受け入れる余裕はないからだ。近年ではボーン・デジタルの映像の受け入れも開始しているが、受け入れは映像のみに限定している。機材に関しては、展示などを行うには十分な量が揃っているため、映像アーカイブのネットワークを用いて大小さまざまな博物館などへの寄贈を斡旋してきた。近年では、そのネットワークをもってしても受け入れが困難になってきており、寄贈者の承諾が得られた機材に関してはオークションに出品する方法を積極的に採用している。寄贈された機材をオークションにかけることはリスクから自由ではないが、欲しがっている個人の映画ファンに機材が届くこと自体は好意的に捉えている。ＥＡＦＡが映像のみの受け入れに特化することに決めたのは二〇一五年からで、その前年から国の定める基準を満たし優良な実践を行っている証明のアーカイブ認定（Archive Service Accreditation）を得るよう大学側に求められたためである。機材に特化したアーカイブはすでにあるため、ＥＡＦＡ設立当初から掲げてきた地域のためのフィルム・アーカイブを改めて前面に押しだした。

劣化状態の確認とカタログ化を完了したフィルムやビデオテープはＥＡＦＡ内のフィルム収蔵庫で保管される。それぞれのフィルムとビデオテープにレファレンスナンバーが付けられており、商業契約を結んでいるＢＢＣなどのブロードキャスティング会社から依頼があれば、ローカルテレビのオフィスへ映像を送る。デジタル化されていない映像に関しては、ビデオフォーマットの違いに合わせながら、ときには外部委託してデジタル化を行う。収蔵している映像をすべて画一的にデジタル化するのではなく、依頼やプロジェクトごとに、つまりデジタル化にかかる費用を確保できるものから優先的に進めていく。その点は多くのフィルム・アーカイブと変わらない。ときにはイースト・アングリア大学の教員から依頼されることもあるが、その場合も予算の確保がまず必須とされている。

二〇二二年一月末、演劇博物館が管理するデジタルデータは「四八八万ファイル」、容量として「約一一〇ＴＢ」にのぼった。[17] この膨大なデータをどのように、どのような頻度で、誰が、どこへマイグレーションしていくのかが直近の大きな課題となっている。ＥＡＦＡが有するデジタルデータの総量は軽く数百テラバイトを超える。積極的にボーン・デジタルの映像の収集も始めたことも要因の一つである。マイグレーションの課題はＥＡＦＡも演劇博物館同様に抱えていると思われたが、ＥＡＦＡはこの課題をすでにイースト・アングリア大学のテクノロジー部門との交渉で解決をしている。イースト・アングリア大学にはマイグレーションを自動で行うシステムが整っており、デジタル化映像として収蔵されたものをすべて大学のデータ・ストレージへと格納していく。ＥＡＦＡと大学本部が地下のパイプでつながっており、それを経由してマイグレーションが行われる。システムの使用料はかかるものの、このおかげでＥＡＦＡはマイグレーション時期や方法を決定する心配から解放されているそうだ。将来的には、イースト・アングリア大学のデジタル・ストレージから映像へのアクセスが可能になると期待されている。

ただし、ＥＡＦＡにおいてもデジタル化された映像を公開するには著作権のハードルがある。一九八八年に著作権の保護期間が五〇年から七〇年に延長され、商業作品の公開がさらに難しくなった点は、他の国のフィルム・アーカイブと同様だろう。一方、地域の記憶／記録を捉えた映像文化に特化したＥＡＦＡには、アマチュア映画の収集とその公開をめぐる著作権の管理と対応が求められる。先述した通り、新規でフィルムを受け入れるのは、何らかの形での公開を寄贈者が承諾した場合に限られる。この規定を作る前は、オンライン公開して苦情を受け、一時的にウェブサイトから取り下げたこともあるという。しかし、ＥＡＦＡは寄贈者との対話を続け、過去の記憶・記録へのパブリック・アクセスの重要性を訴えることを重要視している。興味深いことに、寄贈者の世代が変わって、オンライン公開に対する理解も深まり、特定の映像を地域と共有する意義と著作権の表記を強調することで新たに承諾を得られた事例もある。インタビューでも、「待つことが大事（It is about waiting）」と何度も繰り返し強調されていた。

著作権の問題で興味深い事例として挙がったのは、エリザベス女王を中心に撮影されたロイヤル・ファミリーのホームムービーをめぐる議論である。ＥＡＦＡにこのホームムービーが所蔵されていると知った放送局は、その映像を番組で使いたいと申し入れた。そのホームムービーの著作権の管理は、ホルカムにある博物館のキュレーターに任されていた。放送局は公開するべく交渉を行ったが、最終的には宮廷によって公開が禁止された。そのホームムービーには、エリザベス女王をはじめ、ロイヤル・ファミリーがパーティーや旅行を楽しんでいる様子が映っているという。公共放送でそのような映像が公開された時に、メディアや一般社会がどのように反応するかなどを総合的に検討し、ロイヤル・ファミリーの不安を考慮した上での判断であったのだろう。

デジタル化されたアマチュア映画を積極的に公開する試みは、映画を観る選択肢において現在もっとも需要の高いオンライン視聴への希望に応えるものでもある。ＥＡＦＡのコレクションの一部はＥＡＦＡのウェブサイトや

ＢＦＩプレイヤーで視聴可能であり、イースト・アングリア大学のキャンパスやＥＡＦＡの上映会に集まる一〇〇人程度の観客をはるかに上回る人数が目にするだろう。イースト・アングリア大学では、文化遺産無料公開祭典（Heritage Open Day）と呼ばれる期間にアーカイブを公開し、演劇博物館の「エンパクシネマ」のようにフィルム上映を行う。映画文化／遺産の継承という文脈において重要な意義を持つ実践だが、予算をあまり得られないため、頻繁にアウトリーチすることができない。一方で、オンライン公開であれば、誰でも／いつでも／どこでもデジタル化映像にアクセスできるため、結果として、ＥＡＦＡが収集してきた地域の記憶／記録にまつわるアマチュア映画が広く観られる環境ができつつある。

最後に、イースト・アングリア大学に所属するＥＡＦＡが、映像制作や映像アーカイブに関心を持つ学生を大学へ集めるために実施している、デジタル化映像を用いた取り組みを二点紹介する。一つは、高校生を対象にしたイベントで、映画館でかける映画作品の選定を行うというものだ。助成金を取ることを前提としたプログラミングだけでなく、ＳＮＳなどを使ったマーケティングの方法などについても学びながら、実際に挑戦する。もう一つのイベントは、五分間のミュージックビデオあるいは一分間の予告編を作るイベントである。どちらも一〇代の若者を対象にしながら、地域の映画館などとコラボレーションしつつ、映像文化の継承と拡大を地域ベースで行っていくというＥＡＦＡの確固とした軸を見出すことができる。

5　生存戦略の先に

本章は、演劇博物館とＥＡＦＡを事例に、大学に所属する博物館および映像アーカイブによる映画フィルムとノン・フィルム資料の収集・保存・デジタル化・公開（利活用）をめぐる取り組みの比較を試みた。二つの機関のみの比較検証では、同じような性質を有する博物館や映像アーカイブ全体に共通する問題点をすべて抽出するためのデータとして不十分ではあるものの、いくつかの共通項を見出すことができた。

最も大きな共通項は、映像のデジタル化とそれに伴う予算および管理の課題である。演劇博物館とEAFAは両者ともに、所蔵資料のデジタル化を大きな予算によって実現してきた。特に演劇博物館は映画フィルムをデジタル化する手段と設備を有していないばかりか、映画アーキビストも常時雇用されていない。EAFAに比べれば、映画フィルム、ビデオテープ、他の記録媒体の収蔵数は少ないものの、デジタル化が予算に左右される現状では、長期間にわたって放置され劣化する映像資料も今後出てくるかもしれない。温度と湿度を調整可能なフィルム収蔵庫を持つEAFAとは異なり、多くのフィルムが専用の部屋で収蔵されていないのも原因である。また、デジタル化済みの映像の取り扱いにも差はあり、EAFAがイースト・アングリア大学と築いているセルフ・マイグレーションのシステムからは、デジタル化映像への大学自体による高い価値づけを見出すことができる。

もう一つの共通項は、博物館／映像アーカイブの特色の打ち出し方である。EAFAは設立当初から地域の記憶・記録に関する映像の収集・保存・公開に注力してきた。それによって、EAFAの目的を理解した寄贈者とEAFAとの間で公開範囲の管理を取り決めやすくなり、円滑で積極的な公開にも踏み出すことができている。一方で、演劇博物館が収蔵してきた分野は多岐にわたるため、著作権とその公開規模の管理が非常に難しい。貴重な映像資料は星の数ほどあるにもかかわらず、その蓄積に関する知識が広く共有されることが困難である。東京には国立映画アーカイブもあるため、演劇博物館は独自の方向性をさらに明瞭にすると同時に、寄贈／寄託を受け入れる際にどの程度の公開が可能であるのかをこれまで以上に明確にする必要があるだろう。JDTAは、おそらくそのような目的を達成する一つの方法として時代の要請とともに登場したはずだ。特定のテーマに特化しながら、その分野の映像へのアクセスをどれほど容易にできるか、それが今後の大学博物館／映像アーカイブの課題だと考える。

注

（１）岡室美奈子「館長よりご挨拶」『早稲田大学演劇博物館ホームページ』二〇一三年、https://www.waseda.jp/enpaku/about/（最終アクセス：二〇二三年八月四日）。二〇二三年四月より、歌舞伎や文楽の研究者である児玉竜一が第九代館長へ就任した。その後、数カ月はアクセス可能であったが、館長挨拶ページのリニューアルにより、二〇二四年七月現在は岡室第八代館長の挨拶文を閲覧することができない。

（２）「研究プロジェクト紹介」『早稲田大学坪内博士記念演劇博物館館報』第八〇号、一九九九年、三〇頁。

（３）所在調査は一九八九年六月から一九九〇年一二月と一九九七年四月から一九九八年一〇月までの二回行われた。嶋根繁「演劇博物館最近十年の歩み」『早稲田大学坪内博士記念演劇博物館館報』第七九号、一九九八年、三四―三五頁。

（４）川田浩夫「博物館は未来を語る」『早稲田大学坪内博士記念演劇博物館館報』第六五号、一九九一年四月、二七頁。

（５）竹本幹夫「二十一世紀ＣＯＥと演劇博物館」『早稲田大学坪内博士記念演劇博物館館報』第八八号、二〇〇三年三月、四六頁。

（６）第一期には「演劇雑誌データベース」、「現代演劇上演記録データベース」、「重書（義太夫丸本・古浄瑠璃本）データベース」、「映画写真データベース」、「舞台写真データベース」を公開し、第二期には「雑誌『能楽』記事事項索引データベース」、「映画フィルムデータベース」、「ＡＶ資料データベース」、「中国書目録データベース」を正式に稼働した。中西智範「デジタルアーカイブ活動年表」『enpaku book』第一一五号、二〇一九年、五二頁。

（７）山本浩幾はドメイン別／国別のアクセス数を分析し、国内だけでなく、北米やヨーロッパからのアクセス数の高さに注目し、演劇博物館が研究拠点として国際的に高い競争力を有していると評価する。以下を参照されたい。「演劇博物館の公開データベース」『早稲田大学坪内博士記念演劇博物館館報』第九五号、二〇〇六年、四二―四四頁。

（８）Japan Digital Theatre Archives のウェブサイトへは以下からアクセス可能である。https://enpaku-jdta.jp/

（９）演劇博物館が獲得してきた代表的な外部資金は以下の通りである。文部科学省「学術フロンティア推進事業」、日本学術振興会「研究成果公開推進費（データベース）」（一般および重点）、文化庁「美術館・歴史博物館重点分野推進支援事業」（「舞台芸術・芸能関係映像のデジタル保存・活用に関する調査研究事業」）、文化庁「大学における文化芸術推進事業」（「舞台公演記録のアーカイブ化のためのモデル形成事業」）、文部科学省「二十一世紀ＣＯＥプログラム」（「演劇の総合的研究と演劇学の確立」）、文部科学省「グローバルＣＯＥプログラム」（「演劇・映像の国際的教育研究拠点」）。演劇博物館のデータベース公開の発起人であった鳥越館長による資金獲得や公に開かれたアーカイブ構築に向けた事情や困難については以下に詳しい。早稲田大学演劇博物館編『大学文化資源の情報発信　演博改革の10年　鳥越館長の時代』八木書店、二〇一三年。

(10)「新収品展」『早稲田大学坪内博士記念演劇博物館館報』第四二号、一九八〇年四月一日、三―四頁。

(11) 絹川正己「銹さび」『早稲田大学坪内博士記念演劇博物館館報』第四九号、一九八三年五月一日、一九頁。

(12) A-D Stripsを用いた劣化状態の検査では、酸に対する反応がもっとも低い0から最高濃度の3までのスケールを測ることができる。青色の試験紙は、青から緑（レベル1）、濃緑（レベル2）、黄（レベル3）へと、空気中の酸濃度に合わせて変色する。ただし、変色した試験紙は、新鮮な空気に触れるとレベルの低い色へと戻ってしまう可能性があるため、調査結果は迅速に記録する必要がある。調査を終えたフィルム缶には、酢酸吸着剤の設置も並行して行っている。

(13) こうした状況において、演劇博物館が国立映画アーカイブやIMAGICAといった外部の機関・民間企業と連携できるネットワークを維持することも、アーカイブとして存続していくために求められるかもしれない。そのネットワークの維持には、アーカイブに携わる人材が任期を終えて別の場所へ移るという雇用の流動も含まれるだろう。演劇博物館は早稲田大学の雇用契約期間の制限によって人員が定期的に変更される状況を考慮し、イギリスのデジタル保存連合（Digital Preservation Coalition）が発行するデジタル保存ハンドブック（Digital Preservation Handbook）を参考に、デジタルデータの取り扱いについて「保存計画ポリシー」と「長期利用保証ポリシー」の仮案を二〇二二年度に定めた。時代の変化へ臨機応変に対応しながら「計画・実行・評価・改善の四つのステップ」を実施することで、各時代に適切な方法を検討していく土台作りがなされている。中西智範「早稲田大学演劇博物館デジタル・アーカイブ・コレクション」『enpaku book』第一一九号、二〇二三年、四四―四五頁。

(14) 演劇博物館一階にある図書室ではさまざまな映画脚本を閲覧できる。小林悟旧蔵資料が寄贈された際、そこに含まれた成人映画脚本を図書資料として登録するべきかどうかについて、当時在籍した職員の間で意見が分かれたと聞いている。結果、成人映画脚本も閲覧可能な状態で登録されたが、アーカイブ形成に「誰が」携わるのかによって、性描写を物語や観客動員の軸とする映画ジャンルの関連資料が失われていたかもしれない可能性は常に留意しておく必要がある。

(15) コロナ禍でソーシャル・ディスタンシングが推奨された二〇二〇年は、参加人数を制限するために屋内での開催となったが、フィルムでの上映は継続した。

(16) David Cleveland, *East Anglia on Film*, Norfolk: Poppyland Publising, 1987, p. 4.

(17) 中西智範「早稲田大学演劇博物館デジタル・アーカイブ・コレクション」『enpaku book』第一一八号、二〇二二年、五六頁。二〇二二年以降、データ数が公開されていないため、どれほどの割合で「約一一〇ＴＢ」よりも増加したのかについての詳細は明らかにできなかった。しかし、二〇二四年三月時点で「現在でも鳥越館長が構想した「所蔵資料の全公開」の悲願は果たされていない。その裏側には、多くの関係みなさまからの多大な支援をうけ、集まり続ける膨大な寄贈資料群との、終わりの見えない対話が続いているためである」とあるように、デジタルデータもまた常に増え続けていると推察できる。中西智範「デジタルアーカイブ」『演劇博物館館報』第一二〇号、二〇二四年、三一頁。

第 III 部

国外を眺める

第8章　韓国映像資料院ＫＯＦＡの活動

キム・ジュニアン

1　韓国初の長編アニメーションのプリント

本稿は、韓国と日本両国の映像アーカイブの間で起きた特別な出来事をスタートラインとしている。二〇〇七年に日本のとある民営の映像アーカイブが、韓国初の長編アニメーション映画『ホンギルドン』（一九六七年）のフィルムプリントを所蔵していることを知った私が、それを韓国映像資料院（Korean Film Archive: KOFA）へ知らせたのである。『ホンギルドン』は完成当時韓国国内の七つの封切館で公開され、入場者数が四日間で一〇万人、最終的に三八万人という記録的な成功を収めた。[1] その後、一九六八年に日本に輸出され、[2] 二〇世紀フォックス社提供、日映株式会社教育部配給により、『少年勇者ギルドン』という邦題で日本語に吹き替えられ公開された。[3] 一方、韓国では公開後数十年間フィルムプリントが見つからず、二度と観ることのできない幻の作品となっていた。韓国放送公社（ＫＢＳ）は『ホンギルドン』公開四〇周年を記念し、プリントを日本まで探しに行く人々を追ったスペシャル番組を二〇〇七年二月に放映したが、その時点では見つからなかった。しかし、その九カ月後にとうとう発見されたのである。

本章は、単にＫＯＦＡの『ホンギルドン』のプリント修復についてだけ論ずるものではない。修復後『ホンギル

図 8-1　1967 年に公開され，日本にも輸出された韓国初の長編アニメーション『ホンギルドン』の新聞広告

出典：ホ・イヌク『韓国アニメーション映画史』シンハンメディア（허인욱『한국애니메이션영화사』신한미디어），2000 年，39 頁。

ドン』を社会のなかで生き返らせ続けているＫＯＦＡの活動に焦点を当てる。その活動は、二〇〇八年の修復から一〇数年経つ現在も、保存庫に納めて終わるのではなく、様々なメディア・プラットフォームを用いながら続いているのだ。

『ホンギルドン』を取り上げるにあたり、ＫＯＦＡから提供された二〇〇八年のプリント修復や、二〇一六年のＤＶＤ発売に関連する貴重な内部文書を参照する。[4] なお、映像修復チームのキム・ギホ氏、学芸研究チームのジョ・ジュニョン氏、情報資源開発チームのユ・ソングァン氏に対し、二〇二〇年一一月から二〇二三年六月にかけてインタビューを行った。

2　KOFAの設立までの道のりと飛躍

現在KOFAは、ソウル市の再開発された副都心デジタルメディアシティに所在する。副都心の名称が示すとおり、デジタル時代のメディア文化および産業の一翼を担うことがこの地域には期待されており、KOFAもその一環として現在地に二〇〇七年に移転したのである。しかしそれより数十年前に遡るKOFAの創設は、文化・産業的な動機というより、冷戦時代の政治的な動機が大きかったと言えるだろう。一九七四年に、北朝鮮の国家映画文献庫が、国際フィルムアーカイブ連盟（FIAF）の正会員になったことに刺激され、韓国政府はKOFAの前身となる韓国フィルム保管所を急遽設立し、FIAFへ加入しようとした(5)。政治的な競争が優先されたため、保管場所が実際にできたのは五年後の一九七九年で、フィルムプリントのための専門的な管理設備はなく、木製の棚が置かれるレベルだった(6)。

一九八五年にようやくFIAF総会で正会員として承認されたものの、KOFAの体制がある程度整ったのは、軍事独裁政権が終わり、韓国の民主化が着実に進んだ一九九〇年代になってからだった。一九九一年に韓国フィルム保管所は韓国映像資料院へ改称され、一九九四年には映像資料保存事業に対し、国が助成するようになった。一九九六年には韓国内で製作されたすべての映画フィルムプリントを、KOFAへ納品することが法律で義務づけられた。こうしてKOFAの映像アーカイブとしての地位は予算的にも法的にも確立され、韓国映画を中心に映像資料の保存と歴史を見直す作業に本格的に取り組むようになった。たとえば、長い間忘れられていたキム・ギヨン監督の『下女』（一九六〇年）を保存状態の悪いプリントで入手したKOFAは一九九七年に第二回釜山国際映画祭で上映したところ、その後、偶然の機会にこの映画を観たマーティン・スコセッシ監督の後押しにより、彼の創設した

図 8-2　2007 年に移転し現在にいたる韓国映像資料院 KOFA（サンアム本館）

ワールド・シネマ・ファウンデーション（World Cinema Foundation）から「異例」[7]の依頼と支援を受け、ＫＯＦＡは『下女』のプリントをデジタル修復した。修復後は、同映画を二〇〇八年にカンヌ国際映画祭で公開している。このようなＫＯＦＡの実践は、今日『下女』が韓国映画史においてもっとも重要な作品の一つとして再評価される結果をもたらした。

二〇〇二年には映画振興法に基づき、財団法人から特殊法人へ移行する。同じく特殊法人の映画振興公社は一九九九年に映画振興委員会となり、韓国コンテンツ振興院も二〇〇九年に特殊法人として設立された。ＫＯＦＡはデジタルメディアシティへ移転後、二〇一六年にはソウル近郊のパジュ市に第二保存センターが完成し、フィルムプリントおよびデジタル・アーカイブの二元保存体制が整備される。このような展開は、一九九〇年代に映画・映像の産業的な可能性が韓国で認識されたことと関わっている。映画・映像産業への期待は、金泳三大統領の「映画一本の興行収入額は一五〇万台の自動車の輸出額に勝る」という一九九三年の発言でも裏付けられる[8]。

しかし『ホンギルドン』のように数十年前のプリント

が見つかったとしても、それを修復、保存することが必ずしも産業的な有用性につながるとは限らない。最初の長編アニメーションという記録は、ナショナル・シネマの言説では確固たる権威を与えられるかもしれないが、今日のメディア環境に居場所があるとは限らない。YouTubeやNetflixなど、インターネットで手軽に様々な映像が見られるメディア・プラットフォームの時代を生きる観客にとって、果たしてどのような意味を持ちうるのか、という問いが浮かび上がる。おそらくアーカイブと名のつく多くの機関にとって、共通の関心事ともいえるこの問いを念頭に置きながら、KOFAによる『ホンギルドン』の修復過程とその方針について以下で詳しく探っていく。

3　『ホンギルドン』の修復

日本で見つかった『ホンギルドン』のプリントは、日本語吹替版で16ミリのリリースプリント（映画館での上映用のプリント、以下RP）だった。KOFAはこれを用い、オリジナルの状態に近い韓国語版の35ミリのデュープネガティブフィルム（以下DN）[9]へ修復した。内部文書によると、修復のための予算は二〇〇八年二月はじめに既に承認されていたようで、プリントの所在を知ったのが二〇〇七年一一月上旬だったことから、いかに迅速に対応したのかがわかる。[10]

二〇〇八年二月下旬には収集や保存担当スタッフが日本に出張し、[11]一カ月後に修復作業を始めることが決まった。[12]先述したとおり、日本の所蔵者から借りた16ミリRPは日本語版であったため、16ミリフィルムから35ミリフィルムへ、RPからDNへ変換するだけでなく、さらに音声まで修復する必要があった。しかし幸いなことに、KOFAの所蔵庫に『ホンギルドン』のオリジナル35ミリサウンドネガフィルムが保存されていたため、[13]この点は大きな問題にはならなかった。このサウンドフィルムはプリントが発見される前からKOFAのデータベースに登録済みだったため、速やかに音声の修復プランが立てられたのである。

サウンドフィルムだけ残っていたことについてキム・ギホ氏は、輸出先で吹き替えられるとわかっていたため、オリジナルのサウンドは省いてフィルムプリントを送付した可能性があると述べる。[14] できあがった修復版は、上映の際、画面と音声に著しい非同期性（ズレ）は感じられなかったことから、日本でもシーンを編集せずオリジナルのまま上映したと考えられる。[15]

日本語版のプリントは、声だけでなく、題名とオープニングおよびクロージング・クレジットの表記も日本語（漢字とカタカナ）に変更されていたが、その部分はそのまま修復プリントに残したうえで、ハングルの字幕をつけることになった。オリジナルのプリントにはないはずの「ホンギルドン」の物語を紹介する日本語の文章も、韓国語字幕つきで残された。この決定は、プリント自体の歴史性を尊重するKOFAの方針による。[16] 修復版は二〇〇八年五月にKOFA開館映画祭でクロージングフィルムとして初公開され、大きな話題になった。

日本語版のクレジットなどは、二〇一六年にKOFAが発売したDVDでも残されている。ただし、二〇二二年に公開された4Kデジタル修復版では、韓国語版クレジットに変えられた。[17] 4Kデジタル修復版の題名のデザインは公開当時のポスターを流用し、スタッフのクレジットは日本語版の書体を参考にしたという。[18] オープニングクレジットと本編の間に挿入されていた日本語のインタータイトルもなくなっている。このような修復は、歴史性を尊重していた以前の方針と変化が感じられる。一因として、4Kデジタル修復を機に、原本により近い状態にしようとしたと考えられる。特に、KOFAのデジタル修復は、唯一無二のバージョンを作成するというよりは、新しい映像テクノロジーの実践として複数のバージョンを想定している（これに関連した、KOFAで重視される「可逆性」という概念については後述する）。一方、DVD制作や4Kデジタル修復両方には、二〇〇八年に韓国語サウンドフィルムと合体させた最初の修復版の35ミリDNではなく、別の日本語吹き替え版プリントが用いられた。最初の修復からおよそ半年後、再び日本で吹き替え版プリントの原本ともいえる16ミリDNが見つかり、その状態も良好だったため、日本語版サウンドフィルムと共にKOFAが有償で入手し、DVD制作および4Kデジタル修復に使ったのである。KOFAの収集・修復活動は常に更新されている様子がうかがえる。

KOFAでは光学方式の修復とデジタル方式の修復を二本柱としている。代表的な光学修復として、映画草創期に使われた可燃性のニトロセルロース（通称セルロイド）素材のプリントを、不燃性の素材に複製するセーフティ・フィルム化が挙げられる。だが、KOFAにはこのタイプのフィルムが少ないため、防火など保存設備の面で対応しつつ、必要に応じてセーフティ・フィルム化するという。[19] また、上映用のRPしか残っていない場合、保存用ネガフィルムの作成も、光学方式の修復に含まれる。さらに映画祭などでプリントを用いることを想定して近年まで光学方式で複製していたが、二〇一一年からデジタル方式のみとなった。この転換は、KOFAにおいて修復が活用と連動することを示唆しており、先述したとおり、国内外の映画祭やインディペンデント映画団体などと協力しながらデジタル修復と公開を行っている。

デジタル修復では、前述の『下女』のように、フィルムをスキャンし、フレームごとにホコリ、スクラッチ、シミなどを処置する「深化」修復が最高度レベルとなっている。その他に、フレーム単位の処置をより単純化したやり方もある。二〇一六年に発売された『ホンギルドン』のDVDは、2K解像度で深化修復なしのデジタル化であった。KOFAのデジタル化事業では、年間四〇～五〇本の長編映画が対象となり、その約二割が深化修復である。[20] KOFAは外部の専門家を招いての選定委員会を設置し、基本的に二〇〇六年と二〇一四年に定めた韓国映画百選のなかから深化修復する作品を決定する。実はこの百選にはアニメーション映画は一本も選ばれておらず、二〇一四年の百選は、韓国語版修復済みの『ホンギルドン』さえ入っていない（様々な事情が考えられるが、アニメーションは、文化的にも産業的にも韓国社会においてメジャーな分野ではないためだと思われる）。ただし、韓国映画百選は深化修復の対象になるための十分条件でしかない。ここに入っていないからといって排除されるわけではなく、二〇二二年に『ホンギルドン』プリントが4K解像度でデジタル深化修復を完了しているところから、KOFAの柔軟性がうかがえる。

4　ＫＯＦＡの四つの取り組み

専用のYouTubeチャンネルによる無料配信

『ホンギルドン』の２Ｋデジタル化がＤＶＤの発売のためだったのは先述したとおりだが、深化修復した４Ｋデジタルの成果物もＫＯＦＡ専用のYouTubeチャンネルで無料配信されており、さらにブルーレイディスクとしても発売された。著作権が複雑だったにもかかわらず、公共機関がそれをクリアして世界中に公開しているのは驚くべきことであり、アーカイブ活動の成果を社会に発信しようとするＫＯＦＡの意欲がそれだけ高いことがうかがえる。一九九〇年代に韓国で民主化が進み、公共機関ではアメリカ型の行政改革が実施された。それにより「市民は顧客」という意識が根づき、行政機関に対する評価は顧客満足度として数値化されるようになったこともその背景にある。(21)

韓国映画のプリントなどさまざまな資料を最新設備の保存庫に収蔵するだけでなく、その発掘、収集、保存、修復の成果を社会や映画ファンに還元し、アーカイブに関する理解と支持を広げるＫＯＦＡの活動は、メディア・プラットフォームという観点では大きく次の四つに分けられる。

(1) シネマテークＫＯＦＡでの上映プログラムの運営
(2) ＤＶＤ・ＢＤの発売
(3) YouTubeチャンネルでの配信
(4) ＫＯＦＡ独自の映画データベースKMDb/VODサービス

まず、(1)の活動は、映画館というもっとも長い歴史を持つメディア・プラットフォームに基づいている。KOFAの構内には収容規模が三二一席と一五〇席の二つの上映ホールがあり、フィルムプリントやデジタル修復版のDCP[22]で映画が見られる。[23]さらに映画館のない自治体など現地に赴いて上映やワークショップを実施するサービスも行っており、そのための上映設備や専用車両を備えている。[24]

(2)DVD・BDの発売は、記録媒体を所蔵したい映画ファンコミュニティやコレクターを意識した活動といえる。[25]韓国にはDCインサイドやエクストリーム・ムービーのように社会的影響力の大きなメディア文化コミュニティのウェブサイトが存在する。こうしたコミュニティはBDの発売を記念した上映会をシネマテークKOFAで催すこともある。4Kデジタル修復版『ホンギルドン』のBDは発売前から話題になっていた。

(3)KOFA専用のYouTubeチャンネルでの配信は、二〇一二年から始まっている。[26]後述するVODサービスは二〇〇六年に開始したが、それをより拡大させる目的で、YouTubeに「韓国映像資料院」チャンネルと「韓国古典映画」チャンネルをそれぞれ開設し、韓国映画やビデオエッセイなど様々な動画の無料配信を行っている。『ホンギルドン』も、DVDの発売から二年後の二〇一八年にこの「韓国古典映画」チャンネルで配信した。このほか二〇二一年から「韓国アニメーション」専用のチャンネルを開設し、アニメーションにも積極的なスタンスを取っている。二〇二三年五月一五日時点で、「韓国古典映画」チャンネルではおよそ二五〇本の実写映画（主に長編）を、「韓国アニメーション」チャンネルではおよそ五〇〇本の作品（長編、短編、TVシリーズを含む）を配信しており、単なる旧作の紹介というよりは、デジタル修復版を公開すると同時にデジタル映像処理テクノロジーをデモンストレーション（試演）する場にもなっている。さらに、修復を必要としないはずの二〇一〇年代の短編アニメーションのなかからも比較的多くの作品を無料で配信し、国内外向けに韓国アニメーションの受容層を広げようとしている。

YouTubeの配信は、KOFAの単独事業ではなく、韓国政府が二〇一一年にグーグル社と協力して進めた「Korea

Go Global」プロジェクトの一環である。[27]ＫＯＦＡはYouTubeチャンネルで配信する韓国映画にはすべて英語字幕を付けているが、これはGoogle Korea社の制作支援を受けている。[28]「韓国古典映画」チャンネルが配信開始から一年間で一〇七万四九〇五回と視聴回数を伸ばしたのは、英語字幕の効果とも考えられる。[29]二〇二一年までの累積視聴回数は約八〇〇〇万回で、国外からのアクセスが七一・三五％と海外の視聴者の占める割合が大きく、一九八カ国にのぼったといわれる。[30]韓国映画を海外に紹介するうえでYouTubeが大きな成果を上げたせいか、二〇二一年からは視聴者数が上位一〇位の国々に向けて毎年八本の作品を選び、インドネシア語、タイ語、ベトナム語、マレーシア語、アラブ語などの字幕を制作している。[31]商業映画を全世界に向けて無料で配信することに対し、国内の映画配信ビジネスを萎縮させるのではないかと当初は懸念されたが、配信する作品の多くは、民間企業ではそれほどの収益が見込めないこと、YouTubeの配信契約は非独占契約であること、著作権者にＫＯＦＡが一定の使用料を支払うことで実現できたという。[32]ＫＯＦＡが配信する作品は、現在のように韓国映画業界が高度産業化されていなかった一九九〇年代以前の中小規模の制作会社のものが大半であり、独自の二次利用は経営的に難しかったと思われる。

昔の映画雑誌から動画までオンラインでアクセス

最後に、(4) KMDb/VODサービスは、ＫＯＦＡがインターネットを基盤にもっとも力を入れてきた取り組みのようだ。ＶＯＤサービスは、YouTubeの配信よりも早く二〇〇六年からすでに始めており、「ＤＢ」「コレクション」「記事」と共にKMDbのメインメニューを構成している。KMDbで検索した作品を視聴したい時、ＶＯＤメニューからアクセスする必要はない。検索作品ごとにメタデータが表示されるウェブページのなかにＶＯＤの動画再生画面も一緒に表示されるので、ウェブページを移動することなく視聴が可能である。[33]

キム・ギホ氏によると、アメリカのIMDbをモデルにしたというKMDbでは、例えば長編アニメーション『ホンギルドン』を検索すると、そのメタデータのページには「基本情報」と「所蔵情報」が表示される。基本情報には以下の名称の項目が含まれている。

- フルクレジット
- スチールイメージ
- 映画本編におけるクレジット表示画面の全てのキャプチャー画像
- 受賞歴
- 初公開時のレーティング
- 封切館
- 輸出歴
- 関連記事
- 韓国映画史料館

IMDbと同様に、こうした基本情報はハイパーテクスト機能により、ウェブブラウザー上で複数の情報を横断できるようになっている。例えば、『ホンギルドン』のメタデータのページに表示される「韓国映画史料館」項目には、初公開当時の映画雑誌『内外映画』一九六七年二月号がリストアップされており、クリックすると同誌の目次と表紙の画像が、さらに表紙の画像をクリックすると、雑誌本体をデジタル化したPDF文書がウェブブラウザー上で閲覧できるようになっている。(34)

この映画雑誌のデジタル・アーカイブは、KMDbではメインメニューの一つである「コレクション」のなかに収められている。「コレクション」は、①寄贈された映画プリント、写真、書物を紹介する寄贈コレクション、②映画雑誌や映画関係の公文書などをデジタル化し公開するデジタル原文コレクション、③オーラルヒストリーコレク

表 8-1　KMDb で表示される『ホンギルドン』のフィルムプリントの所蔵情報

フィルムプリント			
区分	デュープネガティブ DN		リリースプリント RP
規格	16 ミリ	35 ミリ	
上映時間	65 分		
アスペクト比	SD (1.33:1)		
色彩	カラー		
サウンド	モノラル		
言語	日本語	韓国語	
保管場所	パジュ		サンアム
入手方法	購入	修復	複製

ション、④ＫＯＦＡが海外の映画アーカイブで発掘、整理した戦前の韓国社会が見られる記録映像コレクション、⑤ＫＯＦＡ独自の研究プロジェクトの成果であるテーマコレクション、という五つのカテゴリーに分類されている。研究機関でもあるＫＯＦＡの姿勢が表れているこれらのコレクションは、KMDbと同様にハイパーリンクで他の情報に紐付けられており、クリックするだけでオーラルヒストリーの文字情報の閲覧や、ＫＯＦＡがカナダのユナイテッド・チャーチ・アーカイブなど海外で見つけた一九二〇年代から三〇年代のソウルや釜山の景観を収めた記録映画の動画の視聴が簡単にできる。

メタデータのページには「基本情報」の横に「所蔵情報」の項目が表示され、所蔵するフィルムプリント、Ｄシネマ、テープ、ディスクなど上映素材に関する情報が確認できるようになっている。例えば、『ホンギルドン』のフィルムプリントに関する所蔵情報は表8-1のとおりである。

表8-1を見ると、日本で見つかった日本語吹き替え版16ミリＲＰから拡大作成された35ミリＤＮが確認できる。さらにＤＮから35ミリＲＰが複製され所蔵されていることもわかる。保管場所の記載によると、上映には使えないＤＮはパジュ市の第二保存センターに、上映にすぐ使える35ミリＲＰはＫＯＦＡ専用の上映ホールがあるサンアム（デジタルメディアシティの行政区）本館にある。保存用プリントはパ

ジュ、上映用プリントはサンアムという保管体制は、『ホンギルドン』だけでなく、ほかのも同様だという。[35] 入手方法が「購入」とは、先述した『ホンギルドン』の日本語吹き替え版16ミリＤＮのことを指す。

KMDbは、プリントの所蔵情報だけでなく、それらのデジタル修復版の動画ファイルに関する情報も詳細に公開している。デジタル時代の様々なメディア・プラットフォームに対応し活用するというＫＯＦＡの方針がうかがえる。

5　映画の文化資源化と再媒体化

KMDbは、それ自体が膨大なオンライン・デジタル映像アーカイブだといえる。インターネットならではのハイパーテクスト／ハイパーリンク機能により、ウェブブラウザー上で立体的な閲覧経験を提供しており、利用者はクリックすればさらに果てしなく情報を得られるように感じるだろう。

ＫＯＦＡのこのような映像アーカイブ活用に深く関わっているのが、二〇二一年にデジタル情報化チームから規模を拡大し、新発足した情報資源開発チームである。同チームの活動そのものは、先述したＫＯＦＡの活動と重なっているので、ここでは繰り返さない。むしろ興味深いのは、その名称に含まれている「資源」という言葉である。この言葉は、ＫＯＦＡ内部文書のヘッダーにある「韓国映画を国家資源化する国民の機関　韓国映像資料院」というフレーズにも含まれている。[36] 音楽社会学者の渡辺裕は、文化を資源と見なすと、二つのメリットがあると示唆する。一つは、何らかの作品が「閉じられた形で存在しているのではなく、（中略）様々な概念との関係性のうちに存在しているということを常に念頭におきながらものを考えるようになる」[37] ことである。言い換えると、この再文脈化により、ゴミ扱いされていたものが映画史の貴重な資料として見直されることが容易になる。もう一つのメリットは、アーカイブされた映画が「いつでも誰にとっても等しく資源であるわけではなく、その意味や活用法に気づいた者にだけ、その価値が現れ出てくる事態」[38]を教えてくれることである。映画作品やその資料の価値を単に名作か巨匠の作品かという基準によらず、視聴者、映画制作者、著作権者、文化政策の立案者、アーカイブの利用者など様々なステークホルダーが自分との関係のなかで見出すことを可能にする。アーカイブ機関にとっても、それぞれの収蔵品に対してどのようなステークホルダーとコミュニケーションを取りたいのか、そして取るべきなのかという課題が明確になるであろう。

ただし映画の文化資源化は、ＫＯＦＡが力を注いでいるインターネット基盤の「ニューメディア」の文脈に配置し考察する必要がある。その際、有効な概念は、ジェイ・Ｄ・ボルターとリチャード・グルシンが提案する再媒体化（remediation）であろう。[39]映画・映像のアーカイブは、可燃性フィルムから不燃性フィルムへ、傷だらけのフィルムから修復済みのデジタルデータへ、というふうに従来の媒体を新しい媒体へと更新する再媒体化を続ける。その更新の効果は、ボルターとグルシンが再媒体化の二つの重要な論理と提案するイミディアシー（無媒体性）とハイパーメディアシー（過媒体性）に集約される。まず映画修復におけるイミディアシーは、媒体が更新されることで、可燃性フィルムの危険性やフィルムの傷を解消し、視聴者が媒体を意識することなく映像に没入でき、媒体の存在が透明になる状態を指す。一方、ハイパーメディアシーでは、逆に、最新のメディアそのものを体験する楽しさがポイントになる。この側面は、KMDbを拠点にする情報資源の発信戦略に大きく関わり、アーカイブの利用者（であると同時に視聴者）が題名や監督名を検索すると、ＶＯＤやYouTubeの動画視聴につながり、パソコンやスマートフォンなどデジタルデバイス上で映像の再生や画面サイズなどを自分でコントロールしながら字幕も選べる、といった経験を可能にしている。[40]また、最先端のデジタル・テクノロジーでキレイに修復された韓国映画の「イミディアシー」そのものも体験の対象となる。これはデジタルデバイスだけでなく、従来の映画館やブルーレイディスクでも認められる側面であろう。

デジタル・テクノロジーを駆使し映像資料を再媒体化することで、その存在感を現在の社会に伝える可能性は大きく高まるだろう。特に韓国のように情報技術の重要性が一九九〇年代半ばから認識され、二〇〇二年頃には「電子政府」が機能し始めた社会ではその環境が整っているといえる。[41] ただし再媒体化が必ずしもアーカイブの役割と両立できるとは限らず、予算も人員も無限でないのはいうまでもない。KOFAのキム・ギホ氏は、今日の課題および将来への展望を考えるにあたって、アーカイブ活動の変質を懸念している。最先端テクノロジーに過度に期待すると、アーカイブの方向性や倫理に混乱をもたらしかねないというキム氏の懸念は、チェーザレ・ブランディの修復論に基づいた芸術作品の「三つの時間」概念ともつながる。ブランディの「三つの時間」とはすなわち、作品には①それが生み出される間の時間、②完成した後から作品が社会のなかで認識されるまでの時間、③作品を認識する稲妻のような瞬間の三つの段階があるという説である。[42]

キム氏は、映画修復研究者のチェ・ソウォンの論文を参照しつつ、[43] ブランディの解釈では第一段階の時間は完成と共に閉ざされるものであり、それを修復で逆転させることは作品そのものの破壊になると指摘する。修復する時間は第三段階に属するが、今日のデジタル・テクノロジーでは、たとえば色の選択肢がほぼ無限とまでいわれ、修復の範囲を超える操作可能性を孕んでいるだけに、修復を現在のステークホルダーの期待や欲望（たとえば「より高画質に」という言葉で示される）のみに合わせることは、過去の視聴者および未来の視聴者の作品体験を壊しかねないと懸念する。また、三つの異なる時間が絡み合って修復の基準や方向性を定めるのは簡単ではないため、映画史の専門知識や研究能力のあるアーキビストも重要だと指摘する。[44] アーカイブ機関が単独ではなかなか進められない人材の育成については稿を改めることにし、ここではテクノロジーの発展や変化が激しいなか、KOFAの姿勢がよく伝わる技術的な側面に注目したい。キム氏は、修復（すなわち再媒体化）において重要な可逆性（reversibility）を次のように強調する。

原本〔の状態〕の推定は、その時点における全ての可用資源と情報に基づいてアーカイブ機関が行うだけに、ある時点で修復が完了したとしても、いつでも最初の段階に戻り、可用資源と情報がより改善した状況で修復をやり直すことができなければならない。この可逆性のために、修復には透明性が要求されるのであり、だからこそ修復の判断の根拠と過程そのものを残すことは大切である。(45)

そのためにKOFAは院内でアーカイブ管理システム（Archive Management System）を運用しており、収集や修復に関連する全てのイベント（医師のカルテのように検討・判断・実施した事項など）の作成と記録が義務化されているという。KOFAには修復や情報資源開発を担当するチームと活発に連携している研究専門の学芸チームが活動している。修復は単なる技術の問題ではなく、歴史・文化・言説と密接に関わるという認識が定着しているからこその連携であろう。一方、情報資源開発チームのユ・ソングァン氏は、最新のテクノロジーを使った映像アーカイブの新たな方向性を示唆する。氏によると、韓国映画の過去から現在までのシーンをビッグデータとして集積し、例えば、年代ごとにカップルのデートの場所を抽出し、韓国映画振興委員会の産業データ（つまり興行収入）や韓国映像委員会のロケーション情報と連携させて、映画というメディアそのものを韓国社会のアーカイブとして再媒体化するプロジェクトも構想中だという。(46)

本章のために調査を進めるなか、KOFAのスタッフたちが出演し、一般市民にわかりやすく自分の仕事を紹介する動画がYouTubeチャンネルで配信されていることに気づいた。縦割りのない開放性と接続性は、ハイパーリンクで繋がっているKMDbだけでなく、KOFA全体に通底する特徴でもあり、これが映像アーカイブ機関の目指すべきあり方かどうかは、未来の社会が教えてくれるだろう。

注

（1）ノ・ジノ「韓国初劇場アニメーション『ホンギルドン』を作ったシン・ドンホン画伯逝去」『中央日報』二〇一七年六月六日、

https://www.joongang.co.kr/article/2164966#home（二〇二三年六月二三日最終アクセス）。

（2）韓国の全国紙『朝鮮日報』が一九六八年（六月一三日、五頁）に一九六八年の夏休みに向け日本語版で公開予定と報じている。

（3）日本公開版『少年勇者ギルドン』のチラシには、一九七二年まで使われたとされる二〇世紀フォックス社のロゴデザインが印刷されている。

（4）当該の文書は「ホンギルドン_関連文書_提供版」（홍길동_관련문서_제공판）というファイル名のＰＤＦファイルで提供された。ファイル内に収められている個別の文書ごとの番号は振られていない。本稿では個別の文書に関しては件名、日付、ＰＤＦファイルの頁数を表示する。

（5）韓国映像資料院『韓国映像資料院40年史 1974-2014』韓国映像資料院（한국영상자료원『한국영상자료원 40년사 1974-2014』한국영상자료원）、二〇一四年、四六頁。

（6）同前、四八頁。

（7）ワールド・シネマ・ファウンデーションの設立趣旨は、映像の修復インフラが十分ではない国や地域の映画を発掘、修復する事業の支援であることから、すでに映像修復の環境が進んでいた韓国の映画が選ばれたのは例外的だったとされる（https://www.kmdb.or.kr/story/153/4656、二〇二三年五月四日最終アクセス）。

（8）キム・ジェホン「韓国映画の未来——一本の映画が中堅企業に勝る」『週間京郷』第五七二号、二〇〇四年五月六日、https://weekly.khan.co.kr/khnm.html?mode=view&artid=7127&cod（二〇二三年四月二三日最終アクセス）。

（9）デュープネガティブフィルムは、最初のカメラでの撮影時に露出されたオリジナルネガティブフィルム（ＯＮ）を保存しておくためのものである。ＯＮからマスターポジティブフィルム（ＭＰ）を制作し、このＭＰからデュープネガティブフィルムが制作される。

（10）ＫＯＦＡ内部文書「海外所在韓国映画『ホンギルドン』の調査収集のための職員海外出張計画」（KOFA 내부문서「해외소재 한국영화〈홍길동〉조사수집을 위한 직원 해외 출장 계획」）二〇〇八年二月二〇日、一六—一七頁。

（11）ＫＯＦＡ内部文書「海外所在韓国映画『ホンギルドン』の調査収集のための出張結果報告」（KOFA 내부문서「해외소재 한국영화〈홍길동〉조사수집을 위한 출장 결과보고」）二〇〇八年三月五日、一二—一五頁。

（12）ＫＯＦＡ内部文書「海外所在韓国劇映画『ホンギルドン』の複製収集計画」（KOFA 내부문서「해외소재 한국극영화〈홍길동〉복사수집계획」）二〇〇八年三月二一日、三三—三五頁。

（13）モ・ウニョン「伝説の復活、ホンギルドンに会う——四一年ぶりに帰ってきた韓国初の長編アニメーション『ホンギルドン』」

『映画天国』（모은영「전설의 부활, 홍길동을 만나다：41년 만에 돌아온 한국최초의 장편 애니메이션〈홍길동〉」『영화천국』創刊号、二〇〇八年、三二頁。

（14）キム・ギホ、筆者のインタビュー、二〇二〇年一一月八日。

（15）キム・ギホ氏は、日本語版のプリントに著しい画像の欠落はなかったと示唆する（キム、二〇二〇年一一月八日）。

（16）同前。

（17）https://www.youtube.com/watch?v=wcXignso3pk&t=5s（二〇二三年五月一日最終アクセス）。

（18）ホン・ハヌル「アニメーション『ホンギルドン』（シン・ドンホン、一九六七）修復記」、KMDb、二〇二二年。https://www.kmdb.or.kr/story/237/6627（二〇二三年五月一日最終アクセス）。

（19）キム・ギホ、筆者のインタビュー、二〇二三年六月一九日。

（20）二〇一六年にＫＯＦＡは４Ｋスキャナーを使い始めたばかりであった（キム、二〇二〇年一一月八日）。世界的には初めて４Ｋブルーレイディスクプレイヤーが発売された年でもある（https://www.theverge.com/2016/2/8/10936792/uhd-4k-blu-ray-samsung-player-on-sale）。

（21）顧客満足度の数値化は、米ミシガン大学で開発された国家顧客満足指数（ＮＣＳＩ）モデルに基づいている。ＮＣＳＩは、企業やブランドに対する顧客の期待水準、認知された製品の総合的な品質、認知された価値（つまりコストパフォーマンス）などの要素と、顧客満足指数との間の因果関係を分析し、推奨／非推奨意向や顧客の忠誠度（将来への再利用意向）などの結果を科学的に算出することで、企業の品質改善戦略や顧客満足への努力などを客観的に評価できる指標とされる。二〇〇〇年代に入ってから韓国では公共性という特殊性を反映した独自の公共サービス顧客満足度指数（ＰＳＣＩ）モデルが開発、導入されている（ハン・ドンスク、ジョン・イェスル「公共機関顧客満足度調査制度の変遷および改編方案」韓国租税財政研究院（한동숙、정예슬「공공기관 고객만족도조사제도의 변천 및 개편방안」한국조세재정연구원）、二〇二一年）。

（22）映画館向けのデジタル映画フォーマットである。

（23）上映ホールは、外部の民間の映画祭など様々な催しへの貸出サービスが行われ、映画ファンの交流の場としても機能している。

（24）ＫＯＦＡお知らせ「「巡回する映画館」二〇周年のお祝い」https://www.koreafilm.or.kr/kofa/news/news/BC_0000057651（二〇二三年六月二三日最終アクセス）。

（25）キム、二〇二〇年一一月八日。

（26）ＫＯＦＡはNaverにも同様のチャンネルを二〇一三年から運営している。本稿ではＫＯＦＡのグローバル戦略としての側面が強く現れているYouTubeチャンネルを中心に議論する。

（27）グーグル社のエリック・シュミット会長（当時）が韓国のイ・ミョンバク大統領（当時）を訪問し、同プロジェクトを通して、YouTubeのライブ中継機能を活用した韓流コンテンツの中継、K-Pop専用チャンネルの開設、プロダクションへの制作予算支援などを行い、韓国のコンテンツ産業およびコンピューター・ソフトウェアのグローバル化をサポートすることを提案したというプロジェクト。韓国のIT業界でグーグル社の国内での影響力の拡大が懸念されていた当時、同社が韓国の経済に貢献していないという批判を意識しての対応だったとされる（「グーグル"YouTube"にK-Popチャンネル検討」『京郷新聞』二〇一一年一一月七日）。

（28）キム、二〇二〇年一一月八日。

（29）前掲韓国映像資料院、二三一頁。

（30）同前。ならびにユ・ソングァン、筆者のインタビュー、二〇二一年一二月二〇日。

（31）ユ、二〇二一年一二月二〇日。

（32）キム、二〇二一年一一月八日。

（33）ただし著作権の関係でKOFA構内の映像図書館での視聴に限られている場合がある。

（34）PDFファイルはダウンロードできないようになっている。

（35）キム、二〇二〇年一一月八日。

（36）『ホンギルドン』プリント修復関係で提供された二〇〇八年の内部文書から確認できる。ただしこのフレーズは、後ほど『ホンギルドン』のDVD発売関係で作成された二〇一六年の内部文書を見ると、「過去から未来へ、映画の時代をつなぐ　韓国映像資料院」というフレーズに変更されている。映像資源という表現もキム・ソネ「我が国の映像分野資源管理現況および改善戦略」『韓国ビブリア学会誌』（김선애「우리나라 영상분야 자원관리 현황 및 개선전략」『한국비블리아학회지』）第二〇巻第四号、二〇〇九年、一三一―一四二頁ほかの文献で散見される。

（37）渡辺裕『サウンドとメディアの文化資源学――境界線上の音楽』春秋社、二〇一三年、二三頁。

（38）同前、二六―二七頁。

（39）Jay David Bolter and Richard Grusin, *Remediation: Understanding New Media*, The MIT Press, 2000.

（40）KMDbは、会員なら映画作品とそのスタッフに関するデータの新規追加・修正の申し込みができる参加型システムが設けられている。

（41）ジョン・チュンシク「我が国の情報化および電子政府政策三〇年の変化」『知能情報技術動向』（정충식「우리나라 정보화 및 전자정부정책 30년의 변화」『지능정보기술동향』）創刊号、二〇二一年、三—三〇頁。
（42）Cezare Brandi, *Theory of Restoration*, Cynthia Rockwell trans., Nardini Editore, 2005［1977］, p. 61.
（43）So Won Choi, "Restoration Proposal: Documentary Films about Korea, produced by Archabbot Norbert Weber (1927)," Master thesis, Hochschule für Technik und Wirtschaft Berlin, 2015.
（44）キム・ギホ、筆者のインタビュー、二〇二一年一〇月二九日。
（45）同前。
（46）ユ・ソングァン、筆者のインタビュー、二〇二二年五月一二日。

謝辞　本章の執筆においてワダ・マルシアーノ先生、そしてＫＯＦＡのジュ・ジンスク院長（二〇二〇年当時）をはじめキム・ギホさん、ジョ・ジュニョンさん、ユ・ソングァンさん、BIFANプログラマーのモ・ウニョンさん、キム・ハンサン先生に多大なご協力を頂いた。心より感謝を申し上げる。

第9章　政府運営と民間が分離する中国

馬　然

本章は、ポスト社会主義時代、とりわけ二一世紀初頭の中華人民共和国における映画アーカイブを概観するものである。中国には、「資料館」または「檔案館」と呼ばれる政府運営および民間（非政府系）の映画アーカイブが存在しており、本章は主に中国独立映画（インディペンデント映画）を扱うアーカイブや関連機構について考察を行う[1]。具体的には、政府運営と民間アーカイブを二項対立としてではなく、「乖離構造」（configuration of disjuncture）において、中国映画資料館（China Film Archive: CFA. 一九五八年設立）など政府公認の映画アーカイブと、非政府組織や研究センターなどいわゆる「分離型」アーカイブを考察する[2]。分離型アーカイブは、例えばイギリスのニューカッスル大学を拠点とし、映画研究者をはじめ、映画製作者、キュレーターなど、多国籍の諮問委員会によって運営されている「華語独立映像資料館」（Chinese Independent Film Archive: CIFA UK）のように、ほとんどが中国本土の外にある[3]。

中国の映画アーカイブを網羅的に扱った書籍は、英語圏でも中国語圏でも豊富とはいえない。例えば、中国で最初に設立された唯一の国営映画アーカイブであるＣＦＡについても、その取り組みの詳細はほとんど知られていない。国有事業体が不透明なことや、「檔案」に対する独自の定義と法的制限、国民の注目度の高い公共機関に対する管理体制の厳しさがその理由と考えられる[4]。

図 9-1　ニューカッスル大学図書館内の CIFA に属するスペース（提供：CIFA）

英語圏の学界は、中国独立映画をポスト社会主義中国の文化を構成する最も革新的な要素ととらえてきた。(5) こうした独立映画製作は、二〇〇〇年代に入ってからも様々な潮流に支えられながら制度化、専門化、多様化して新たな局面を迎えており、研究も多岐にわたるが、映画関連資料のコレクションとアーカイブに注目するものはわずかである。こうした空白を埋めるものとして、本章は中国独立映画のアーカイブと資料保存について、独立映画の文化に対する管理によって直面している危機との関連を考察したい。

アーカイブは誰のためのものなのかについて、岡田秀則は「むしろ大切なのは、忘れられそうなか弱いものを忘れられないようにすること」だと強調し、時間の政治性を下支えする重要性を主張する。(6) 「不特定多数による、まだ見えない要望」に関して、フィルムアーカイブに必要なのは「「いまだ」と呼ばれる時間に対する想像力」であり、そのため「避けられない「時間」の落差は、需要と供給のシステムに依存しない、創造的であるかポエティックであるとも言える性質を持つ」のである。(7) したがって、フィルムアーカイブの公共性は、未来を想像する「いまだ」という時間性と密接に相関していると考えられる。(8)

本章は中国における映画の未来として、「アーカイブ・ポリシー」と「アーカイブの衝動」という二つの視点から、映画アーカイブを考察する。アーカイブ・ポリシーについては、主に法的規制を含む公的言説と実践に着目する。それによって、CFAと中国の独立映画と密接に関連する民間映画アーカイブの差異、両者の社会文化的・政治的意味も明らかになるはずだ。

中国政府の文化施策のもと、「アーカイブの衝動」は、中国独立映画コミュニティの不安定な状況や未来に対する不安と結びついてきた。これは映画や資料を発見、収集、分類し、歴史を構築し、次世代の記憶を形成する取り組みにつながっている。二〇一〇年、映画研究者クリス・ベリーとリサ・ローフェルは、中国のインディペンデント・ドキュメンタリーを「オルタナティブ・アーカイブ」と捉え、「公式メディアや商業メディアが看過してきた」素材や出来事、声を「保存する場所」だとして重要性を強調した。[9] だが後述するように、それから一〇年以上経った今は、独立映画（特にドキュメンタリー）をただ比喩的に「オルタナティブ・アーカイブ」と見なすのではなく、記録と記憶の物理的な空間と実体にも焦点を当てる必要がある。特筆すべきは、二〇一七年に中国の映画産業振興法（二〇一六年可決、以下「映画法」）が施行されたことである。ここでは映画法について詳細に説明することはできないが、この法律の施行後、中国映画の海外映画祭参加に対する検閲が強化され、現在も続いている。また、映画法はアートハウス映画のインフラ発展と支援に関する政策も規定している。これにより、独立映画は新たな挑戦に直面している。多くの映画製作者や製作会社が、中国での劇場公開を実現するため、「映画上映許可証」（通称「ドラゴンシール」）を取得したアートハウスを通じて、国内の映画産業との関係を構築しようとしている。[10] このような動向は、製作および上映環境に変化をもたらし、「独立」という概念自体の再考を促している。この文脈で、筆者はこれまで二つの中国独立映画アーカイブを事例に研究してきた。一つは、北京のイベリア現代美術センター（ICCA。二〇〇八―二〇一二年）付属の非営利団体「中国インディペンデント映画アーカイブ」（CIFA。二〇〇八年設立）であり、もう一つはニューカッスル大学のCIFA（北京のCIFAと略称が同じ）である。[11] 二つの

ＣＩＦＡは、それぞれの方法で中国独立映画の発展と歴史を再発見・再整理しており、この取り組みが前述のアーカイブ的衝動を示している。

1　ポスト社会主義中国の映画アーカイビング

空間的政治性へ

映画研究者張真は一九八〇年代後半から台頭した中国の「都市世代」の映画に注目し、ポスト社会主義を「転型」の時代と捉える。

中央政府や支配政党は依然として社会主義（そして基本的に一党支配）を建前上のイデオロギーとして掲げ、継続と安定を理由にその支配を正当化している。一方、商業化とグローバル化の潮流は社会主義に乗り込み、加速し、広範な民営化とむき出しの資本主義をもたらした。その結果、手荒な工業資本主義と、コンピュータ時代の洗練されたポスト工業資本主義が混ざり合い、社会主義の残滓と結びついて繁栄する情景が展開されている。(12)

中国の複雑なポスト社会主義により、政府運営アーカイブと民間アーカイブは矛盾した関係にある。こうしたさまざまなアーカイブや関連団体のアジェンダについては、北京のアーバニズムを事例に、分断の構成をめぐる空間政治を考察したメディア研究者ジョシュア・ネヴェスの研究が参考となる。ネヴェスは、レイ・チョウの「技術化された空間性」という概念を取り入れつつ、「映画的空間」の意味を更新し、「都市計画や新しい映画館の建設、映画祭やビデオ・パブリック、映画製作、流通、鑑賞、さらにそれらによって活性化する日常生活の世界」といったテクスト外部の実践にまで、我々は理解を広げられると論じた。[13] それによって、「テクノセンシュアル（technosensual）が機能する社会空間や想像世界において、その振動のダイナミクス」を解明することが可能になるだろう。[14]

ネヴェスは映画上映の空間的実践に関する現地調査に基づき、北京の「フォーマルな展示・上映の場」を、「この国家の常識や共通感覚によって多様なスクリーンが消えてしまうという社会統制の決定的形態」と結びつけて捉える。[15] ネヴェスはまた、オルタナティブな場所、つまり「公式の構造物と並び、その周囲で作られ、正面からぶつからない」映画との出会いの場にも注目した。例えば、シネクラブや民間の美術館、栗憲庭映画基金、二〇一四年の弾圧前に開催された民間映画祭などである。[16]

映画の流通と上映空間に重点を置いたネヴェスの空間理論は、本章の分析にも適用できる。ネヴェスの研究はフォーマルな場とオルタナティブな空間との曖昧な境界を意識しているが、これはジャック・ランシエールが「象徴的であり物質的な問題である」と強調した観点とも呼応する。ランシエールは、空間を「場所の分配、何が内部であり外部か、中心的であるか周辺的であるか、目に見えるか見えないかの境界線」と説明していることも想起したい。[17] また、ネヴェスはアシル・ムベンベを引用しながら、国家権力がいかに「行政的・官僚的実践を通じて」独自の意味世界を作り出し、そうしたコードが「人々の共通感覚の一部」となるかについても考察すべきだと主張している。[18] この共通感覚の形成は、政府運営アーカイブの空間性やアーカイブ・ポリシーを支えるものであり、中国本土と海外にある分離型アーカイブの意義を探る時も重要な要素になるはずである。それに加えて、映画法をはじめとする国家的規制が、合法と非合法の境界をより明確に定めようとしていることにも注目する必要がある。映画アーカイブを含むオルタナティブな映画文化の空間は、暴力的に抑圧されなくても、再領土化されつつある。後述するように、このような文化管理下の再領土化のプロセスは、中国独立映画の制度化とも密接に関連しており、分離型アーカイブは、こうした複雑な社会文化の力学とあわせて把握すべきである。

ＣＦＡの概要

公式ウェブサイトにおいて、ＣＦＡは自らを「国立映画アーカイブ、映画理論の研究・教育機関、国産映画の振興機関」と位置づけている。社会主義国家の中央集権的な管理体制のもと、ＣＦＡも「中華人民共和国檔案法」と、二〇一〇年に施行された「映画芸術檔案管理規定」に従わねばならない。ＣＦＡはもともと国家新聞出版ラジオ映画テレビ総局（SAPPRFT）に属していたが、二〇一八年から共産党中央宣伝部の直轄となった[19]。一九八〇年から国際映画アーカイブ連盟のメンバーとして、グローバルな映画アーカイブのコミュニティにも関わっている。

ＣＦＡの役割は多岐にわたるが、本章に最も関連するのは、「映画アーカイブの収集・整理、保存・修復、研究・利用、機密管理、および技術研究開発、映画アーカイブの国家デジタルプラットフォーム構築の管理など」へ貢献したことである。北京と西安に資料庫が二つあり、それぞれ三万本の中国映画と外国映画の所蔵を誇るが、オンライン・データベースを確認すると、四万四八〇八本の映画タイトル（「ＣＦA映画コレクション」）と、さまざまな種類の映画記念品の膨大なコレクションを保有していることがわかる[20]。しかし、本章執筆時点の二〇二四年五月に検索できるのは一九六〇年代までの中国映画の「名作」のみである。一九六〇年代以降の作品は、まだＣＦＡデータベースでは検索できない。

前述の「映画芸術檔案管理規定」によって、「映画芸術檔案」は「国家公文書システムの重要な一部」であり、「公文書管理部門の監督、計画、調整、監視」の対象であると定められている。第二〇条で、映画製作機関は「映画芸術檔案」をＣＦＡに提出し、永久保存する義務があるとされる。具体的には、映画上映許可証を取得してから三カ月以内に、製作機関はフィルムコピーや検閲手続きなどの「重要な書類」を含む一式を提出しなければならない。「重要な書類」以外の書類も、上映許可証の取得から一年以内に提出する必要がある。映画芸術檔案の提出が遅れた場合、処罰の対象となる。

それに対して、上映許可を申請していない作品（および映画関連資料）や検閲を免れている作品は、そもそも

「映画芸術檔案」の範囲に含まれていないため、多くの独立映画作品がCFAの検索範囲外にあると推測する。例えば、一九九〇年代の独立映画には、ブラックリストに載ったものや、「許可証」の取得を目的としなかったものもある。これらの作品は非公式の上映によって流通しており、CFAのシステムとは異なるもう一つの存在領域を形成していた。言いかえれば、CFAのアーカイブ・ポリシーは、中国の中央権力に管理された政治的・閉鎖的な産業構造に沿っている。国の政策により看過され、除外され、抑圧された作品も多いため、CFAのコレクションとアーカイブは、現代中国映画の複雑でダイナミックな現状を反映している。

CFA以外の政府運営映画アーカイブについても簡単に触れておきたい。中国映画芸術研究センターの張錦氏によると、CFAは中国で唯一、国家級のものであり、国家宣伝部門が直接指導・管理している映画資料館としてユニークな存在である。しかしながら、張錦氏は各地にも地方政府が管理・指導する多くのアーカイブが設立されており、多様なエコロジーを形成しているとも述べている。[21] 例えば、上海映画資料館（SFA）は、共産党上海市委員会宣伝部の指揮のもと、一九八七年に設立された映画アーカイブである。公式サイトによれば、SFAは管理部門のほか、「映画管理」と「学術資料」を含む複数の部門によって構成されており、「交換・収集した中国・外国映画の資料、中国・外国映画の定期刊行物、文書資料を所蔵している」という。コレクションは一般に公開されていないため、現段階ではSFAの実態は明らかではない。だが、近年の活動を見ると、SFAはコレクションやネットワークを活用し、上海市民向けに華語映画や外国映画の様々な企画展の開催に力を入れている。シネマテークとして、CFAよりも高い柔軟性を示している。一例として、二〇一四年からは民間の映画上映組織「後窓上映」と協力し、「青年監督海上映画祭」を毎年開催し、すでに「ドラゴンシール」を獲得している中国の新進気鋭の映画監督の作品を中心としたラインナップとなっている。

また、政府運営アーカイブや大学など公的な研究機関が、地方や地域レベルで民間企業と協力していることも注目に値する。一九九〇年代以降、中央集権的な国家文化機関や国営映画スタジオ、国家映画配給・上映システムが大きく改革され、その結果、映画（主にアナログメディア）や映画記念品のコレクターが増えている。[22] 政府運営アーカイブに民間の専門家や資本がどのように関わるか考察することも重要である。たとえば二〇一七年に江蘇省如皋市に設立された華夏映画文化センターには、江蘇省檔案館如皋市映画館、江蘇省映画資料館展示ホール、華夏シネマ、江蘇華夏映画修復技術有限公司などが含まれている。同センターには、中国内外から取り寄せた映写機やフィルムプリント、現像装置、修復装置、映画脚本、ポスター、クラシック映画の記念品など、二〇万点以上の映画関連品が収蔵されている。華夏映画文化センターは、映画収集家であり起業家でもある劉健氏が二〇一二年に設立した民間企業である華夏映画修復技術有限公司を前身としており、その膨大なコレクションは、江蘇省のアーカイブの発展に大きく貢献している。しかし、同センターが発足した時の報道は、まさにポスト社会主義の矛盾を象徴している。創設者の劉が「ハリウッドの先進的な製作技術と国際的な映画教育資源を導入し、現代の国際デジタル映画製作基地と新しい映画技術の教育訓練基地を建設したい」と希望を語る一方で、市立檔案館の関係者はアーカイブの「赤い色」を変えないと主張し、センターを「共産党の奮闘と新中国建設の成果を宣伝し、赤の遺伝子を継承する重要なプラットフォーム」として築いていくと述べていた。[23]

厦門大学の映画資料研究センター（Film Archives Studies Center）も、興味深い例である。このセンターには二〇一四年に映画学科が設立され、厦門大学の映画博物館の拠点にもなっている。台南芸術大学教授でアーキビストの井迎瑞が、中国国営スタジオのゴミ箱から救い出したフィルム五〇〇本を寄贈し、それが同センター設立のきっかけになったと複数のＳＮＳからわかる。しかし、センターの公式ホームページを見ても、現在所蔵している映画についてはほとんど情報がなく、一般公開はいまのところ（修復された）中国語の名作が中心のようである。センターの活動に台湾人である井氏が参加し続けていることや、台湾に近いという地の利を活かして（台湾の金門島は六キロも離れていない）、その優位性を強調しようとしていることは注目に値する。[24] 例えば、「台湾海峡を挟む両岸の視聴覚資料を保存し、それを利用して中華史を綴る」ことを課題の一つとしているのである。

中国独立映画をめぐる民間アーカイブと政府運営アーカイブとの関係または分断について、どのように考えるべきなのか。独立映画をめぐるさまざまな制度化の前に、アーカイブや類似機関のインフラ整備、空間的発展を考察する必要があるだろう。これは、前述した空間政治とも密接に関連する。

2　変貌する中国独立映画

以下では、とりわけ二〇〇〇年代初頭から二〇一〇年代半ばまでに注目し、独立映画の制度化を考察する。二〇〇三年から二〇〇四年にかけて、独立映画は転換期を迎えており、アンダーグラウンドの作り手たちが検閲を通過して上映許可証を取得し、新作の国内上映が可能になった。この転換は「解凍」とも言われる。以前は、一部の例外を除き、独立映画は基本的に中国国内映画館での上映と流通が認められなかった。独立映画の監督が「当局からも、大作が支配する国内外の映画市場からも疎外されている」ことがその大きな要因であった[25]。前述のように、中国映画産業の継続的な改革に伴い、独立映画の監督と作品は、地域や世界の映画市場とも、より密接に関わるようになった。それだけでなく、国内の文化管理体制（特に「ドラゴンシール」の取得）と交わることも普遍的な状況になってきた。映画法の施行前後、またCOVID-19以前の状況において、中国に拠点を置く新しいプロデューサーや配給会社、映画のセールスエージェンシーなどは、新世代の映画製作者による低予算の映画プロジェクトに注目し、インディペンデント製作の世界に参入してきた。

独立映画は転換期を経て合法化された。中国独立映画とは何だったのか確定的な見解はない。クリス・ベリーは二〇一七年に独立映画の「終焉」について警鐘を鳴らしながら[26]、独立映画が「オルタナティブ・アーカイブ」を構成していることを改めて強調し、ＣＩＦＡ（ＵＫ）の発足イベントでもこの話題を取り上げた。

制度化を考察するうえで、もう一つ看過できないことがある。二〇〇〇年代初頭から、北京（「中国クィア映画である。[28]

祭」、「北京独立映画祭」二〇〇六年―、「北京ドキュメンタリー映画祭」二〇〇三年―）、南京（「中国独立映画祭」・CIFF、二〇〇三―二〇二〇年）、昆明（「雲之南紀録影像展」二〇〇三―二〇一三年）、重慶（「重慶独立映画&ビデオフェスティバル」二〇〇七―二〇一一年）、深圳（「深圳フリンジ映画祭」二〇一〇年―）など、文化的な活気あふれる都市で次々と民間の映画祭が開催されたのである。[27] 民間の映画祭で上映される映画は、主に中国本土の独立映画である。[28]

特に強調しておきたいのは、二一世紀初頭の中国では、国が許可した映画祭や展示しかなく、アートハウス映画館や独立映画を配給・上映する機関はまだ存在していなかった。中国独立映画コミュニティの内発的な需要、とりわけデジタル技術（デジタル・ビデオカメラや編集ソフトウェアなど）が豊かな創造性をもたらし、正規の上映プラットフォームや産業サポートが不足していることとのギャップによって民間の映画祭は発展した。これらの映画祭は、地方自治体や公的機関と協力しつつも、政府運営のアーカイブシステムや政策には含まれない多くの独立映画を扱っている。こうした民間の映画祭は、「映画週間」「映画展」「フォーラム」などの名称で開催され、国家の規制や検閲を回避する手段として行われており、彼らの生存手段の一部として理解されている。

先に述べた空間政治学の議論と関連して、ランシエールの理論が再び参考になる。「ポリス」すなわち体制の秩序から外れる場所が世の中に存在しない一方で、体制と秩序が維持された「場所」には、「再配置、再形成、増殖」など「場所」に働きかける方法もある。[29]

中国独立映画の制度化を理解しない限り、オルタナティブな民間映画アーカイブの出現を想像することは困難だろう。二〇〇〇年代初頭に独立映画コミュニティが空間的・インフラ的に広がり、この制度を支えている。人間・非人間のアクターが自分に割り当てられた「場所」を再分配・再配置するように動き、その結果民間の映画アーカイブが可能になったと考える。例えば、北京郊外の宋庄芸術村が拠点とする宋庄鎮は、中国の独立映画の中心地へ発展した。二〇〇〇年代初頭、朱日坤の「現象工作室」（二〇〇一年設立）、現象芸術センター（二〇一〇年設立、現象シネマ、現象カフェを含む）、栗憲庭映画基金（二〇〇六—二〇一四年）、栗憲庭映画学校（二〇〇九年開校）、栗憲庭映画基金アーカイブ（二〇〇六—二〇一四年。略称「栗憲庭アーカイブ」）など次々と設立された[30]。

後で述べるように、栗憲庭アーカイブなどとともに、民間の映画祭は中国の独立映画のアーカイブとして、重要な役割の一端を担った。しかしながら、二〇一〇年代以降、全国の独立映画コミュニティは、国家に厳しく取り締られるようになる。メディア研究者マシュー・ジョンソンは、習近平体制になった二〇一二年以降の文化安全保障の問題を考察し、独立系メディアが「公の生活」から追放されていないにもかかわらず、「より強固な手段」で政府に管理されてきたと指摘している。細々と生きながらえている独立系メディアは「当局によって与えられる関心、議題、さらには保護に依存している[31]」。

3　ＣＩＦＡからＣＩＦＡへ

アーカイブとしての民間の映画祭

映画研究者ルーク・ロビンソンと人類学者ジェニー・チオは、クリス・ベリーとリサ・ローフェルの「オルタナティブ・アーカイブ」という考えに応答しながら、中国の独立系映画祭の公共性と社会性について考察し、「記憶の空間」という側面を検証した。二人は次のように述べている。

この記憶は一方において制度的なものであり、カタログや新聞、観客とのディスカッションや監督インタビューのビデオに保存されている特定の映画実践のアーカイブである。もう一方では、映画そのものに記録された、中国の継続的な社会的・経済的変容の物語でもあり、経済発展や物質的繁栄を語る公的な物語とはしばしば対立する記録でもある。インディペンデント映画祭は、このアーカイブが広範に活用される重要な機会であ

る。(32)

このように、アーカイブとしての民間映画祭は、制度的・物質的な側面と、言説的な側面の二重性を備えている。独立系の映画祭は、参加監督が提出する作品のフォーマット（例えば、初期はＶＨＳ、後にはＤＶＤなど）が異なるため、それに伴いコレクションを拡大していた。同時に、民間の映画祭が作成し、流通させた多種多様な文書や資料（映画祭ウェブサイトも含む）は、中国独立映画アーカイブの一部を形成している。

二〇〇九年、“What Has Been Happening Here?”（「ここで何が起こっているのか？」展以下、WHBHH）は、イベリア現代美術センターに属する「中国インディペンデント映画アーカイブ」（ＣＩＦＡ）の開設を記念する文献展として開催された。中国の独立映画作品や（実験映画とアニメーションを含む）アーティスト作品が紹介された。また、ＣＩＦＡが「中国で最もダイナミックな独立映画プロモーションの六つのプラットフォーム」と呼ぶ現象工作室、YunFest、ＣＩＦＦ、草場地ワークステーション（二〇〇五年設立）、影弟工作室（二〇〇五年設立）、栗憲庭映画基金が詳細に紹介された。(33)会場では、「テキスト、ポスター、原稿、写真、音声ファイル、ビデオファイル」など、「これらのプラットフォームのこれまでの活動」を示すものが展示された。例えば、メディア考古学を踏まえた特別回顧展では、一九九〇年代に登場した初期の「ＤＶ映画」をラインナップし、「ノスタルジーを楽しむ」のではなく、「現在の独立映画製作との関連性を示す」ことで、「現代（中国）映画史における特殊な時代を再認識」しようというキュレーターたちの姿勢が見て取れる。この展覧会は、ＣＩＦＡが企画する「中国の独立映画に関する雑誌、ポスター、国内外映画祭のカタログなどの出版物や印刷物を収集する」という長期的なプロジェクトの一環であった。

また、WHBHHのキュレーションは、二〇〇八年から二〇〇九年にかけて発展しつつあった中国独立映画の動向を捉え反映しており、そのキュレーション自体もアーカイブの衝動を体現していた。「現在進行形」すなわち「今」をアーカイビングすることに重点を置き、相互に関わり合う六つのプラットフォームの「現在性」を、二〇年間の中国独立映画の成果とそのアーカイブという斬新な記憶に変えた。その結果、展示されたドキュメントは、たとえ二〇〇九年には保存されていなくても、不安定で不確かな未来への遺産として観客に届けられた。このように異なった角度から「未来からの想像力」を汲み取ると、「収集することとアーカイブすることとは、本質的には過ぎ去った時間との賭けであり、未来についての賭けであり、そして常に現在と共存している」ことも改めて理解されるだろう[34]。

同時に、二〇〇〇年代初頭まで存在しなかった独立映画のプラットフォームやネットワークに注目すると、WHBHHは独立映画の制度化をめぐる重要な瞬間を証言したことになる。多様な映画作品やイベント、団体、プラットフォーム、出来事が生み出されただけではなく、自らは注目され、数えられ、記録され、場所を与えられることを求めている。その意味でWHBHHは、マイク・フェザーストーンが提示した「まだ位置付けが不安定であり、ゴミ、ジャンク、意義の間に立つ資料、読まれず研究されていない資料」に満ちたリポジトリとして捉えられる[35]。以上から、アーカイブの衝動は認識論的な側面、すなわち中国独立映画文化の構成要素になり得るものを理解し、秩序化していく力学も包含しているといえる。

図9-2　WHBHH展覧会のポスター（提供：董冰峰）

ランシエールの理論に基づくと、アーカイブとしての民間映画祭が「ポリス」の取り締まりの対象となり、中止されてしまった場合、その後何が起こり得るのかを問うことができる。WHBHHの開催から数年後、ついに「危機的な瞬間」が訪れた。二〇一二年から二〇一四年にかけて（習時代に入る頃）、WHBHHで取り上げた民間の映画祭やプラットフォームは、休止や閉鎖に追い込まれるか、新しい社会的・産業的な文脈に対応するために活動の方法を変更せざるを得なくなった。

ＣＩＦＡも二〇一二年にＩＣＣＡとともに解体された。しかし、ＣＩＦＡのキュレーターだった董冰峰が、ＣＩＦＡの一部のコレクションを救出し、栗憲庭映画基金に招聘されたことは特筆に値するだろう。董は自身の活動を記録しながら、複数の出版チャンネルを通じて、インディーズ映画関係者や研究者の間で自己反省的な言説を生み出す努力をしただけでなく、栗憲庭アーカイブの設立と運営にも尽力した。[36] しかし、二〇一四年にＢＩＦＦが強制終了させられたことで、宋庄を拠点とする中国独立映画のコレクション（すべてのハードウェアを含む）が地元当局に暴力的に没収されて、「我々の知っていた」独立映画は終焉を宣告された。[37] 没収後、基金のアーカイブは新たな寄付のもとでコレクションを再建しようと試みたが、映画のリストしか残すことができなかった。

ニューカッスルでのＣＩＦＡ：メメント・モリ？

中国独立映画の終焉が迫る状況の中で、ニューカッスル大学に「華語独立映像資料館」が誕生した。ＩＣＣＡのＣＩＦＡがマニフェストで「今、ここ」を謳歌していたのに対して、ニューカッスルのＣＩＦＡは、消えていくもの、すでに消えたものに関心を寄せていることは興味深い。例えば、華語独立映像資料館のサイトによると、ＣＩＦＡは「次世代のために」独立映画文化を守るだけではなく、「社会の変化、歴史的トラウマ、近現代の普通の中国人の生活など、簡単にアクセスできない記録の代わりとして機能する」ことを目指しているのである。独立映画の収集（目録化）とデジタル化（映画と関連資料）はＣＩＦＡの日常業務の大部分を占めるが、綿密なオーラルヒストリーの編纂も作業の基盤となっている。映画やインタビュー、イベントの映像・テキスト記録、オンライン上映会も、ＣＩＦＡのYouTubeチャンネルで公開されている。ＣＩＦＡはオンライン出版にも力を入れており、二

図9-3　CIFA公式ウェブサイト（中国語版）

〇二一年には、映画監督や学者などの幅広い寄稿者の協力を得て、学術的なバイリンガル雑誌『華語インディペンデント映画観察』（*Chinese Independent Cinema Observer*）を創刊した。なお、研究向けのアーカイブ（ニューカッスル大学図書館の特別コレクションの一部）として、CIFAは主にデジタル技術を活用することによって、資金的な制約を受けながらもコレクションへのアクセスを容易にしている。そのため、保存や修復といったより専門的で資本を要する作業は省略されている。

CFAが「フィルム・アート・アーカイブ」コレクションのように科学や芸術研究の受動的な対象であるのに対して、二つのCIFAは「能動的で主体的に歴史を跨ぐエージェント」として活動してきた[38]。ICCAのCIFAは北京の現代芸術空間と連携し、現地と深く関わっていた。一方、中国から遠く離れたニューカッスルのCIFAは、新たな戦略を取り入れてデューク大学の「フォーク・メモリー・プロジェクト」などの既存のアーカイブを活用している。このプロジェクトは二〇一〇年に映画監督呉文光と振付家文慧が立ち上げ、ICCAのWHBHHで「草場地ワークステーション」として特別展示された。

CIFAのアーカイビング活動（オーラルヒストリーの記録も含む）を、中国独立映画の「終焉」と関連づけるのも、極めて重要である。ＣＩＦＡは独立映画のコレクションから意図的にドラゴンシールの作品を除外しているが、この判断は、検閲されていない作品を「独立映画」と認識する方針を示している。また、すでに海外配給されたりＤＶＤやブルーレイが発売されている王兵や趙亮などのドキュメンタリー映画も除外されている。

ＣＩＦＡの作品収集リストは、先に述べたように、いくつかの代表的な民間の映画祭過去のセレクションをベースとしている。だが、ＣＩＦＡのリディア・ウー研究員によれば、資料館が実際に映画製作者や関係者にコンタクトを取り、作業を進める中で、予想外の発見や困難（例えば、映画製作者と連絡が取れなくなるなど）が生じるたびに、リストも修正し続けているという。

デジタル・ビデオカメラの普及について考察している張真とアンジェラ・ジトは、「急速に発展するＤＶ文化が、異なる社会階層を跨る多様な映画とメディアのコミュニティの展開を促進した」現象に注目している。また、彼女たちは「ＤＶで作られる中国」の形成に強い関心を示しており、それを「権力を奪われ、抑圧されたグループのためのオルタナティブ・アーカイブの可能性を示すもの」と位置づけ、その中でも特に、「民族的・宗教的マイノリティとＬＧＢＴＱコミュニティ」を強調している。[39] 二人の見解を踏まえると、ＣＩＦＡのような団体に関わるデジタル・アーカイブの未来に対する我々の懸念は、単にデジタル技術の活用にとどまるべきではない。むしろ、デジタル・アーカイブは何のために存在し、これらのデジタル技術の発展が何を可視化し、可聴化しているのか、そしてそれが社会的・政治的レベルで誰のために行われているのかという点に注目すべきである。また、ＣＩＦＡの活動（内容は中国に関するものであるが、主に英語で発信されている）は、英語圏における中国（独立）映画研究の知識生産に介入している。

より具体的に言えば、ＣＩＦＡの重要な課題のひとつは、中国独立映画の重要な映画作家（主に男性）、作品、出来事に関する既存の理解を再構築し、解体することである。これまで見過ごされてきた人物や作品、エピソードを再発見し、「未来からの想像力」を捉えるための新たな視座を提供することである。ＣＩＦＡは出版物やオンラインイベントを通じて、初期中国独立映画の歴史を再構築する場を提供してきた。*Chinese Independent Cinema Observer* 第二号では、独立映画の「前史」をテーマとしている。「中国の新しい少数民族の現代のざわめき」（二〇二一年一一月）のオンライン映画展、バオ・ホンウェイの「クィア・レンズ」のコラム、オーラルヒストリーの女性映画作家インタビューなどを通じ、ＣＩＦＡは「中国独立映画」のアーカイブとしての可能性を高めているのである。

4　いくつかの問題点

おわりに、アーカイブの「乖離構造」とデジタルな未来とのつながり、特にＣＩＦＡ（ＵＫ）の事例に関するいくつかの問題点について共有したい。まず、中国の外部で活動することが必ずしも政治的に干渉されないわけではない。研究目的のプロジェクトが、トランスローカルかつトランスナショナルな文脈にどのように関与し、地域コミュニティ（大学やニューカッスル市）に対してその意義を正当化し、持続的な資金提供を受けられるかどうかは、ＣＩＦＡにとって長期的かつ喫緊の課題である。一方、中国国内に住む利用者にとって、このアーカイブは地理的な位置から実際に訪問することが難しい。また、インターネット上での検索においても、中国国内でＶＰＮを介さない場合、ＣＩＦＡへのアクセスが制限されるため、利用が困難になる。そのため、ＣＩＦＡにとってデジタル・アクセシビリティは基本的かつ現実的な課題である。さらに、映画法の施行以来、「青年映画」や「アートハウス＝芸術映画」が中国映画産業の中心言説となり、「独立映画」は、過ぎ去った時代や消えゆく映画様式を示す、ノスタルジックな意味合いを持つようになった。このように、中国独立映画に関連するアーカイブの「離散」は、映画や映画に関するオブジェクト、そして記憶が発展してきた時間と空間から切り離されていることを意味する。これにより、分離型アーカイブの存在が前提となるだろう。一方で、ランシエールが述べるように、現在の独立映画が「ポリス」によって分配された空間を活用し、介入する別の方法を模索することも可能であると考えられる。秋山珠子は、デジタル技術を駆使した独立映画の製作、流通、展示の実践に関する鋭い考察の中で、COVID-19が流行し封鎖された中国地域レベルのアーカイブ衝動にも目を向けている。彼女は、オンラインプラットフォーム（Zoomなど）やソーシャルメディア、ストリーミングサイトが、新しいタイプの「非公式」集団をつくり、「非公式」アーカイブを継続する機会を創造的な映画製作者らに提供していることを明らかにした。(40) 例えば、草場地ワークステーションのオンラインイベント（読書会、素材線上工作坊、パフォーマンスなど）の参加者が、SNS上で「度過2020/Riding Through 2020」というハッシュタグを活用し、経験を共有しながら「この激動の時代の記憶のアーカイブ」を構築している様子を紹介した。おそらく、中国独立映画のデジタルな未来は、CIFAのようなアーカイブが制度化された取り組み（例えば、大学の資金を受け入れて大学図書館の一部になるなど）だけにあるのではない。また、「未来からの想像力」は、オンライン空間で育まれた民間の無秩序なアーカイブによっても活性化される可能性もあるだろう。

注

（1）パン・ルー氏（Pan Lu）は、アジアのアート・アーカイブについて、「アーカイブ」という概念が、アジアの言語において、語源や社会文化的背景の異なる用語によってどのように理解され表現されているかに注意を払うべきであると指摘している。例えば、中国語で「アーカイブ」を指す「二つの主要対語」として「檔案」と「文献」を挙げる（82–83）。Pan Lu, "Translating Visual Archives: On the Making of the New through Three Cases of Hong Kong," *Journal of Visual Art Practice*, vol. 18, no. 1, 2019, pp. 81–98. https://doi.org/10.1080/14702029.2017.1399627. 華語圏の文脈では、CFAや香港映画資料館の中国語名が「資料館」を使っているだけでなく、台湾国立映画・視聴覚文化センターも二〇一四年前は「映画資料館」だった。川島真は、「中国語の「档案」は、文書だけでなく、音声、物品などを含む、日本語の文書よりも、英語のアーカイブに近い概念である。ただ、中国の都市戸籍を持つ公民に作成される個人ファイルも档案と呼ばれている（これは所属単位に保存される）」と説明している。川島真「中国・台湾における档案史料の状況――公開状況・文書行政・史料的意義」『国会図書館憲政資料室説明聴取会プロシーディングス』二〇〇六年五月。http://hdl.handle.net/2115/11303（二〇二三年七月二四日最終閲覧）。特に明記しない限り、英語と中国語から日本語への翻訳はすべて筆者による。本章では、「インディペンデント映画」と「独立映画」の表現は互換可能である。ただし、片仮名の用法は主に英語圏の論説・翻訳と関連し、「独立映画」という表現は中国の文脈において特定の政治文化的な意味を持つ。

（2）　アルジュン・アパドゥライのグローバル文化に関する議論に基づき、本章では「乖離構造」という概念を用いる。アパドゥライは、グローバリゼーションの五つの「スケープ」が均質なグローバル・インフラを形成していないことを示している。ＣＦＡの活動や業務は、中国独立映画のアーカイブとは重ならないが、まさにこの二つのアーカイブ間の違いこそが、グローバル化の枠組みにおける中国文化（映画を含めて）体制の不均衡な発展を反映していると考える。

（3）　ＣＩＦＡは、英国芸術人文研究評議会の助成を受けた研究プロジェクト「中国の独立映画：国家、市場、映画文化」（二〇一九―二〇二四年）の中核にもなっている。

（4）　注1の「檔案」に関する説明を参照。

（5）　中国の独立映画（ドキュメンタリー、フィクション、実験映画）は、一九八〇年代末の文化、芸術、社会思想の震動の中で生まれた。先駆ける映画製作者たちは、既存の制度にとらわれず、アンダーグラウンドの製作／流通を通して、オルタナティブな美学的なビジョンを提示し、早くもヨーロッパ・アメリカの映画祭や学界から注目を集めた。中国国内の出版物（雑誌記事を含む）では、中国の独立映画についての議論は可能だが、検閲や自己検閲による抑圧が存在している。

（6）　岡田秀則「未来からの想像力――フィルムアーカイブの公共性をめぐって」『映像学』第一〇四号、二〇二〇年、一七頁。

（7）　同前。

（8）　同前。

（9）　Chris Berry and Lisa Rofel, "Alternative Archive: China's Independent Documentary Culture," *New Chinese Documentary Film Movement: For the Public Record*, edited by Chris Berry and Lisa Rofel, Hong Kong University Press, 2010, p. 151.

（10）　以下を参照。Chris Berry, "The Death of Chinese Independent Cinema?," *The Asia Dialogue*, 2017. https://theasiadialogue.com/2017/07/03/the-death-of-chinese-independent-cinema/. S. Veg, "Investigating and Transforming Society from the Margins: The Rise and Fall of Independent Cinema," in *Minjian: the Rise of China's Grassroots Intellectuals*, Columbia University Press, 2019, pp. 123–163.

（11）　ＩＣＣＡのＣＩＦＡは、中国語のタイトルが「映像資料館」（Moving-Image Archive）であるのに対し、英語名はChinese Independent Film Archiveとなった。

（12）　Zhen Zhang, "Bearing Witness: Chinese Urban Cinema in the Era of 'Transformation' (Zhuanxing)," *The Urban Generation: Chinese Cinema and Society at the Turn of the Twentieth-First Century*, edited by Zhen Zhang, Duke University Press, 2007, p. 5. https://doi.org/10.1016/j.annemergmed.2012.11.003.

（13）Joshua Neves, "Bricks and Media: Cinema's Technologized Spatiality," *Underglobalization: Beijing's Media Urbanism and the Chimera of Legitimacy*, Duke University Press, 2020, p. 96.

（14）Ibid., p. 96.

（15）Ibid., p. 112.

（16）Ibid., p. 112.

（17）Jacques Rancière, "The Thinking of Dissensus: Politics and Aesthetics," *Reading Rancière*, edited by Paul Bowman and Richard Stamp, Continuum International Publishing Group, 2011, p. 6.

（18）qtd. in Joshua Neves, "Bricks and Media," op. cit., p. 109.

（19）中国「国家広播電影電視総局」（SARFT）は二〇一三年に「国家新聞出版ラジオ映画テレビ総局」（SAPPRFT）に改組された。二〇一八年、SAPPRFT の解体に伴い、中国共産党宣伝部直轄の「中国映画局」（China Film Administration）が設立された。

（20）二〇二三年三月のニュースによると、蘇州市に新しいＣＦＡブランチが設立され、「文化製品の開発、人材育成、アートハウス映画上映会の開催に力を入れる」と中国日報に掲載された。新华社「中国电影资料馆将在苏州设江南分馆」『新华网』二〇二三年三月八日。http://www.news.cn/local/2023-03/08/c_1129421116.htm（二〇二三年七月二四日最終閲覧）。

（21）张锦「国际框架下中国电影收藏及其教育功能的历史考察」『当代电影』二〇二〇年第一期、一三八―一三九页。

（22）具体的には、映画産業改革により、国営映画スタジオは市場経済のもとで企業化・再編成された。国営スタジオシステムが崩壊したことで、それまで撮影所が管理・保存していた映画コレクションや映画関連アイテムの多くが、どの機構からも相手にされなくなり、無秩序に民間に流れたケースが多いと認識されている。前掲张锦「国际框架下中国电影收藏机器教育功能的历史考察」一三九页。

（23）魏薇「如皋建成华夏电影文化中心 守住两万部胶片老电影的颜色」『新华网』二〇一九年一〇月二三日。https://news.sina.cn/2019-10-23/detail-iicezuev4238933.d.html（二〇二三年七月二四日最終閲覧）。

（24）一九四九年に国民党政府が台湾に移転して以降、金門は中国との戦いの最前線となった。改革開放後、両岸関係の改善と「三通」の実現により、金門は平和的な交流と対話の実験区となる。

（25）Zhen Zhang, "Bearing Witness," op. cit., p. 11.

(26) Chris Berry, "The Death of Chinese Independent Cinema?" op. cit.

(27) 中国初の民間映画祭は、二〇〇一年に北京で複数のシネフィルグループが主催したUnrestricted New Image Festivalであった。DOChinaとＢＩＦＦは二〇一二年に合併し、北京インディペンデント映画祭（ＢＩＦＦ）となった。

(28) Ma Ran, "Regarding the Grassroots Chinese Indepedent Film Festivals: Modes of Multiplicity and Abnormal Film Networking," in M. D. Johnson, K. B. Wagner, T. Yu, & L. Vulpiani (eds.), *China's iGeneration–Cinema and Moving Image Culture for the Twenty-First Century*, Bloomsbury, 2014, p. 240.

(29) Jacques Rancière, "The Thinking of Dissensus," op. cit., p. 6.

(30) 民間映画祭について、以下を参照。Ma, R., "Regarding the Grassroots Chinese Indepedent Film Festivals," op. cit., pp. 235–254; Lichaa, F. Bloomsbury, "The Beijing Independent Film Festival: Translating the Non-profit Model into China," in *Chinese Film Festivals: Sites of Translation*, Springer, 2017, pp. 101-120.「栗憲庭映画基金」は、著名な美術評論家である栗憲庭氏が発起人となり、監修した非営利団体である。二〇〇六年には、中国の独立映画のコレクションを目的とした映画基金アーカイブを設立し、基金のオフィスにあるビデオライブラリーは、誰でも無料で入場することができた。

(31) M. D. Johnson, "Institutionalizing Independence: Security, Culture, and Unofficial Documentary Filmmaking under the Xi Jinping Government", *Problems of Post-Communism*, 64 (3–4), 2017, p. 163. https://doi.org/10.1080/10758216.2016.1271280

(32) L. Robinson & J. Chio, "Chinese Independent Film Festivals: Archiving the Moment," *Anthropology News*, 56 (3), 2015, p. 38. https://doi.org/10.1111/j.1556-3502.2015.560305_s.x

(33) 社会政治的環境の変化に伴い、二〇一四年頃にワークステーションは草場地から離れた場所に移転された。影弟工作室は、二〇〇五年に張献民氏によって設立され、中国における民間映像の開発、普及、広報、収集を目的とする非営利団体である。工作室の活動は、張氏自身の活動を頼りに、現在も継続中である。

(34) K. Stiles, "Collecting the future: A personal history of an archive," in E. Kürti & Z. László (eds.), *What Will Be Already Exists: Temporalities of Cold War Archives in East-Central Europe and Beyond*, Transcript Verlag, 2019, p. 24.

(35) Mike Featherstone, "Archive," *Theory, Culture and Society*, vol. 23, no. 2-3, 2006, p. 594.

(36) 筆者のインタビューより。董冰峰は、二〇一〇年八月から二〇一二年一一月まで、準学術的な雑誌『中国インディペンデントシネマ』の編集長を務め、計一一号を担当した。国際映画祭をはじめ、国内外のさまざまな映画イベントに関するレポートを掲載するほか、幅広い独立作品に焦点を当てた評論もいくつか掲載した。その結果、『中国インディペンデントシネマ』は、独立映画を中国語で論じることができる数少ない紙媒体のプラットフォームとなった。

（37）ＢＩＦＦについては注27を参照。Chris Berry, "The Death of Chinese Independent Cinema?" op. cit.; also see "China's Beijing Independent Film Festival Shut Down," *BBC News*, 2014. Rebecca Davis, "China Film Festival Closes, Saying Independence Is 'Impossible,'" *Variety*, Jan. 2020.

（38）Z. László, "Introduction," in E. Kürti & Z. László (eds.), *What Will Be Already Exists: Temporalities of Cold War Archives in East-Central Europe and Beyond*, Transcript Verlag, 2019, p. 14.

（39）Z. Zhang & A. Zito, "Introduction," in Z. Zhang & A. Zito (eds.), *DV-Made China: Digital Subjects and Social Transformations after Independent Film*, University of Hawai'i Press, 2015, p. 7.

（40）秋山珠子「コロナ時代の非公式文化生産——中国インディペンデント・ドキュメンタリーを中心に」『現代中国』第九四号、二〇二〇年、五—二三頁。

謝辞　本研究はＪＳＰＳ科研費プロジェクト（23K20073; 22K00230）の助成を受けています。特に、「デジタル映像アーカイブの未来研究」のミツヨ・ワダ・マルシアーノ教授および他の研究者に感謝します。また、范栄、董冰峰、楊瑾、高達、サブリナ・ユー、リディア・ウーに対して、貴重な意見とコメントに感謝します。本章の日本語版にご尽力いただいた尹芷汐博士と和田栄美さんに深く感謝いたします。

第10章　パキスタン映画の過去が作り出す未来

ハムザ・ファラズ・カラマット／富久保冴子訳

規模が小さく親密なパキスタンの長編映画製作コミュニティで、サルマド・クーサットの名前が知られるようになったのは最近のことだが、影響は大きかった。彼はテレビ界で長いキャリアを築いてきたが、映画監督として劇場映画デビューしたのは二〇一五年の伝記映画『マントー』（*Manto*）である。いまでは時代遅れになってしまった物語の役割と、作家で脚本家のマントーの苦闘を描き、現在の視点で過去を再検証する作品だ。この独特なアプローチはクーサット作品の特徴で、監督第二作目は、キャサリン・ラッセルの著書『アーカイブ学』（*Archiveology*. 二〇一八年）や、パキスタン特有のアーカイブの考え方に通じているように思われる。

クーサットの長編第二作『サーカスのような人生』（*Zindagi Tamasha / Circus of Life*. 二〇一九年）は、主人公のラハトが、来たるイスラム教の犠牲祭のために宗教歌謡のレコーディングを終え、友人のDVDショップを訪れる場面から始まる。店主は、ラハトが最後に観た女優アシヤの出演作について尋ねる（アシヤは、映画学者ワジハ・ラザ・リズヴィによると、二〇世紀後半のパキスタン・パンジャブ語映画の「美しく大胆な女性[1]」の典型とされる女優だ）。ラハトは穏やかに、一九七二年のコメディ映画『二人の騒がしき人々』（*Do Rangeelay*）を挙げる。店主はすぐに紙で包んだDVDを取り出し、ラハトのために「特別にコピーを作った」と言う。信仰心の篤い宗教歌手というラハトの公的な人格と私的な欲望との並置は、偽善者または悪役の設定のように見えるかもしれない。しかし、ラッセルの言

図 10-1　教歌謡のレコーディングを終え，DVD ショップを訪れるラハト。カウンターには古いパンジャブ映画のポスターが並んでいる。© Khoosat Films

葉を借りると、以下のように言えるだろう。デジタル時代になって、SNSなどが公的領域と私的領域という二元的な概念を解体してしまった。公私の領域が別々だったことが、パキスタンで映画を見る社会的道徳観を支えてきた。『サーカスのような人生』は、デジタル時代の現在、パキスタンの映画についての集合的記憶と、映画鑑賞に関する公的なタブーを忠実に描いた作品である、と。

だが、『サーカスのような人生』だけが、過去のパキスタン映画の系譜を取り入れているわけではない。最近だと、ビラル・ラシャリーの『マウラ・ジャットの伝説』（*The Legend of Maula Jatt.* 二〇二二年）が二〇世紀後半に生まれた豊かなパンジャブ復讐映画の系譜を受け継ぐ作品だし、ナビール・クレシの『未成年者たち』（*Na Baligh Afraad / Underage Individuals.* 二〇二四年）は、一九九〇年代のメディア消費文化と家庭の娯楽におけるビデオレコーダーの役割にノスタルジーを見出した作品である。進化し続けるデジタル映画製作の中で生まれたこれらの作品は、「過去の映像の断片」を集めて懐旧の念を呼び起こし、「過去の記憶を視聴覚的に新たに構築」しようとする。(2)

後述するが、国家機関や非国家機関が、映画のアーカイブや博物館学に徐々に引き寄せられていることは興味深い。アリ・ノビル・アハマドやティモシー・P・A・クーパーが指摘しているように、パキスタンの国家や社会は歴史的に「映画恐怖症」(3)であり、映画が公共圏に進出している現在の状況は珍しいことである。二〇〇七年にはＣＤやＤＶＤショップが宗教原理主義者に襲撃され、二〇一二年にはカラチで少なくとも六軒の映画館が放火された。こうした事件や、『サーカスのような人生』の劇場公開に大規模な抗議が起きたのも、「映画恐怖症」の一例である。パキスタンの映画に対する集合的な記憶が、他国や隣国インドの映画産業（ボリウッドも含む）に比べて異質であることがわかる。当時の産業省大臣であったサルダール・アブドゥル・ラブ・ニシュタールが、映画産業に対する自分自身の道徳的立場を明確にする必要を感じたという事実を、映画監督ムシュタック・ガズダーは以下のように記している。

> 原則として、イスラム教徒は映画製作に関わるべきではない。欲望と誘惑のかたまりである映画製作は、異教徒に任せるべきだ。(4)

これまでにも、インティクハル・ダディやサルマ・シディークのような研究者は、インドとパキスタンの映画産業に物質的・物語的なつながりを正しく見出そうとしてきた。しかし、先に挙げた暴力事件や、映画史や映画文化に対する反感は、パキスタンの一般の人々の言動や政策にも見受けられる。見過ごされることが多いが、パキスタンとインドの長期的な発展を振り返ると、映画に対する両国の集合的な記憶には明確な違いがある。

本章では、クーサット監督の『サーカスのような人生』を手がかりに、パキスタンにおける映画アーカイブの現状と未来について、業界関係者やアーキビスト、映画史研究者などの視点を取り入れ考察する。デジタル・プラットフォームの活用やコミュニティ活動など、従来とは異なるアーカイブの方法に焦点を当て、映画アーカイブが数十年放置されてきた過去と、最近の制度的な改革を取り上げたい。そこでは必然的に、パキスタンのアーカイブとは異なるインドの制度的な取り組み(5)や、同国における映画に対する集合的記憶を説明することになるだろう。さらに国家が映画アーカイブに関与する現実を分析し、デジタル・アーカイブが果たす役割について考察する。ピエール・ノラの言葉を借りると、デジタル・アーカイブは、「記憶の場」として「自然な記憶はもう存在しない」という意識を生み出す、従来の「意図的なアーカイブ」ではなく、生きる記憶を作り出す役割を果たす[6]。

1　公共的および私的な行為としての映画鑑賞

『サーカスのような人生』は、パキスタン社会の公私の領域の隔たりを繰り返し表している。主人公ラハトの家と外の市場、終盤近くにラハトが社会的に排斥され、屈辱を味わう宗教集会や、友人に連れられて行く仮設のクィア・パフォーマンス・ホールといった場面が良い例だ。参列した結婚式で、一九七四年のパンジャブ・コメディ映画『妻の召使い』（*Naukar Wohti Da / The Wife's Servant*）の曲の一つである"Zindagi Tamasha Bani"（サーカスのようになった生活／Life Has Become a Circus. この曲名は『サーカスのような人生』のタイトルに影響を与えている）に合わせてラハトがスキャンダラスなダンスを披露し、それがスマートフォンでSNS上に公開されてしまう場面はその山場である。VHSやDVD、オンラインプラットフォームのような家庭用娯楽媒体により、「公的な楽しみを私的なものにする」ことが可能になった。クーパーも、論文でそのことに言及している。「35ミリリールからVHSキャリアへ映画が大きく移行し、その結果大量の海賊版が生まれたが、この流れはズィヤーウル・ハック大統領の軍事政権と連動していた」。軍事政権下では、公共の場で映画を見ることは道徳的に有害とされ、映画産業は物理的・精神的な圧力によって変化を強いられた[7]。

正直なところ、記憶がかなり混ざっていて、バラバラだ。子供の頃に映画館に行って映画を観たことは、好きとまでは言わないが、はっきりとした思い出として残っている。私が幼い頃、父は二本の映画をプロデュースし、監督もしていた。だから試写会に行ったことを覚えている。伝説的な映画や商業的に成功したパンジャブ映画も、家族で観に行ったものだ。九〇年代半ばに私は高校生になった。ロリーウッドはまだ盛んだったが、正直に言えば、私の欲はＶＨＳとビデオデッキで満たされるようになっていた。(8)

ジャベド・ジャバールをはじめ現代の映画ジャーナリストは、ビデオデッキが都市部、農村部ともにすんなり普及していったと述べている。都市部のほうが普及は早く、農村部では低い所得と識字率が、結果として映画館を存続させることになった。(9)農村部には、村から村へと回る移動式映画館があり、その役割についてクーパーはこう述べる。都市部の人々は映画館について「場所」という概念を持っていた。しかし、移動式映画館はそれとは異なる意識を農村部にもたらした。映画館は物質的にも感情的にも儚いものであり、常にここにあるわけではない、という意識である。こうした一時的な映画鑑賞の体験は、「ＶＨＳ、ＤＶＤ、オーディオ・カセットといった大容量のメディア・ハードウェアの普及に弾みをつけ」、一九七〇年代後半から一九八〇年代前半にかけて、パキスタンにおけるメディアの流通風景を一変させた。(10)農村部から都市部へ大規模な人口移動があり、この「田舎の風味」は、一九八〇年代後半から一九九〇年代初頭にかけて、都市部の製作や配給にも影響を与えた。エジャズ・グルの『霞のような絵』(*Dhundli Tasveer* / Hazy Picture)(11)やザファル・サムダーニの論文「パキスタン映画の不確定な未来」(12)は、映画館に行くことについての都市市民の道徳観の変化を考察している。こうした傾向は、視聴者層の急速な変化と、ＶＨＳの需要の高まりという二つの側面によって後押しされた。

家庭で楽しむことができる娯楽媒体は、映画文化を私的領域に大きく押しやったが、映画がセルロイドからＶＨＳ、ＤＶＤ、そしてインターネットへ移行した結果、何十年も制度的に介入しなければ失われていただろう多くのパキスタン映画が保存されることにもなった。港町カラチのアーキビストであるザヒド・グドゥ・ハーンは、クーパーとのインタビューで、パキスタン映画はすでに「すべて」がＶＨＳになっており、デジタルへの移行があ

図 10-2　エバーニュー・スタジオは，パキスタンで最も古い映画製作スタジオのひとつであり，膨大な資料とデジタル映画遺産を保管している。© Hamzah Faraz Karamat

まりに包括的であるため、本物のフィルムをコレクションに加える必要を感じないと語っている。[13] グドゥの見解は楽観的すぎるかもしれないが、グドゥに映画関連グッズを譲ったこともある、ラホールの歴史ある映画製作所エバーニュー・スタジオのオーナー、サジャド・グルも部分的には賛同している。

映画がテレビで放映されるようになると、すべてがデジタル化されるようになった。デジタルとは、テープやＤＶＤなどのことだ。おそらくパキスタン映画の九〇パーセントは、そのような形で保存されてきたと思う。[14]

サジャド・グルは、エバーニューが製作した映画作品のおよそ六割から七割がデジタルに移行したと言う。しかし、ポスター、写真、宣伝パンフレットなど、映画作品に付随するこれらノン・フィルム素材の行方は明らかではない。グルは、気候のせいで物理的な記録資料の多くが損なわれたと語っているが、グドゥはグルをはじめパキスタンの映画製作者たちは、自分の作品に対する敬意が乏しく、たくさんの記録資料を廃棄したと述べている。しかし、「オリジナルの物理的な保存がほぼ不可能で、複製の可否が保存よりも重視される」発展途上国では、ポスターやパンフレット、写真のような物の保存は、財政的・技術的・社会的に困難だと学者のアシシュ・ラジャディヤクシャやラメシュ・クマールは指摘する。[15]

グドゥ、オマル・ハーン、アリ・ハーンのようなコレクターや研究者は、実質的に手に取ることができる物を保存するアーカイブの重要性について繰り返し強調してきた。グドゥがキュレーターとして参加したカラチのアライアンス・フランセーズの展覧会もその一例である。しかし一方で、パキスタンではこのような実質的に手に取ることができる〈物〉を保存するアーカイブを営むことが難しいため、クーパーが名付けた「非公式なアーキビスト」によるデジタルの「非ヒエラルキー的な修復」が主流となっている。[16]政府機関もデジタルのアーカイブに着手し始め、サイード・ジャラルディン・ハイダー[17]やティモシー・スラヴィン[18]が推し進めていた従来のアーカイブ政策から大きく逸脱してきている。そして皮肉にも、デジタル・アーカイブは、パンジャブ州政府とパキスタン市民アーカイブ（CAP）の連携により、ラホール国立歴史博物館のパキスタン映画の常設展示として実現した。

パンジャブ州にあるCAPで、オーラルヒストリー・プロジェクトのシニア・マネージャーを務めたスルタン・アリは、州政府との連携についてこう語る。州政府とCAPのような非営利団体が協力してこの種の展示を設立するのは、かつてない珍しいことであり、映画史に対する州の認識を大きく変える出来事となった。州政府の管轄下にある州立の公文書館と図書館は、国内最大・最古の所蔵資料を誇り、技術的にも最も充実している場所である（パキスタン国立公文書館でさえ、コレクションの多くをパンジャブ州に負っている）。[19]一方、CAPは国立歴史博物館が設立される前から、大規模なオーラルヒストリー・プロジェクトを進め、一〇〇万枚近い画像のデジタル化を行った機関として知られている。つまり、CAPは物を収集し保存する組織ではなく、資料をデジタルで保存する組織として知られているのである。CAPの理念を反映し、国立歴史博物館では、スクリーン、プロジェクター、オーディオ・ヘッドセット、バーチャル・リアリティといった新しいメディアを駆使し、来館者が熱中できるようなやり方で、ＣＡＰが収集してきた膨大なメディア・コレクションを展示している。

パンジャブ州政府がパキスタン文化に映画を取り入れると決定したのは、存在感を示すためソフトパワーを外交手段として重視する風潮が強まっているからだとスルタン・アリは語る。パキスタンで最も古い歴史を持つパンジャブ公文書図書館といった政府機関ではなく、民間のデジタル・アーカイブ組織をパートナーにしたのは、パンジャブ州政府の現実的な選択であった。

パンジャブ州政府は、新しい技術やツールを使って資料を保存している組織があると知り、ＣＡＰに連絡を取った。選挙が間近に迫っていたため、手っ取り早く業績を披露したかったのだろう。当然ながら、物を用意する事業をそんなに早く立ち上げることはできない。そこでＣＡＰはこれまで排除されてきた声をできるだけ汲み上げた「マルチ・ヴォーカル」なオーラルヒストリーを提示した。先に述べたが、一枚岩のアイデンティティを作ろうとしていた支配階級と政府の考えは、私たちのマルチ・ヴォーカルという考え方とは相容れないものだった。政府と私たちには意見の相違があったが、それは脇におき、短期間でプロジェクトをまとめあげ、二〇一八年に国内初のデジタル博物館を発足させたのである。[20]

しかし近年、パキスタン映画の知名度を高めるために、国家が主導して制度的に映画アーカイブを作ろうとしている。『サーカスのような人生』は、釜山国際映画祭でキム・ジソク賞を受賞し、国際映画祭で最初のパキスタン代表作品に選ばれた。続いて、サイム・サディクの短編映画『ダーリン』（*Darling*. 二〇一九年）と長編デビュー作『ジョイランド　わたしの願い』（*Joyland*. 二〇二二年）が、それぞれベネチア国際映画祭とカンヌ国際映画祭で賞を受賞し、パキスタン初の栄誉を獲得した。最近では、ザラール・カーンのカナダ・パキスタン合作映画『炎上』（*In Flames*. 二〇二三年）が、第一二回カナダ・スクリーン・アワードのジョン・ダニング最優秀長編映画賞を受賞した。また、劇映画部門がこのような功績を挙げる前から、シャルミーン・オバイド・チノイやモハマド・アリ・ナクヴィといったドキュメンタリー作家は、パキスタン映画を代表して数々の国際映画祭に参加しており、チノイはアカデミー賞短編ドキュメンタリー賞を二度受賞している。そのためチノイが国立歴史博物館のパキスタン映画常設展のキュレーターに抜擢されたことは、それほど意外ではなかった。この常設展の開設が、パンジャブ州政府のデジタル・アーカイブで最初の具体的な取り組みとなる。

クーパーとシディークは、政治エリートの「保存に対する無関心[21]」と「土着映画への反感[22]」を指摘してきたが、国がパキスタン映画の歴史を受け入れ、デジタル・アーカイブを主導している現実は、アーカイブの草の根精神が浸透してきたことを示す。また、パキスタン国立公文書館など官僚主義的でごく限られた文化からの視点も変化した。ハイダーとスラヴィンによると、パキスタン国立公文書館はパキスタン独立運動の英雄に関する個人コレクションや、閣僚の書簡など、いわゆる「カテゴリーA」文書の保存に重点を置いてきた[23]。パキスタン映画史に関する遺産や資料が少なかったのも、政府がCAPのような組織に協力を求め、グドゥのようなコレクターに声をかけた一因だろう。国立歴史博物館のコレクションの大半は、グドゥが所蔵するポスターのデジタル版である。

政府のアーカイブ施策がはかばかしくないのは、もちろん財源不足もあるが、国民統合をめぐる従来の認識の問題も公式映画アーカイブがない理由の一端を担っているだろう[24]。クーパーが指摘するように、一九九〇年代の自由化の最中でさえ、高速道路建設などのインフラ整備が「国民統合を進める[25]」と考えられていた。ラホール経営科学大学の助教授で、現在ルスフラ・ハーン・サウンド・アーカイブに携わっているアリ・ハーンはこう指摘する。

もちろん、政府の資金は潤沢ではないため、誰かが金策をしなければならない。関心を持った民間人が見つかれば、(保存の)可能性はあるかもしれない。学術機関も興味を持っている。私の大学も、非常に貴重なアーカイブを収集したことがあるので、映画ポスターの保存にも関心を持つだろう。公共部門、民間部門の人々の間に、これは自分たちの文化ではないとか、保存する価値のある文化ではないという意識が残っているせいで、アーカイブが複雑なものになっているのだと思う。[26]

2　インドとパキスタンのアーカイブの比較

しかし、隣国インドでは、かなり前から映画は国民アイデンティティの形成に有効だという考えが、都市エリート層に広まっていた。植民地政府のアーカイブ事業とインド共和国のアーカイブは切り離せないと受け止められたのである。インド国立フィルムアーカイブ（ＮＦＡＩ）が設立されるわずか数カ月前に、英国映画協会は一八九八年と一九〇一年にインドで撮影された一本のサイレント作品をネルー政府に渡した。これは両国の映画アーカイブが袂を分かつ決定的な瞬間であったとクーパーは述べている。パキスタンが国立アーカイブを立ち上げる約一〇年前であった。[27]ラメシュ・クマールが指摘するように、ＮＦＡＩは設立時に宗主国イギリスの精神を引き継ぎ、物質的な支援を受けたため、「典型的なポスト植民地主義のアーカイブ」機関となった。[28]その結果、パキスタンのアーカイブと映画についての集合的な記憶は、ポスト植民地主義であると同時に「ポスト・インド」にならざるを得なくなった。

ＮＦＡＩの成り立ちと現在のパキスタンの草の根的なアーカイブ活動には、いくつも共通点があるが、歴史的な差異という重荷が両者の乖離を生み続けている。一九九二年から一九九八年までＮＦＡＩのディレクターを務めたスレーシュ・チャブリアは、インドの映画アーカイブが、もともとＪ・Ｂ・Ｈ・ワディア、Ｂ・Ｎ・シルカー、ハリッシュ・Ｓ・ブーチといった業界人の個人コレクションから始まったと指摘している（クーパーはハリッシュ・Ｓ・ブーチとグドゥのコレクションを比較したことがある）。[29]しかし、両国ではプロセスや目的に大きな違いがあるため、パキスタンでＮＦＡＩのアーカイブ方法を再現することは不可能である。チャブリアの証言やクマールの回想

図10-3　ラホールのSunday Book Bazaarの裏手にある倉庫。映画雑誌や伝記を大量に保管している。© Hamzah Faraz Karamat

によれば、NFAIは少数の力のある政治家や官僚の支援によって発展することができたという。制度の枠組みの中で道を切り開いた個人の熱意は、カルカッタやボンベイ、デリーといった主要都市の活気に満ちた映画のコミュニティ文化と深く結びついていたとクマールは言う。(30)

エリック・バーナウとスブラマニャム・クリシュナスワミによれば、このようなコミュニティはいずれも強大な勢力ではなかったが、外国大使館と連絡を取り合い、映画上映会を企画し、外国映画を収集するなど、コミュニティを課税対象・検閲の対象と見なす政府と定期的に交流していた。(31) 加えて、インディラ・ガンディー、インダー・クマール・グジュラル、アルナ・アシフ・アリなどの政界のエリートがこのようなコミュニティに所属していたともクマールは述べており、サタジット・レイやチダナンダ・ダスグプタのような政治家、官僚、著名な映画関係者もその一員であったという。資料が貧弱な視聴覚教育局中央映画図書館（CFLDAE）から

「小さな映画図書館」を独立させようというロビー活動にコミュニティが積極的に関わったのも、コミュニティが関係者たちの交流の場として機能していたためである。コミュニティのロビー活動は、同時並行していた政府主導の活動と提携することになり、インド国立映画アーカイブの発展につながった。[32] ただ、こうしたアーカイブの発展には、地域映画産業との強い連帯が大きな役割を果たしたことも忘れてはならない。その一例として、サタジット・レイが〈カルカッタ映画コミュニティ〉と〈国〉、そしてジャン・ルノワールのような〈著名な映画関係者〉を仲介したことをバーナウやクリシュナスワミは挙げている。一方、国境の反対側では、サルマ・シディークの著書『避難者の映画：インド分割期のボンベイとラホール１９４０―１９６０』(*Evacuee Cinema: Bombay and Lahore in Partition Transit 1940–1960*) にて考察しているように、パキスタン独立後のラホールとカラチの映画産業は、ボンベイから移住してきた映画関係者たちのためにできるだけの便宜を図った。彼らがパキスタンの新しい環境になじめるようにしたのである。そのため、初期のパキスタン映画界は、地域や地元よりも国家的なものによって定義され、インドの映画協会のような基盤や政治的な支援は持たなかった。

これは、国立のアーカイブとしてＮＦＡＩが理想的であり、パキスタンもそれに倣うべきだという意味ではない。ラジャディヤクシャは論文「アーカイブ」で、ＮＦＡＩが採用しているような伝統的なアーカイブ技術は時の流れや事故に脆弱であると主張する。不運な事故の一例として、ＮＦＡＩ最古の保管庫が二〇〇三年に火災にあい、所蔵品の大半を焼失してしまったことを挙げている。[33] ラジャディヤクシャは南アジアにおけるアーカイブについて、気候と慢性的な財政不足により、そもそも設備の不十分な施設に保管されている貴重な資料は恒常的にリスクにさらされていると言う。スウェーデンのキュレーターであるヨン・ウェングストロム (Jon Wengström) や欧州委員会の情報社会・メディア総局 (European Commission’s Directorate-General for the Information Society and Media) の研究者は、映写・録画のアナログ設備からデジタル設備へ移行が進んでいることが世界の映画産業にとって大きな課題となっていると指摘する。映画遺産にこれまでどおりアクセスし続けるには、映画のコレクションを抱える機関が、作品のデジタル化に取り組まなければならない。ウェングストロムは、NFAIの前ディレクター・チャブリアが主張している「アーカイブ、ミュージアム、その他映画遺産の保存を目的とするあらゆる団体[34]」の教育的・民主的な価値に同意してはいるものの、デジタル化がより広範な利便性をもたらすだろうと楽観している。アーカイブの本質をフィルムや、ポスターといった物の側面に置くのか、それとも映画そのものが生む感情の側面に置くのかという議論は、保存の優先順位を考える際に重要である。

3　ブラックマーケット・アーカイブの重要性

パキスタンでは、物のアーカイブではなく、感情を生むデジタル・アーカイブへのアプローチが盛んである。VHS技術の導入以降、デジタル・アーカイブが普及してきた。その主な要因としては、クーパーの言う「ブラックマーケット・アーカイブ」が挙げられる。「ブラックマーケット・アーカイブ」は、市場の需要に基づいて運営され、既存の資料を違法に複製し、「(合法の流通圏と比べ) 非合法的な流通圏」を確立している[35]。その倫理性については議論の余地があるが、制度的な取り組みがないなかで非合法のアーカイブが果たした役割と、結果的にアーカイブの民主化に貢献した現実を無視するのは、あまりに薄っぺらな見方と言えるだろう。YouTube, Vimeo, Dailymotion, Facebookといったプラットフォームに、一九五〇年代のパキスタン映画を投稿するチャンネルが数多く存在することが、「ブラックマーケット・アーカイブ」への貢献を物語っている (たとえばMoviebox Movies, Lollywood-Cinema, FamousVideoなどのYouTubeチャンネル)。バトゥールやスルタン・アリのようなアーキビストだけでなく、カーティア・ミュラーのような研究者も、インターネットとSNSが果たすデジタル・アーカイブの役割を認識している。カーティア・ミュラーは、ピエール・ノラが提唱する「生の記憶」という概念の一例としてこれを捉える。「記憶の場」とされる従来のアーカイブには秩序構造が存在し、モニュメント、博物館、文書館などの物理的な証がそれを体現する。[36] ＳＮＳは、このように記憶を停滞させる従来のアーカイブの秩序構造から、物に紐づけられた記憶を切り離す力を持つのである。パキスタン政府の二〇一八年白書は、自国民だけではなくもっと広範に、パキスタン映画の歴史を届けられるオンライン・アーカイブの利点を強調する。

私自身は、ＶＨＳからトレントダウンロードへと道を辿ってきた。今は、NetflixなどのＯＴＴがある。ただ、道徳的な疑問は今でも持ち続けている。ＤＶＤを一〇〇ルピー、一二〇ルピーで買う。そうしなければ映画を観られないからだが、どう正当化するか。「私は第三世界出身だが、良い映画を観たいんだ」。こうやって私は自分に折り合いをつけた。[37]

パキスタンの多くの映画アーキビストは、インターネットを国が理想とする使い方とは、まるで違うかたちで捉えている。検閲や制度、組織的な仲介に縛られない場と見ているのだ。ラホールを拠点に活動する映画・文学研究者のワジハ・ラザ・リズヴィは、「パキスタン・フィルム・マガジン」[38] というウェブサイトと、「ラホール映画博物館協会 Film Museum Society, Lahore」というFacebookページを運営している。どちらも、デジタル化したポスターや写真、絶版になった映画関連書、映画にまつわる人々の伝記など豊富なコレクションを備えている。Facebookは、当初、伝統的なアーカイブを作ろうとラホールの国立芸術大学に支援を持ちかけたが断られたため、リズヴィが個人的に始めたものである。リズヴィは二〇一四年に、すでに九〇〇〇点以上の映画関連アイテム[39] のアーカイブを個人で構築したと主張している。クーパーは、ハッサン・ブハーリ博士が映画音楽を収集し、古いパキスタン映画のＤＶＤを購入できるウェブサイト「オールド・ソング・ショップ Old Song Shop」[40] を立ち上げた活動を紹介している。

ドキュメンタリー映画製作会社 Vice Newsで、大胆なドキュメンタリー『パキスタンのショーガール』（*Showgirls of Pakistan.* 二〇二〇年）を手がけた映画監督サード・ハーンは「Khajistan41」[41]というプロジェクトを始め、『屠殺場』（*Zibakhana.* 二〇〇七年）の監督オマル・ハーンがラホールやラワルピンディの街角で集めた映画ポスターの膨大なコレクションを紹介している。本章で何度も取り上げたグドゥ自身は、Facebook, Instagram, YouTubeで「グドゥ映画アーカイブ」（Guddu Film Archive）を運営し、自身のコレクションの画像や、引退した俳優や歌手を含むパキスタン映画関係者たちとのインタビュー動画をアップロードしている。これまでに挙げたプロジェクトの数々は、映画、ミュージカルナンバー、テレビインタビューなど新しいコンテンツをアップロードし続け、何百万回もの再生回数を記録し、コメント欄にも大量の声が寄せられている。しかし、これでもオンライン上のパキスタンの映画アーカイブ・コミュニティの氷山の一角にすぎない。

デジタル・アーカイブ（ミュラーは「コミュニティ・ベースのアーカイブ」と呼ぶ）が、従来の方法よりも先んじている点は、「ソーシャルメディアの継続的な交流によって、過去が現在に顕れる」ためである。[42]スルタン・アリは、このような「コミュニティ・ベース」のアーカイブはCAPのような非営利団体を超える可能性がある、なぜならばCAPはすでに国立アーカイブと同様にすでに形骸化されようとしているからだ、とまで主張している。

現在、さまざまな場所や地域で、大勢の若者が世界中のSNSのアーカイブ・プロジェクトを目の当たりにし、自分たちもプロジェクトを立ち上げようとしている。CAPのような組織化された団体がある一方、個人の情熱から生まれるプロジェクトもある。パンジャブの村で、シンドで、ギルギットで、それぞれプロジェクトを始め、限られた資源で小さな博物館やデジタル化プロジェクトを立ち上げようとする試みが見られる。その方がアクセスしやすいし、よっぽど民主的である。CAPのような機関の問題点は、既存の事業の穴を埋め政府を助けようとするあまり、彼ら自身が政府のようになってしまっていることだ。[43]

こう述べるのは、ブラックマーケット・アーカイブに欠点がないと言いたいからではない。アーキビストや、オリジナル作品のクリエイター、またその作品そのものにとっても、ブラックマーケット・アーカイブは完ぺきではない。『サーカスのような人生』で、主人公ラハトのビデオがインターネット上に流出する事件は、オンライン世界では投稿への反応が優先され、著作権や所有権がほとんど無視されていることを明らかにしている。グドゥはクーパーのインタビューで、自分のアーカイブ写真の多くが、識別マークを削除され、他のコンテンツクリエイターによって公開されたと語っている。(44) このような盗作は著作権侵害につながるだけでなく、プラットフォームの不必要な複製にもつながる。前述した通り、パキスタンのメディア流通に関わっている人々は、国、映画製作所、映画製作者の寛大さにほぼ全面的に依存しながら、半世紀以上前の作品をデジタル化するという至難の業をやり続けているのだ。映画関係者とアーキビストの暗黙の合意、そしてアナログからデジタルへの変化は、パキスタンのありふれた現実だと主張することもできるが、検閲により劇場公開すら許されなかった多くの映画製作者や、かなりの財政的負担にさらされている業界に与える影響も考慮しなければならない。さらに自由放任体制だからこそ、最も議論されるべき問題は、アーカイブの品質管理である。

クーパーは最近、「マスター・コピー」という概念を掘り下げている。彼の言うマスター・コピーとは、すべての複製品の元となるオリジナルのプリントという従来の意味とは異なり、南アジアの「非公認の流通(45)」の文脈において、「カメラ・プリント」と並立される概念である。カメラ・プリントとは、一般的に映画館のスクリーンを直接録画した粗末な海賊版ビデオのことである。マスター・コピーは、他の複製よりも画質が優れているとされる以外には、何をもってマスター・コピーとするかの基準がない。そのためCD、DVD、VHS、USBなど、多様なフォーマットで、また様々な品質で存在しうる。しかし、品質が均一ではないという問題は、ブラックマーケット・アーカイブに限ったことではない。公式のアーカイブにおいても、一九八〇年代に提出様式をセルロイドに限定することを止め、ビデオカセットを許可したことによって、中央映画検閲委員会から政府に流れる大量の提出物の品質にすでに影響を与えている。中央映画検閲委員会の提出様式の方針転換を受けて、一九八三年にセルロイドの作品のビデオカセットへの複写を始めた半官半民のシャリマー・レコーディング＆ブロードキャスト社は、高品

図10-4　ラホールのバリ・スタジオの壁に並ぶ映画ポスター。© Hamzah Faraz Karamat

質のフレーム転写技術を事実上独占していた。しかし、高品質を保ちながらビデオカセットへ転写するのは、金銭面に敏感なプロデューサーにとって高価すぎたため、多くのプロデューサーは、はるかに低料金で品質の異なるカメラ・プリントに頼らざるを得なくなった[46]。

ウェングストロムも、情報社会・メディア総局が、デジタル化で品質を維持し、標準化する重要性を指摘しているが、先に述べたように、そうしたアーカイブ・モデルは経済的意味においても、発展途上国ではあまり実現可能とは言えない[47]。結局は、完ぺきではないにせよ、現在のアーカイブの結果に満足するのが賢明だろう。アーカイブの目的は、「文化的な記憶を生かす」ことであり、そのためには「映画文化を普及させる」必要があると、ラジャディヤクシャとチャブリアは同意している。映画の感情を生起する力が「文化的な記憶を生かす」ことに役立つ。「リメイク版、再公開版、縁日などで売られている人気作品や、VHS、VCD、そして現在では海賊版の販売に取って代わられた16ミリフィルムの配給網のようなものが、真の意味で、アーカイブのネットワークや映画の価値を定義している」とラジャディヤクシャは指摘する[48]。クーパーにとって、アーカイブされた映画に残る傷や認証マーク、不具合そのものが、メディアの移動と文化越境性を示唆しており、アーカイブの一部なのだ。どこから流れてきたのか、誰を媒介してきたのかという情報を書き加え続ける古代の羊皮紙のように。(49)

4　パキスタンにおける映画アーカイブの未来

パキスタン国立公文書館と国家は、パキスタンの映画史を保存するという点では大した役割を果たしていない。皮肉にも『パキスタン映画とドラマの若返り』(*Rejuvenating Pakistani Cinema & Drama*)と題した情報省の二〇一八年白書には、国立映画アカデミーと国立映画・ドラマ・アーカイブの計画が記されているが、現実には何も実現していない。しかし、すでに一九七七年には、ジャバールがアーカイブ機関の建設計画を提唱していたと知れば、二〇一八年白書にもさほど驚くことはないだろう。(50)国家映画開発公社のような機関でさえ、慢性的な資金不足や杜撰な運営により、ジャバール、エジャズ・グル、ガズダーといった歴史家の怒りを買い、結果的に二〇〇二年に破綻した。最近では、パキスタン芸術評議会(PNCA)が国立映画アーカイブを立ち上げる計画を発表したが、映画歴史家のエジャズ・グルが指摘するように、これも実現しなかった。

フォジア・サイードがPNCAの責任者だったころは、私たちが主導権を取ったが、彼女が去ると、誰もこのプロジェクトについて考えなくなった。彼女は当時すでにフィルムをデジタルに移行し始めており、PNCAにはデジタル化した映画が数本残っている。(51)

要するに、国家による独自の映画アーカイブは実現したことが一度もないのだ。しかし、個人やコミュニティが行っているアーカイブに対して、国が補完的に支援できる分野はある。映画製作者とアーキビストには、任意の合意が通常あるが、先に挙げたバトゥールやグドゥの例のように、略奪的な行為が両者のコミュニティに悪影響を及ぼすこともある。そのため善意を前提にした制度を超えた、法的・官僚的な枠組みが必要なのである。国が補完すべき案件は、著作権法をより厳しく適用するための規制の制定や、コンテンツの盗用から映画製作者やアーキビストを守ることまで、多岐にわたるだろう。パキスタンのアーカイブにおける品質管理の問題は、欧州委員会に提出された調査書の「ヨーロッパの映画遺産のためのデジタル・アジェンダ」が推奨するようなトレーニング・プログラムで改善される可能性がある。このプログラムは、歴史があり設備の整った公文書館や図書館のような公立の機関が、映画遺産団体に働きかけ、個人やコミュニティが行っているデジタル・アーカイブの展望と課題について教育を施すトレーニングである。[52] パンジャブ州とCAPなど民間組織の協力関係は、映画の博物館学を向上させるという点で、地方政府機関の重要性を示した。

一方、パンジャブ州政府が支援するラホール・ビエンナーレ財団は、芸術制作に関わる独立した非営利団体だが、新たなアーカイブの場としてバーチャル・ミュージアムの創設をしたり、そのプロジェクトリーダーを務めたクーサットやバトゥールといったアーキビストの指導育成に成功している。クーサットとバトゥールにとっては、このプロジェクトにはまだ欠点があったらしい。バーチャル・ミュージアムのポータルサイトが自然消滅してしまったのはその好例である。ただ、映画や音楽、映像、テキストなどのアーカイブ資料が一堂に会し、バトゥール（アーキビスト）とクーサット（映画作家）のように、アーキビストと映画製作業界の実践者たちが交流できる場があることは、大きな意味を持つ。これまではSNS上の個人的なコレクションだけで断片的に映画アーカイブの記憶が培われていたが、今後はアーキビストと映画製作者の対話を通して、映画アーカイブの断片的な記憶を再分析する場ができるべきである。

身体という概念に焦点を当てながら、家父長制を批判する空間を作りたいと思った。そのためには、アート、音楽、ミーム、映画、テレビドラマなど、さまざまなものを取り上げる必要があった。学生のプロジェクトもあれば、アーティストのプロジェクトもあり、研究者も何人も貢献してくれた。彼らは全員異なる趣向を持ち込んでくれた。[53]

パキスタンという国と映画製作コミュニティの関係は、いまだに複雑なままだ。厳しい検閲が幅をきかせ、国内で映画の高興行収入を獲得するには、オンライン・ビデオ・プラットフォームが唯一現実的な手段となっている。何が道徳的に許され検閲に通るのか、政府の姿勢は一貫しておらず、パキスタン映画の立ち位置を曖昧なものにしている。大衆が映画に抱く反感はいまも残っているものの、映画を私的な領域に留めておくことはもはや不可能だ。『サーカスのような人生』は、第九三回アカデミー賞国際長編映画賞の候補に選ばれたものの、パキスタン国内では極右勢力が映画が冒瀆的だと抗議して俳優やスタッフを脅したため、劇場公開はされなかった。しかし、二年近くにわたる裁判と請願の末、パキスタンと映画史の関係やデジタル時代への移行を雄弁に物語るこの作品は、製作者によって、驚くほど機知に富んだ形でYouTube上で公開された。映画のタイトルが映る前に、世論の反発を受けて剝奪された連邦と州の検閲証明書が映し出される。そして監督が、海賊版や違法リンクのシェアをやめるように穏やかに観客に呼びかけた後、こう語る。「これはあなたのものだ。『サーカスのような人生』は今フリーになり、あなたのものとなった」。

注

（1）リズヴィは、パキスタン映画における女性の役割を、映画研究者ローラ・マルヴィの視点に関する論考を踏まえながら分析した論文で、二〇世紀における二つの典型的な女性像に注目している。内気で従順なチョーイ・ムーイ（触れたら閉じるオジギソウのような）の少女と、そのアンチテーゼとしての「大胆で美しい」女性である。リズヴィは、同論文で、雨の中で踊り歌うことが多いこれらの女性たちを「レインダンサー」と名付けている。詳しくは以下を参照。Wajiha Raza Rizvi, "Visual Pleasure in Pakistani Cinema（1947-2014）," in Ooi Keat Gin and Joshua Paul Dale eds., *International Journal of Asia Pacific Studies*（*special issue on performance in Asia*）, Vol. 10, No. 2, pp. 73-105（二〇二四年六月一四日アクセス）. Malaysia: Penerbit Universiti Sains. Available at SSRN: https://ssrn.com/abstract=2987743.

（2）Catherine Russell, *Archiveology: Walter Benjamin and Archival Film Practices*, Durham: Duke University Press, 2018, pp. 11-13.

（3）Ali Nobil Ahmad, "Film and Cinephilia in Pakistan: Beyond life and Death," in Ali Nobil Ahmad and Ali Khan eds., *BioScope: South Asian Screen Studies*, Vol 5, No. 2, pp. 81–98. DOI:10.1177/0974927614548646.

（4）ガズダーは、パキスタンの著名な映画監督W・Z・アーメッドを引用し、パキスタンの新興映画製作コミュニティ（多くはインドからの独立後の移民）と、既存勢力であった配給会社のロビイストたちの対立について述べている。彼らはパキスタンの地元産業を犠牲にしてでも、インド映画の輸入を継続しようとしていた。映画製作コミュニティと配給会社の対立関係が、パキスタンの独特な流通の問題の大部分を形成しており、配給側の熱意の欠如が、映画作品を海賊版の危険にさらしている。詳しくは、Mushtaq Gazdar, *Pakistan Cinema*（*1947-1997*）, Karachi: Oxford University Press, 2019, 23-24.

（5）Suresh Chabria, "Creating a Film Culture: The National Film Archive of India," in Marcia Lord and Christine Wilkinson eds., *Museum International*, Vol. 46, No. 4, December 1994, pp. 32–36. https://doi.org/10.1111/j.1468-0033.1994.tb01204.x

（6）Pierre Nora, "Between Memory and History: Les Lieux de Mémoire," in Svetlana Alpers et al eds., *Representations*, No. 26, 1989, pp. 7–24. https://doi.org/10.2307/2928520

（7）Timothy P. A. Cooper, "*Raddi* Infrastructure: Collecting Film Memorabilia in Pakistan: An Interview with Guddu Khan of Guddu's Film Archive," in Ravi S. Vasudevan et al eds., *BioScope: South Asian Screen Studies*, Vol. 7, No. 2, December 2016, p. 153. https://doi.org/10.1177/0974927616668004

（8）Online Video Interview, Sarmad Khoosat.

（9）Javed Jabbar, *Snapshots: Reflections in a Pakistani Eye*, Lahore: Wajidali's Limited, 1982, 212-215.

（10）Timothy P. A Cooper, "The *Kaččā* and the *Pakkā*: Disenchanting the Film Event in Pakistan," in *Comparative Studies in Society and History*, Vol 62, No. 2, March 30, 2020, p. 285. https://doi.org/10.1017/s0010417520000055

（11）Aijaz Gul, *Dhundli Tasveer* دھندلی تصویر *[Hazy Pictures]*, Rawalpindi: Iqra Composers/Gordon College, 1993.

（12） Zafar Samdani, "Uncertain Future for Pakistani Cinema," in *National Film Awards: NAFDEC 1988–89*, Islamabad: National Film Development Corporation（NAFDEC）, 1991, pp. 49–54.

（13） Cooper 2016, p. 168.

（14） Phone Interview, Sajjad Gul.

（15） Ashish Rajadhyaksha, "Archive," in Ravi S. Vasudevan et al eds., *BioScope: South Asian Screen Studies*, Vol. 12, No. 1–2, June 2021, 21. https://doi.org/10.1177/09749276211026078

（16） Cooper 2016, pp. 153–156.

（17） Syed Jalaluddin Haider, "Archives in Pakistan," in Kanwal Ameen eds., *Pakistan Journal of Library & Information Science* Vol. 7, 2006, pp. 5–32（二〇一四年七月一日アクセス）。https://core.ac.uk/download/pdf/11880057.pdf

（18） Timothy A Slavin, "The National Archives of the Islamic Republic of Pakistan," in Nancy Bartlett and Marjorie Barritt eds., *The American Archivist*, Vol. 54, No. 2, 1991, pp. 220–226. http://www.jstor.org/stable/40293555

（19） Haider 2006, 18–19.

（20） Phone Interview, Sultan Ali.

（21） Haider 2006, 27.

（22） Salma Siddique, *Evacuee Cinema: Bombay and Lahore in Partition Transit*（*1940–1960*）, India: Cambridge University Press, 2022, pp. 14–15.

（23） Slavin 1991, pp. 222–223.

（24） Iftikhar Dadi, *Lahore Cinema: Between Realism and Fable*, Seattle: University of Washington Press, 2022, p. xi.

（25） Timothy P. A. Cooper, "Cinema *Itself*: Cinephobia, Filmic Anxieties, and Ontologies of the Moving Image in Pakistan," in Paul Hockings eds., *Visual Anthropology*, Vol. 31, No. 3, May 27, 2018, p. 255.

（26） Online Video Interview, Ali Khan.

（27） Cooper 2020, p. 287.

（28） Kumar 2013, p. 120.

（29） Chabria, 1994, p. 33; Cooper 2016, p. 156.

（30） Kumar 2013, pp. 104–108.

（31） Erik Barnouw and Subrahmanyam Krishnaswamy, *Indian Film*, New York: Oxford University Press, 1980, pp. 180–183.

(32) Kumar 2013, pp. 107–112.

(33) Rajadhyaksha 2021, pp. 18–22.

(34) Jon Wengström, "Access to Film Heritage in the Digital Era – Challenges and Opportunities," in *Nordisk Kulturpolitisk Tidsskrift*, Vol. 16, No. 1, June 12, 2013, pp. 125–137. https://doi.org/10.18261/issn2000-8325-2013-01-09

(35) Timothy P. A. Cooper, "The Circulatory Dynamics of Pakistani Film: Approaches to the Circulation of Film Media across Formats," in Ali Nobil Ahmad and Ali Khan eds., *Film and Cinephilia in Pakistan: Beyond Life and Death*, Karachi: Oxford University Press, 2020, pp. 211–229.

(36) Katja Müller, "Between Lived and Archived Memory: How Digital Archives Can Tell History," in *Digithum*, No. 19, January 15, 2017, pp. 11–18. https://doi.org/10.7238/d.v0i19.3085

(37) Online Video Interview, Sarmad Khoosat.

(38) Wajiha Rizvi, "Pakistan Film Magazine - پاکستان فلم میگزین," pakmag.net. Accessed July 2, 2024. https://pakmag.net/film/

(39) Blue Chip, "In Conversation with Wajiha Rizvi," in *Blue Chip*, February 13, 2014. Accessed June 23, 2024. https://www.bluechipmag.com/in-conversation-with-wajiha-rizvi/

(40) Hassan Bukhari, "Dr. Hassan Bukhari Welcomes You Here," www.oldsongshop.com. Accessed July 1, 2024. http://www.oldsongshop.com/

(41) Saad Khan, "KHAJISTAN X HOTSPOT COLLECTION by Omar Ali Khan," KHAJISTANTM. Accessed July 1, 2024. https://khajistan.com/collections/hotspot

(42) Müller 2017, p. 15.

(43) Phone Interview, Sultan Ali.

(44) Cooper 2016, p. 166.

(45) Cooper 2020, p. 277.

(46) Timothy P. A Cooper, "The Situation of the Interface," in *American Ethnologist*, Vol. 51, No. 2, March 19, 2024, pp. 181–92. https://doi.org/10.1111/amet.13273

(47) Kumar 2013, pp. 112–113.

(48) Rajadhyaksha 2021, p. 21.

(49) Cooper 2020, pp. 219–224.

(50) Jabbar 1982, pp. 229–231.

（51）Phone Interview, Aijaz Gul.

（52）European Commission, Directorate-General for the Information Society and Media, Mazzanti, N.（2012）, *Digital Agenda for the European Film Heritage: Challenges of the Digital Era for Film Heritage Institutions, Executive Summary* (N. Mazzanti, editor), Publications Office（二〇二四年六月二〇日アクセス）. https://data.europa.eu/doi/10.2759/80363

（53）Online Video Interview, Farida Batool.

第11章　アメリカの映画保存教育[1]

ジョアン・ベルナルディ／河原大輔訳、ミツヨ・ワダ・マルシアーノ監訳

米国では、動画遺産の収集、保存、促進で知られる主要な施設のほとんどが、米国の映画産業史にとって重要な都市に設立されてきた。東部では、ニューヨーク近代美術館（MoMA）が米国最古のフィルム・コレクションを所蔵していると一般的に考えられており、米国映画製作の原点ともいえるニューヨーク都市圏とそれに隣接する郊外に囲まれた場所にある。MoMAは一九二九年に設立され、一九三五年には正式に映画専門の収集部門が加わった。

米国議会図書館（ワシントンDCとヴァージニア州カルペッパーに映画関連施設がある）は、一九世紀後半に米国著作権局が誕生した場所であるが、官庁に近かったこともあり、視聴覚メディアの全国的な保管所となった。一八九〇年代にイーストマン・コダック社は、ニューヨーク州ロチェスターで全米初の大衆向けロールフィルムとカメラを開発した。創業者ジョージ・イーストマンの旧邸宅は、一九四七年にジョージ・イーストマン博物館となり（二〇一五年にジョージ・イーストマン・ハウスから改称）、その二年後には、写真とフィルムの国際的な博物館として、本格的に収集を開始する。

アメリカの映画・映像エンターテインメント産業の中心地であるロサンゼルスにあるアカデミー・フィルム・アーカイブの始まりは、映画芸術科学アカデミー[2]が初めてフィルム資料を入手した一九二九年に遡る。

一九六五年にカリフォルニア大学ロサンゼルス校に設立されたＵＣＬＡフィルム・アンド・テレビジョン・アーカイブは、米国議会図書館に次いで米国で二番目に大きな映画・放送番組の保管庫であり、大学のフィルム・アーカイブとしては最大規模を誇っている。

設立年代や動画映像コレクションの規模によって、これら様々な機関をランク付けすることはできるが、この二つの要素だけでは各機関の重要性や特徴を十分に説明できないだろう。各機関は、所在地や歴史、そしておそらく最も重要だと思われる、動画映像の収集、保存、展示を決定する優先順位と方針に独自性が表れている。また、これらの機関が常に人々から求められる存在であり続けているのは、一般観客や研究者、映画関係者の興味の移り変わりにうまく適応しているからである。例えば、映画・メディア研究における「物質的転回」(material turn)、つまり、デジタル技術の普及にともない、映画の有機的な物質性に再び人々の関心が高まると、アーカイブ機関はより包括的な収集、保存、展示の方針を打ち出すようになった。ハリウッドやヨーロッパで製作された35ミリ劇場公開プリントに焦点を当てた、初期から存在するアメリカのアーカイブでは、一九九〇年代以降、特に拡がった文化の多様性、非商業映画ジャンル、所謂オルタナティブ映画への関心に応えてきた。また、一九五一年まで35ミリフィルムの業界標準であった、可燃性の高いニトロセルロース製のプリントを保存・展示することも新たな関心事となっている。(3)

米国におけるフィルム・アーカイブは、それぞれ固有の歴史、コレクションや施設の特異性、組織の使命に違いがあると同時に、利用客の期待や映画研究の動向の変化への対応やスピードも異なっている。ここに挙げた主要なアーカイブについて、より深い文脈に基づいて説明や比較をするのは筆者の能力を超えるが、どの機関もこの三〇年間、新たな展開に取り組んできたという点では共通していると言えるだろう。それは、映画やオーディオビジュアルのコレクションに携わる個人のために専門教育を行っているという点である。専門的なアーカイバル・トレーニングは、ヨーロッパでは遅くとも一九八〇年代からあったが、北米では一九九六年にジョージ・イーストマン博物館が取り組んだのが最初である。Ｌ・ジェフリー・セルズニックの寄付によってこれは実現した。博物館職員が改良を重ねたＬ・ジェフリー・セルズニック・サーティフィケート・プログラムは、動画アーカイブに関わる米国内の多くの機関のトレーニング・プログラムやインターンシップの先例となった。イーストマン博物館はロチェスター大学と共同で映画保存の専門家を育成する教育課程セルズニック・プログラムも実施しており、一年間の認定コースと二年間の大学院コースは二〇二四年七月現在で、三〇カ国・三〇〇人以上の修了者を輩出している。米国では、このような映像アーカイブに特化した教育プログラムのおかげで、映画とオーディオビジュアル・アーカイビングは今や明確な専門分野として認知されている。

米国の公文書館やその関連の映画アーカイブで行われた専門教育は、映像遺産の一般公開や映画・メディア研究の進歩に多大な影響を与えてきた。本章では、ジョージ・イーストマン博物館の動画部門とフィルム・コレクションを事例に、映像アーカイブに関する教育という「現象」をよりよく理解するための洞察と背景を提供する。

1　ジョージ・イーストマン博物館とコレクション

イーストマン・コダック社の創業者で写真と映画フィルムを大衆化した先駆者であるジョージ・イーストマンは、ニューヨーク州ロチェスター市の文化遺産を語る上で欠かせない人物である。イーストマンはロチェスター大学に資産の半分を寄付し、一九三二年に亡くなると、ロチェスターのイースト・アベニューにある邸宅と私有地を寄贈した。ロチェスター大学は一九四七年にその所有権を返還し、邸宅を写真博物館とするのに協力した。映画の収集は一九四九年に始まった。四〇年後の一九八九年には、映画、写真、視聴覚装置やジョージ・イーストマンに関連するものを含めて、所蔵品は三七室あった邸宅には収まりきらなくなり、温度・湿度調整機能がついた保管庫、アーカイブ作業や研究、展示用スペースを兼ね備えた床面積七万三〇〇〇平方フィート（約二〇五二坪）の新館を増築する。現在では一八九四年からこれまでに撮影された二万八〇〇〇本の映画（一一〇万本のフィルム・リール）、五〇〇万枚のスティル写真、ポートレート写真、書簡、脚本、楽譜、フロッピーディスク、映画ポスター、四〇〇万枚の写真とネガ、一万七〇〇〇点の視聴覚装置、四万三〇〇〇点の出版物が収蔵されている。一九四九年に映画部門（現在ではムービング・イメージ部門）の初代キュレーターであったジェイムス・カード（一九一五—二〇〇〇）が始めた映画コレクションは、無声映画、一九二〇年代から四〇年代にかけての古典ハリウッド映画、ドイツ映画などが特に充実している。また、セシル・B・デミルやマーティン・スコセッシ、スパイク・リー、キャサリン・ビグロー、ケン・バーンズなどの映画監督が、自身のコレクションの管理を委託している。オリジナルのテクニカラー・ネガを大量に収蔵しているほか、一九五〇年代から二〇一五年までの東南アジア映画も集めており、東南アジア地域以外では最大のコレクションとなっている。

ムービング・イメージ部門とそのコレクションは、セルズニック・プログラム一年目の重要な情報資源となっている。所蔵品の保管庫、事務室、作業室、ムービング・イメージ研究センターはすべて建物の地下にある。この研究センターには参考図書、閲覧机、映写室、プリント閲覧用の16ミリ・35ミリ兼用の水平型フラットベッド・フィルム・ビューワーが四台備えられている。AVアーカイブには関連する講義や学術会議、ワークショップ、セミナーの資料が収められており、映画監督、俳優、業界人のインタビュー音声や、無声映画用の伴奏音楽なども視聴できる。

三室あるフィルム保管庫には、あわせて一億フィート（約三〇〇〇キロメートル）以上になる様々なゲージ（形状）のフィルムが保管されている。保存用のマスタープリントと研究閲覧用の複製プリントは摂氏四・四度、相対湿度三〇％の環境で管理される。四つ目の保管庫にはフィルム素材以外の資料、スティル写真や脚本、映画ポスター、文書などの出版物が収められている。一九九六年に建設されたルイス・B・メイヤー保全センターには、35ミリのナイトレートフィルム・プリントが保管されている。この保全センターはイーストマン博物館の分館のひと

図 11-1　ジョージ・イーストマン博物館の来客用入り口（2024 年撮影）。右側の建物はドライデン・シアター。イーストマン邸宅はその後ろにある

つで、ここには室温調節された一二室の保管庫に二六〇〇万フィート分のナイトレートフィルムを収納することができる。有名な作品では『風と共に去りぬ』（*Gone with the Wind*. 一九三九年）や『オズの魔法使い』（*The Wizard of Oz*. 一九三九年）、『巴里のアメリカ人』（*An American in Paris*. 一九五一年）などのオリジナル・カメラ・ネガティブがここに保管されている。一九九六年に竣工したルイス・B・メイヤー保存センターは、米国で一〇年ぶりに建設されたナイトレートフィルムの保存可能な施設であり、一九九〇年代のエネルギー効率基準を満たした最初の建物となった(4)。

上映施設としては、イースト・アベニューにある博物館の本館に五〇〇席の映画館「ドライデン・シアター」があり、ここではイーストマン博物館のコレクションや外国映画、インデペンデント映画、新たに復元された映画などが上映されている。ドライデン・シアターはナイトレートフィルムを上映できる、全米でも数少ない劇場のひとつだ(5)。ドルビーサラウンドシステムやサイレント映画用のピアノ伴奏、3D映画などにも対応しており、週に五日間上映プログラムが組まれている。映写ブースでは16ミリ、ナイトレート・プリントも含む35ミリ、DCP上映が可能である（図11-1）。

2　ジョージ・イーストマン博物館における保存

ジョージ・イーストマン博物館では、すべての映像をオリジナルのフォーマットで保存・展示している。例えば、アナログ・フィルム・プリントを保存する工程でデジタル修復技術を用いたとしても、最終的にはアナログ・フィルム・プリントとして保存する。

しかし、博物館の敷地内には光化学処理をほどこし、フィルム・プリントを焼く光化学ラボはないため、それらの作業は外部のラボと協力して行っている。(6) 二〇一四年に最新式のデジタル復元ラボ、「フィルム・プリザベーション・サービス」（Film Preservation Services: FPS）がロチェスター市北部のコダックビジネスパークに建設され、復元作業を担っている。スタッフと学生はディアマン（Diamant）とダヴィンチリヴァイヴァル（DaVinci Revival）というシステムを使ってフィルムの汚れや傷などをデジタル的に修正したり、退色したフィルムのカラー調整を行ったりする。アリスカン（Alyscamps）とマークⅡレトロスキャナー（Mark II Retro Scanner）というソフトウェアの技術を使って、ＦＰＳは、文化機関や企業、個人の顧客にデジタル・サービスを提供する。これも教育プログラムの一環となる。

イーストマン博物館の映像部門は、複数のアーカイブが協力して保存・修復しながら注目を集めたプロジェクトに積極的に参加してきた。たとえばキング・ヴィダーの二本の監督作品、『ビッグ・パレード』（*The Big Parade*. 一九二五年）と『群衆』（*The Crowd*. 一九二八年）、ポール・フェヨスが撮った『都会の哀愁』（*Lonesome*. 一九二八年）、メリアン・C・クーパーが撮った『キング・コング』（*King Kong*. 一九三三年）などである。映像部門はまた、全米映画保存基金（The National Film Preservation Foundation）からいままで一二五本以上の修復に助成を受けており、劇映画だけではなく、アマチュア映画製作の発展に寄与したロチェスター市を紹介するドキュメンタリーも多い。以下はロチェスター市に縁があり、小型映画の歴史上でも重要な作品の数々である。

(1)『科学の眼』(*Eyes of Science.* 一九三〇年)：アメリカ・アバンギャルド映画のパイオニアで、ロチェスター出身のジェイムズ・シブリー・ワトソン・ジュニア (James Sibley Watson, Jr.) 監督によるボシュロム社の産業映画。

(2)『ロージーに花束を』(*Flowers for Rosie.* 一九二三年)：コダック社の16ミリフィルムのお披露目記者会見でプレミア上映されたアマチュア映画。ロチェスター在住の主婦マリオン・グリーソン (Marion Gleason) が撮影した。(7)

(3)『フライ・ロー・ジャックとゲーム』(*Fly Low Jack and the Game.* 一九二七年)：これもロチェスター在住の主婦マリオン・グリーソンによるロマンス作品。コダック社がホームムービーを一般に広めるために用いた。

(4)『霧をぬけて』(*Out of the Fog.* 一九二二年)：16ミリフィルムの販売促進を目的に、ジョージ・イーストマンに見せるためコダック社が製作した、一貫した物語のない映像。フィルム・プリント製作研究所の技術者らが製作、演出、撮影した。

(5)『トマトの一日／決して起こらない物語』(*Tomato's Another Day / It Never Happened.* 一九三〇年)：ジェイムズ・シブリー・ワトソン・ジュニアによるサウンド映画。

(6)『トンプキン少年の車』(*Tompkins Boy's Car.* 一九二二年)：ロチェスターに住む若者二人が組み立てた車についての物語。ロチェスター在住の主婦マリオン・グリーソンが撮影した小型映画。最初期の16ミリカメラを使用したアマチュア作品。

3　セルズニック・プログラム・カリキュラム

二年間のセルズニック・プログラムの一年目で、学生はイーストマン博物館のスタッフの助けを借りながら、映画保存とアーカイブの運営についてのあらゆる知識を学ぶ。カリキュラムでは実習と理論の両方の講義を毎週受ける。映像部門のスタッフがほぼ全ての講義を担当する。また国内、国外を問わずアーカイブ学の専門家が招かれ、特別セミナーが定期的に開催される。初年度の授業の主なトピックには「ミュージアム実習」「キュレーションの理論と実践」「フィルムの保全と復元」「映像アーカイブ運営」「ラボ実習（ラボでの保管手順に関する原則、基準、技術、作業）」などがある。こうした講義を終えた学生は、個人演習にとりかかる。イーストマン博物館講師陣の指導を受けながら、現在進行中の復元プロジェクトや新たに立ち上がったばかりのプロジェクトに加わるのである。セルズニック・プログラムは計一〇カ月、朝九時から夕方五時まで週五日制で、学生は月曜日に映画保存と保全に関する講義、火曜日にキュレーションに関する講義を受けた後、毎週ローテーションを組んで、様々なスタッフのアシスタントをしながらあらゆるアーカイブ活動を体験する。生徒がアシスタントにつく業務と講義のリストを示してみよう。

ローテーション

・目録作成
・フィルム接合実習、フィルムの取り扱い方法
・フィルム素材の点検、検査、調査
・アイデンティティの不明なフィルムの特定（検査で得られる技術データに加え、撮影内容、被写体、字幕、ロゴな

どから様々な情報を取り出し、作品の特定を行う）
・デジタル保存（デジタル保存作業の一連の流れについて、スキャン作業、画像処理、色補正、デジタル修復、データ管理）
・上映前のフィルムの点検作業と、適正な条件下での上映
・キュレーション作業の諸問題、組織運営、助成申請
・映画・映像展示方法（アーカイブ会場における映画プログラミング）の理論と実践

講義

・写真保全／映画ポスターの復元（一週間の実習）
・ラボ技術
・フィルム化学
・画像の延命措置（気温・湿度調節、劣化、コレクション延命のための方策）
・フィルムの収集
・著作権（一週間のワークショップ）
・磁気テープ保存
・音声記録保存
・デジタル映画復元（オランダのハーゲフィルム映画保存社（Haghefilm Digitaal）のスタッフによる講習、一週間の実習）
・フィルム・アーカイブ運動史
・資金集め（全米映画保存基金による講義）

・ビデオテープ保存
・地域映画アーカイブ

これらの理論学習と実習に加えて、学生は以下のような重要な活動も行う。

(1) ドライデン・シアターで一般上映される映画プリントについて、一年間、「映画プリント評価書」を作成する。評価書には当日使用されたプリントの映写状態などを記入する。

(2) 「プリザベーション・スクリーニング」という進行中の保存・修復プロジェクトで作成されたアンサープリント（現像所で仕上げられた最初の映像フィルム）の上映に約六回参加する。

(3) 外部のラボやアーカイブ施設の見学。私がセルズニック・プログラムに参加した二〇〇七～二〇〇八年は、東海岸にあるシネマ・アーツ（Cinema Arts. 近年は営業停止中）とカラー・ラボ（Colorlab）を見学した。どちらもフィルムの旧現像所を映画保存のみに特化させたラボである。このほか議会図書館の視聴覚資料を収蔵しているヴァージニア州カルペパーの国立視聴覚資料保全センター（The National Audiovisual Conservation Center: NAVCC）、ワシントンにある国立公文書記録管理局（The National Archives and Records Administration: NARA）、ニューヨーク近代美術館の映画コレクションを収蔵するセレステ・バルトス・フィルム保管センター（The Celeste Bartos Film Conservation Center）、近場では、イーストマン・コダック社やメディア・トランスファー・サービスの見学もした。

(4) 映画祭や学術会議に参加する学生もいる。映像アーキビスト協会（The Association of Moving Image Archivists. 一九九〇年創立）の年次大会や、ニューヨーク大学で開催される、オーファンフィルム（孤児フィルム）を上映する映画祭などである。[8]

初年度を乗り越えると、将来、大小さまざまな状況で働く力を蓄えることができる。例えば国立のアーカイブなどで大勢のスタッフとともに技術的な役割を担うかもしれないし、運営側に回るかもしれない。地域の図書館や学校など規模の小さい組織では、映画コレクションを維持するのに必要な全ての作業を自分でこなさなければならない。大学院プログラム初年度の達成状況は、平常点と筆記試験によって判断される。一年生の半ばには「実習試験」があり、学んだことができるようになったか確認される。実習試験では、一人ずつフィルムを渡され、保管、複製、データ入力、カタログ化など全ての保存修復作業を独力で行わねばならない。フィルムが荷物の搬入口に到着するところから、最後に保管庫に収めるまでのすべての工程を、手順に沿って正しく行えるかどうかがこの試験で問われるのだ。一年間の認定コースでは年度末の個人演習が最後の課題だが、二年間の大学院コースでは引き続きイーストマン博物館で働く。二年目はロチェスター大学で受ける映画史や批評分析、映画理論などの講義に重点が置かれる。二年目は修士論文をロチェスター大学の講師陣の指導を受けながら書き上げ、提出する。

4　セルズニック・プログラムに基づく大学の授業

二〇〇七年度に、私はサバティカルを利用してセルズニック・プログラムに参加した。参加するに至った理由は幾つかある。まず、セルズニック・プログラムの創設以来、ロチェスター大学の教員として私は学生の指導にあたってきたが、自分が受けた教育と大学教員の経験だけではフィルムの物質性について深い理解を学生に与えられないと気付いたからだ。二つ目には、映画の物質的な特性に関する学生の質問や、自分自身の内に沸き起こる疑問にうまく答えることができないと不満を感じていたのも参加を決めた理由の一つであった。映画史は現存する映画に重きを置きがちだ。また、私たちは何が失われ、なぜ失われてしまったのかを考えることを怠る傾向がある。私たちが理解する映画史はたくさんの思い込みを基盤としており、アーカイブの世界とアカデミックの世界の間に人為的に引かれた境界がその原因ではないだろうか。

三つ目の理由は、ロチェスター市が映画史に占めるユニークな位置づけは確かに面白いが、それと自分の研究や教育経験をなかなか結びつけられかったからである。当時その方法を模索中だった。私の専門は日本学と日本映画だが、写真・映像イメージは二〇世紀の世界共通言語である。手元にある、帰山教正が一九三〇年に出版した『シネハンドブック』がそのことをいつも思い出させてくれる。内表紙の「コダスコープ・プロジェクターモデルB」の広告を見るたびに、私は帰山の世界とつながっていると感じることができる。にもかかわらず従来の映画研究は、いつからか、そしてどういうわけか、帰山やその同時代人たちを興奮させた映画製作における技術的な側面、映画というテクノロジー体験そのものに対する情熱を失ってしまい、別の方向へ関心を向けていったのだった。そこで、物質としてのフィルムと学問としての映画学の複雑な関係を知るには、フィルム・アーカイブで一年働くしかないと思い、プログラムへの参加を決めたのである。

アーカイブの世界とアカデミックな世界のギャップを直接感じたのは、ひどく劣化したリールのフィルムが自宅に届いたときだった。日本映画のフィルム缶がeBayで売りに出ているよと知人に教えられ、どうせ缶の中は空だろうと思いつつ二〇ドルで購入した。ところが驚くべきことに、その缶にはフィルムが入っており、ワーピングと呼ばれるねじれを起こしていて、酢酸塩の臭いが充満していた。フィルム缶に記された文字から、これは自分が今やっている研究に関係があると分かったので、そのフィルムをイーストマン博物館の同僚のところへ持ち込んだところ、彼らはすぐにフィルムの保存・修復にかかる見積もりを出してくれた。残念ながらそのフィルムの損傷や劣化をくい止める作業に取りかかることはできなかったが、この一件で映画フィルムのライフ・サイクルについて本格的な勉強をしなければと強く思ったのである。

イーストマン博物館の一年間の経験を終え、私はロチェスター大学で「モノとしてのフィルム」(Film as Object)というセルズニック・プログラムに基づいた学部生向けの授業を開講した。スクリーンに映し出される画像だけではなく、その元となる具体的なモノに焦点をしぼり、フィルムを寿命の限られた生物ととらえると、映画の社会的・文化的・歴史的な価値について何を学ぶことができるかを考えようとする授業である。また、従来の映画学はアナログ映画を自明のごとく存在するものと考えると同時に、映画が、二〇世紀という期間を独特な方法で定義することのできるメディアだという側面を軽視する傾向があるので、それを是正できればという目論見もあった。映画フィルムは機械的に複製できるという考えは単純すぎであり、デジタル時代の現在では、その過程がいかに複雑であるかがより明らかとなっている。この授業の目的は、映画フィルムの一コマ一コマが、切り取られた断片であれリールに巻き取られたものであれ、その作品の製作に関する情報や利用状況を教えてくれる証拠になりうるのだと示すことである。フィルムをこう理解すると、映画あるいはその上映は過去に起こった歴史上の出来事ではあるが、未来まで生き続けるものでもあると、物質文化に関する認識を深めることができる。

私のこの授業は、セルズニック・プログラムや、イーストマン博物館の同僚たち、そしてイーストマン博物館とロチェスター大学の協力態勢があって初めて可能になった。セルズニック・プログラム二年目の学生は、私の授業のアシスタントになって人に教えるという体験を積むことができ、受講生はセルズニックの学生のユニークな体験や物の見方を学ぶことができる。授業は週に一度イーストマン博物館で行うので、受講生は映画保存の生の現場を見ることができた。一五年間続けてきた授業で扱ってきたトピックを以下に挙げる。ほとんどの講義は博物館の映像部門のスタッフが行っている。

- イーストマン博物館の映像部門の見学と講義（担当：ＭＩＤのスタッフ）。通論「映画保存教育」「目録作成／アクセス」
- 主要な材料の取り扱いについて（担当：ＭＩＤのスタッフ）
- ナイトレートフィルム。ルイス・Ｂ・メイヤー保全センターの見学（担当：ＭＩＤのスタッフ）（図11-2）
- アイデンティティの不明なフィルムの特定（担当：ＭＩＤのスタッフ）

図 11-2　「Film as Object」のルイス・B・メイヤー保全センターの見学時に撮影

・スティル写真、映画ポスター、紙素材・文書コレクションの調査研究（担当：ＭＩＤのスタッフ）
・専門分野としての映像アーカイブの歴史と未来（担当：ＭＩＤのヘッドキュレーター）
・小型映画、アマチュア映画、オーファンフィルム／孤児映画（担当：筆者）
・カラーフィルムの歴史（担当：筆者）
・音声記録技術の歴史。オプショナル・トピック（担当：筆者）
・デジタル保存、歴史と実践（担当：ＦＰＳのスタッフ）
・アーカイバル・プロジェクション。上映直前のフィルムの点検、商業映画館で主流のすべてのリールを連続上映するいわゆる「プラッター・システム」ではなく、複数のプロジェクターを用いリール交換を行う映写方法など（担当：ドライデン・シアターのスタッフ）
・フィルム・アーカイブ会場における映画プログラミング、映画・映像展示（担当：ドライデン・シアターの映画展示キュレーター）

セルズニック・プログラムに参加して、印象に残る出来事が三つあり、授業では必ずそのことを生徒に話すようにしている。三つとも、フィルムの本質的な物理性や有機的な性質、映画保存・アーカイビングの重要性を解き明かす。一つ目は、かつてコダックで働いていて現在は退職している方が、昔、コダックはフィルム乳剤に使用するゼラチンを製造するために、工場近くで質の高いアルゼンチン産の牛を飼育していたと語ったのだ。映画を研究してきたにもかかわらず、映画自体が何からできているのか真剣に考えたことはなかったと気づいた。授業では、イーストマン博物館の映像部門を見学する前に、一九二一年にコダックが作った宣伝映画『フィルムランドを巡る映画旅行』(*A Movie Trip through Film Land*) を見せる。この作品は、セルロイドを作るのに使うコットンが工場に搬入される場面から始まり、映画フィルムの製造工程を全て見ることができる。また、保管庫を見学してナイトレートフィルムの劣化について学び、しかるべき収蔵場所としかるべき方法で劣化を阻止すればナイトレートは非常に耐久性のある素材だとわかる。国立視聴覚保全センターが所蔵するエドウィン・S・ポーター監督『大列車強盗』(*The Great Train Robbery*. 一九〇三年) のオリジナル・カメラ・ネガティブの良好な状態は、適切に保管されたナイトレートフィルムがどれほど耐久性が高いかを表している (図11-3)。

図11-3　1903年に制作された『大列車強盗』のオリジナル・カメラ・ネガティブ (国立視聴覚保全センター)

二つ目の思い出深い出来事は、スウェーデンの国立アーカイブ宛てに五五〇〇リール、総重量約一七トン分のナイトレートフィルムを発送する手伝いをしたことである。一九九六年時点でスウェーデン国立アーカイブにはナイトレート用の保管庫がなく、所蔵していたリールが廃棄されかかっていた。そこで国立アーカイブは廃棄する代わりにいったんイタリアの施設へ送った。しかしそこは温度・湿度調整機能がなかったので、管理を一時期外部委託して当座をしのぐことにした。だが五年後に委託の継続は難しくなってしまい、保管場所の問題が再燃したのだが、イーストマン博物館が新しく建設したばかりのナイトレート施設で保管しようと申し出たのである。スウェーデンの国立アーカイブにナイトレート保管庫が新設されると、イーストマン博物館は預かっていたフィルムを返還した。このように、ナイトレートフィルムは劣化を防ぐために世界中を飛び回っていたのである。この時の経験で、オリジナルのナイトレート素材を保存することがいかに重要か痛感し、世界中のアーキビストがどのように協力して取り組めばよいのかを知ることができるとても貴重な機会となった。

三つ目の思い出は、私が世界最大の視聴覚資料コレクションを誇る国立視聴覚保全センターと国立公文書記録管理局を訪れたときのことである。視覚技術装置や視聴覚資料を見て、その膨大な量に驚いた。なによりも驚いたのは国立公文書記録管理局で「ザプルーダー・フィルム」と呼ばれる、ケネディ大統領暗殺の決定的瞬間を記録した有名な8ミリフィルムが収納されているファイル・キャビネットを見たときである。フィルムそのものを見たわけでもなければ、上映してもらったわけでもなく、ただ実物が収納されているキャビネットを外から見ただけだった。それでも、ここに何回もテレビで見たあのザプルーダー・フィルムがあると思っただけで強い衝撃を受けたことを今でも覚えている。このときの経験から、小型映画の重要性を再認識した。散逸し、断片しか残っていないことも多く、残っていても利用しづらい小型映画は、これまで映画史で無視されてきた。

セルズニック・プログラムに参加してから、私は日本学と視覚文化・物質文化研究を結び付け、活性化するプロジェクトを立ち上げるため、イーストマン博物館に収蔵されている小型映画の調査を行っている。『人力車から観た日本1931－1932』（*Japan as Seen from a Rickshaw*）は、そうした映画のひとつである。ロチェスター市を中心とするアマチュア・シネマ・リーグのメンバーの一人が日本を旅行したときに撮影したもので、素材は長さ七〇〇フィートの16ミリフィルムだ。フィルムの素材は非常に壊れやすいが、この熱烈な映画愛好家が撮影した浅草六区の風景は生き生きとしていて魅力的である（図11－4）。

多くの公文書館がそうであるように、小型映画の目録作成は、劇場用長編映画の識別・目録作成・保存を優先するあまり、長らく放置されてきた。南アジアの劇場用長編映画コレクションと、わずかな数の35ミリのアジア長編映画とは別に、ジョージ・イーストマン博物館が実はアジアの重要な資料をいくつも持っていることは、あまり知られていない。新たに身に着けた技術を駆使し、博物館のデータベースをくまなく調べ、長い間顧みられることのなかった資料の中から、私は日本の16ミリドキュメンタリー映像やアマチュア旅行フィルムを見つけることができた。私のこの小さな経験は、どんな有名なコレクションにも、まだまだ発見されていない資料がたくさん眠っていること、そしてアーカイブと保存技術に関する知識と理解が、そうした死蔵資料に光を当てる可能性があることを、思い起こさせてくれると

図11-4 『人力車から観た日本 1931–1932』（*Japan as Seen from a Rickshaw*）。浅草六区の風景

言えよう。

注

（1）二〇一一年八月二七日に京都文化博物館で開催された「第六回映画の復元と保存に関するワークショップ」での発表「海外の映画保存事情——L・ジェフリー・セルズニック映画保存学校の視点から」を加筆・修正したものである。発表を可能にしてくださった太田米男氏と日本語に翻訳してくださった河原大輔氏に感謝したい。翻訳の監修にご協力いただいたミツヨ・ワダ・マルシアーノ氏にも深く感謝する。

（2）一九二七年に設立された映画芸術科学アカデミーは、アメリカ合衆国を中心とする映画業界人たちによって結成された団体であり、その目的は、映画産業における芸術と科学の発展を促すこととされる。ロサンゼルスとビバリーヒルズに拠点を置き、アカデミー賞の選考や授与といった仕事に加え、映画文化、教育、技術の発展に携わる研究に対する助成等を積極的に行ってきた。

（3）二〇二四年六月にジョージ・イーストマン博物館で行われた「第八回ナイトレート・ピクチャー・ショー映画保存フェスティバル」の成功は、ナイトレートフィルム・プリントの上映に対する関心が高まっている証拠である。フェスティバルへの参加パス五〇〇枚のうち四七五枚はフェスティバル開始前に完売した。

（4）ルイス・B・メイヤー保全センターの大規模改造は、二〇二四年末までに完了する予定。

（5）ドライデン・シアターは一九五一年に建設され、二〇一三年に改装された。東海岸でナイトレートフィルム・プリントを上映できる唯一の映画館である。ナイトレート・プリントを展示している米国の他の四つの映画館は全てカリフォルニア州にある。UCLAの二つの劇場とハリウッドの伝説的なエジプシャンシアター（一九二二年に建設、ナイトレートフィルム・プリントを展示するために二〇一九年に改修）、カリフォルニア州パロアルトのスタンフォード・シアター（一九二五年、一九八七—一九八九年に改修）が含まれる。

（6）イーストマン・ミュージアムは二〇一一年に約一二の商業映画ラボと協力したが、現在も営業しているこのようなラボの数は半分以下に減少している。

（7）ホームムービーとアマチュア映画の出現におけるマリオン・グリーソンの役割については、Dwight Swanson, "Inventing Amateur Film: Marion Norris Gleason, Eastman Kodak and the Rochester Scene, 1921-1932," *Film History*, 15（12）, 2003, pp. 126-136を参照。

（8）オーファンフィルム（孤児フィルム）とは、権利と管理の外に存在するいつ無くなってもおかしくない、儚いフィルムである。

第12章　復元された映画を普及するヨーロッパの映画祭

小川佐和子

本章では、アーカイブ活動を促進する大きな契機の一つとなる映画祭について述べる。とりわけ、映画復元を基軸とした映画祭を対象に、アーカイブにおけるプレゼンテーションの機能に着目する。ヴェネツィア映画祭、カンヌ映画祭、ベルリン映画祭といった世界的に知名度の高い三大映画祭ではなく、四〇年ほど続いてきた歴史のある専門性の高いチネマ・リトロバート映画祭を紹介することで、後者の特異性を日本の読者に伝えるとともに、映画上映／受容の真実らしさ（オーセンティシティ）の問題を考察する。文化遺産としての映画の価値を後世に伝えるために、映画祭には今後どのような展望が期待できるかを問うていきたい。

以下では、チネマ・リトロバート映画祭の共同ディレクターであり、サイレント映画部門で長年キュレーターをつとめてこられたマリアン・レヴィンスキー氏に筆者が行ったインタビューと、(1) 映画祭のコーディネーターであるギー・ボルレ氏から提供された資料を参照しつつ、本章をまとめていく。(2)

1　チネマ・リトロバート映画祭の特異性

チネマ・リトロバート映画祭は、一九八六年以降、イタリアの古都ボローニャで開催されており、正式名称の

「Il Cinema Ritrovato」は「再発見／復元された映画」という意味である。[3]これとならび、一九八二年から続くポルデノーネ無声映画祭は、「無声映画の日々」という意味の「Le Giornate del Cinema Muto」という名称である。この二つの映画祭は過去の映画を現在に伝えるための文化イベントであり、世界各国の映画アーカイブと映画フィルム修復研究所が映画遺産の保存、促進、普及の仕事に焦点を合わせた世界初の映画祭である。

映画祭というと一般的にはヴェネツィア映画祭、カンヌ映画祭、ベルリン映画祭のような今日の映画を紹介するイベントが知られている。たしかに、これらの三大映画祭にもクラシック部門で修復成果のお披露目の場があることで、視聴覚遺産の重要性に対する一般の意識はかなり向上してきた。とはいえ、それは主として映画フィルムのデジタル修復のワールドプレミア上映に限られており、映画フィルムやデジタル素材の保存の問題は三大映画祭の目的とはなっていないのが現状である。[4]これらの映画祭は、現在の映画製作を促進する商業的なイベントであり、その主な役割は、新しい映画のショーケースとその販売拠点を提供することである。プログラムを構成するコンペティションへの選出や受賞が、販売市場において新作映画の品質を示す指標となるからである。また、規模も資金も大きな国際映画祭では、絢爛なスターが登場し、それがマスコミに取り上げられることで、映画業界全般の宣伝にもなる。これらの映画祭は、約七〇年前の映画の黄金時代に誕生し、インターネットもストリーミングもＤＶＤもなく、過去の映画を見ることが本当に難しかった時代に、毎年、偉大な映画監督に捧げられる回顧プログラムによって映画ファンに常に対応してきた。

一方で、商業的な映画祭とは対照的に、チネマ・リトロバート映画祭とポルデノーネ無声映画祭のプログラムは、美術館での展示に匹敵する調査・研究・キュレーターシップにもとづいて作られている。チネマ・リトロバート映画祭のディレクターたちは本映画祭の目的を次のように述べている。

チネマ・リトロバート映画祭は、観客との相互の交流と同時に、チネテカ・ディ・ボローニャ[5]とそのラボであるリマジネ・リトロヴァータが毎年行っている、国際的な映画の（再）発掘と修復を紹介します。世界中の優れた映画機関や映画遺産に携わる主要な専門家との緊密な協力のもと、私たちは毎年、スクリーンへの復活が待ち望まれる貴重なフィルム群の上映を刷新しています。同時に映画祭は、大きなスクリーンで一緒に映画を見たり、国際的なレトロスペクティブを企画したりすることで成長するコミュニティと関わっています。このような映画遺産の研究と修復、そしてより多くの観客への働きかけの組み合わせにより、チネマ・リトロバート映画祭は「シネフィルのためのパラダイス」としての地位を確立したのです。(6)

具体的な目的については、「ヨーロッパ映画遺産の観客を増やす」、「ヨーロッパの視聴覚産業の重要性を強調し、ヨーロッパの映画遺産を保護・促進する」、「ヨーロッパ映画の伝統と現代の映画創作との相乗効果を刺激する」、「映画修復・普及機関の交流の場を作る」、「映画遺産に積極的な民間団体と公的団体の間でビジネス・プラクティスを共有する」ことである。(7)

以上の目的を掲げたチネマ・リトロバート映画祭は一九八〇年代に誕生した。長い間、フィルム・アーカイブは要塞のような存在で、そのコレクションは創設者のディレクターによって厳重に保護されていた。しかし、先駆的なフィルム・アーキビストの第一世代がこの世を去ると、ヨーロッパのフィルム・アーカイブは門戸を開き、緊密なコラボレーションと情報交換を開始した。ヨーロッパにおいては四九のフィルム・アーカイブが、一九九一年に設立されたネットワーク団体であるヨーロッパ・シネマテーク協会（略称ACE）のメンバーとして活動している。各アーカイブは、それぞれ異なる経歴と条件を持っているが、全般的な傾向として、一般公開の改善、知名度の向上、急速に変化するさまざまな技術への対応と協力が挙げられる。(8) ACEは毎年、会員から修復された映画のシリーズを提案し、テレビ局のアルテと提携を密にしている。門戸を開いたフィルム・アーカイブ同士のコラボレーションの成果の一つが、ACEの最初のプロジェクト「失われたヨーロッパ映画の探究」であった。これは、世界中のアーカイブから約七〇〇本の映画を再発見し、特定した上、約一〇〇〇作品を修復する成果を上げた。

この新世代のアーキビストたちは、映画史に全く異なるアプローチを取った。映画芸術は、原始的な試みに始まり、偉大な芸術家・作家による正統な傑作（カノン）へと発展していくというこれまでの歴史学の物語から、ようやく解放されつつあったのである。彼らは、アーカイブに保管された過去の映画を系統的に見るようになり、一九世紀末からの製作の全容を初めて発見した。

このように二つの映画祭はとりわけ初期のサイレント映画の発掘にも力を注いできたが、その開始時期からも分かるように、一九七八年のブライトン会議における初期映画研究再考の流れを汲んでいた。イギリスのブライトンで開催されたこの大規模なシンポジウムでは、一〇〇名を超える各国のアーキビストや映画史家が参加して初期映画の上映と研究報告を行い、初期映画研究を問い直す画期的なイベントとなった。つまり映画史研究の新たな道のりが本格的に開始された時期と映画祭が誕生し拡大していった時期が重なっているのであり、映画史研究とこの二つの映画祭は現在に至るまで歩みをともにしてきたのである。

さらに興味深いことに、チネマ・リトロバート映画祭とポルデノーネ無声映画祭は、イタリアのチネテカ・ディ・ボローニャ（一九六二年設立）とチネテカ・デル・フリウリ（一九七六年設立）という当時はまだ小さなフィルム・アーカイブの若者たちによって立ち上げられた。彼らは、エヴゲーニィ・バウエルのような革命前のロシアの映画監督の作品、イタリアのディーヴァ映画、チャップリンやキートン以前のヨーロッパの喜劇映画など、新たにフィルムが発見された非常に重要な映画の歴史にアクセスできるように尽力した。彼らは、第一次世界大戦以前のフィルムがすべて白黒ではなく、いくつかの色彩システム、染色、調色、ステンシル・カラーがあることを発見した。そうして、フィルム修復の新しい倫理を研究し始め、新しい、より本物のプレゼンテーションのあり方を開発し、実験を重ねていった。もちろん、安全なフィルムストックに影響を及ぼすビネガーシンドロームなど、保存に関する新しい問題にも直面していった。

2　アーカイブのプレゼンテーションの機能

チネテカ・ディ・ボローニャは、現在一七六の加盟団体を擁するＦＩＡＦ[9]コミュニティの最も活発なメンバーのひとつである。[10] ＦＩＡＦの会員が関わるワークショップやミーティングも映画祭期間中に開催され、数え切れないほどの美しい映画が提示される。チネマ・リトロバート映画祭は、毎年一〇〇以上のアーカイブと連絡を取り合い、新しい修復作品を提案してもらう。

このように世界各国のアーカイブとの緊密なコラボレーションを経て実現するチネマ・リトロバート映画祭は、フィルム・アーカイブのフェスティバルである。草創期から現在までの一三〇年におよぶ映画史をプログラムに組み込み、七つの会場での並行上映が行われる。さらに街の中心にあるマッジョーレ広場での野外上映が人気で、毎夜数千人の観客を集める巨大イベントにまで成長した。マッジョーレ広場の巨大なスクリーンで行われる夜の野外上映は、ボローニャの地元住民と海外からの訪問者が一体となり、唯一無二の体験を共有する。同じ時間帯にチネテカ・ディ・ボローニャの中庭で行われる野外上映では、歴史的な映写機のオリジナルカーボンアークライトでフィルムが映写される（図12-1）。この光は、現代のキセノンランプよりもはるかに強力で、上映された映像に立体的な奥行きを与える。

こうして八日間にわたり、何百もの上映、一連の会議やレクチャー、ブックフェアなどが行われる。主な観客層はボローニャの地元の住民はもちろんのこと、アーキビスト、修復家、歴史家、権利所有者、研究者、学生、監督、アーティスト、専門映画館やテレビのプログラマー、そして純粋に大きなスクリーンで映画の楽しさを再発見したいと願う映画愛好家たちが世界中から集まってくる。

観客たちに向けた活動方針として、チネマ・リトロバート映画祭は以下のように提言している。

図 12-1　チネテカ・ディ・ボローニャの中庭で行われる野外上映 ©Courtesy Cineteca di Bologna

二〇二三年、二〇二四年も、過去三六回と同様、私たちの挑戦は、二〇以上のセクションの間にバランスを見出し、観客一人一人のニーズに合わせた旅程を提供することです。そのためには、選ばれた作品の美しさとユニークさに賭けています。「常設」部門のなかには、長年の研究と長期にわたる国際的な協力の成果もあります。私たちのセレクションは、世界中のアーカイブが保存してきた成果を紹介するものです。サイレント映画部門を担当するキュレーターは、ヨーロッパの多くの映画ライブラリーで約五〇〇本の映画を鑑賞する必要があります。毎年、失われたと思われていた映画が世界中で発見されています。何十年もの間、忘れ去られていた作品が再びスクリーンに戻ってくることは、新たな人生の始まりであり、修復に携わる人々は、この「ニュー・プレミア」に招待されるのです。[11]

ここで言及されている「常設」部門には、「再発見と修復」というセクションが含まれている。「再発見と修復」は、世界中の最新の修復作品のなかから最高のものを選ぶという内容のプログラムである。毎年各国のフィルム・アーカイブは、このセクションのために新しい修復作品を映画祭側に提案してくる。二〇二三年は、少なくとも六〇〇以上の候補のなかから約六〇作品が選ばれた。公的・私的を含むヨーロッパの主要なアーカイブだけでなく、他の大陸のアーカイブからも常に提案がなされる。

そしてキュレーターたちは、もう一つの重要な「常設」部門である「一〇〇年前の映画」セクションというプログラムを組む際に、一年かけてアーカイブ調査を行い、映画を鑑賞・調査し、念入りにプログラムを構成していく。その結果、内容的には新発見や未公開の作品が多くを占めることとなる。

一方でポルデノーネ無声映画祭は、一九三〇年代初頭まで、あるいは日本のように地域によっては一九三〇年代後半までの無声映画の時代に限定し、その本来の性格と規模を保ち、一つの会場で行われる専門家のためのフェスティバルである。

他にも、リヨンのアンスティテュ・リュミエールが主催するリュミエール・フェスティバル（二〇一〇年―）やシネマテーク・フランセーズ主催のアラン・レネの同名映画タイトルを用いた「世界の全ての記憶」（二〇一三年―）のように、修復を紹介し、映画遺産を促進するために新しいフェスティバルを開始したアーカイブがある。さらに、リトアニアのヴィリニュス国際映画祭のようなまだ歴史は浅いが非常に興味深い映画祭や、チュニジアのスースにある「シネ・ミュゼ」のようなヨーロッパ以外でのイベントも欧州のアーカイブの支援を受けて実現されている。

3　受容と映画作品のオーセンティシティ

そもそも映画には、複数のアイデンティティがある。映画は、過去の特定の瞬間に作られた物質的な物体である

Tomijiro Komiya Collection – Corpo e anima, performance ed espressione

Le Miracle des fleurs (Francia/1912)
R.: René Leprince. D.: 15'. Did. inglesi

N. 5616 [Frammento Deutsche Bioskop. Una coppia e una pistola]
(Germania, 19??) D.: 2'. Did. inglesi

Atlas. Episodio 2: Accusa d'oltre tomba
(Italia/1920) R.: Mario Guaita-Ausonia, Renée Deliot. D.: 15'. Did. inglesi

[Lacrimae rerum] (Italia/1916)
R.: Giuseppe De Liguoro. D.: 3'. Did. inglesi

Robinet innamorato di una chanteuse
(Italia/1911) R.: Marcel Fabre. D.: 2'. Did. inglesi

Uno è di troppo (Italia/1913)
R.: Eleuterio Rodolfi. D.: 6'. Did. inglesi

Chiffonnette (Italia/1916)
R.: Ubaldo Pittei. D.: 5'. Did. inglesi

L'agente Tontolini e il suo commissario
(Italia/1911) D.: 6'. Did. inglesi

La signora delle camelie (Italia/1915)
R.: Gustavo Serena. D.: 12'. Did. inglesi

Accompagnamento al piano di **Donald Sosin** e alla batteria di **Frank Bockius**

図 12-2　2021 年のチネマ・リトロバート映画祭のプログラムのうち，日本の国立映画アーカイブ（NFAJ）が所蔵する小宮登美次郎コレクション*の特集上映プログラム。このセクションは「イメージの迷路」と題された。約 110 年前の映画のプログラムを意識しているように，さまざまな国の映画，喜劇・ニュース映画・劇映画のジャンルが混合し、かつ短編・中編の組み合わせとなっている

一方、現代の観客が体験する非物質的な出来事でもある。

レヴィンスキー氏によると、上映や修復のキュレーターの主な任務の一つは、現代の観客に、単一の映画作品ではなく、集合体としての過去の映画の真実らしさ、すなわちオーセンティシティを体験させることである。レヴィンスキー氏はこの仕事をオペラの演出家の仕事と似ていると述べ、過去の映像の正確な再現を目指すのではなく、現実的な制限があるなかで、作品に可能な限りの「舞台装置」や「演出」を施し、観客に本物の体験をさせる機会を与えることが大切であると指摘する。

そこで重要になるのがプログラムのオーセンティシティである。一八九五年から第一次世界大戦期までの約二〇

年間、映画の標準的な長さは非常に短く、当時の映画上映は、コメディ、ドラマ、ダンスシーン、風景、産業映画、トリック映画など、さまざまなジャンルで構成されていた。それらはすべて異なる美的装置やインパクトを持っていた。上映の歴史から着想を得て構成される映画祭プログラムの方向性は、あらゆるジャンルの初期短編映画の長所を引き出し、その固有の美しさと強さを見せることができる（図12-2）。短編映画のプログラムには、長編映画のようなドラマトゥルギー（オープニング、エンディング、ドラマティックなピーク）と、各作品との調和も必要となる。初期作品が集積したプログラムは長すぎてはいけないし、上映後の観客には、疲労ではなく、素晴らしい映像を見たことでリフレッシュした気分になってもらえるよう工夫が施されている。

具体的なプログラムを見てみよう。一九一〇年代から一九二〇年代にかけて、三〇分程度の長さで一〇―一五話からなる連続映画が人気を博した。当時、連続映画のエピソードはニュース映画や短いアニメーション映画と一緒に上映され、毎週新しい作品が作られた。チネマ・リトロバート映画祭は八日間にわたって開催されるので、毎日一―二本のエピソードを上映することで、連続した上映のフォーマットを模倣し提供することができる。これは一度に数時間のエピソードをまとめて上映するよりも、観客にとってより適切で本格的な体験となる。二〇二三年は、一〇〇年前のフランスの連続映画である『秘密の家』（*La maison du mystère*. 一九二三年、アレクサンドル・ヴォルコフ監

＊一九八八年に旧フィルムセンターに寄贈され、映画史家の小松弘氏を中心に三年かけて復元調査されたコレクション。一九一〇年代のヨーロッパ映画が中心であり、日本における第一世代の映画愛好者のコレクションとして位置付けられる（小松弘「ヨーロッパ映画 1908-1915　ある歴史的視点」『FC89』、一九九一年、一九頁）。パテカラー（ステンシル）や染調色フィルム、世界に一つだけのユニーク・プリントが多いこと、同定されていない未発掘の映画も多い（再編集が必要な場合もある）ことが特徴である。二〇二〇年のチネマ・リトロバート映画祭で特集が予定されていたが、コロナ禍により二〇二一年に延期された。

図 12-3　『サタン狂想曲』（*Rapsodia Satanica*　ニーノ・オシーリア監督，1917 年）にピエトロ・マスカーニが作曲した映画伴奏用のスコア。©Courtesy Cineteca di Bologna

督）が毎朝上映された。そしてモスクワのゴスフィルモフォンドで新たにフィルムが再発見され、復元されたディアナ・カレンヌらイタリアで活躍したロシア人スターのディーヴァ映画が上映され、それらと同時期のフランスの喜劇映画が組み合わされた。当時の映画館では、単一ジャンルの映画だけを体験するのではなく、ディーヴァのヒステリックなメロドラマ的身体表現に、喜劇スターのコミカルで過剰な身体的演技が同伴していたことを示唆しようとするプログラムが実現された(12)。

受容のオーセンティシティに関わるもう一つの問題は、会場とスクリーンの大きさである。シネマスコープや一九五〇年以降の大作は、大きなスクリーンのある映画館で見なければならないし、レヴィンスキー氏によると初期映画の場合は人物の姿が等身大に映るのが理想的なスクリーンサイズであるという。また、コロナ禍の最初の年である二〇二〇年には、チネマ・リトロバート映画祭はライブで行われたが、ディスタンスルールを尊重するため、サイレント映画の上映はチネテカ・ディ・ボローニャの映画館の一つであるマストロヤンニ・ホールではなく、一八世紀に建設されて、一九世紀に装飾された美しい歴史的オペラハウスであるボローニャ歌劇場で行われることになった。結果的にこの会場は、サイレント映画と一九世紀の舞台芸術の連続性、そしてサイレント映画の深い音楽的エッセンスを、比類ない形で観客に体験させることができた。

映画作品だけでなく、その上映環境のコンテクストとして当時のサイレント映画上映時に演奏されていた音楽の存在も看過できない。音楽については、オリジナルのミュージックスコアが存在する場合もあり、それが上映に特別な価値をもたらす（図12-3）。しかし、オリジナルスコアが現存しているケースは例外であり、この場合はある意味で、当時の映画伴奏音楽が持っていた役割をはるかに超えて、今日の上映には重みを与えすぎていることもある。そうではなく現代の楽譜や現代のミュージシャンによる即興のライブ演奏を通じて、映画上映に新たな生命を吹き込むことも考えられる。

チネマ・リトロバート映画祭は、観客に「本物」を体験するための複合的な累積的方法とでもいうべきものも提供する。ある年には、テクニカラー映画のヴィンテージプリントで構成された特集があり、別の年には、チェコの映画プリントで構成された特集が行われた。9・5ミリフィルムの特集では、デジタル修復版の上映と、オリジナルの9・5ミリプリントおよびオリジナルの9・5ミリプロジェクターによる上映が実施された。

サイレント映画のプログラムでは、デジタル複製を上映することはほとんどなく、可能な限り35ミリプリントを上映している。現在、ほとんどのアーカイブ、権利者、製作会社はデジタル複製を選択しているが、先述の「再発見と修復」セクションでは、新たに修復された映画フィルムを上映している。サイレント映画の場合、35ミリの白黒プリントに、本格的な染色や調色を施して、最高の修復レベルを達成することができるからである。スヴェンスカ映画協会の修復プロジェクトであるマウリッツ・スティルレル監督の『エロティコン』（*Erotikon*. 一九二〇年）や、シネマテーク・フランセーズが修復したミュジドラ監督・出演の『ソレイユとオンブル』（*Soleil et Ombre*. 一九二二年）など、封切当時に近い色合いとトーンをよみがえらせた素晴らしいニュープリントを上映することが可能となった。

以上のように、当時の映写機による投影、ヴィンテージプリント、そしてオリジナルの手順による優れた修復の経験の積み重ねが、観客に視覚的な訓練と真正性の知識や体験を提供する。

4　映画祭の展望

このようにチネマ・リトロバート映画祭は常に新しい領域を探求し、過去の思いがけない映画を発見することができる。設立以来、チネマ・リトロバート映画祭の大きな目的のひとつは、多様な視点、物語、背景を求め、共有することであり、地理的・社会的な障壁を取り払い、映画史のなかに隠された、あるいは無視された一角を旅することであった。再発見と保存とは、長い間忘れ去られていた人々に声を与えることでもある。それは、ステレオタイプを克服し、人種的・宗教的憎悪や同性愛嫌悪と闘い、新たな視点を提供することを意味する。映画祭のディレクターたちは、映画を愛するということは、多様性を受け入れるということであり、そうでなければならないと考えている。

三大映画祭との差異として挙げられるのは、チネマ・リトロバート映画祭は、現代の映画界に特徴的なコンペティションによる競争から距離を置こうとしている点である。そこでは外部からのいかなる圧力からも完全に独立したセレクションに基づく、自由な精神を提案してゆく。そのようにして映画祭は、世界中のあまり知られていない作品を、より多くの観客に楽しんでもらうことを目的としている。

そうしたなかで映画祭が特に力を入れているのが、若い世代の観客を引きつけることである（図12-4）。実際、チネマ・リトロバート映画祭の観客の四分の一以上（二六％）は三〇歳未満であり、若い世代にも関心の高いイベントとなっている。ボローニャ市民のおよそ五人に一人がボローニャ大学の学生と言われているほど、ボローニャは学生の街でもあるが、映画祭はボローニャ大学の映画史コースのある演劇・芸術・音楽学部（ＤＡＭＳ）と緊密な協力関係にある。ＤＡＭＳの五七〇人の学生たちは、映画祭の観客の重要な供給源のひとつである。ＤＡＭＳの教員とディレクターは、映画祭の提案に関わっており、多くの授業はチネテカ・ディ・ボローニャの映画館チネ

図12-4　チネマ・リトロバート映画祭参加者推移

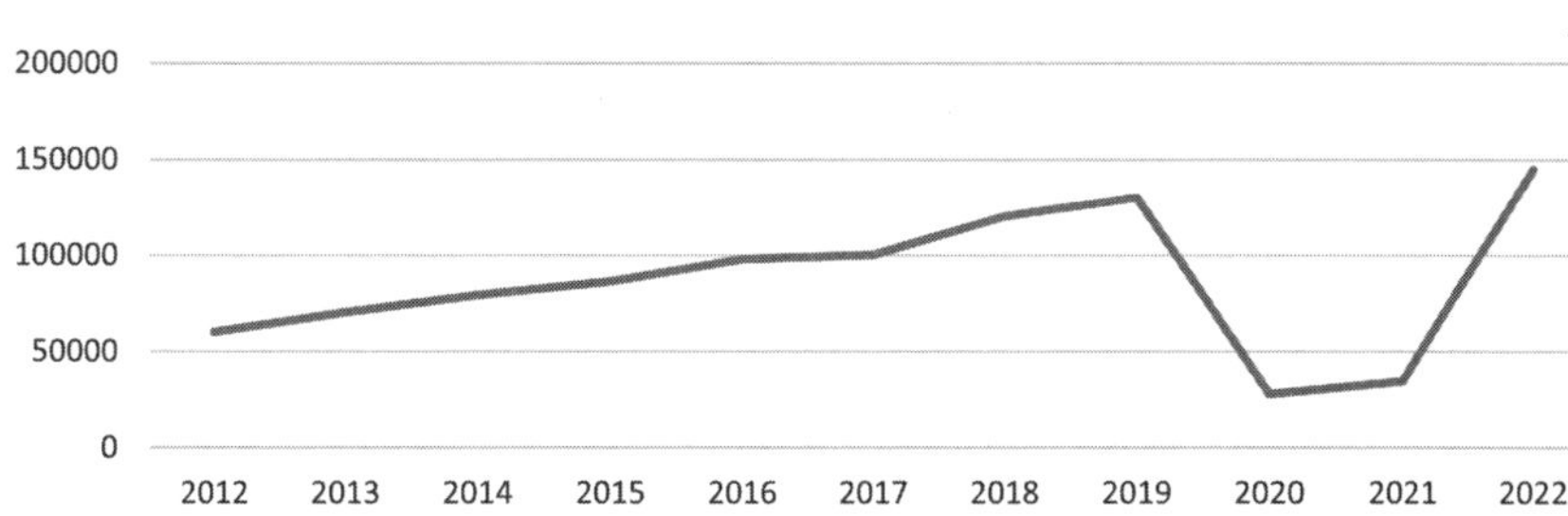

マ・リュミエールでも行われている。

映画祭は未来の映画祭を支えていく世代の子供向けの映画教育にも注力している。ヨーロッパ子供映画協会は、子供・青少年向けの質の高い映画に関心を持つ最大のコミュニティを代表する団体であり、映画祭はそのパートナーでもある。

以上のような目的とその実践、新たな観客層の発掘を通じて、文化遺産としての映画の価値を後世に伝えるために、映画祭には今後どのような展望が期待できるだろうか。若い世代に向けた未来へのサジェスチョンはどのようなものだろうか。

映画という文化遺産には、当然のことながら映画の歴史以外にも現在のアクチュアルな問題が多く含まれている。チネマ・リトロバート映画祭は、文化的使命というビジョンに従い、現在のアクチュアルな問題に積極的に参与しながら、きわめて政治的なプロジェクトも実現しようとしている。

その使命のひとつに、とくに見過ごされがちな女性監督や女優の貢献にスポットを当てることがある。映画の歴史は、その叙述においても批評においても、あまりにも長い間男性の視線に支配されてきたため、この使命は映画祭にとって不可欠な目標となっている。レトロスペクティブでは毎年、彼女らの作品を深く掘り下げる調査と研究によって、新たな個性を再発見することを目的としている。

チネマ・リトロバート映画祭は、女性映画人に関する体系的な研究と特集上映を行ってきた。ソフィア・ローレンやロミー・シュナイダー、イングリッド・バーグマンといった著名なスター女優を主役に据えたプログラムから、サイレント時代の女性映画監督のパイオニアの一人であるロイス・ウェバー、世界的に有名な作家であり優れた脚本家でもあったコレット、六〇年代のフレンチ・ニューウェーブの主要編集者でもあったフランスの映画監督セシル・ドキュジス、ウクライナのキラ・ムラートワ監督に焦点を当てたプログラムまで、その幅はじつに広い。二〇一五年のプログラムにはイタリアのサイレント映画スター、ヴァレンティーナ・フラスカロリ、二〇一六年にはシネマテーク・フランセーズでも働いていたフランス人監督マリー・エプシュタイン、二〇一七年にはフランスの先駆的ドキュメンタリー作家ニコル・ヴェドレスが登場した。二〇一八年は、バウハウス時代のドイツ人パイオニア、エラ・ベルクマン・ミシェルとナポリのサイレント映画監督エルヴィラ・ノターリに焦点を当て、そして二〇一九年に映画祭はフランス初のサイレント映画スター、ミュジドラにオマージュを捧げた。二〇二〇年、ソビエト映画の女性パイオニアに関するプログラムは、多くの映画ファンにとって大きな発見だった。二〇二一年のシネマリベロ・プログラムでは、キューバ、ブルガリア、ベネズエラ、ポーランドなど多くの国の女性映画人のパイオニアを取り上げた。二〇二三年では、アンナ・マニャーニ、スーゾ・チェッキ・ダミーコ、ディアナ・カレンヌ、エルフィ・ミケシュの特集が注目を浴びた。

さらにチネテカ・ディ・ボローニャは、女性映画人パイオニアたちの作品に関する特定の書籍やDVDも出版している。なお、映画祭とチネテカ・ディ・ボローニャのチームは、大部分が女性で構成されているそうだ。

この懸命な努力の結果は、常に多くの同僚や機関に刺激を与え、世界中で上映される他の多くのプログラムにつながっている。その一つの例が、二〇一三年からコロンビア大学を拠点に実施されている「女性映画人のパイオニアプロジェクト」の研究活動と映画祭との連動である。忘れられていた映画の復元と現在の新しい政治的・文化的視点を映画史研究のなかに位置づけるという堅固なプロジェクトが、映画祭という場で交差している理想的な形の一つと言えよう。

映画祭の文化的使命は、女性映画人に光を当てることにとどまらない。映画祭は、アフリカ大陸とインドの映画遺産を促進することにも貢献している。三七年間、映画祭が積み重ねてきた歴史的研究は、特に「生産性の低い」国々の遺産を守る努力にも注意を払ってきた。一八九五年以来、この膨大な映画遺産から多くの事実が発見され、現実の生の営みに連結させることができる。レヴィンスキー氏は語る。

若者たちは、偉大な芸術家の偉大な傑作の宝庫である映画と、世界中の現実を記録したこの比類なきドキュメンテーションから、つまり大衆の想像力と娯楽の巨大な宇宙から、自分の世代でやるべきことを間違いなく見つけられるでしょう。文化は人類ができる最高の営みであり、したがって、文化の分野で活動することは、この悪い時代に必要な人生への信仰を与えてくれるのです。また、フィルム・アーキビストと映画愛好家は、常にあらゆる国境を越えた素晴らしい共同体として結ばれていることもお伝えしたいです。ロシアのアーカイブやイランとのコラボレーションは、ときには現実的な理由で難しいかもしれませんが、最終的には双方で達成することができ、それは希望を与えてくれます。[13]

現在、レヴィンスキー氏が抱えるプロジェクトの一つは、フランスのエクレール社の監督ヴィクトラン・ジャッセとジョルジュ・アトが一九一〇年春にチュニジアで撮影した映画のスティル写真約一四〇枚の調査である。これらのイメージに登場する俳優や女優の名前はまったく知られていない。映画祭ではこの二〇年間、とくに一〇〇年前の映画特集において一九〇〇年から一九一〇年にかけての映画について多くのことを学んできたが、まだほんの入り口に立ったに過ぎないということが分かる。二〇二三年には、アフリカのパイオニア、アルベール・サママ・チクリが製作した作品の数々が上映された。フランスで活躍し、忘れ去られたチュニジア人監督に関する初の単行本の出版記念でもある。[14]

一九六〇年代以降に8ミリ、スーパー8、16ミリで作られた刺激的な実験映画も同様である。チネマ・リトロバート映画祭では毎年「グレート・スモール・ゲージ」という特集を開催するようになった。「グレート・スモール・ゲージ」は、世界中の映画製作者に大きな自由をもたらした小型フォーマットに焦点を当てた研究プロジェクトの名称である。これは現在、映画祭の新しいフロンティアのようなものとして機能している。

映画祭を主催しているチネテカ・ディ・ボローニャは、一般に公開され、透明性があり、誰もがアクセスできる場所としてのアーカイブの考えを守っている。アーカイブの仕事を人々に伝え、その歴史的・社会的価値を知ってもらうため、イタリア人学生や外国人学生を対象としたガイドツアーを数多く開催している。これは革新的な政治的選択であり、コレクションを秘匿するという一部の公文書館の選択とは対照的である。

そうしたチネテカの方針はコロナ禍に直面しても維持された。二〇二〇年二月にイタリアでパンデミックが始まる前は、チネテカはプラットフォームの成功にもかかわらず、ストリーミングで映画を提供していなかった。コロナへの対応策として映画祭は、チネマ・リュミエールの従来のプログラムをマイムービーズというプラットフォームに移行させるために、ビデオファイル管理、オンライン権利、プロモーション、字幕制作の新しいサイクルを二カ月という短期間で急いで学んで確立した。緊急の目標は、もっとも忠実な観客との関係を大切に守ることであった。そのために二〇二一年になってもいまだイタリアに足を運べない観客に対して、ストリーミング・プログラムが提供された。二〇二二年以降は、観客が現地の映画館に足を運ぶことに重点を置いているが、映画祭は可能な限り年間を通して映画の配信を拡大しようとしている。

最後にディレクターたちの言葉を引用しよう。

チネマ・リトロバート映画祭は、第七の芸術の中心に一週間どっぷり浸かることのできる幸運な一部の人のための特権であってはならない。チネマ・リトロバート映画祭は、すべての市民に関わる忘却との戦いなのだ。集団の記憶は何としても守らなければならない。私たちの夢のひとつは、私たちのようなプログラムがヨーロッパと世界で盛んになるのを助けることだ(15)。

注

(1) 本インタビューは二〇二二年八月二五―三〇日にレヴィンスキー氏のチューリヒのご自宅に滞在させていただいたときに実施した。本章は、そのときのインタビューをふまえて実現したものであり、心より感謝を申し上げる。

(2) 本章は「発掘された映画たち チネマ・リトロバート映画祭日本初上陸」二〇二四年二月一一日、REPRE50に掲載した記事を大幅に改訂したものである(https://www.repre.org/repre/vol50/greeting/)。

(3) ディレクターはジャン・ルーカ・ファリネッリ氏。一九八六年に映画祭を創設。チネテカ・ディ・ボローニャに四〇年以上勤務し、二〇〇〇年一二月に同館の館長に就任。映画の起源から全歴史を網羅する七〇〇以上の修復プロジェクトに携わってきた。世界中のアーカイブや研究所、映画祭、映画製作者たちと常に連絡を取り合っている。ファリネッリ氏に加えて、チェチーリア・チェンチレッリ、イーサン・ホュバクト、マリアン・レヴィンスキーの四名が共同ディレクターを務めている。

(4) 近年、チネテカ・ディ・ボローニャの仕事はカンヌ・クラシックとヴェネチア・クラシックのセレクションでもっとも多く紹介されている。例えば、カンヌ・クラシック2022では、ヴィットリオ・デ・シーカのイタリア・ネオリアリズムの傑作『靴みがき』(一九四六年)の修復版が世界初上映された。ヴェネチア・クラシック2022では、一九六八年に公開されたパゾリーニ監督の『テオレマ』の新修復版が上映された。

(5) 「チネテカ」cinetecaとは「フィルム・アーカイブ」を意味する。

(6) ボルレ氏から提供された非公開の資料より。本資料は映画祭が資金獲得のためCreative Europe Mediaに申請した文書である。

(7) なおチネマ・リトロバート映画祭の予算は約一〇〇万ユーロである。簡潔にまとめると二〇%はボローニャ国際映画祭財団の財源で、ここにチネテカの常駐スタッフの賃金も含まれる。二〇%が民間スポンサー、四〇%が公的資金(イタリア文化省一五%、エミリア・ロマーニャ州二〇%、欧州クリエイティブ・メディア・プログラム五%)である。

(8) FIAF(Fédération Internationale des Archives de Film)とヨーロッパ・シネマテーク協会のネットワークのおかげで、ヨーロッパのフィルムアーカイブ間の関係はかつてないほど緊密になっている。二〇二二年の映画祭では、九八のアーカイブ、権利所有者、制作会社とのコラボレーションがなされた。フランス二〇社、イタリア一三社、ドイツ九社、フィンランド三社、スペイン三社、スロベニア三社、オーストリア二社、マケドニア二社、セルビア二社、オランダ二社、その他スウェーデン、ベルギー、チェコ、デンマーク、ブルガリア、クロアチア、ボスニアなど、一七カ国六〇社以上のヨーロッパのパートナーと協力した。また、チネテカは、ヨーロッパ・シネマテーク協会がコーディネートし、ヨーロッパ委員会（European Commission）が支援するプロジェクト「A Season of Classics Films」のパートナーである。これは、ヨーロッパのアーカイブの活動を促進するため、ヨーロッパ各地で無料上映（オンラインおよび会場）を行うプログラムである。ＡＣＥは毎年、映画祭内で年次総会を開催し、ヨーロッパの同業者を対象に、保存、価値化、著作権をテーマとした特別ワークショップを開催している。

（9）二〇二四年七月現在、八〇カ国に九六の加盟団体と八〇のアソシエート団体が所属する。

（10）映画祭では、ほぼすべての関係アーカイブが参加するＦＩＡＦ年次大会が二回（一九九四年と二〇一六年）開催された。

（11）ボルレ氏から提供された非公開の資料より。

（12）Il Cinema Ritrovato 2023 の公式カタログを参照されたい。

（13）レヴィンスキー氏とのインタビューより。

（14）Mariann Lewinsky ed., *Albert Samama Chikli: Fotografo, Cineasta, Navigatore*, Cineteca Bologna, 2023.

（15）ボルレ氏から提供された非公開の資料より。

第13章　配信における価値の選択

國永　孟

　スマートフォン、タブレット、パソコンなどを所有していれば、いつどこからでも映像に触れることができるようになった。インターネット空間に溢れている映像は、アマチュアから映画会社まで、あらゆる人々によって制作／製作されたものだ。映画館に足を運び、暗闇に身を潜めて、他者の存在を感じながら、光り輝くスクリーンを見つめるといった、かつての儀礼的映画鑑賞行為は、もはや万人に共通の体験ではない。自宅から一歩も出ることなく、安価に、あるいは無料で映画や映像を見ることができるのに、どうしてわざわざ遠くの映画館まで交通費を払って出向き、高い入場券を購入したにもかかわらず出来栄えの不確かな映画を観なければならないのか、と考える人もいる。さらに、二〇二〇年に新型コロナウイルス感染症が猛威を振るい、人々の移動が制限されたことで、映画／映像の支配的な鑑賞形態は、映画館からオンライン配信へと完全に移行したといえよう[1]。

　視聴覚アーカイブは、映像が公開された当時の鑑賞形態や社会的コンテクストを現代の観客へ伝承することを活動目的に掲げているが、近年の映画／映像体験の急速な変容を前にして、映像のオンライン配信にも取り組み始めている。とはいえ、視聴覚アーカイブによるデジタル・アーカイブの構築や公開の歴史は浅く、各機関の配信活動は体系的に把握されていない[2]。また、各視聴覚アーカイブによって、公開方法や鑑賞形態も異なっている。そうした事情を踏まえ、本章では、まず視聴覚アーカイブによる配信活動の現状を概観し、配信形態のいくつかの特徴的なパターンを提示する。次に、視聴覚アーカイブによる映像配信のあり方を議論するため、これまで直接的にはアーカイブ研究の議論と結び付けられてこなかったビデオ・オン・デマンド（以下ＶＯＤ）プラットフォームについて取り上げる。議論の途中で、英国映画協会（以下ＢＦＩ）が運営する先駆的なＢＦＩプレイヤーの事例に着目し、視聴覚アーカイブがＶＯＤプラットフォームを利用して映像配信を行うモデルケースとして、どのような取り組みが行われているのかを考察する。一連の考察を通して、配信における価値の選択が、未だ発展途上である視聴覚アーカイブによる映像配信の将来をデザインし、未来の映像観客を育てるために重要となることを示したい。

1　配信の現状

日本では、一九九〇年代半ばからデジタル・アーカイブによる所蔵資料の公開が試みられてきた[3]。地方自治体における映像アーカイブの現状と課題について整理した宮田悠史によると、二〇二〇年の時点で日本全国の都道府県・市町村には少なくとも三三五団体の「映像アーカイブ」と名を冠した組織が存在する[4]。組織の規模や資料の保存状態にもよるが、多くの視聴覚アーカイブが所蔵する資料を一般公開するために何らかの活動を行っており、配信活動はそのうちのひとつだ。限られた人的・資金的リソースで運営される視聴覚アーカイブの配信活動では、組織が収集した資料を死蔵させることがないよう記録をとってカタログを作成し、データベースとして映像資料を公開するのが一般的な方法である。たとえば、二〇二三年三月から運用が始まった国立映画アーカイブの「フィルムは記録する――国立映画アーカイブ歴史映像ポータル」は、データベース形式の配信活動の代表的な例だ。また、データベース形式によるアクセスの確保は、内閣府の主導で組織されたデジタルアーカイブの連携に関する関係省庁等連絡会・実務者協議会が発行する「デジタルアーカイブの構築・共有・活用ガイドライン」でも推奨されている[5]。データベース形式での配信活動と一口に言っても、全編にアクセス可能な映像資料、本編の一部だけ表示したプレビュー、それからメタデータのみ記載されている資料など、公開方法は細分化されている。

そのなかでも、データベース活用のために推奨されるのがメタデータの充実である。(6) メタデータとは、タイトルや作者（人物）、日付（時代）、撮影場所などから構成される資料の情報のことを指す。利用者がデータベース検索をする際に表示される結果は、映像に与えられたメタデータに基づいているため、メタデータが時間経過による影響の小さい項目で、かつ詳細であればある程、利用者による映像の発見可能性が高まるのだ。

とはいえ、データベース形式による配信は、一般利用者にとって不便でもある。特定の映像を探す研究者のような利用者ならば問題ないが、あらかじめ映像についての知識がない者にとっては、膨大な数の中から何を選択して良いのか分からずに途方に暮れてしまう。そのため、発見可能性を向上させることは、視聴覚デジタル・アーカイブの構築を促進し始めた初期の段階で議題に上がった。当時、それに対する最も有効な手段として、「データベース側がインデックス一覧を外に出すか、その分野に詳しい、あるいはその分野が好きな人が結果的にどこのデータベースにあるのかわかるよう、さまざまな形でネット上に発信し、それが検索エンジンに引っかかる」ことが提唱された。(7) だがこの指摘は、広く一般市民に対して積極的なアクセスの確保が求められる視聴覚アーカイブの方針に反していないだろうか。視聴覚アーカイブは組織として、利用者の自主性に依存するだけでなく、デジタル化した資料のリーチアウトに取り組む必要がある。この先、インターネット上でアクセス可能な資料の数が増加し続けるのは明白だ。積極的な取り組みを回避すれば、歴史的・文化的に意義を持つ資料が埋没し、忘却されかねない。それを回避するために、視聴覚アーカイブによる映像資料の配信活動を「展示」の一形態として捉え、積極的に外部に発信していくべきではないだろうか。

今度は海外の視聴覚アーカイブの配信活動に目を向けてみよう。なかでも、いくつかの機関で、汎用性のあるデータベース方式ではなく、利用者の使い易さを優先した配信活動を行っている点に着目したい。例えば、オランダのＥＹＥ映画博物館では、二〇二一年一月から「アイ・フィルム・プレイヤー」と呼ばれる独自の配信プラットフォームを運営している。視聴可能な映像は、アーカイブが収集・保存した多岐のジャンルに亘り、一部は無料で公開されている。[8]

とりわけ興味深いのは、プレイヤー内の映像を区分するカテゴリーのひとつに、「過去未公開作品」の項目があることだ。これにより、商業映画配給網では流通せず、一部の地域の自主上映でしか鑑賞することができなかった映像がプレイヤー内で配信され、インターネット環境さえ整っていれば誰でもアクセスできるようになった。配信プラットフォームを利用し、これまで多くの観客にとってアクセスが制限されていた映像作品に光を当てようとするアイ・フィルム・プレイヤーの取り組みは、とくに商業映画の領域で、資本力のある大企業主導型の配給形態によって生じる作品の偏りを是正し、上映する機会が限られている独立系作品やアマチュア映画製作の支援につながっている。

さりとて、全てのアーカイブが独自の配信プラットフォームを運営する資金や技術を持っているわけではない。そこで視聴覚アーカイブでは、限られたリソースでより多くの利用者のアクセスを確保するために、ボーン・デジタルやデジタル化した映像を動画共有プラットフォームのYouTubeで積極的に公開している。とくに、韓国・ソウルの韓国映像資料院による配信活動は群を抜いて充実した事例だ。映像資料院のYouTubeチャンネル上には、韓国クラッシック映画チャンネルと韓国アニメーションチャンネルが設けられ、無料で全編を鑑賞できる長編映画は一〇〇タイトルを超える。[9] YouTube上で公開されているのは一九二〇年代から九〇年代に製作された作品で、YouTubeの字幕機能を用いて英語字幕や日本語字幕をつけることも可能だ。そのため、たとえば、これまで韓国国内の映画館でしか上映されてこなかった作品が、字幕付きで全世界に配信されることで、新たな観客層の開拓も期待されている。更に、アップロードされた作品を利用者が発見しやすいように、VOD、データベース、ランキングの三つの方法を併用することで、映像資料が利用者の目に触れる機会を増やしている。韓国映像資料院はこうした取り組みを行うことで、未だ作家中心主義の名残りが消えない世界映画史の記述から取りこぼされるナショナル・シネマを積極的に国内外に向けて発信し、韓国映画史の読み直しを行っている。

YouTubeを利用した映像の公開・共有方法は現在の人びとの暮らしに浸透しているが、動画共有プラットフォーム自体もまたひとつの映像アーカイブと言える。アメリカ合衆国カリフォルニア州に本社を置くYouTubeは、二〇〇五年に設立されたのち、二〇〇六年にグーグルの子会社となって現在に至る。サービスが開始された当時は、既存の放送メディアによる一方通行的な情報の伝達から利用者を解き放つ利用者参加型の性質が、同時代の批評家によって「民主的」なメディアであると称賛された。[10] YouTubeのような動画共有プラットフォームがアーカイブに例えられるのは、YouTube自体が映像を制作するわけでなく、第三者によって作成された映像を収集・公開する機能を担うからである。ただし、運営側にキュレーターが存在せず、利用者がアップロードした映像に自らメタ・データを付与することで整理・分類し、発見可能性を向上させる仕組みになっている点で既存のアーカイブと異なる。[11] メディア研究者のロバート・ゲールは、サーバーに保管された映像がオリジナルのコンテクストを消失し、全ての映像が同列に等しく並んだ状態のことを、「YouTubeサーバーという記憶の貯蔵庫に収められた潜在的な文化的記憶」と呼んだ。[12] こうした動画共有プラットフォームの存在は、視聴覚アーカイブ機関がデジタル・アーカイブを構築する上で、配信活動のモデルケースであり、また、どのようにそこから差異化を図るかを模索するための参照点となってきた。

ここで、視聴覚アーカイブは配信活動そのものの是非を問う必要性があることも記しておきたい。本章では配信による映像鑑賞を当然視しているが、全ての組織が資料のデジタル化作業とインターネット上での公開を行うための人的・金銭的リソースを確保できる訳ではなく、積極的なアクセスの取り組みを配信活動に限定する義務もない。また、デジタル化でオリジナル資料へアクセスする経験から失われるもの、新しく生み出されるものについて適切な情報を利用者に対して提供することも必要である。あるキャリアから別のキャリアへコンテンツをマイグレーションすることは、その過程において必要不可欠な情報やコンテクストの意味を失うかもしれない。[13] 視聴覚アーカイブ、とくにフィルム・アーカイブが、映画の公開された当時のコンテクストを再現するための技術の維持や上映活動に労力を費やしているのはそのためである。

2　VODプラットフォームによる配信

視聴覚アーカイブが配信活動を行うには二つの段階を経なければならない。最初の段階が、所蔵している資料のうち、どのフィルムをデジタル化するのか決定するところから、実際にインターネット上に公開するまでの過程である。その次が、どうやってデジタル化された映像資料を利用者にアピールするのかを検討する段階である。これら二つは不可分であるものの、視聴覚アーカイブが配信活動に力を入れ始めてから日が浅い二〇二〇年代半ばの時点では、第一段階により重きが置かれている。

しかし、配信活動が第二段階へと本格的に移行する来るべき未来のために、以下では、インターネット上の映像配信の一形態であるVODプラットフォームの事例を取り上げ、利用者が映像と出逢う要となるプラットフォームのデザインについて考察する。データベース方式で膨大な映像にアクセス可能な視聴覚アーカイブの配信とVODプラットフォームとを比較することは、利用者にとって突飛なことではないだろう。本節では、VODプラットフォームの配信形態が利用者によるコンテンツ選択に対してどのように左右するのかを検討するため、メディア研究者マッティアス・フレイが提唱したVODプラットフォームのスペクトラムに関する研究を取り上げ、VODサービスが総じてキュレーションを特質としていることを指摘したい。

まず、VODについて確認しておこう。ビデオ・オン・デマンド（VOD）とは、上映や放送時間の制限を設けることなく、利用者の都合に合わせて鑑賞時間や場所を選択させて、コンテンツにアクセスさせるシステムのことを指す。主に、毎月利用料を支払うことで一定数のコンテンツを自由に鑑賞可能な定額制VOD（以下SVOD）と、鑑賞可能なコンテンツ・カタログから作品を選び、毎回レンタル料／購入金額を支払う都度課金型VOD（以下TVOD）の二つに分かれている。VODサービスは二〇一〇年代に入って大衆化した。二〇〇七年に、アメリカでNetflix社がVODサービスを本格的に開始すると、SVOD型オンライン動画配信サイトが台頭し、自宅から出ることなく巨大な映像ライブラリーにアクセスすることが映像鑑賞の主流形態となる。批評家たちは、YouTubeと同様、VODが観客を、どのような映像が広く見られるべきか、他の映像よりも優先してみる価値があるかを選別する文化の番人たちから解放し、利用者の自由意志で映像の選択を可能にさせる民主的な様式であると評し、歓迎した。[14]また、VODは、それまで映画祭や一部地域でのみ上映されてきたニッチな作品がインターネット上で等しく鑑賞される機会を与えてくれるので、こうした映像作品の新たな観客層の発見も可能になると期待されたのだった。[15]

フレイは、二〇二一年に出版した著書『MUBIとビデオ・オン・デマンドのキュレーション・モデル』を通して、VODプラットフォームの運営形態を二つの極に分かれたスペクトラムとして捉えることができると主張している。[16]片方の極には、Netflixのように巨大な映像ライブラリーを構築し、利用者の鑑賞履歴をデータとして収集することで利用者の好みに合わせた作品を勧める「アルゴリズム・ベース」のプラットフォームがあり、反対の極に存在するのは、人間のフィルム・プログラマーが精選したタイトルを利用者に提供する「キュレーション・スタイル」のプラットフォームである。[17]

「アルゴリズム・ベース」のプラットフォームは、Netflix、アマゾン・プライム・ビデオやディズニー＋など潤沢な資本を持つ巨大企業によって運営されているのが特徴だ。二〇一七年にイギリスで実施されたVODサービスに関するアンケート調査によると、Netflixの利用率はVOD利用者全体の三〇％、アマゾン・プライム・ビデオは二〇％を占め、わずか二社のサービスだけで市場の約半分のシェアを占めていた。[18]「アルゴリズム・ベース」のプラットフォームは、コンピューター・プログラムが利用者の過去の鑑賞履歴を収集しながら利用者の嗜好を推測し、類似の好みを持つ他の利用者の鑑賞履歴を参照することで、個人に適していると予想された映画を推薦する。[19] 映像作品のサムネイルには、利用者と作品のマッチ度が表示され、割合が高いほど利用者の満足可能性が高いことを示している。[20]

アルゴリズムによって利用者個人に向けてカスタマイズされたコレクションを作成し、選択肢を縮小することは、巨大なライブラリーを誇る配信プラットフォームの強みに矛盾しているようにも思われる。しかしアルゴリズムによるキュレーションは、「選択のパラドックス」への対処方法なのだ。アメリカ人心理学者バリー・シュワルツが提唱した「選択のパラッドクス」の概念は、従来主体性を発揮する最善の方法と考えられてきた選択肢の増加と幸福の関係に疑問を呈した。彼は選択肢の増加がかえって選択する主体を麻痺状態へと陥れ、最悪の場合、主体は選択することすら放棄してしまう危険性があることを指摘している。[21] 図書館のような物理的な施設とは異なり、動画配信プラットフォームの場合、利用者が、プラットフォームが提供する全ての映像の存在を把握することは不可能である。だから、アルゴリズムによる映画のキュレーションは、数ある選択肢の中から、鑑賞データに則って、利用者を満足させる可能性が最も高い映像を提示することで、利用者の思考停止状態を防ぎ、継続したサービス利用を促すことのできる効率的な手段なのである。[22]

とはいえ、データによって効率化された「アルゴリズム・ベース」のプラットフォームには問題点もある。VODサービスによる選択肢の増加が、必ずしも利用者＝観客の新たな好みを開拓することにはつながらない、という点だ。少々古いデータではあるが、二〇一七年にイギリスで行われたアンケート調査が、VOD利用者にどのような映画やテレビ番組を見るかという質問をしている。その回答の内訳は、一位アクション（二五％）、二位コメディ（二四％）、三位ドラマ（二二％）、四位ファンタジー／SF（二一％）、五位アニメーション、イギリス映画／ドラマ（共に一六％）の結果となった。調査を行った研究者は、興行収入から調査した映画観客の既存のジャンルの嗜好と分布の内訳が概ね同じ結果であると結論づけている。[23] VODの登場によって新たな観客層の開拓が期待された外国語映画は最も人気が低く（七％）、映画鑑賞とＶＯＤによる結果に唯一差がついたのはドキュメンタリーだけであった。従来、映画館の興行収入においてドキュメンタリーが占める割合はわずか〇・六％であったのに対して、ＶＯＤにおけるジャンルとしてのドキュメンタリーの割合は全体の一四％を占めるに至っている。[24]ＶＯＤでドキュメンタリーの視聴割合が高いのは、一般大衆にとって映画館で映画を観るという行為の位置付けが変化したことが背景にあるだろう。ＶＯＤサービスでサブスクリプション契約をしている場合、利用者は定額料金を毎月支払うことによって好きなだけ映像を視聴することができる。成人した利用者にとって、月額利用料は映画館で映画を一回鑑賞するのと同等かそれ以下で済むことがほとんどである。したがってＶＯＤでは、一作品あたりに支払う料金など微々たるものだ。反対に、ＶＯＤの隆盛と時を同じくして、ＩＭＡＸや４ＤＸデジタルシアターのような体験型映画鑑賞施設が増加しているのは、映画館の高額なチケット料金に見合うだけの映像体験が求められている証左である。こうした状況では、最新のテクノロジーを駆使した映像体験の提供を主眼にしないドキュメンタリー作品の鑑賞割合が、映画館において低く、ＶＯＤにおいて高いのも頷ける。いずれにせよ、映画館とＶＯＤにおけるジャンルの嗜好内訳がほぼ同様の結果になるようでは、観客の真に自由な意志に基づく民主的なＶＯＤプラットフォームという理想像からは程遠い。

「アルゴリズム・ベース」のプラットフォームの事例は、視聴覚アーカイブがデータベース構築型の配信活動を推し進めていることに対して疑問を投げかける。自前の配信プラットフォームを構築するためのリソースを持たない視聴覚アーカイブは、YouTubeやVimeoといった動画共有サイトに映像をアップロードしているが、データベース同様、動画共有サイトから映像を見つけるためには利用者があらかじめ特定のテーマに関する知識・関心を備えていなければならない。こうしたプラットフォームでは関連動画が表示されるが、利用者の価値観を転覆させるような新たな視点の獲得にはつながらない。

3 「キュレーション・スタイル」プラットフォームとBFIプレイヤーの取り組み

次に、もうひとつのVODサービスの形態、「キュレーション・スタイル」のプラットフォームについてみていこう。この種のプラットフォームは大衆的な「アルゴリズム・ベース」のプラットフォームと異なり、より市場の特定の分野、とくに独立系製作会社の作品や、映画祭で上映されるような映像のセレクションに特化している。二〇〇九年からVODサービスを開始したMUBIがその代表としてしばしば指摘されるが、ここでは視聴覚アーカイブがVODサービスに映像を提供している英国映画協会（以下BFI）のBFIプレイヤーの事例を取り上げ、配信における価値の選択の必要性について検討する。

BFIプレイヤーは、公的な存在価値と市場論理の両方が介在し、イギリスの非営利組織BFIによって運営されている。二〇一三年にサービスが開始された当初は、TVOD（四〇％）と無料VOD（以下FVOD、六〇％）の割合で運営されていたが、二〇一六年になってSVODのサービスが追加された。[25]二〇二四年の時点では、イギリス国内でのみ全てのサービスを利用できるが、一部のサブスクリプションのプランはアメリカでも登録することができる。

BFIプレイヤーの顕著な特徴は、人間のプログラマーのキュレーションによる価値創出の基本戦略を採っていることだ。そもそも、BFI自体が映像の教育的利用の拡充を目的に一九三三年に設立された非営利組織であるため、BFIプレイヤーはNetflixのような営利目的のプラットフォームと視聴可能な映像の多さやリリースまでの早さを競うのではなく、商業配給網からこぼれ落ちたり、現在ではアクセスが困難になったりしている独立系作品や、BFIが製作に携わった映像作品を積極的に配信している。[26]BFIプレイヤーは、多くの利用者を見込める最新のブロックバスター映画や、物語の内容を想像することが比較的容易なジャンル映画をプラットフォームの目玉にしないため、イギリスでＶＯＤサービスを契約している利用者全体のうち、同プレイヤーを契約している人の割合はわずか二％に過ぎない。[(27)]また、公的機関によって運営されている性質上、ＢＦＩプレイヤーはNetflixのような莫大な資本を持たず、利用者の鑑賞履歴を収集し、最も高い満足度を与えられる作品を提案するシステムを導入する余裕を持たない。だが、逆に、人間の専門家による価値創出を全面に打ち出すことで、「アルゴリズム・ベース」のプラットフォームとの差異化を図っている。遠く離れた映画館に行く必要がなく、決められた放送時間にテレビの前にいる必要もないポスト放送メディア時代には、継続的に一定数の利用者を確保するために強力なブランディングが欠かせない。

ＢＦＩプレイヤーの強みは、鑑賞可能な作品の多くがＢＦＩナショナル・アーカイブから提供を受けている点である。コレクションを形成しているのは、ホーム・ムービーや企業の広告映像など多岐にわたり、その数も膨大だ。利用者はデータベースを使って特定の映像を探し出すか、プログラム部門がキュレーションしたコレクションから映像を自由に選ぶことができるとはいえ、何か特定の映像を目当てに利用するわけではない者にとって、データベースによる検索だけでは関心のあるテーマを含んだ映像に辿り着くことは困難である。そのため、ＢＦＩプレイヤーは、映像を分類するためのキーワードを設定し、それらを定期的に刷新することで継続的な利用者の獲得を試みる、キュレーション重視の、厳選した映像だけを提供する運営方針を採用している。先述のフレイは、「プラットフォーム・インターフェイスがわれわれ利用者とコンテンツとの出会いをフレーミング」すると指摘した。[(28)]つまり、時間や場所に制約を受けずに映像視聴を可能にするＶＯＤプラットフォームは多数存在するけれども、利用者がそのすべてを視聴することは不可能なのだから、ある映像が視聴されるかどうかは、サービスを提供する側がプラットフォームをどのようなデザイン設計にするか、どんな価値基準でコレクションの中身を決定するかにかかっているということだ。[(29)]「キュレーション・スタイル」のプラットフォームは、「アルゴリズム・ベース」のプラットフォームのように既存の観客の好みを単に強化するのではない。むしろ「多様性を促進することを目的とし、観客の嗜好の幅を広げ、最新のトレンドに敏感であり、同好の士が集う場を提供したり、ただのコンテンツではなくアートとして讃えることで、人間による意思決定の形を重視する」のだ。[30] 視聴覚アーカイブによる配信の主眼は、VODプラットフォームが台頭した際に革新的だと賞賛された利用者による選択の自由をあえて制限し、従来行ってきたフィルム／ノンフィルム資料を収集・保存しながら既存の価値観を維持するとともに、プラットフォーム上で視聴可能な映像を時代に則してキュレーションすることで、伝統に疑問を呈して新たな視点からコレクションや映画史を見直すことができる点である。「キュレーション・スタイル」のプラットフォームでより尊重されているのは、視聴覚アーカイブ側の人間の意思である。

ここで改めて、キュレーションとは何かを考えてみよう。キュレーションという言葉は、「選択、順序づけ、文章化して説明し、解明し、評価し、批判し、脱神話化」する営みのことを意味し、「検索するための視点に制限を設けたり変更すること、閲覧のためのカテゴリーを適用すること、特定の視聴者を指定することによって、浪費的で過剰なものを取り除き、上質さやニーズ、効率性といった価値を付与する」行為を指す。[31] キュレーターはこれらを実践する者のことであるが、視聴覚アーカイブの分野ではフィルム・アーキビストの方が人口に膾炙しているだろう。映像アーカイブ研究を牽引してきたパオロ・ケルキ・ウザイは、アーキビストを管理人、資料を守る者として位置付ける一方で、キュレーターは解釈を行い、事実などを説明する者であると述べている。[32] しかし、常に資金繰りに奔走している視聴覚アーカイブの場合、別々の部門を設けることが困難なことも多いため、両者の違いは必ずしも明確ではない。また、存在する全ての資料を収集・保存し、それを広く公開することは不可能なため、職務上、アーキビストもまた常に選択を迫られる。つまり視聴覚アーカイブの活動に中立的な立場など存在しないのだ。

ならば、キュレーターには何が求められるのか。ウザイは二つの役割を提示する。まず、大学などの研究機関で生み出される映画に関する言説に目を通し、さらにジャーナリズムやDVD等の流通市場といった文化的な場で主流をなしている作品やアーティストについて考察し、常に再検討することである。[33] それから、あまり知られておらず、製作の現場で「周縁的」な位置にいる存在を日の当たる場所に連れ出して、これまで「キャノン」と見なされてきた存在と同じレベルの可視性と重要性を与えることだ。[34] キュレーターが行う選択と、アーキビストが行う選択では基準が異なり、前者は展示、後者は収集・保存に力点を置いた判断が優先される。とくにキュレーターは、大局的な視点を持ち、映像の言説の背後に働く政治性に敏感でなければならない。その上でアーカイブ機関が所有するコレクションを解釈し、現代の観客と過去の映像を仲介する役割が求められている。[35]

BFIプレイヤーのコレクションは、前述したキュレーターの職業倫理を忠実に実践した模範的な例だと言えるだろう。コレクションには、フランス映画やインド映画といったナショナル・シネマ、映画祭、監督名など、商業的言説でも流通するカテゴリーと、「カメラを持った女性」、「黒人スター」、「労働者階級のヒーロー」など、より社会階層の多様性に配慮したカテゴリーが軒を連ねる。包摂的なキュレーション方針は、ホーム・ムービーやテレビ番組などによって構成されるFVODで顕著だ。「中国系イギリス人」、「ユダヤ系イギリス人」、「クィア・ブリテン」、「障がいとイギリス」など、長らく商業映画では地位を剝奪され周縁化されてきた人びとの営みの記録をコレクションでピックアップすることで、歴史の再記述が目論まれている。こうした試みによって、BFIプレイヤーはVODサービス利用者の社会階層や嗜好の偏りを改善しようとしている。イギリスの場合、VOD利用者には年齢が比較的若くて中流階級、大学卒の学歴を持つ利用者が多いことが報告されている。[36] ジェンダー、社会階級、地理的な要因によって利用率にばらつきがある事実を考慮したとき、広く一般の人々にアクセスを提供する公的性格を持った視聴覚アーカイブは、こうした制限をいかに超えて行くのかが課題となる。

また、新たに組まれたコレクションの中で、これまで周縁的な地位を占めていた映像に対しては、従来の映像言説の流通経路を積極的に活用することで利用者による発見可能性を高めている。BFIプレイヤーでは、特定のテーマに強い関心がなくとも、映像全般に関心があれば自ずと未知のテーマや主題に触れることができる仕組みを構築するために、BFIの機関紙である『サイト・アンド・サウンド』との連携や、利用者のコミュニティに影響力のある批評家を起用したメーリング・リストの活用などが行われている。こうした取り組みからわかるのは、「キュレーション・スタイル」のＶＯＤプラットフォームが、映像作品の芸術的・歴史的な意義を普及し、膨大なコレクションのなかから精選された作品を利用者に推奨することで教育的機能を果たしていることだ。イギリスでは、一九三〇年代のドキュメンタリー運動に代表されるように、日常生活では不可視化されている他者の存在を認識させ、お互いをひとつの共同体の一員として想像させる手段として映像の教育的価値が早くから評価され、映像文化が積極的に振興されてきた。他国の視聴覚アーカイブがＢＦＩプレイヤーと同様の取り組みを行うことは困難かもしれない。だが、どんなに資料のデジタル化が進み、配信によってアクセス可能な映像が増えたとしても、利用者の関心が向いていなければ、それらの映像はかれらにとって存在しないことと同じである。したがって、繰り返しになるが、視聴覚アーカイブの配信活動は二つの段階を経る必要がある。まずは、資料の保存状態や著作権上の理由でこれまで限定的にしか鑑賞することが叶わなかった映像を配信によって広くアクセス可能にすること。その次の段階が、オンラインでアクセス可能な映像資料の存在を利用者に知らしめることである。包摂的な社会の発展のためには、アーカイブ側の関心と、利用者側の関心が交差する場と手段が探求されなければならない[37]。

以上の議論を通して、移行期にある視聴覚アーカイブの配信活動の現状を外観しながら今後の配信活動の可能性を模索するために、ＶＯＤプラットフォームの事例を取り上げ、映像と利用者の架け橋となるプラットフォームのデザインの二つのあり方について検討してきた。アーカイブによる配信活動は絶えず目覚ましい変化を遂げており、本章で着目したＥＹＥ映画博物館や韓国映像資料院の事例は、現時点における記録に過ぎない。筆者が本章を執筆中に、日本でも、国立映画アーカイブが国立情報学研究所と共同で、「フィルムは記録する——国立映画アーカイブ歴史映像ポータル」（二〇二三年三月公開）や、「はじまりの日本劇映画　映画meets歌舞伎」（二〇二四年三月公開）といったウェブサイトを立ち上げ、劇映画をはじめ、教育映画や観光映画に至るまでを無料で公開するようになった。前者は、第三弾が公開された二〇二四年三月の時点で一七六作品が視聴可能であるが、今後もさらに公開作品の増加が見込まれており、やがて全て視聴するのは難しいほど膨大になるだろう。

アーカイブの配信活動に先行するVODプラットフォームの事例は、視聴覚アーカイブに眠っている映像を利活用するための道標となるだろう。SVODとTVODの違いや、「アルゴリズム・ベース」と「キュレーション・スタイル」のプラットフォームの違いにかかわらず、VODプラットフォームを巡るこれまでの議論を通して、コンテンツのキュレーションの必要性が映像配信に常につきまとう課題として浮かび上がってきた。世の中に存在する全ての映像を収集・保存・公開することを究極の理想とするアーカイブとアーキビストの抱えるジレンマがここにある。収集・保存された資料の積極的な掘り起こしがなければ、無数の資料が埋もれたままになってしまい、存在も知られぬまま放置されてしまう。だから何らかの形で発信することは、資料を忘却から掬い上げることになる。そのため、何を積極的に発信していくのか、アーキビストやキュレーターは絶えず決断を迫られるのだ。そうした意味で、配信では常に価値の選択を迫られていることを忘れてはならない。

注

（1）映像受容の変化は、なにも二〇二〇年代に特有な事象ではない。メディア研究者の近藤和都は、一九八〇年代にVHSが普及したことで、ビデオ以前／以後で、映像受容の「時間性・空間性・操作性（いつ・どこで・どのように）」に断絶があると指摘している（近藤 二〇二三年、七七頁）。ベータマックスやVHSのようなビデオ型技術登場以前には、ある映画が映画館で公開されているのを見逃してしまうと、その後どれほどその映画を観たいと願ったとしても、次の機会が再びやってくる保証はなかった。ましてや、住んでいる地域に映画館が存在しない場合、観たくとも一度も鑑賞の機会が訪れないということさえありえた。だが、録画用テープや販売用テープが普及すると、再生装置を持ってさえいれば、わざわざ映画館を訪れる必要もなくなり、さらには放送時間にテレビの前にいる必要もなく、見たい映像を何度も繰り返し視聴することが可能になった。近藤は、ビデオ型技術普及に伴うこうした変化を、映像受容の「一回性・局所性・受動性」から「反復性・遍在性・能動性」への転換、と呼んでいる（八八頁）。（近藤和都「映像のリミックス——映画から配信へのメディア史」谷島貫太・松本健太郎編『メディア・リミックス——デジタル文化の〈いま〉を解きほぐす』ミネルヴァ書房、二〇二三年、七七—九一頁）。

ビデオ型技術の普及による映像受容の変化の詳細については、近藤による一連の研究を参照されたい（近藤和都「レンタルビデオ店のアーカイヴ論的分析に向けて――初期店舗の生成過程とその条件」『社会学研究所紀要』第一号、大東文化大学社会学研究所、二〇二〇年、三二―四五頁。近藤和都「プラットフォームと選択――レンタルビデオ店の歴史社会学」伊藤守編『ポストメディア・セオリーズ』ミネルヴァ書房、二〇二一年、三二六―三四九頁。永田大輔・近藤和都・溝尻真也・飯田豊『ビデオのメディア論』青弓社、二〇二二年）。

（2）宮田悠史「地方自治体における映像アーカイブの現状と課題――アーカイブの公開と活用による地域振興に向けて」『立命館映像学』第一三・一四号、立命館大学映像学会、二〇二〇年、七―三〇頁。宮本聖二「沖縄の映像アーカイブの公開と活用」『デジタルアーカイブ学会誌』第三巻一号、デジタルアーカイブ学会、二〇一九年、九―一四頁。原田健一「「にいがた地域映像アーカイブ」の実践を通して」『デジタルアーカイブ学会誌』第三巻四号、デジタルアーカイブ学会、二〇一九年、三八四―三八七頁を参照。

（3）前掲宮田「地方自治体における映像アーカイブの現状と課題」八頁。

（4）同前、一四頁。同論文の付録には日本における映像アーカイブ一覧が記載されており、映像アーカイブと名を関した組織がいかに多く存在しているのかが分かる。

（5）「デジタルアーカイブの構築・共有・活用ガイドライン」デジタルアーカイブの連携に関する関係省庁等連絡会・実務者協議会、二〇一七年、二〇頁。同じく、「我が国におけるデジタルアーカイブ推進の方向性」デジタルアーカイブの連携に関する関係省庁等連絡会・実務者協議会、二〇一七年も、国のデジタルアーカイブに関する施策やその方針を知る上で参考になる。

（6）前掲「デジタルアーカイブの構築・共有・活用ガイドライン」二〇頁。

（7）笠羽晴夫「デジタルアーカイブの歴史的考察」『映像情報メディア学会誌』第六一巻一一号、映像情報メディア学会、二〇〇七年、一五四七―一五四八頁。

（8）「アイ・フィルム・プレイヤー」のウェブサイトには、以下のリンクからアクセスすることができる。https://player.eyefilm.nl/en/home（二〇二四年六月一二日最終アクセス）

（9）韓国映像資料院がYouTube上で運営する「コリアン・クラシック・フィルム」チャンネルは、以下のリンクからアクセスされたい。https://www.youtube.com/@KoreanFilm（二〇二四年六月一二日最終アクセス）

（10）Robert Gehl, "YouTube as Archive: Who Will Curate This Digital *Wunderkammer*?," in *International Journal of Cultural Studies*, vol. 12, no. 1, 2009, p. 44.

（11）Ibid., p. 47.

（12）Ibid., p. 46.

（13）レイ・エドモンドソン、ＮＰＯ法人映画保存協会訳『視聴覚アーカイブ活動――その哲学と原則』第三版、ＮＰＯ法人映画保存協会、二〇一八年。

（14）Mattias Frey, *MUBI and the Curation Model of Video on Demand*, Cham: Springer International Publishing AG, 2021, p. 2.

（15）Roderik Smiths and Elliot Nikdel, "Beyond Netflix and Amazon: Mubi and the Curation of On-Demand Film," in *Studies in European Cinema*, vol. 16, no. 1, 2019, pp. 22-23. とはいえ、ＶＯＤによる映像視聴にも制約は存在する。たとえば、映像のスムーズな視聴には、伝送速度に優れているインターネット回線に機器が接続されている必要がある。先進国と発展途上国、都市部と地方の間には回線の敷設状況に違いがあり、快適な映像視聴環境を整えようとすると、それなりの契約料を支払わなければならない。ＶＯＤによって映像視聴の「遍在性」が保証されたかのようにみえて、受容環境の経済的・地理的格差は未だ存在するのだ（前掲近藤「映像のリミックス」八六―八七頁）。

（16）Mattias Frey, *MUBI and the Curation Model of Video on Demand*, Cham: Springer International Publishing AG, 2021.

（17）Ibid., p. 42.

（18）Huw D. Jones, "Watching Films On-Demand: A Report on Film Consumption on VOD Platforms in the UK," University of York, September 2017, p. 7.　https://ondemandproject.files.wordpress.com/2017/09/watching-films-on-demand.pdf

（19）Mattias Frey, *Netflix Recommends: Algorithms, Film Choice, and the History of Taste*, 1st ed. Berkeley: University of California Press, 2021, p. 7.

（20）サムネイルとは、コンテンツの要約または一部分、縮小した画像などを表示したものを指す。前掲「デジタルアーカイブの構築・共有・活用ガイドライン」三〇頁。

（21）Barry Schwartz, *The Paradox of Choice: Why More is Less*, New York: ECCO, 2004, p. 55.

（22）近藤和都「Netflixをメディア論する――動画サブスクリプションをめぐる問題の所在」『社会学研究所紀要』第二号、大東文化大学社会学研究所、二〇二二年、二頁。

（23）D. Jones, "Watching Films On-Demand," p. 8.

（24）Ibid., p. 7.

（25）Andreas Wiseman, "BFI Player Details Revealed," in *Screen International*, 2 October, 2013. https://www.screendaily.com/vod/bfi-player-details-revealed/5061063.article（二〇二四年七月一二日最終アクセス）

ＴＶＯＤは作品ごとに異なる料金、ＳＶＯＤは月額四・九九ポンド、もしくは年額四九ポンドを支払うことで利用できる（二〇二四年七月一七日現在）。

（26）Charles Gant, "Independent VoD Players in Focus: BFI Player," in *Screen Daily*, September 8. https://www.screendaily.com/features/independent-vod-players-in-focus-bfi-player/5161950.article（二〇二四年七月一二日最終アクセス）

（27）ちなみにＭＵＢＩの利用率はＢＦＩプレイヤーよりも低く、全体の一％に過ぎない。Mattias Frey, *MUBI and the Curation Model of Video on Demand*, Cham: Springer International Publishing AG, 2021, p. 45.

（28）Ibid., p. 57.

（29）Ibid.

（30）Ibid., p. 6.

（31）Ibid., pp. 15–16.

（32）Paolo Cherchi Usai, et al., *Film Curatorship: Archives, Museums, and the Digital Marketplace*, 2nd ed. Wien: SYNEMA Gesellschaft für Film und Medien, 2020, p. 145.

（33）Ibid., pp. 137–138.

（34）Ibid., p. 138.

（35）ミュゼオロジー研究者の菅靖子は、「ミュージアムにおいてマイノリティのアイデンティティが形成される場合、それが自己の選択であるのか、それとも権力を持った他者による表象なのかは、それ自体が大きな問題である」と注意を促している。この指摘は、キュレーターが映像を所有する者や撮影の主体と、撮影の対象との間の権力関係に敏感であること、キュレーションを行う主体はアーカイブ組織の外部にも開かれていなければならないことを示唆している。菅靖子「ミュージアムと展示」高橋雄一郎・鈴木健編『パフォーマンス研究のキーワード――批判的カルチュラル・スタディーズ入門』世界思想社、二〇一一年、一八六頁。

（36）D. Jones, "Watching Films On-Demand," p. 10.

（37）ＢＦＩの事例で興味深いのは、デジタル化した映像の配信活動を充実させると同時に、対面で、フィルムの物質性や、個々のフィルムの由来に着目する機会を増やしている点である。二〇二三年六月八日から一一日にかけて、ロンドンのＢＦＩサウスバンクにおいて「フィルム・オン・フィルム・フェスティバル」が初開催された。期間中、筆者はロンドンに滞在しており、幸運にも映画祭に参加することができた。新たに始まったこの映画祭は、配信で映像視聴することが当然の環境で育ってきた人々に対して、映像が製作された当時の観客とほぼ同じ条件で鑑賞させ、保存や映写技術の重要性に光を当てようとする試みのひとつである。スーパー8、16ミリ、35ミリ、35ミリのニュー・プリント、70ミリといった仕様が異なるフィルムを一度に見比べることができる貴重な機会になったことに加えて、映画祭最大の目玉は、35ミリナイトレートフィルム上映、立体映画のフィルム上映であった。しかし、映画祭のオープニング作品であった『ミルドレッド・ピアース』（一九四五年）のナイトレート上映が、開始四〇分前の最終チェックの最中に映写機内蔵の消火装置が誤作動したことで、急遽35ミリのニュー・プリント上映に変更されるなど、ナイトレート上映ならではのハプニングに見舞われている。こうしたフィルム上映のライヴ性も含めて、今後、配信による映像視聴がより支配的になるにつれ、フィルムの物質性や保存技術を啓蒙しようとする試みが増加することが予想される。

第14章　旧ソ連・ロシアにおける国家形態の変容と映像資料の保全

楯岡求美

一九一七年一〇月のロシア革命をきっかけとするソ連の建国は、一九世紀末に発明された新しいメディアであるサイレント映画の量産、普及、隆盛期と重なっている。同時に、レーニンの「あらゆる芸術の中でも、我々にとって映画が最も重要である」という発言にもみられるように、ソ連国内でも映画が演劇と並んでプロパガンダや民衆教育において重要なメディアだと認識され、一九一九年には映画産業の国営化がすすめられた。映画製作が積極的に行われ、レフ・クレショフ、セルゲイ・エイゼンシュテイン、ジガ・ヴェルトフらによって生み出された新しい編集技術は世界的な規模で映画の表現方法に影響を及ぼした。ソ連にとって映画は、新しい国家の形成と同時期に成長した新しい科学技術であり、「共産主義とはソヴィエト権力プラス全国土の電化である」というスローガンにある「電化」の象徴でもあった。

トロント大学名誉教授トーマス・ラフーセンは、『映画が失われた故郷』（*The Province of Lost Film*）というソ連の「シネフィケーション」を扱ったドキュメンタリー映画に監督のひとりとして参加している。「シネフィケーション」とは、第二次世界大戦後、映画技師たちが交通の便も電気もない奥地まで出かけ、村の集会所や野外の広場にスクリーンを即席でつるし、トラックのエンジンを発電機代わりに映写機を回し、時にはフィルムが燃える命がけの危険とも隣り合わせになりながら、できるだけ多くの住民たちに映画を届けようとした実験的試みである。スターリン映画の代表作『クバンのコサック』(一九四七年)や水中特撮の名作『両棲人間』(一九六一年)などのソ連作品と合わせ、インド映画『バガボンド』(一九五五年)やドイツからの戦利品の映画コレクションにあったジョニー・ワイズミューラー主演のハリウッド映画『ターザン』シリーズ(一九四〇年代)などの上映を心待ちにした人々の回想を丹念に聞き取り、映画がソ連国民にとって最も身近で魅力的な文化であったことを描き出している。(1)

ソ連では、映画人たち、政治家たちの双方がかなり早い段階から写真及び映像資料収集の重要性を認識していた。ソ連・ロシアのアーカイブの特徴として、作品の質の高さやイデオロギーによって選択的に扱うのではなく、すべてを網羅的に収集していることは注目に値する。多くの国で国立図書館(日本では国会図書館)にすべての出版物の納入を課す法律があるが、ソ連・ロシアの場合、映像作品についても国内で製作されたもの、輸入して上映した作品のいずれもすべてアーカイブに納めることが義務づけられている。特にソ連時代には、検閲で製作が中止されるなど上映に至らなかった未完作品のフィルムや、作家の手を離れてのちに再編集された場合に削除されたシーンのフッテージも収集・保存されていた。近年はそれらをもとにした復元作業もアーカイブの重要な仕事となっている。

ブレジネフの停滞期には、再び国際交流が制限され、国内外製作のいずれにも上映許可が下りない作品が増えた。これら「禁制品」は配給されることなくアーカイブの棚に納められ、高級官僚や研究者など特権的関係者だけを対象とする限定上映を行った。しかしこのようにして作品が収集されていたおかげで、アスコルドフ監督『コミッサール』(一九六七年)、タルコフスキー監督『アンドレイ・ルブリョフ』(一九六七年)などが、ペレストロイカ期およびポストソ連期に日の目を見て再評価されることになった。

劇映画を中心に収蔵しているゴスフィルモフォンド(国立映画基金)がフィルムの保存、管理、修復と並行して、ソ連期に製作された映画の配給と著作権の管理を行っていることは、映画産業が国営化されていた旧社会主義圏ならではの現象かもしれない。

ソ連時代のアーカイブの多くがロシアに集中的に収蔵されているが、ソ連解体後、独立した諸国家（たとえばジョージアやウクライナ）におけるアーカイブの継承と資料へのアクセス権の保証について、現状ではほとんど手付かずの状態で、国家間の対立が深まるなか、大きな問題をはらんでいる。

以下、本稿ではソ連、特にモスクワにおける映像アーカイブ機関設立の経緯、アーカイブ活動の諸相、国家体制の分裂と変容によるアーカイブ継承の問題について概観する。

1　ソ連における映画アーカイブの設立

ソ連およびその継承国家としてのロシアにおいて、映像アーカイブは、歴史的資料としての価値が重視されるニュース映像を中心とするドキュメンタリー資料と、劇映画・教育映画など映画館での上映を目的とする作品群のふたつに分けて収集されている。フィルムコレクションの所在は大きく四種に分けられる。

(1)　ロシア国立映画写真文書アーカイブ（РГАКФД/RGARFD: Russian State Film and Photo Archive）
　ニュースやドキュメンタリーなど歴史資料を写真などの視覚資料と合わせて保管する。

(2)　ゴスフィルモフォンド（ГФФ/GFF: Gosfilmofond. 国立映画基金）
　ロシア連邦映画基金を意味する。映画館で上演されることを目的に製作された劇映画やドキュメンタリー映画を収集し、配給を管理する。国際フィルム・アーカイブ連盟（ＦＩＡＦ）に加盟している。

(3)　映画製作スタジオ
　上映用フィルムのコレクション自体は、モスクワ市にあるモスフィルム（モスクワ映画スタジオ）、ゴーリキー映画スタジオ、およびソユーズムリトフィルム（アニメーション）、サンクト・ペテルブルグ市にあるレンフィルム（レニングラード映画スタジオ）などの製作スタジオでも保管されている。ソ連時代の映画は国家予算で製作されていたため、各スタジオのホームページでパブリックドメインの作品として視聴用に無料公開されている。ちなみに、独立した旧共和国の映画スタジオでも少なくともウクライナのドブジェンコ映画スタジオ、オデッサ映画スタジオは著作権を有する者として所有するフィルムを管理保存・公開している。この点においてはソ連解体後にも社会主義的な国民の共有財産という概念が有効に機能している（ただしダウンロードや映画館での上映を希望する場合は有料）。

(4)　国立中央映画博物館（一九八九―）

一九二二年にグリゴリー・ボルチャンスキー監督によって提起されながら、ようやく一九八九年に初代館長ナウム・クレイマンの尽力でソ連映画人同盟のもと、モスクワの中心、地下鉄のクラスナヤ・プレースニャ駅そばに開設された。名画の上映や展示など啓蒙的な活動が中心。エイゼンシュテイン博物館、映画専門図書館を併設。一時、モスフィルムの敷地内で活動を続け、二〇一七年に全ロシア博覧センター内のパビリオンに移転した。フィルムのほか、映画の小道具やパンフレット、文献などを収集している。

パンフレット等の文書資料は、国立文学芸術アーカイブ（RGALI）などでも収集されている。トレチャコフ美術館映像部門や各種教育研究機関にも、フィルムや映像に関連する資料のコレクションが様々な規模で収蔵されている。科学技術文書アーカイブ（旧ソ連科学技術情報研究センター）をはじめ諸分野ごとにあるアーカイブもそれぞれ一定程度の映像資料を保管している。

ソ連時代のコレクションについては、継承国としてのロシア連邦に引き継がれ、ソ連解体後はロシア国立の機関へ名称が変わっているものがほとんどである。

以下、アーカイブ活動に特化された国立機関の映画写真文書アーカイブとゴスフィルモフォンドの設立過程や活

動について詳しく見ていく。(2)

ニュース映像等の資料：ロシア国立映画写真文書アーカイブの設立まで

一九一七年の革命以前、ロシア帝政期にはニュースやドキュメンタリー、実際の事件に取材し、記録した写真、動画など歴史の視覚資料が主として軍事関係のアーカイブとして収集されていた。

とくに映像については、第一次世界大戦の前線に写真と映像のカメラマンが派遣され、その資料はスコベレフ啓蒙委員会に集められた。スコベレフ啓蒙委員会は、傷痍軍人のための恩給を賞与するボランティア団体で、中央アジア植民化政策や露土戦争（一八七七―七八年）で評価されたスコベレフ将軍の没後、彼の妹の意思で創設された。一九一四年、その委員会の下に軍事撮影部が設立され、陸軍のための教育・啓蒙映画と映画市場一般向け戦争映画を製作した。ロシア最初のアニメーター、ヴラディスラフ・スタレヴィッチの昆虫実写アニメ『ベルギーのユリ』（一九一五年）のほか、ドキュメンタリーや長編映画の製作を行った。一九一七年の二月革命以降は臨時政府に帰属し、労働記録部門となる。内戦の混乱期は、スコベレフ啓蒙委員会から革命政権の人民教育委員会下に移って記録映像の指揮を執っていたG・M・ボルチャンスキーがこれらのフィルムを保管していた。

ロマノフ王朝の皇室も二万メートルに及ぶ記録映像の大きなコレクションを所有し、ペテルブルグ近郊のツァールスコエ・セローに保管していた。ここには作家のレフ・トルストイ、オペラ歌手のフョードル・シャリャーピンなど文学、芸術、文化、科学分野の著名人たちの記録映像も含まれていた。

十月革命後、革命に関する資料収集の必要性が早くから認識され、いくつかの組織改編を経て、十月革命アーカイブ（the Archive of October Revolution: AOR）が作られた。このアーカイブは四つの部門に分かれていて、第一―三部門は革命前の歴史資料を扱い、第四部門に革命以降に関する資料すべてを収集することになる。その際、新しいメディアとして写真・映像なども収集対象となり、ロシア帝国軍およびスコベレフ啓蒙委員会所有の映像コレクションが納められた。革命前にロシアで活動していたリュミエール兄弟社、パテ兄弟社、ゴモン社、アポロン映画協会、ハンジョンコフ映画スタジオ、ドランコフ映画スタジオなど各映画会社が製作したニュース映像のコレクションは、いったん全ロシア写真・映画製作合弁会社「ソヴィエト・シネマ」（通称ソフキノ）に集められて、管理されていたが、それらもAORの第四部門に統合された。

内戦期の記録、ソヴィエト建設や党生活、時事問題に関して新たに撮影された写真や映像を網羅的に収集できるよう、ロシア連邦人民委員部（革命政府）下の全ロシア写真映画部がAORに一部ずつ提供するという規定も定められた(3)。

一九二六年に文書収集を主軸とするAORから映像・写真資料のコレクションが独立し、ロシア国立映画写真文書アーカイブとなった。軍事的な情報収集としての性質が色濃く反映され、軍や公安関係の施設や組織と密接に結びついている。一九二八年にかつて軍の参謀本部資料室分室だった旧レフォトヴォ宮殿の敷地内に移された。一九三三年にはソ連人民委員会映画部傘下に映画・写真関連産業の監督官庁として映画・写真産業総局（GUKF）が設置された。本格的な収蔵所としてのアーカイブの建設は内務人民委員部（NKVD）指導部によって承認され、一九四七年から二年がかりで、ドイツ人捕虜のパウル・シュピーゲルが設計を担当し、日本人抑留者を主な労働力として建設が行われるということもあったようだ(4)。一九五三年にモスクワ北西に位置するクラスノゴルスク市にさらに大型の保管施設が建設され、現在に至る。途中、録音資料のコレクションとの統合が試みられたが、最終的には一九六七年に音の資料が分離され、映像・写真資料のみを扱う国立映画写真文書アーカイブ（GAKFD）となった。映画関係者の間では所在地の名前をとってクラスノゴルスクと通称されている。ソ連解体後、一九九二年にロシア連邦映画写真文書アーカイブ（RGAKFD）に名称を変更した。

モスクワ北東にある旧都のひとつウラジーミル市に別館（一九七八年設立）があり、ここでは、主としてヴォルガ、北コーカサス、ウラル、シベリア、極東など地方で撮影された映像や写真を収集していた。特に一九六〇年代、一九七〇年代のフィルムが多い。青年共産党組織コムソモールや開拓団の活動記録、第二次世界大戦の従軍者や、各地のソヴィエト連邦五〇周年祝典、水力・原子力発電所、自動車工場など大規模工場の活動に関する映像記録がある。(5)

一九八一年にユネスコのアーカイブに関する論集に、ソ連閣僚会議ソ連技術文書研究センターのミハイロフ、ムサトワ、ゲドロヴィチの連名で掲載された論文があり、「磁気テープに記録された音源を、コンピュータを使った方法で保存・修復する研究」について言及されている。(6)具体的な内容はなく、国際的な場でソ連の革新性を強調するレトリックの可能性もあるが、ソ連のアーカイブが様々な技術を駆使して保存・修復活動を実践しようとしていたことは感じられる。同時に、カビによるフィルムの損傷について、南方のアーカイブでは高温・多湿になりやすい環境に苦心するという記述があり、広大な領土を有するソ連において、画一的な計画遂行の不可能性をいみじくも示唆していて興味深い。

一九八〇年代半ばに始まるペレストロイカ期には、ニュース映画の製作の減少、納品システムの中断、新しいメディアへの転換など、収集が困難な状況があった。ロシア連邦の新体制下において、ロシア連邦文書館主導で法整備を行い、状況の改善を図った。コレクションの欠落はその後、ロシア中央ドキュメンタリー映画スタジオの改組および国立映画センターがゴーリキー映画スタジオと統合された際にコレクションを譲り受け、穴埋めされた。(7)

一九九二年より、ビデオ資料の寄託を受け付けているが、量が膨大なため、ビデオ素材はテレビ局制作の番組のほか、非政府系団体や個人との契約に基づき、ある程度限定して収集している。それらはポストソ連期の生活の諸相とともに、アフガニスタンやチェチェンでの軍事紛争など重要な事件の記録となっている。

劇映画の収集と配給：ゴスフィルモフォンド

革命前のロシアでも劇映画の製作は盛んだった。一九〇〇年代末から、ハンジョンコフやドランコフらが設立した映画スタジオで盛んに劇映画が製作された。革命直後の一九一九年には映画産業およびレコード産業が早々に国営化された。映画スタジオでの製作だけではなく、映画の撮影・上映機材などを載せた「アジテーション列車」が各地を巡り、工場の作業風景などを撮影し、撮影したフィルムの上映をその場で行ったりした。このプロジェクトにはジガ・ヴェルトフも参加し、その体験から映画『全ロシア中央執行委員会のアジ列車』（一九二一年）を製作している。しかし、この時期はまだ作品の収集システムが作られておらず、廃棄されるものが多かった[8]。

すでに触れたように一九二二年にはボルチャンスキー監督が博物館設立、つまり収集の必要性を指摘している。一九一九年に開校した映画専門学校（現ロシア国立映画大学）に国内外の劇映画のコレクションが作られたようだ。後進を育成するに際して手本にすべき欧米の映画を学生たちに実際に見せることが必要だとの強い思いが映画研究者のフェオフィン・シャプリンスキーや監督のレフ・クレショフらにあったからだと、ゴスフィルモフォンドでの勤務経験を持ち、エイゼンシュテインのアーカイブ研究第一人者のナウム・クレイマンは証言している[9]。一九三〇年には上映前の検閲用に集められたフィルムをアーカイブに転用することが提案され、一九三三年にソ連邦人民映画委員部に劇映画収蔵用の全ソ・フィルモテーカ（シネマテーク）が作られた。当初は政治的、芸術的に優れたものを選択的に残す方針だったようだ。モスクワ市内のモスフィルム映画スタジオ内に保管することが計画されたが、可燃フィルムの危険性に考慮して、モスクワから南東に車で一時間ほど離れたドモジェードヴォ市ベールィ・ストルブィに保管庫を建設することになった。工事は一九三七年に始まったが、第二次世界大戦で移転は延期され、戦争中は南方ヴォルガ地方、カザン、ウラル地方のスヴェルドロフスク（現エカチェリンブルグ）、西シベリアのノヴォシビルスクなど、前線から遠い東部方面に資料を疎開させた。レンフィルムのネガは激しい爆撃を受けたプーシキン市（現ツァールスコエ・セロー）で保管されていたため焼失し、現存するのは上映用のポジフィルムのコレクションである。

2　網羅的なコレクション――未完作品および断片の収集

戦後、一九四八年にゴスフィルモフォンド（国立映画基金）が設立され、本格的にベールィ・ストルブィでの収集が始まり、以降、質等に関係なく網羅的に収集する方針に転換された。ゴスフィルモフォンドの公式ＨＰには理念が次のように掲げられている。

経験上、コレクションの収集において、趣味、政治的都合、商業的成功、さらには高い芸術的基準によってふるいにかけることほど危険なことはない。若い映画芸術は、サイレント映画の八〇％、一九五〇年以前に製作された映画の五〇％を失うことになった。将来このようなことが起こらないようにするために、残念ながらいまだ損失がないわけではないが、ゴスフィルモフォンドをはじめとする映画図書館が、国の宝である映画の救済と保存に取り組んでいる。

ゴスフィルモフォンドでは、各国の映画アーカイブと違い、国内で上映される作品のすべてをコレクションしていることを長所として前面に押し出している。そのためソ連国内の映画館で興行に掛ける際には、ロシア映画であれ外国映画であれ、フィルムのコピーを一部、ゴスフィルモフォンドに送ることが各配給会社に義務付けられている[10]。設立の経緯で触れたように、そもそもの成り立ちにおいてコレクションと認可・検閲とが結びついてしまうという問題をはらんでいるわけだが、現在では、上映用フィルムのコピー権をゴスフィルモフォンドが独占的に管理することで、上映数の管理、すなわち海賊版防止になるという側面もあるようだ。

ただ、ソ連時代にも収蔵場所の限界があり、ペレストロイカ期以降は予算獲得の難しさから選択的に保存すべき

だという議論も起きたというが、九〇年代後半から副所長に就任したニコライ・ボロダチョフが全品収集の方針を貫いた。(11)

この時期には社会的、経済的混乱とビデオの普及というメディアの変化により、映画製作会社からフィルムが納品されないケースが頻発し、収集率が低下した。商業目的とする映画製作会社が多数設立され、有料で買い取るよう要求されたり、しばしばアーカイブの文化的重要性について理解が得られないことがあった。アーカイブという性質上、物理的に取り扱えることが優先され、収蔵・管理する素材の納品方法をフィルムの形状に限定していたため、映画会社の資金状態がぜい弱で納品用のフィルムを作製する費用が捻出できない(12)、または納品までに会社そのものが倒産するケースがあった。現在では映像製作および上映のデジタル化が進むにつれ、フィルム以外での納品も認めるようになっている。

完成版のフィルムだけではなく、検閲などで削除されたフィルムの断片も可能な限り収集する努力をしている(13)というのはアーカイブの方針として世界的に珍しいだろう。未完のフィルムや断片的なフィルムのコレクションがあったおかげで、フィルムを製作時の状態に復元することができ、ゴスフィルモフォンドの重要な仕事となっている。

復元するだけではなく、素材調査の面でも新たな発見がある。映画大学教授でフィルムの復元を専門とするニコライ・イズヴォロフが、散逸したとされていたジガ・ヴェルトフの「デビュー作」『国内戦の歴史』（一九一八年）と『革命一周年記念』（一九二一年）の断片をアーカイブから掘り起こし、当時のポスターや記録と照合して再現することによって、両作品ともにヴェルトフのオリジナル作品ではなく、同時代に他の監督たちによって撮影されたフッテージをヴェルトフがコラージュして製作したものだということが明らかになったという。(14)

3　アーカイブの研究・調査と製作支援

ソ連にアーカイブの職員の育成を目的とする高等教育機関として歴史アーカイブ大学（邦訳：歴史古文書大学、現ロシア国立人文大学[15]）が作られたことからもソ連がアーカイブを重視していたことがわかる。その前身となるのは一九世紀末のモスクワとサンクト・ペテルブルグそれぞれに設立された考古学古文書学大学である（当初は私設で無料の一般向け教育機関として設立され、のちに帝立の認定を受けた）。革命後、いったんレニングラード大学、モスクワ大学に併合されたが、アーカイブの専門家の育成を強化する必要性から独立した教育機関としてあらためてモスクワに設立された。人文大学は現在も映像分野のアーカイブに国立映画大学と並んで人材を供給している。

ゴスフィルモフォンドは、活動理念として「映像を登録し、品質をチェックし、複製し、少なくとも数百年間保存すること[16]」を掲げている。保存活動という主目的のため、最も重視されるのはフィルムという素材を管理する工学的・職人的な作業であり、研究調査は作品の記録が目的となっている。クレイマンが勤務していた一九六一年ごろのゴスフィルモフォンドには外国映画と国内映画用のふたつの映写室があり、担当者ごとに使用可能な「時間割」が決まっていたという。フィルムの長さを測るなどの物理的調査は助手が行い、担当者はフィルムを映写しながらタイトル情報、字幕の誤字がないかを確認し、内容のあらましを含め、記録を作成するという作業が求められた。出自が不明のもの、ノルウェー語をはじめ諸外国語のものについて図書館等での文献調査も行いながら確認作業をしたという。映画のストーリーをまとめる際、いわゆる映画評論家の「モスクワ流」とは違う、「ベールィ・ストルブィ流」のまとめ方があったという。無味乾燥にまとめるのではなく、作品の雰囲気やスタイルがわかるように、しかし、具体的に、つまり理論的・分析的に簡潔に書くことが求められた。

ハンジョンコフ映画スタジオで編集を担当し、ハンジョンコフの二人目の妻となったヴェーラ・ハンジョンコワも創設期から勤務しており、クレイマンの回想によれば、製作に携わった作品はタイトル部分が欠落していても作品名を確定できるほど驚異的な記憶力で、サイレント映画のコレクションの判定に多大な貢献をした。彼女はネガフィルムを見るだけで俳優を判別できた。彼女はある時、ニュース映像のフィルムの中に「革命期のレーニン」を撮影したフィルムを見つけた。調査した結果、ブハーリンらが粛清されたのち、エイゼンシュテイン監督の『十月』から検閲で削除された部分の唯一の残存フィルムであることが分かったという。

勤務時間終了後には同僚たちと散歩しながら、それぞれ担当する映画について意見交換をして知見を広げたという。また、映画監督や研究者が一般には視聴を制限された映画を見る際、資料を集め、助言するのも仕事のひとつだった。たとえばアンドレイ・タルコフスキーやオタール・イオセリアーニにブレッソンの作品を見る機会を提供し、映画評論家にも一般には公開されていない映画の情報を提供した。

映画の内容紹介などをまとめたカタログを出版していたとはいえ、ソ連時代のアーカイブは閉鎖的な組織で、映画の分野でも、一般の映画ファンがゴスフィルモフォンドの活動に接するのは直轄の映画館「イリュージョン」で所蔵作品を上映するときぐらいであった。

映画写真文書アーカイブは、映画製作で過去のフッテージを利用する際に資料提供をすることで、ソ連期から現在に至るまで調査・研究成果を社会に還元する努力をしていると言えるだろう。近年、セルゲイ・ロズニッツァ監督の『粛清裁判』や『国葬』(いずれも二〇一九年)などアーカイブのフッテージを再編集して創作するドキュメンタリー手法が注目されている。その先駆け的作品がミハイル・ロンム監督『野獣たちのバラード』(原題『ありふれたファシズム』一九六五年)である。ソ連が対独戦勝記念として持ち帰ったナチス・ドイツのニュース映像などを再編集して製作されたドキュメンタリー映画で、アーカイブの存在価値を一気に高めた。これらの作品はいわばアーカイブの職員と監督との共同製作と考えることもできるだろう。

ロシア国立映画写真文書アーカイブが、アーカイブの調査方法や保存等の技術的な面について、別の独立機関である全ソ科学アーカイブ・文書研究所の指示に従っていた、という記述[17]があることから、それぞれの組織に技術と研究の役割分担があったようだ。予算の獲得に苦慮し、存続が難しい局面に立たされたポストソ連期の九〇年代以降、アーカイブも積極的に情報発信するようになり、アーカイブをめぐる比較的大きな規模のシンポジウムを主宰するなど研究分野の活動も重視されてきている。

ゴスフィルモフォンドもソ連解体後は研究・調査活動が主要な業務と位置付けられるようになっている。出版活動に積極的で、たとえば創立六〇周年とロシア映画一〇〇周年を記念して、ウラジーミル・ソロヴィヨフ著『二〇世紀の映画コメディ人気俳優一七五人』（二〇〇七年）、エヴゲニー・バルィキン編著のカタログ『玉座とスクリーンの上で　一八九六―二〇一二　映画カタログ』（二〇一二年）を出版したり、ロシアの主要な映画研究誌『映画研究手帖』のゴスフィルモフォンド特集号[18]の助成を行った。

一九九七年からは、アーカイブの閉鎖的なイメージを打破し、映画評論家、研究者などにアーカイブを活用してもらうことを目的とする映画祭「ベールィ・ストルブィ」を開催している。[19]ラウンドテーブル、各種賞の授与などがあり、評論家たちの交流を深める場ともなっている。

ネットを利用した一般の観客に対するアウトリーチも積極的に行われている。ロシア国立映画写真文書アーカイブは、所蔵するフッテージを独自に編集し、観客が映画アーカイブ事業や映画そのものへの理解を深められるようなドキュメンタリー映画を製作、公式YouTubeチャンネルで公開している。[20]ゴスフィルモフォンドは本稿でも参照しているクレイマンへのインタビューをはじめ、映画やアーカイブの歴史や所蔵されている断片フィルム等を紹介する動画を公開している。[21]

4　フィルムをめぐるゴスフィルモフォンドの国際交流

ゴスフィルモフォンドは一九四七年にＦＩＡＦ（国際フィルム・アーカイヴ連盟）によってソ連を代表する映像アーカイブとして認定され、スターリン批判後の雪解け期の一九五七年に正式に加盟した。当時の館長ヴィクトル・プリヴァトがＦＩＡＦ副会長に選出されている。[22]ソ連・ロシアのアーカイブが国際協力の輪に加わることによって、相互に映画史の欠落をより補うことができるようになった。イデオロギー上の問題もあって収蔵数が少なかった革命前の映画や外国映画の収集を精力的に行うようになったことでコレクションは世界最大級となり、一九五七年に世界三大フィルム・アーカイブのひとつとしてギネスブックに登録された。

ソ連ではテクノカラーが一般化する以前に独自のカラー映像技術がいくつか開発されており、ゴスフィルモフォンドでは、撮影当時の技術に立ち戻ってカラーの修復をするように心がけている。国外からもカラーの修復の依頼を受けており、修復の受け入れやコレクションの交換など国際交流を盛んに行っている。[23]一九九七年にはヨーロッパ・シネマテーク連盟に加入したのち、アウグスト・ジェニーナ監督『さらば青春』（一九二五年）やロベルト・ビーネ監督『カリギュラ博士』（一九一九年）の修復に貢献している。

ゴスフィルモフォンドにとって、特にエイゼンシュテイン、ボンダルチュクといった国のブランドになりうる監督たちのアーカイブを補充できたことは大きな意味を持つ。

エイゼンシュテインが一九三一―一九三二年に実際にメキシコに滞在して撮影を行った未完の作品『メキシコ万歳』の映画素材はＭＯＭＡ（ニューヨーク近代アート美術館）に所蔵されていたが、一九七九年にゴスフィルモフォンドに返還された。その後、エイゼンシュテインの共同監督を務めていたグリゴリー・アレクサンドロフが原案に近い編集を行い、長編映画としてソ連で上映された。

大長編映画『戦争と平和』で有名な監督セルゲイ・ボンダルチュク最後の作品である『静かなドン』の未編集フィルムも、遺族およびロシアの国家レベルでの努力により、イタリアから返還され、息子で監督のフョードル・ボンダルチュクが七話のテレビドラマと映画版に編集したものが二〇〇七年に放映・上映された。この新版を含むセルゲイ・ボンダルチュクのアーカイブはすべてゴスフィルモフォンドが所蔵している。

ロシアからアメリカに寄贈された例もある。二〇一〇年、ゴスフィルモフォンドでデジタル保存された一〇本の初期アメリカ映画のフィルムが、エリツィン大統領記念図書館を通じてアメリカの連邦議会図書館に寄贈された(24)。一八九三年から一九三〇年のアメリカの大衆向けに作られたサイレント映画は当時のロシアでも広く上映され、人気を博した。アメリカ本国ではこの時期に製作された映画の八〇％以上が失われ、諸外国のアーカイブの協力を得て補充する作業を行っており、ロシアからの寄贈もその一環である。連邦議会図書館付属の視聴覚資料保存センターが行った調査によると、アメリカのサイレントおよびトーキー映画のうち、世界でゴスフィルモフォンドにしか残っていない映画が最大二〇〇本ある可能性があるという。ロシアで二〇〇七年にデジタル資料の図書館としてエリツィン大統領記念図書館の創設が決定されて以来、アメリカ議会図書館が協力してきた成果の一つだと記事では評価されている。ちなみにゴスフィルモフォンドもポストソ連期の財政難の際にソロス基金、フォード基金から支援を受けていた。

ソ連の厳しい検閲によって国外作品の収集に取り組むのが遅かったゴスフィルモフォンドが多数のアメリカ映画を所蔵していたのには二つの理由がある。ロシア革命前後の時期に流入した欧米映画のコレクションと、第二次世界大戦のいわゆる戦利品である。

一般に、ソ連と西側の関係は「鉄のカーテン」で完全に遮断されていたイメージが強いが、映画専門学校の映画コレクションに関連して触れたように、ソ連映画の黎明期にモデルとされたのは欧米の映画であり、チャップリン映画は絶大な人気と影響があった。スターリン期においてもグリゴリー・アレクサンドロフがハリウッド映画を模倣してソ連型ミュージカル映画を製作し、『鶴は翔んでいく』を撮ったミハイル・カラトーゾフ（ミヘイル・カラトジシヴィリ）監督は第二次世界大戦末期にアメリカ映画担当委員会議長としてアメリカ映画の輸入を監督する任に当たり、アメリカ型プロパガンダ（広告）やハリウッド映画について学んだ。のちに『ハリウッドの顔』（一九六四年）という訪米の際の回想録を出版している。

しかし、本格的なコレクションの拡充はドイツおよび旧満州の映画コレクションが第二次世界大戦の「戦利品」としてゴスフィルモフォンドの所蔵となったことによる。特にドイツから持ち帰ったコレクションには『ターザン』シリーズなどアメリカ映画も含まれていた。これらは戦中・戦後に極端に統制され、年間の映画製作本数が九本まで落ち込んだ戦争直後のソ連における上映映画の欠落を補ってもいる。

旧満州からゴスフィルモフォンドに移送されたフィルムについては言語の壁もあり、実態が長らく不明であったが、一九九五年からの山根貞男、蓮實重彥、冨田三起子の調査により、戦前の日本映画四一本が発見され、一九九七年の東京国際映画祭で上映された。第十回東京国際映画祭では、山根貞男が企画した「ニッポン・シネマ・クラシック」のプログラム内で、清水宏、大久保忠素共同監督『親』（一九二九年）、佐々木啓祐監督『爆弾花嫁』（一九三五年）、野渕昶監督『お市の方』（一九四二年）、森一生監督『大阪町人』（一九四二年）の四作品と、この調査以前にゴスフィルモフォンドで見つかって部分的に復元された鈴木重吉監督『何が彼女をそうさせたか』（一九三〇年）[25]が上演された[26]。アーカイブの調査は東京国立近代美術館フィルムセンター（現国立映画アーカイブ）の佐伯知紀に引き継がれ、「発掘された映画たち2001：ロシア・ゴスフィルモフォンドで発見された日本映画」と題し、先の四本を含む一九本が上映された[27]。

5　ゴスフィルモフォンドのデジタル化問題

近年、映画製作全般がデジタル化されたため、ロシアにおいてもデジタル化が不可避となった。国立映画写真文書アーカイブとゴスフィルモフォンドのいずれにおいても所蔵品の電子カタログ化が進み、ネットで公開されている。映像資料については、フィルムで保存することの扱いやすさや安定性と、デジタル技術の手軽さのそれぞれについて長短があり、デジタル媒体に完全に移行することは難しい。たとえば、映像をクリアに再生するリマスターについては、デジタルリマスターの方がシャープであるが、製作当時の多様なカラー技術が生み出す色彩のニュアンスを再現しにくいことが問題になっている[28]。

製作現場のデジタル化が急速に進んだ結果、フィルムを納品する場合、映画製作会社に手間と費用が発生する。ゴスフィルモフォンドも電子保存への移行を余儀なくされ、二〇〇八年にデジタル部門を増室した。フィルムは定期的に検査が必要だが、現在はフィルムをデジタル化する際にフィルムの洗浄、修復の必要性の鑑定など保存状態の確認作業を行っている。

デジタル資料の利点は①編集の異なる版を複数保存しやすい、②検索が容易、③インターネットサイトでの配信が容易、④デジタルリマスターの方が修復作業が容易、ということが挙げられる。

反対にデジタル保存の短所として、①部分的にでもデータが破損してしまうと復元できない、②記録用のメディアの形態やプログラムが頻繁に変わる、③フィルムの幅16、35、65、70ミリの違いをどのように管理するのか判断が難しいことなどが挙げられる。

デジタル形態のみで保存するとメディアが破損したら完全に失われてしまうため、フィルムのネガ、ポジのいずれの形態のフィルムも保存を継続している。今後、メディアの変化にどう対応し、どのようにデジタルのコードを同一化するかを考える必要がある。二〇一九年にスキャナーをはじめとする機材を大幅に増強し、作業効率を上げ、二〇二〇年には可燃性の高いフィルムをコピーできる機材を補充、４Ｋコピーも可能になった。二〇二〇年には映画作品に関連する資料を保管する場所として図書館が拡充された。

一般の観客に対する作品提供という観点でみると、ペレストロイカ以降、外国映画の流通が盛んになるにつれ、ロシア・ソ連で製作された映画を上映する映画館は急減した。ゴスフィルモフォンド自体も公開性の確保の重要性は意識しているが、組織の性質として、対外的な関係は映画の配給や研究に関わる専門家に限られる。映画を普及させるのに最も効果的なのは上演回数を増やし、作品のアクセスを容易することだろう。そのためにも、視聴覚資料の取り扱いが簡便になり、上映の機会が増えるという利便性がデジタル化にはある。また商業映画で主流となっているデジタル上映のフォーマットに合わせることも必要とされている。アーカイブの来館者も従来は物理的に来館していたが、アーカイブ側が仮想空間を構築すれば、足を運ぶことなく資料を利用することが可能になるかもしれない(29)。

デジタル化によって複数の版の保存が可能になるのは、検閲についての歴史的検証を行う上でも重要な情報となる。近年では検閲等で改変された作品も、創作者本人が再編集に参加している場合は単なる歪曲として捉えるのではなく、厳しい制限範囲内で最大限の創作の工夫を追求した作品と捉えるようになってきている。正／誤に分けて検閲改変版を切り捨てるのではなく、複数のバージョンとして考えることが今後必要になる。その際、複数の版のいずれも保存可能となることは今後の映画研究にも有益だろう。

現在、ゴスフィルモフォンド所蔵作品の大規模なデジタルリマスター版の作成が進められている。二〇一八年にプーチン大統領主導で国家プロジェクト「文化」が始まり、二〇三〇年までの文化に関する国家目標が策定された。文化大臣を責任者として「文化環境」、「創造的な人々」、「デジタル文化」の三つのカテゴリーがあり、「デジタル文化」の下位カテゴリーの「国立図書館のデジタル書籍化」や「ヴァーチャル・コンサートホール」、「舞台芸術の配信」と並んで「ゴスフィルモフォンドのデジタル化」がある。毎年五〇〇〇本程度のペースでデジタル化が計画され、今後は可燃性ニトロフィルムや劣化してしまったフィルム、革命前の古いフィルム、35ミリの規格以外のフィルムなどを順次デジタル化していく予定である(30)。一般の観客がゴスフィルモフォンド所蔵の作品に少しでもアクセスできるようにすることが主要な目的とされ、保存や修復とともに、資料の違法コピーやハッカー攻撃を回避することも意図されている。デジタル化した作品の一部は「ロシア連邦文化チャンネル（Culture.RF）」サイトで無料公開されている。[31]

6　ソ連期の文化遺産の継承権とファクトチェック

ロシア国立映画写真文書アーカイブは一九九七年に、ゴスフィルモフォンドはそれより早い一九九三年に「ロシア連邦国民の文化遺産のうち特に価値のあるものの国家登録簿」に登録された。これにより、新生ロシアにおける社会機構の中に改めてアーカイブが位置づけられ、両機関とも安定した活動の継続が認められたことになる。

このように旧ソ連・ロシアの映像アーカイブの活動を追ってみると、網羅的な収集への情熱が感じられる。その結果、過去の検閲で削除・改ざんされた作品の復元が可能となり、ソ連政権下で政治的に捻じ曲げられたフェイク・ヒストリーを内外の研究者が検証する作業は一定の成果を上げている。大濱徹也はアーカイブを「国家を問いただす場」と位置づけ、「国家を国家たらしめるものとしてその構成員がある記憶を共有しうるか否かが問われている」[32]と指摘する。つまり、アーカイブ資料は国家の在り方を検証する根拠であり、集合体として歴史を共有していることのよりどころとなる物理的証拠になる。情報が厳しく統制されたソ連において資料を網羅的に集めようとしたアーキビストたちの活動は、集合体としての適切な記憶を守る抵抗の意味を潜在的に持っていたのかもしれない。

政治的対立やヘイト行為が広がる情報戦のなかで、個人のレベルでも映像を加工した偽情報を流すことができるほど技術が進化し、フェイク・ヒストリーの問題への取り組みは喫緊の課題である。今後、ファクトチェックのための重要な手段としてもアーカイブの存在はますます重要になっていくと思われる。

ただし、ふたたび情報統制が進む現在、一般的にロシアのアーカイブへのアクセスがまた制限されるようになってきていることが危惧される。今後、アーカイブも司法のように、またはせめて科学アカデミーや大学といった学術機関のように、ある種の独立性を保持する必要が出てくるのではないだろうか。

7　旧共和国とソ連のアーカイブ問題

アーカイブへのアクセス権に関しては、旧ソ連の主要なアーカイブを、ソ連の「継承国」としてのロシアがかなり独占的に所有しているという問題がある。

現在、ジョージアやウクライナをはじめ、旧共和国の多くがソ連とロシアを重ね、ソ連期をロシアによる占領期と捉えて歴史的な記憶を拒否する傾向があり、ややヒステリックにロシア語資料の排除が各地で進んでいる。そのためまだ表面化してはいないが、今後、それぞれの国においてさまざまな歴史的検証が求められ、再度ソ連時代のロシア語資料を参照する必要性が高まれば、資料へのアクセス権（独立した共和国が自国の歴史に関わるアーカイブが国外にあるため資料に直接アクセスできない、または資料の複製を希望すると高額な費用を請求される）が問題になってくるだろう。ソ連では各民族共和国の映画スタジオで製作されたフィルムがモスクワに集約されて保管されてきたため、映画アーカイブについても同様のことが言える。

ロシアでもアーカイブの所有問題が論じられた時期がある。ソ連解体直前の一九九〇年、ロシア映画人同盟は、ソ連のアーカイブが所蔵する映画を各民族共和国に分割返還する方針を採択した[(33)]。それは資料を本来の所有者に返還するためというよりは、コレクションの輪郭をロシアの作品に限定することで、ロシアの自立を明確化する方向性だった。しかしゴスフィルモフォンドは、各共和国の映画スタジオはソ連映画総体の一部分に過ぎないと考え、アーカイブを分割離散させるための合理的理由に欠けるとして抵抗し、結局資料の返還作業は行われなかった。

ソ連映画を総体として各地の映画スタジオの活動を不可分なものとする考え方にもそれなりの説得力がある。例えば、セルゲイ・パラジャーノフはジョージア生まれのアルメニア系で、モスクワの映画大学卒業後、キエフのドブジェンコ映画スタジオ、アルメニア映画スタジオで製作したが、アンドレイ・タルコフスキーらロシアの映画人たちと密接なつながりを持っていた。雪解け期のソヴィエト・ニューウェーヴを築いた監督たちの多くはジョージア出身で、ミハイル・カラトーゾフやゲオルギー・ダネーリヤらは若いころトビリシ映画スタジオで作品製作をしている。彼らのキャリアは個別共和国ごとに分断するのではなく、全ソ連的なコンテクストで語られるべきであろう。しかし同時に、強固な国境線で地理的・政治的に分割されている現在、資料へのアクセス権の確保も重要な課題である。

アーカイブの在り方として、旧ハプスブルグ帝国のアーカイブを引き継いだオーストリアとハンガリーの関係は示唆的である。両者は、それぞれの歴史資料は現在の所在地において保管するが、相互に自由なアクセス権を保証する条約を結んでいる[34]。

ロシア側にも映像アーカイブについては、経費の負担等、具体的にはまだ検討はしていないものの、フィルムが複製可能なメディアであることに注目し、共和国に複製して提供する可能性を示す[35]柔軟な姿勢もみられ、とりわけデジタル化が進む現在、相互のアーカイブにとって資料を共有するのに有効な方法である。しかし、ここでも経済的な壁があり、現状では複写を希望する旧共和国側が高額の費用を負担することになる。相対的に経済的弱者である旧共和国側にとって極めて不利な状況といえる。デジタル化によって、フィルムの状態の確認と複製のそれぞれについてどちらが費用を負担し、オリジナルのフィルムの管理をするのかなど、費用面でも所有権でも問題はそう簡単に解決できるものではないようだ。

ロシア側がアーカイブ資料を分割・返還しない理由としてしばしば指摘されるのは、受け入れ側の旧共和国における環境の不備である。たとえばジョージアのトビリシ映画スタジオで二〇〇五年に火災が起き、かなりのフィルムが焼失したことを実例として取り上げ、アーカイブの環境が整っていないこと、ロシアの保存・修復技術の優位性を理由に資料を独占していることを正当化する意見もみられる[36]。九〇年代に旧民族共和国各地で民族紛争が続いたことはもちろん大きなマイナス要因である。しかし、保管施設、保存や修復の技術や経験の欠如については、指摘するのは簡単だが、その要因を考えれば、ロシア側にも責任（もしくはソ連から継承すべき責任）がある。

従来はロシアが資料を独占し、独立諸国に分類や保全の経験を積む機会を与えなかったことを無視して非難するのは一方的すぎるだろう。資料や情報を中央（モスクワおよびレニングラード）に集約し、施設の建設や情報ネットワークを構築するためにソ連の莫大な国家予算がロシアに投資されてきたわけで、圧倒的な偏りがあるということが忘れられてしまっている。

ソ連期にモスクワを中心とする中央集権的な物流が確立され、技術的にも施設や人材育成の面で中央（ロシア）と周縁（諸民族共和国）とで極端な格差があったことは否めない。映画についても各共和国にある映画スタジオから作品がモスクワに集められ、ロシア語の吹き替え音声を付して全国で興行するシステムとなっていた。異なる民族言語で製作された作品が翻訳されて国内にまんべんなく流通するのは、相互理解を深めるために必要な措置であるが、モスクワが管理を理由に独占する中央集権構造であったことも反省的に検証する必要があるだろう。ソ連期の国家予算で作成された映画作品の著作権を監督などの個人に帰すのではなく、国民の投資による資材で作られたパブリックドメインと考えるのであれば、全ソ連を包括していたアーカイブをはじめとする文化組織についても、組織の形成、維持、運営に掛けられた予算をパブリックなものとして考える必要があるだろう。ロシアと他の諸共和国との間の文化財の不均衡について再考すれば、今後はロシア側が一定の経済負担をするような考え方が必要になってくるのではないだろうか。

この問題は、旧ソ連圏だけではなく、様々な形で国家体制が変化し、新しい国家が独立する場合、常に付きまとう。今後、解決に向けて国際的にも取り組む必要があるだろう。

注

（1）Directed by T. Lahusen, T. McDonald, A. Gershtein, A. Nikitin, “The Province of Lost Film,” 2008, Chemodanfilms.https://www.chemodanfilms.com/the-province-of-lost-film

（2）設立の歴史的経緯については、国立映画写真文書アーカイブ公式サイト（http://www.rgakfd.ru/）、ゴスフィルモフォンド公式サイト（https://gosfilmofond.ru/）、ロシア科学アカデミー刊『ロシア大百科辞典』（«Большая российская энциклопедия», M., 2004–2017）、『ロシアの公文書　モスクワとサンクトペテルブルク ガイドブックと書誌索引』（«Архивы России : Москва и Санкт-Петербург : справочник-обозрение и библиографический указатель» , M., "Археографический центр", 1997）などを参照した。国立映画写真文書アーカイブについて日本語で紹介したものに、安澤秀一『資料館・文書館学への道――記録・文書をどう残すか』吉川弘文館、一九八五年、一〇一―一〇四頁がある。

（3）『ロシア連邦国立公文書館の歴史 資料 論文 回想』ロシア国立アーカイブ（«История Государственного архива Российской Федерации Документы Статьи Воспоминания», M., РОССПЭН, 2010）、七八頁。

（4）クラスノゴルスク市のポータル「Krasnaya gorka」（歴史の項）http://www.krasnogorsk.info/inside/modules/news/article.php?storyid=2745

（5）『ロシアの公文書』一九三―一九四頁。

（6）O. A. Mihajlov and T. N. Musatova, “Audio-Visual Archives in the USSR,” UJISLAA（Unesco journal of information science, librarianship and archives administration), 4-2, 1982, pp. 100-106.

（7）L・P・ザプリャガエワ「文書の保存は、常にアーカイブの主な仕事［RGAKFD］」『わが国のアーカイブ』第五号（Запрягаева Л.П. «Сохранение документов всегда было главной задачей архива» // «Отечественные архивы», № 5, M., 2006）七八―八二頁。

（8）M・M・ジューコワ「視聴覚資料の納品義務　身内の中のよそ者?」『図書館研究』六八号四巻（M.M. ЖУКОВА, «Обязательный экземпляр аудиовизуальных документов: чужой среди своих?» // «Библиотековедение», M., 68(4), 2009）三四三―三五三頁。https://bibliotekovedenie.rsl.ru/jour/article/view/1460/1136

（9）ナウム・クレイマンのインタビュー「ゴスフィルモフォンドの歴史　第一回：国立映画アーカイブ設立の経緯とその立役者について」（https://www.youtube.com/watch?v=tI1BvtFO9vQ）。ゴスフィルモフォンドの公式サイトは、歴史研究者のセルゲイ・コマロフがコレクションしたという定説を採用している。

（10）ゴスフィルモフォンド公式サイト。

（11）V・I・ボセンコ「ロシアのゴスフィルモフォンド　歴史と現在」『祖国のアーカイブ』第五号（В.И. Босенко «Госфильмофонд

России: история и современность» // «Отечественные архивы», M., 2007）二三―二七頁。ニコライ・ボロダチョフは一九九六年に副所長に就任、二〇〇一年から所長。二〇一八年に解任された。

(12) V・S・マルィシェフ『ゴスフィルモフォンド　野いちごの原』（В. С Малышев «Госфильмофонд: земляничная поляна», М., Пашков дом, 2005）一六四頁。マルィシェフは一九九〇年から二〇〇一年までゴスフィルモフォンドの所長を務めた。二〇〇四年同書と同じ内容で映画大学の博士号を取得。二〇〇七年から現在までロシア国立映画大学学長。

(13) マルィシェフ『ゴスフィルモフォンド　野いちごの原』二一六頁。

(14) 「左翼芸術の名の下に分断された『国内戦の歴史』」（«Во имя левого искусства. Обретенная "История Гражданской войны"»）ラジオ・リバティ二〇二一年一二月二五日付。ニコライ・イズヴォロフのインタビュー。https://www.svoboda.org/a/vo-imya-levogo-iskusstva-obretennaya-istoriya-grazhdanskoy-voyny/31624113.html

(15) ロシア国立人文大学公式サイト（https://www.rsuh.ru/university/history.php）。

(16) ゴスフィルモフォンド公式サイト。

(17) ザプリャガエワ「文書の保存は常にアーカイブの主な仕事［RGAKFD］」八一頁。

(18) 『映画研究手帖』誌、八六号（«Киноведческие записки», No. 86, 2007）。

(19) ベールィ・ストルブィ映画祭についてはV・S・マルィシェフ「アーカイブ映画祭「ベールイ・ストルブィ」創設の歴史的・文化的背景」『全ロシア映画大学紀要』一二・一三合併号（В.С. Малышев «Историко-культурные предпосылки создания Фестиваля архивного кино "Белые столбы"» // «Вестник ВГИК», No. 12-13, 2020）、五〇―五七頁に詳しく紹介されている。

(20) ロシア国立映画写真文書アーカイブ公式YouTubeチャンネル（https://www.youtube.com/@rgakfd1926）。

(21) ゴスフィルモフォンド公式YouTubeチャンネル（https://www.youtube.com/@gosfilmofond_rf）。

(22) FIAF公式サイト（https://www.fiafnet.org/pages/History/Past-Executive-Committees.html）。

(23) N・マヨーロフ「カラーフィルムの修復における忠実性の問題について」『映画技術の世界』三八巻（Н. Майоров «Проблема аутентичности при восстановлении цветных фильмов» // «Мир технологии», No. 38, 2015）二六―三七頁。マルィシェフ、V.S.「アーカイブ映画祭『ベールイ・ストルブィ』創設の歴史的・文化的背景」五三頁。

(24) 連邦議会図書館公式サイト二〇一〇年一〇月二一日掲載記事 "Russia Presents Library of Congress With Digital Copies of Lost U.S. Silent Films" https://www.loc.gov/item/prn-10-239/russia-presents-digital-copies-of-silent-films/2010-10-21/

(25) 太田米男「映画の復元『何が彼女をそうさせたか』（一九二九）に関して（1）」『藝術　大阪芸術大学紀要』第二三号、二〇

〇〇年、一四四—一五六頁、「同（2）」同誌第二四号、二〇〇一年、一〇八—一二一頁。

(26) 山根貞男『映画を追え　フィルムコレクター歴訪の旅』草思社、二〇二三年、二五〇—二七九頁。

(27) 東京国立近代美術館フィルムセンターＨＰの記録（https://www.nfaj.go.jp/FC/NFC_Calendar/2001-03/kaisetsu.html）。『ＮＦＣニューズレター』の以下の各号に情報がまとめられている。佐伯知紀「調査報告　ゴスフィルモフォンド所蔵の日本映画リスト」「（Ⅰ）劇映画」第二〇号、一九九八年、「（Ⅱ）文化・記録・ニュース映画」第二二号、一九九八年。常石史子「ロシア・ゴスフィルモフォンドの日本映画 調査・収蔵完了報告」第六一号、二〇〇五年。

(28) デジタル化の問題については、Ｍ・Ｉ・コシノワ、Ａ・Ａ・ガシリナ「デジタル化状況に関するロシア連邦国立映画基金の活動の分析」『ロシア国立経営大学紀要』第九号（М.И. Косинова, А. А. Гасилина «Анализ деятельности госфильмофонда Российской федерации в условиях цифровизации» // «Вестник университета», № 9, ГУУ, 2021）五三—五九頁およびＭ・Ｉ・コシノワ、Ａ・Ａ・ガシリナ「ロシア連邦国立映画基金のアーカイブのデジタル化の組織的・経済的側面」『ロシア国立経営大学紀要』第一〇号（М.И. Косинова, А. А. Гасилина «Организационно-экономические аспекты цифровизации архивов госфильмофонда Российской федерации» // «Вестник университета», № 10, ГУУ, 2021）一六—二二頁を参照した。

(29) ブリュノ・ガラン、大沼太兵衛訳『アーカイヴズ——記録の保存・管理の歴史と実践』クセジュ文庫、白水社、二〇二一年、四二頁。

(30) ロシア国家プロジェクト「文化」ゴスフィルモフォンドデジタル化プログラム公式サイト（https://национальныепроекты.рф/projects/kultura/otsifrovka-filmov-na-tsifrovykh-nositelyakh-gosfilmofonda/）。

(31) Culture.RF 公式サイト（https://www.culture.ru/themes/256261/10-kinolent-iz-kollekcii-gosfilmofonda）。

(32) 大濱徹也『アーカイブスへの眼』刀水書房、二〇〇八年、三頁。

(33) マルィシェフ「アーカイブ映画祭「ベールイ・ストルブィ」創設の歴史的・文化的背景」五一頁。

(34) 飯尾唯紀「第九章　文書は誰のものか——複合国家の文書館とハンガリーの歴史家たち」大津留厚編『「民族自決」という幻影』昭和堂、二〇二〇年、二三五—二三六頁。

(35) Ｖ・Ｉ・ボセンコ「ロシアのゴスフィルモフォンド　歴史と現在」四頁。

(36) 同前、二頁。

第15章　アフリカにおける映画アーカイバル研究

アブバカール・サノゴ／石川祥伍訳、ミツヨ・ワダ・マルシアーノ監訳

本章は、アフリカの映画と映像のアーカイブに取り組む包括的な方法として、映画アーカイバル研究と装置（ディスポジティフ）というアプローチを取り上げる。まず、アフリカ全土で映像のアーカイブが困難な現状を説明する。この現状は、何らかの欠如や不在のせいであることが多い。たとえば、学校教育や社会・文化機関全体が、映画遺産の保存と伝承を積極的かつ体系的に協調して取り組むという、アーカイブの意識が欠如している。インフラ、制度、経済、政治、政策上の課題もいまだに多く残っている。端的に言うと、アフリカでは映画遺産に関する政策を、各国でも大陸全体でも持っておらず、初等教育から高等教育や映画学校までの学校教育、そして社会や文化全体でもその意識は希薄である。

政権が変わって社会が混乱すると、反体制的な映像資料の破壊に拍車がかかり、アーカイブが困難になることが多い。大半の国には自国や大陸、世界の映画遺産を保存・保護する制度がないという深刻な制約もある。映像資料を保存するのに予算が割かれておらず、全般的に資金不足であるためだ。最も懸念されるのは、映像資料を適切に保管する施設が足りないというインフラと技術の問題のために、プリントやテープなどの保存状態が深刻に劣化している実状だ。基本的な修理やデジタル化、修復を担う耐火構造を備えた研究施設もなく、旧式の機器や古めかしい人材育成方式も課題と言えよう。

映像のアーカイブは、洪水や地震などの天災や酷暑といった悪天候でも大きな打撃を受ける。映画資料の収集、映画へのアクセス、地域、国家、大陸レベルの映画文化の育成は危険にさらされる。もとより、映画館の閉鎖で映画文化は衰退しており、メディアを取りまく状況も劇的に変化している。その一方で、デジタル技術の普及によって、映画を鑑賞できる新たな機会も生まれている。

大陸規模での映画アーカイバル・プロジェクトの実施によって、アフリカが直面しているこのような映像アーカイブの危機を乗り越えられる。映画アーカイバル・プロジェクトを実現するためには、まず教育や啓発運動、ロビー活動による環境の整備が必要だ。このプロジェクトを通じて、私たちは汎アフリカ主義的プロジェクトの主体を構築し、映像アーカイブの指針を示すことができるだろう。

アフリカにとって映画とは、アフリカが自身の文化の美しさを祝福し、世界にその美しさを提示するための最も優れた方法である。映画を通じてアフリカ大陸は誇りと尊厳を取り戻し、国際社会の重要な一員となることができる。しかし、この映画を通してアフリカ大陸を世界にアピールするという努力は、大陸の映画的遺産を扱い、それに目を向ける体系的な方法がないため脅威に曝されている。アフリカ映画それ自体が、世界の映像ドキュメンタリー遺産の一部であり、人間として、より具体的にはアフリカ人として、彼らがこの世に生を受け、そして死んでいくことの意味する苦難と勝利を記録していると言えるだろう。皮肉にも、アフリカ全土で映像の製作と消費活動が爆発的に増加しているにもかかわらず、映像のアーカイブは危機に瀕している。アフリカ映画や映像に関心を持つ人々が、アフリカで製作されてきた映像を利用できるような体制はほとんど整っていない。アフリカ映画界の先駆者たちは、映画を単なる娯楽ではなく、批判的な変革の手段として再定義した。アフリカの批判的良心としての映画の役割を、将来の世代に確実に継承するにはどうすればよいのだろうか。これが、本章が答えたい問いである。

1　思索に基づく回想

まず、思索に基づく回想から始めよう。もし古代エジプトの神々が、アフリカの映像アーカイブの現状を目にしたら、困惑を示すだろう。(1) アーカイブの女神、記録の番人、記述する者と呼ばれ、知識や天文学、数学、建築、占星術を司るセシャトは、アフリカのアーカイブの危機的な現状をどう考えるだろうか。セシャトが手にするヤシの葉先には、ヒエログリフで「永遠(シェン)の上にすわるオタマジャクシ（一〇万の意）」が描かれている。この女神は、文化や芸術、科学を通して人間性を育んできたアフリカ大陸が、アーカイブの議論の蚊帳の外にいる現状をどう理解するだろうか。(2) 彼女の夫トートは芸術、文学、科学の神であり、書記と学者の神で、真実と誠実さを司る。長い治世と死後の世を記録する使命を負う彼は、世界と人間のアーカイブであるこの大陸の悠久の時を知りながら、何を考えていたのだろうか。(3)

「防腐処理を施す場所にいる者」(4) として知られる、死、葬儀、ミイラ作りの神でジャッカルの頭をしたアヌビスと、時間、動き、生成の神であり、言い換えれば映像の神であるケプリは、古代エジプトでは永遠と見なされていた時を一〇年や一〇〇年単位で捉える私たちが、映画の保存に取り組んでいないことをどう考えるだろうか。古代エジプトの神々は、私たちの時代や生活、在り方や行為を記録し、時間にミイラ化と防腐処理を施し、動きを生み出すアーカイブとその技術や装置、管理方法を持っていない私たちの困難をどう受け止めるだろうか。神々は私たちに問うだろう。映画アーカイブをめぐる方策や実践、制度の現状をみると、あなた方はわれわれの遺産をどうしたいのか、と。

本章は、アフリカにおける、アフリカのための問題として、「アーカイバル」、特に「映画アーカイバル」に焦点を当てる。アーカイブが真剣に受け止められるために、これまでさまざまな方法で定義されてきた概念を包含するアーカイバルという枠組みを提示し、それを応用する可能性と意義を示す。最初に、関連した理論の中に、映画アーカイバルが持つ魅力を位置づける。次に、アフリカと周辺地域のアーカイブの言説や制度、インフラ、教育、アーカイブ考古学（archiveology）(5)、アイデンティティを扱う映画アーカイバル研究と装置（ディスポジティフ）(6)という枠組みを提示する。

2　映画アーカイバルが持つ魅力を理論化する

過去数十年、アーカイブは多様な分野の関心を集め、考察や議論の対象となってきた。実際、さまざまな分野でアーカイブに関する議論が数多く生まれてきた。しかし、この状況自体が、アーカイブの概念が、矛盾する利害を持つ複数の関係者を生み出していることを明示している。本章は、アーカイブがさまざまな解釈に開かれているため、それをめぐる議論に多くの人々が参加することが可能であり、アーキビストと歴史家の両者による事実上の独占状態を解消することができる点を指摘する。

映画アーカイバルの特異性を論じるには、まずアーカイブをめぐる言説の変遷を掘り下げなければならない。本章の目的は、アーカイブのさまざまな概念を網羅することではない。そうではなく、映画アーカイバル研究と装置（ディスポジティフ）プロジェクトをつくるために重要なアーカイブの側面に絞って考察する。

まず、「アーカイブ」と「アーカイバル」という用語の違いを説明する。アーカイバルはアーカイブよりも広義だ。アーカイバルとは、アーカイブに関連する概念を指し、単にアーカイブの保存方法や保存施設についての専門分野だけでなく、哲学、カルチュラル・スタディーズ、メディア・スタディーズ、歴史学、アーカイブズ学などの分野で発展した理論を含む。アーカイバルは言説、実践、職業、制度、インフラとそれらの相互関係も含む。

広義のアーカイバルは、ミシェル・フーコーによるアーカイブの再定義に基づいている。フーコーは、アーカイブの制度や専門性ではなく、メタ・アーカイバル、つまりアーカイブの存在条件を規定するものに関心がある。実際、彼にとってアーカイバルは、アーキビストだけのものではない。アーカイバルの枠組みは、アーキビストだけでなく、アーカイブの施設管理者や技術者、歴史学者、アーカイブの利用者など、さまざまな人々によって形成される言説の場である。アーカイバルは、過去が現在とどのような関係を結び、過去が現在にどのような影響を及ぼし、現在が過去をどのように問い直すかの三つの事象で生み出される。

すべての文化がアーカイブを同じように捉えているわけではないという意見もあるだろう。また、考古学的な見地から、文化の数だけアーカイバルの解釈があるため、一つに定義できないという意見もあるだろう。実際、すべての文化がアーカイブに同じアプローチをとっているわけではない。だからこそ、アーカイバルは、アーカイブの方法を変えるために、それぞれの文化が利用できる理論となりうる。アーカイブを単なる道具や技術として扱う文化もあれば、アーカイブを人間的あるいは神的な存在として捉える文化もある。

アーカイブに対するアプローチは多様であり、アーカイブを単に使うための道具として考えるものもあれば、アーカイブを受容する利用者を主体だと考えるアプローチもある。別の言い方をすれば、知識の対象としてのアーカイブは概念的に過剰規定されている。アーカイバルを構成している異なる要素の関係性は、明白でも自明でもない。つまり、今までとは違った形でアーカイブを理解したいならば、こういった要素を切り離して考えなければならない。アーカイバルの質のばらつきは、アフリカにとって、アーカイバル文化における競争に遅れて参加していることをただ受け入れるのではなく、むしろその競争自体の根本的な矛盾を再定義し、その議論を再活性化させるべきだということを示唆する。だから私たちは、アフリカのアーカイバルの現状が絶対的なものではなく、むしろ偶発的で慣習に基づいて決定されたにすぎないと考えるべきだ。

この点を踏まえると、どんな地域の知識でもみなアーカイバルの一部だと言えよう。すなわちアーカイバルは「アーカイブ」という用語を欧米中心主義的な理解から解放し、さまざまな国や文化に門戸を開く。その意味で、アーカイバル化されていない社会や文化は存在しない。どのように知識が蓄積され整理されているのか、それぞれの文化のアーカイブの仕方を探究することが肝要なのだ。

先述した古代エジプトの話を、アーカイブの萌芽と考えてもよい。アフリカの映画アーカイブの問題点と可能性を議論するとき、古代エジプトの神々への言及は、多くの人々がいまだに信じている、アフリカにとって「アーカイブ（ズ）は外来のものだ」という考えを否定することができる。(7) 実際、セシャト、トート、アヌビス、ケプリといった神々の属性は、多岐にわたる。多様な属性で形容される神々の存在は、私がアーカイバルと呼ぶものを古代のアフリカ人がすでに想定していたことを物語っている。現代の学術研究は、アーカイブを自然科学、芸術、人文科学といったすべての領域に属するものと過剰に解釈してしまっている。しかし、古代エジプト人の世界観では、学問分野間に明確な境界は存在しなかった。古代エジプト人は学問分野ではなく、神々に人間のような属性を付与したからだ。

セシャトとトートはアーカイブに関わるすべての分野を神格化し、アヌビスとケプリはその中でも形而上学的な領域を神格化した。アーカイバルは、資料の保管施設や管理者だけでなく、社会のあらゆる生活様式を包含する。アーカイバルのもう一つの魅力は、過去にアクセスするための技術としての一面である。それは必ずしも機械やサイバネティック・テクノロジー、デジタルテクノロジーとは限らない。

アーカイブは、人間が過去との関係を意味づけ、管理しようとするときに用いる強力な手段だ。人間は「過去」に直接アクセスできないという状況の中で生きている。けれども、人間は、過去が現在をしばしば強引に形作ると理解している。過去は謎に満ちている。過去はつねに存在しながらも、隠れているので捉えがたい。存在の全容を隠しながら、探す手がかりを残していく。私たちはこの手がかりを「痕跡」と呼ぶ。また、この手がかりは、私たちがアーカイブという名の下に物質的に残してきたもの以外の何者でもない。私たちは過去になることはできない。過去は、これまでに生まれて死んでいった人々、生み出されてきた文化や技術、病気などを体現する。

これらすべての痕跡をどのように記録すればよいのだろうか。先人たちの歴史をどのように知ればよいのだろうか。どのように先人たちを理解できるのだろうか。どのように先人たちの生き方や、物の見方の背後にある論理を理解できるだろうか。私たちには、物質的でありまた非物質的な、有形でありまた無形である、そして精神的でありまた物理的な、さまざまな手がかりと痕跡がある。これらは過去における複数の時間層を凝縮したものだと見られてきた。過去を知れば、人類がこれまで果たせなかった約束に気づく。祖先や私たちの運命は過去の上にできているのだ。目に見えない過去から私たちは逃れられない。私たちのアイデンティティは、過去によって形づくられ、他者との共通点と相違点を生む。これが、私たちが過去や過去の痕跡、記憶やアーカイブに魅了される理由なのだ。

過去は複雑で理解しがたく、アクセスしづらいだけでなく、いろいろな形をとってあらゆる文化に散在している。それゆえ、あらゆる文化の異なる集団がアーカイブを熱望する。アーカイブは、ある意味で聖杯のような存在だ。アーカイブを手に入れれば、いかなる発言をすることも撤回することも可能になる。[8] だからこそ、アーカイブは施設に厳重に保管され、アルコン（アテナイの執政官）や国家に監視される場合もある。[9] アーカイブは、紙や文書、映像である必要はない。私たちの記憶や無意識の中にあるかもしれない。私たちの言語や文化、芸術的実践、技能、物語、宇宙の起源に見出されるかもしれない。嗅覚、視覚、聴覚、味覚、触覚に関わっていたり、そこから創造され発明されたものに見出されるかもしれない。

アーカイバルは、私たちのアイデンティティを形作る記憶だけで魅力を増すわけではない。トラウマの記憶や、「未来の記憶」[10] も魅力を高める。私たちはこの三つの記憶の形式を用い、アーカイバルを魅力的にする責任を負っている。[11]

記憶研究がアーカイバルと同様に、人文科学、社会科学、自然科学の境界領域だとすれば、記憶研究が生み出した多様な概念は、あらゆるアーカイブの研究に不可欠で、アーカイバルの一部を占めるはずだ。[12] 本章では、未来の記憶としてアーカイバルを考える。パオロ・ジェドロウスキ（Paolo Jedlowski）によると、「未来の記憶とは、過去に個人や集団が予期していたことの回顧[13]」である。「これは、未来は決して一方向に想像されてきたわけではなく、また過去も現在も同様の可能性を持つことを教示する」[14]。

未来の記憶という概念は、過去にかなわなかった期待を現在に再び呼び起こす。なぜならば、過去は実現することのなかった希望だけでなく、明確に表明された野心やビジョンが存在する場でもあるからだ。またこの概念は、「解放」という過去の夢を現在で達成することを可能にする。過去の夢と現実とのギャップを認識し、現実を分析してそのギャップを埋め、これまで溜めてきたエネルギーを使えば、過去の夢を達成できる。過去は時間だけでなく、いまだに使われていない再利用可能なエネルギーで構成されているからだ。

これまで使わなかったエネルギーで、よりラディカルな現在をつくる責任が私たちにはある。達成できなかった過去の希望をいま達成しようとするのも、映画アーカイバルの前向きな魅力の一つだ[15]。その意味で、未来の記憶という概念は、アーカイバルの存在論を根底から問い直し、たえず現在に異議を唱え、現在を破壊し、現在を新たにする。よって、現在を偶然的で付随的なものとみなす「アーカイバルの未来＝過去」という概念は、アーカイブそのものを変革する可能性を秘めている。アーカイバルは、すでに権力を掌握している人々の潜在的な脅威となりうる。現在は過去と切り離されているという神話を有し、覆す力を持っている。私たちはアーカイブの中に、現在まで抱いていた夢や希望を見出す。それこそ私たちの未来を形作る力となり、私たちを勇気づけてくれるのだ。

3　映画アーカイバル研究と装置（ディスポジティフ）の必要性

今ほど、映画アーカイバルという概念とアフリカを結びつける必要が高まった時代はない。二〇五〇年には人口が二五億人に達すると言われるアフリカ大陸は、文化や人類発祥の地であり、大陸自体が保持する力強さ、豊かさ、才能まで、すでに多くのものを世界に提供してきた[16]。アフリカは人文学全般、とくにヨーロッパの人文学を育んだ。自由労働でも強制労働でも数十年あるいは数世紀にわたって西洋近代を支え、自由を犠牲にし、現代世界の特質と多くの矛盾を体現してきた。また、世界にとっての未来の前兆をいち早く示し、自由をめぐる闘争の場ともなっている。アフリカ独自の強大なアイデンティティの形成に関わっているにもかかわらず、世界の人々はそれを十分に認識しているわけではない。

映画アーカイバル研究と装置（ディスポジティフ）が必要なのは、アフリカが、自らの歴史や、常に変化し、しばしば矛盾する複数のアイデンティティを見つめ直すべきだからだ。アフリカでは奴隷制と植民地主義のトラウマが長引き、新植民地主義の苦難が衰退を加速させ、世界への復帰を遅らせている。この難局の中で、アフリカの若い世代に、アフリカが関わってきた闘争、アフリカ人のクリエイティビティ、アフリカの抵抗と反逆の伝統を認識してもらう必要がある。同時に、アフリカが直面する苦境や不完全な脱植民地化の過程、独立後に前例のない政治的・経済的・社会的な実験の場となった事実、アフリカ自身の内なる矛盾や限界、困難な政治体制の移行も考慮しなければならない。これらすべてがアフリカの精神に消えない傷跡を残し、アフリカ自身とその人間性を疑わせ、人間を形づくる領域を他者に明け渡すことに繋がった。映画アーカイバル研究と装置（ディスポジティフ）は、現在と過去、ここととそこをつなぐ架け橋として不可欠なのだ。

映像には、切迫した状況におかれているアフリカを再生させる力がある。だからこそ、私たちは映像のアーカイブを真剣に考えなければならない。映像は、私たちの存在と痕跡を、空間と時間の中で記録する。そして、他の芸術や記録形式とはちがい、人々の感情と知覚を最大限に引き出す臨場感とリアリティを提供するのだ。

4　アフリカ映画アーカイバル研究という新しい分野

特徴と意義

以上の議論は、アーカイバルの周辺にある全ての対象と関連しながらも、それらに還元されない全く新しい知識がつくられているということを示す。これは、人文科学のほとんどの分野と同様に、映画アーカイバルも基本的に欧米に支配されている状況ではとりわけ重要である。映画アーカイバルは、普遍的な研究基盤を確立するうえで最も主要な貢献をしてきたが、アフリカに根ざした言説がこの分野の既存の議論と対話し、広く一般化できる洞察を提供することもその価値の一つだ。その意味で、私たちはアフリカに根ざした映画アーカイバル研究を考えなければならない。そのためには、アフリカの地理と歴史を考慮に入れ、アフリカが世界のあらゆる側面、そして世界中の映画に自分自身を開放してきたことを踏まえた議論をする必要がある。

映画アーカイバルとアフリカを結びつけるには、アイデアとノウハウを創出し、アーカイブの制度とインフラを構築し、アーカイバルを広く普及する仕組みが不可欠だ。アーキビストや歴史家に限らず、市民社会や政府、すべての人々にとってアーカイバルは重要であると示さなければならない。アフリカ映画アーカイバル・プロジェクトとは、このようにアーカイバルをすべての人々にとって重要なものととらえ、未来永劫にわたって、アーカイブを財政的・組織的・知的・科学的・技術的に支援し維持するプロジェクトなのである。

このプロジェクトは、アーカイバルを学問分野と位置づけ、アフリカのアーカイブをめぐる問題を体系的かつ学術的に取り扱おうとする。長期的な視点で捉えつつ批判の対象にすれば、アーカイブの問題の抜本的な解決を見込めるからだ。また、世代間の継承を確実に保証し、今後も世代を超えて映画アーカイバルに関心を持ってもらえるからでもある。

このプロジェクトを実現するには、学部および修士・博士の学位プログラム、プロジェクト、セミナー、シンポジウム、会議、研究センターを創設し、映画・メディア研究、映画・メディア制作、史学・史料研究、図書館学・アーカイブズ学、数学、化学、物理学、学芸員研究、公共政策研究、経済学、法学、ビジネス、外交研究、建築学、教育学、哲学、その他関連分野を、創造的で積極的な対話で結びつける必要がある。古代エジプト人が生み出したアーカイバルの理論は、映画アーカイバルの広大な領域を網羅するために不可欠である。

このようなプログラムは、知識のたこつぼ化を解消し、それぞれの分野で活動するステークホルダーを結びつけ、アーカイブの知識のさらなる創出と普及に貢献する。多くの学問分野でアーカイブの研究者が育つだろう。研究成果は、アーカイブを普及するためのロビー活動やアドボカシーの基本概念となる。それがまた研究にフィードバックされるため、アーカイブを思考する過程を活発にし、映画アーカイバルの問題をさらに普及すると同時に、研究と知識の生産を促す。

保存修復された映画や映像は、あらゆる形式を包含する芸術である。それは外交（ソフトパワーとしての映画の利用）にも、その他あらゆる学問分野の研究にも利用できる。初等教育から高等教育まで映画教育を導入すれば、映画史、特にアフリカ大陸の映画史への輝かしい参加と貢献、そしてアイデンティティを生成し操作する映画の力を批判的に認識できる、映画リテラシーを備えた市民の育成を可能にする。

アフリカ映画アーカイバル研究は、アーカイブの新しい考え方と実践を見据えた研究と開発という二つの軸を持つ。具体的には、映画資料の保管施設の構造、映画資料の保存に必要な資源、視覚・聴覚・記憶に基づき資料を修復するバイオテクノロジー、人間の記憶を呼び起こす刺激、人間の感覚記憶、映画の記述などに関する研究や開発が挙げられる。[17] 単に理論を探究するだけでなく、アフリカではどんな形でアーカイブをすべきか、具体的な検討も必要である。古代エジプトのアーカイバルは千年単位で表現されているのに対し、現代の映像と音声の保存は数百年の単位で考えられているという隔たりからもわかるように、アーカイブに対する考え方や実践の見直しが必要なのかもしれない。

映像や音声を何千年にもわたって保存するには何が必要だろうか。どのような保存技術を発明するべきか。人体を何千年も保存できるのであれば、身体機能をサポートするために発明された映像技術である「シネマ」も同じくらい長期の保存ができるのではないか。映像にどのような防腐処理を施すべきか？　現在、資本主義的な未来産業複合体（future-industrial complex）による短期の保存しか念頭においていないが、この近視眼的な考えから、映像の保存技術を救い出すにはどうすればよいだろうか。

技術やインフラの研究と改良はすでに実施されているにもかかわらず、なぜいまも映像保存の問題に直面しているのだろうか。いや、長期的な映像保存を妨げるため、資本主義に都合の良い、短期的な利益を追求する研究しかおこなわれていないだけなのかもしれない。アフリカの思想家や科学者、建築家は何を提供できるのだろうか。物理的な施設とデジタル技術しかアーカイブを保存する手段はないのだろうか。より効率的で投資効果が高く、長期的なポストデジタル時代のアーカイバル装置をいかに考えればよいのか。アフリカ映画アーカイバル・プロジェクトはそう問いかける。

アフリカ映画アーカイバル装置（ディスポジティフ）

映画アーカイバルを学問分野と位置づけることと、アーカイバルの知識と研究の蓄積は、あくまでも映画アーカイバルを政治に組み込むための前提条件に過ぎない。映画アーカイバルを政治の不可欠な一部とするためには、装置（ディスポジティフ）を導入しなければならない。フーコーは装置（ディスポジティフ）をこう定義する。

私がこの用語で表現しようとしているのは、第一に、言説、制度、建築形態、規制的な決定、法、行政措置、科学的言明、哲学的・道徳的・博愛主義的命題など、つまり語られていることだけでなく語られていないことも含めた、徹底的に異質な集合体である。このような要素が装置を構成する。装置とは、これらの要素の間に成立しうる関係性のシステムそのものである。(18)

映画アーカイバル的な読みをすれば、装置（ディスポジティフ）とは制度であり、技術であり、経済のインフラの構築と維持の問題であり、アーカイバルそのものの研究とその生成を可能にするエコロジーも意味する。さらに、アーカイブズ学、教育、制度、インフラ、実践を通じて、個人レベルから国家・地域・大陸レベルまで、あらゆるステークホルダーを境なく結びつけるアーカイバルのネットワークの構築も指す。

それはアフリカ全体がアーカイバルの意識を持ち、アフリカに映画アーカイバル、映画・映像のデータベースを構築することでもある。さまざまな組織が複雑に絡み合っているが、とりわけ学校、大学、地域社会、コミュニティ、政党が映画アーカイバルの形成に深く関与している。映画アーカイバルを、社会で権力を持つ学問分野に留まらず、人々の社会生活に組み込む必要がある。

映画アーカイバルには、テクストや法的規制、著作権問題、科学技術研究センターといったものも関わっている。これら多義的な要素を扱うためには、新しいテクノロジーの活用が不可欠である。デジタル化だけでなく、ポストデジタル社会を想像すること、新しいテクノロジーを開発する研究所を設立することなども、アーカイバルのプロジェクトに欠かせない。世界最古の歴史を誇るにもかかわらず、現代のグローバル社会で最も遅れを取っているアフリカは、アーカイブを保存する適切なモデルを持っていない。だからこそ、まったく新しいアーカイバルの枠組みの構築は、アフリカにとって切実な問題だ。アフリカの人々は、過去を知りアイデンティティを確立して、新しいアイデンティティを創造し、世界の未来を形作らなければならない。その一環として、アーカイバル技術の構築に介入し、〈アーカイバル労働の国際分業〉と呼ばれるような悪弊に終止符を打つ必要がある。

二一世紀にアフリカは、テクノロジーを輸入し消費するだけでなく、テクノロジーの開発と輸出もできることを世界に示さなければならない。アフリカが映画という記憶にアクセスできるよう、最先端かつ革新的なテクノロジーとインフラを構築しなければならない。

5　実践と研究に向けたいくつかの示唆

実践に向けて

映画やメディアの制作者が、映画アーカイバル研究や装置（ディスポジティフ）によって保存修復されるものをどのように活用できるのか、少し触れておく。映画アーカイバル研究や装置（ディスポジティフ）といったプロジェクトは、アフリカ映画やメディアに携わる人々に、さまざまな問いや批判を投げかけるだろう。[19]

映画アーカイバル的、あるいはアーカイブ考古学的な映像には、百科事典のようにあらゆる過去を網羅する実践を生み出す可能性がある。映画アーカイバルの中には、鋭敏な感覚をもった映画製作者に使用されるのを待っている過去の映像が無数にある。映画製作者がこれらの映像を使うことで、過去の映像は無価値だという観念を拒否し、映像には常に復活する可能性があることを示す。そういう意味で、過去の映像は、存在論的な復活可能性、いや復活されるべきであるという性質を秘めていると言うことができる。映画アーカイバルの映像は、過去が無視されている状況に抵抗するだけでなく、現在が過去と独立して存在しているという考えにも抵抗する。

これらの抵抗を実現するには、ある映像イメージを本来の文脈から切り離し、異なる目的のために新たな文脈で再利用することが必要だ。[20] 映像をそれが制作された時代から解放し、連想に基づいて新たな解釈を生み出し、現在にふさわしい形で提示する。その意味で、連想の原理を前提としているアーカイブ考古学は、クレショフ的であるといえる［ソ連の映画作家レフ・クレショフは、連続する二つのショットから観客が映像の意味を勝手に解釈するという、俗に「クレショフ効果」と呼ばれる心理現象を示した］。

同様に、記憶と想起に依存する映画は、すでにアーカイバルであると言うこともできるだろう。映画アーカイバルのイメージの連想と記憶を重ねると、権力に対抗するナラティブを提示できる。このナラティブは時間の連続性を断ち切り、新しい見方や考え方の形成を促す。映画における断片的な映像に見られる時間の不連続性は、これまでの時間の考え方を壊し、新しい時間の考え方を創造する。モンタージュという映像技術は、シングルトラック、マルチトラック、マルチチャンネル映像に応じて、映像、音声、テクストのさまざまな不連続性を生み出す。

映画に時間の不連続性を導入することは、大帝国時代から植民地時代、脱植民地化、そして現在のグローバルな時代までのアフリカの歴史について、オルタナティブな物語の再検討を促す。アフリカの映画やメディアの専門家は、覇権的なヨーロッパのナラティブに対抗し、これまで後景に追いやられてきたアフリカの物語と歴史を語るために、映画アーカイバルの映像を活用できるのだ[21]。

沈黙させられ、抑圧されてきた声を取り戻すことで、社会正義や補償、和解、とりわけ急進的な革命を求める主張が再び取り上げられるかもしれない。だからこそ、映画アーカイブは重要であり続ける。アフリカの映画作家は、アーカイブに生命を宿し、古代エジプトの「生命の家」〔＝ペル・アンク Per-Ankh は、パピルス紙の本を所蔵する古代エジプトの図書館〕のようにすることができるだろう。

ただ、こうしたナラティブは完璧ではないし、これまで異論が唱えられてきた点には留意すべきであろう。過去のアフリカも現在のアフリカも、ジェンダー、人種、国籍、階級といったアイデンティティの記号によって批判にさらされる可能性がある。だからこそ、アフリカの映画とメディアの作り手は、アーカイバルにある映像の柔軟性、存在論的な制御不能性、還元不可能性を念頭に置いて製作に取り組む必要がある。ロラン・バルトの言うように、アーカイバル・イメージはつねに観客の心を動かすプンクトゥムの要素を持っている[22]。その意味で、リュミエールの『赤ん坊の食事』（一八九五年）のように、木々の葉はつねに風にそよいでいる〔『赤ん坊の食事』の主題は、前景に映る赤子を世話する様子であるものの、背景に映る木々が強風に吹かれている様子がプンクトゥムとして機能し、観客の視線をそらす効果をもたらす[23]〕。

映像の作り手にとっても受け手にとっても、映像には摑み所がない感覚がある。なぜなら、映像には常に異なる解釈の余地があるからだ。アーカイバル・イメージは、映像の存在論的で内在的な余剰を作りだす。アーカイバル・イメージを不誠実な恋人にたとえてもよいだろう。現在の求婚者が喜ぶかぎり、その人からもらった贈り物を身につける。べつの求婚者が現れると、また贈り物を受け取り、それを堂々と身につける。不誠実な恋人はこれを永遠に繰り返すのである。アーカイバル・イメージも同様に、矛盾する映像の断片を複雑につなぎ合わせ、もとの断片にいつでも解体できる。だからこそ、受け手の異なる解釈に曝されるのである。このアーカイブ考古学的な任務を達成するために、映画やメディアの作り手は、アフリカの歴史を批判的かつ自己批判的に見つめるだろう。

（アフリカの）映画史研究の可能性

映画アーカイバル・イメージのプロジェクトは、映像制作だけでなく、アフリカ映画史研究にも影響を与える。残念ながら、現在、アフリカ全土を網羅した、映画の誕生から現在に至る、詳細で正確な歴史を記述することはできない。国家の断片的な知識や一般的な知識など、アフリカの不完全な歴史しかないからだ。アフリカのあらゆる側面を完全に把握していないし、アマチュア映画やいわゆるオーファンフィルムについても知らない。アフリカ映画史を横断的に捉えるには多くの課題が残されている。

現在までの映画史を、アフリカの歴史的な出来事や社会運動と結びつけて記述することは、どのような意味を持つだろうか。映画アーカイバルは、歴史記述の方法論を根底から覆すだろう。これまでエジプトの古典映画やアフリカの商業映画、ノンフィクション映画、前衛映画や実験映画、シネクラブ映画の歴史について記述されてこなかった。映画アーカイバルは、世界の映画史でそれぞれの地域の映画史を説明しようとする「提喩的な歴史」と呼ばれる歴史記述の方法論を超越できるだろう。それどころか映画の歴史と影響、映画にまつわる社会運動を再び意義づけられるかもしれない。映画アーカイバルには、そのような可能性が期待される。

大陸から国家へ

映画アーカイバル研究と装置（ディスポジティフ）プロジェクトが、アフリカ諸国に根づき、そこからアフリカ全土や世界へ発信されると効果が表れるはずだ。南アフリカ共和国のウィットウォーターズランド大学は、映画アーカイバルを始めるには理想的な場所の一つである。

南アフリカは、一九九〇年代以降、非常に長い植民地支配とアパルトヘイト体制の余波から自国を再構築してこなければならなかった。その過程で、アーカイブの重要性が強調された。自由で民主的で人種差別のない、透明性のある社会を構築し維持するには、矛盾や対立に満ちた過去と向き合い、調和の取れた現在と未来を創造していかなければならない。

研究や報告書、会議によってこの任務は進められてきた。たとえばウィットウォーターズランド大学で開催された会議[24]や、アーカイバル・プラットフォーム[25]といった取り組みが挙げられるだろう。映画アーカイバルがそこで意義ある形で包括的に取り上げられたかは疑問が残る。だが南アフリカの困難な歴史と、南アフリカが世界で最初期の映画史の舞台だった事実との折り合いをつける方法として、映像アーカイバルは重要である。

すると、おそらくは南アフリカの人々がすでに提起しているかもしれない重要な疑問が浮かび上がってくる。映画を用いて現在を構築し、過去に依存しない映像の未来を想像するにはどうすればよいのか。南アフリカ映画の複雑な歴史とはどのようなものか。アパルトヘイト時代の映画をどう扱えばよいのか。アパルトヘイトが始まった一九四八年以前の映画をどう扱えばよいのか。脱植民地化がいち早く実現され、映像の脱植民地化もいち早く実施されている南アフリカでは、他のアフリカ諸国よりも長い歴史を持つ映画遺産をどう扱えばよいのか。はたして南アフリカの映画製作者は、自らのために新しい過去を創造するのだろうか。それとも、すでに凝り固まっているハリウッドの伝統に従うのだろうか。壊滅的な出来事が何度も起こった南アフリカの歴史において、映画製作者はどのような映画史を作り出すのか。はたして自らを国際的なアート映画界に位置づけ、映画祭に出品するための映画を製作するのか。その場合、どのような道徳や倫理、経済が考えられるだろう。

センベーヌ・ウスマン、メド・オンド、ジブリル・ジオップ・マンベティ、リオネル・ンガカネをはじめとしたアフリカ映画界の創始者たちが取り組んできた、脱植民地化の映画プロジェクトに自らを位置づけるのだろうか。アフリカで最も人口の多いナイジェリアのノリウッドという大衆映画の実験と自らを関連づけるのか。あるいは、脱植民地化の映画プロジェクトと大衆映画の両者を包含するものを発明しながらも、それを南アフリカの歴史的状況に適した形に作り替えるのか。映画製作者がアフリカ映画史を適切に保護し、批判的に考え、永続的に政治体制に組み込むにはどうすればよいのか。こうした問いは、南アフリカ映画の歴史と未来を考えるうえで重要なセミナー、座談会、会議、授業、出版物における議論を活発にするだろう。

映画アーカイバル研究と装置（ディスポジティフ）の芽は、南アフリカですでに芽吹き、その取り組みは始まっているだろう。将来、この取り組みはアフリカを横断するプロジェクトとなる可能性がある。実際、南アフリカの大学では、映画研究や映画製作、メディア・スタディーズ、さらにアーカイブズ学、歴史学、国際関係学、法学、教育学、政治学、哲学といった人文科学の分野や、化学、物理学、計算数学などの学位プログラムが総合的に提供されている。これらの異なる分野を映画アーカイバルというプロジェクトに結集させることができるのである。

同様に、装置（ディスポジティフ）の重要な側面であるナショナル・フィルム、ビデオ・アンド・サウンド・アーカイブズ、ナショナル・フィルム・アンド・ビデオ財団、ネルソン・マンデラ財団、さまざまな大学のアーカイブ（フォート・ヘアー大学を含む）、アーカイバル・プラットフォーム、ケープタウン大学のアーカイブ・アンド・パブリック・カルチャー・リサーチ・イニシアチブ、ヒストリー・ワークショップ、自治体のアーカイブ、民間のアーカイブ、権利に関するアーカイブ、そして言うまでもなく政策立案者とそこから与えられる基金が、映画アーカイバル・プロジェクトに集約されるだろう。さまざまな機関の相互交流を通じて、映画アーカイバルが従来のアーカイブの議論に介入し、南アフリカの歴史、映画とメディアの歴史、アイデンティティをめぐる議論を拡げることができる。その結果、研究、教育、実践、雇用を含む、これまでにない新たな映画アーカイバルのコミュニティを創出し、南アフリカでアーカイバルの議論を活発にすることが期待される。そうして、マーティン・ルーサー・キングの有名な「愛の共同体（the beloved community）」の基盤作りに貢献するだろう。これだけでも映画アーカイバルの存在意義は十分にある。映画アーカイバル・プロジェクトが実現すれば、世界全体にアーカイバルが普及し、学問、研究、実践に新たな地平を開くだろう。今こそ、これまで実現しなかったものを実現するときが来たのかもしれない。私たちは、それを摑む準備ができているだろうか。

注

（1）古代エジプトの神々について有益な意見交換をしてくれた、哲学者でエジプト学者のヨポレカ・ソメ博士に感謝を申し上げたい。

（2）Richard H. Wilkinson, *The Complete Gods and Goddesses of Ancient Egypt*, London: Thames and Hudson, 2003, p. 167（リチャード・ウィルキンソン、内田杉彦訳『古代エジプト神々大百科』東洋書林、二〇〇四年、一六六頁）〔リチャード・ウィルキンソンの本は内田杉彦によって二〇〇四年に翻訳されているが、サノゴが部分的に引用していることもあり、文章が摑みにくいため、新たに翻訳を試みた〕.

（3）Ibid.

（4）Ibid., p. 188.

（5）この用語は、私の同僚であるコンコルディア大学のキャサリン・ラッセルから借用したもので、もともとはジョセフ・カッツが一九九一年に考案した。ラッセルは、二〇一八年の著書 *Archiveology: Walter Benjamin and Archival Film Practices* で、映画でアーカイブ映像を再利用し、その目的を変更するマルチモーダル的な手法として、この用語を使用した。

（6）ここで私は「ディスポジティフ dispositif」という単語を、ジョヴァンナ・フォサッティが著書 *From Grain to Pixel: The Archival Life of Film in Transition*（2009）で使用しているよりも広義に用いる。フォサッティは、主に映画理論家のジャン＝ルイ・ボードリーに触発されてこの単語を使用しており、アーカイブ映画を観客に届けるメカニズムを通じて映像コレクションを管理することに重点を置いている。「ディスポジティフとしての映画」という一節で、彼女は装置（ディスポジティフ）を経験するための条件として、映画上映と観客の関係を強調している。私のアプローチは、ミシェル・フーコーが記述した、より哲学的な議論に触発を受け、それを基礎としている。装置（ディスポジティフ）は映画には還元できないが、少なくとも関連しており、映画を観客に伝達する技術的な手段を包含しつつ、それを超越するアプローチである。

（7）この部分は、テリー・クックの論文からの引用である。Terry Cook, "The Archive(s) Is a Foreign Country: Historians, Archivists, and the Changing Archival Landscape," *The American Archivist* 74: 2, 2011, pp. 600–632.

（8）Michel Foucault, *Archéologie du savoir*, Paris: Editions Gallimard, 1969（ミシェル・フーコー、慎改康之訳『知の考古学』河出書房新社、二〇一二年）.

（9）「アルコン」という単語は、Jacques Derrida, *Mal d'archive : une impression freudienne*, Paris: Editions Galilée, 2008, p. 13（ジャック・デリダ、福本修訳『アーカイヴの病――フロイトの印象』法政大学出版局、二〇一〇年、三頁）を、「国家state」という単語は、Achille Mbembe, "The Power of the Archive and its Limits," in Carolyn Hamilton et al., *Refiguring the Archive*, Dodrecht: Kluwer Academic, 2002, pp. 19–27を参照している。

（10）Paolo Jedlowski, "Memories of the Future," in *The Routledge International Handbook of Memory Studies*, edited by Anna Lisa Tota and Trever Hagen, London, New York: Routledge, 2016, pp. 121-130; Carmen Leccardi, "Memory, Time and Responsibility," in Anna Lisa Tota and Trever Hagen (eds), *The Routledge International Handbook of Memory Studies*, London: Routledge, 2016, pp. 109–120.

（11）本章は、記憶研究の詳細を掘り下げることはしない。現時点でこのプロジェクトに不可欠と考えられる記憶研究の要素を抜き出すことに留める。

（12）Tota and Hagen, p. 2.

（13）Jedlowski, p. 128.

（14）Ibid.

（15）Arlette Farge, *The Allure of the Archive*, New Haven: Yale University Press, 2013.

（16）ジャック・グラッドストンによると、「アフリカの総人口は二〇一五年に一二億人だが、中期的予測によると、二〇五〇年までに二五億人に達してその後も増えつづけ、二一〇〇年には四五億人に達する」という。Jack Gladstone, "Africa 2050: Demographic Truth and Consequences," *The Hoover Institute, Governance in an Emerging World*, 2019, p. 119. https://www.hoover.org/research/ africa-2050-demographic-truth-and-consequences

（17）Aboubakar Sanogo, "Africa in the World of Moving Image Archiving: Challenges and Opportunities in the 21st Century," *Journal of Film Pres-

ervation 99: 18, 2018, pp. 9–15.

（18）Michel Foucault, "The Confession of the Flesh," in Colin Gordon ed., *Power/Knowledge: Selected Interviews and Other Writings 1972–1977*, New York: Pantheon, 1980, p. 194（訳者訳）.

（19）このような実践は、アフリカのアーカイブ全体を再構築し、映画を保管庫から解放することを目的とした汎アフリカ主義的映画製作者連盟アーカイブプロジェクト（Pan-African Federation of Filmmakers Archival Project: FEPACI. Sanogo 2018 を参照）によって進められている。アフリカ人が製作したアフリカについての映画や、現在ＦＩＡＦ（国際フィルム・アーカイヴ連盟）に加盟している一六四の参加組織と関係するアーカイブ（執筆当時）が所蔵している映画をカタログ化し、利用可能にする FEPACI-FIAF Film Identification Project の活動は重要である。ドキュメンタリー映画、フィクション映画、教育、ロビー活動など、これらの映画の利用方法は無限にある。

（20）Jamie Baron, *Archive Effect: Found Footage and the Audiovisual Experience of History*, London: Routledge, 2014; Catherine Russell, *Archiveology: Walter Benjamin and Archival Film Practices*, Durham, NC: Duke University Press, 2018; Rebecca Swender, "Claiming the Found: Archive Footage and Documentary Practice," *The Velvet Light Trap* 64, 2009, pp. 1-10 を参照。

（21）例えば、映画アーカイバルプロジェクトは、アフリカの歴史とナラティブを書き換え、それを使って過去や現在を批判的に捉えたり、私たちのアーカイブのメタ・アーカイブについて記述するという点から、アフリカの歴史学者とユネスコによる「ユネスコ・アフリカの歴史」（*General History of Africa*: GHA）プロジェクトと共鳴する。

（22）Roland Barthes, *Camera Lucida*, New York: Hill and Wang, 1981（ロラン・バルト、花輪光訳『明るい部屋』みすず書房、一九九七年）.

（23）*Baby's Breakfast*（*Repas de bébé*）, directed by Louis Lumière, 1895（『赤ん坊の食事』ルイ・リュミエール監督、一八九五年）.

（24）Carolyn Hamilton, Verne Harris, Jane Taylor, Michele Pickover, Graeme Reid and Razia Saleh, *Refiguring the Archive*, Dodrecht: Kluwer Academic, 2002.

（25）アーカイバル・プラットフォームは、ケープタウン大学のアーカイブ・アンド・パブリック・カルチャー・リサーチ・イニシアチブとネルソン・マンデラ財団が推進する、アーカイブのアドボカシー、ネットワークの構築、研究のための独立したプラットフォームである（http://www.apc.uct.ac.za/apc/connections/ archival-platform）。The Archival Platform, *State of the Archive: An Analysis of South Africa's National Archives System*, Cape Town: University of Cape Town, 2015.

本章の出典は以下の通り。Aboubakar Sanogo, "Reflections on Ciné-archival Studies and the Dispositif in Africa," in Cynthia Kros, Reece Auguiste and Pervaiz Khan eds., *Reframing Africa?: Reflections on Modernity and the Moving Image*, Cape Town, South Africa: African Minds, 2023.

第IV部

他メディアの場合

第16章　民放テレビ局の取り組み

木戸崇之

1　一般公開を前提としてこなかったアーカイブ

社内アーカイブの現状

筆者が勤務している朝日放送テレビ（本社：大阪市福島区）は、一九五六年一二月一日に西日本で最初に開局した大阪テレビ放送を引き継いで今に至る。堂島川に面した社屋の一四階にあるライブラリーのテープ庫の入り口には、「日本民間放送連盟記録保存所 朝日放送支所」の札が掲げられ、開局時以来の映像を保管している。現在は、筆者が出向するハウスプロダクション、株式会社ＡＢＣリブラがその管理業務を担っている。

テープ庫の中には今もなお、多くのテープやディスクなどのメディアが残されているが、そのすべてはファイル化が完了し、映像ファイルはメタデータや映像内容の説明とともにアーカイブシステム「ＡＣＳＥＬ」の中に収められている。朝日放送が手がけた、時代劇「必殺仕事人」の各シリーズ、「Ｍ－１グランプリ」や「熱闘甲子園」をはじめ、テレビアニメの「プリキュア」シリーズ、長寿番組「新婚さんいらっしゃい」「アタック25」。珍しいところでは、一九八〇年代に天文学者カール・セーガンの監修でアメリカ・イギリス・西ドイツの放送局と共同制作した科学番組「ＣＯＳＭＯＳ」などもあり、ファイル数は二〇二三年四月時点で、放送済の番組約一〇万本、取材映像素材約五〇万本にのぼる。

朝日放送テレビの構内で働く従業員は、利用登録をすることで誰でもこのアーカイブシステムを検索することができる。使いたい映像がみつかれば、権利的に問題がないことを確認した上で、編集システムにダウンロードし、放送に利用できる。しかしながらこのアーカイブは社外には公開していない。映像はもちろん、リストすらも公表されていない。一般公開を前提としたものではなく、再放送することに備えたものだからだ。

著作権法と放送法

そもそも、放送番組を録画することは私的な目的を除いて著作権法で制限されている。[1] なぜなら放送番組には、さまざまな権利者が存在するからである。たとえ朝日放送が制作した番組であっても、「必殺仕事人」は映画会社の松竹、「M－1グランプリ」は吉本興業との共同制作だし、「プリキュア」シリーズには権利者として東映アニメーションや広告代理店のＡＤＫなどが名を連ねる。番組内で使用している音楽には歌手、演奏家のみならず作詞家、作曲家などの権利者がいるし、台本や脚本にも著作権がある。放送局はそうした権利者に謝礼を支払い、出演契約を結ぶなどの手続きを取って初回の放送（および契約で規定された再放送）を認めてもらってはいるが、本来それを複製して保管しておくためには、改めて著作権者の承諾が必要となる。ましてや番組に付随して放送するコマーシャルの制作には、放送局はほとんどタッチしておらず、なんの権利も有していない。

放送法第一〇条は、番組の内容に誤りがあった場合などに備えて、放送後三カ月間は番組を録画して保存することを義務づけている。[2] これを「法定同録」と呼んでいるが、それですらも、著作権法第四四条に「六カ月を超えて保存してはならない」と規定されている。[3] つまり放送局は、「放送をするための準備」と「放送後の内容確認」という二つの目的において、楽曲や脚本、ＣＭなど他者の権利物を多分に含んだ映像と音声を、記憶媒体の中に六カ月間だけ「一時固定」することを認めてもらっているにすぎない。

しかし、この規定には例外がある。「政令で定める公的な記録保存所で保存する場合」である。一九七一年五月に出された政令[4]によって、日本民間放送連盟記録保存所が「一時的固定物」を保存できる公的な施設に指定された。本章の冒頭に「テープ庫の入り口に「日本民間放送連盟記録保存所 朝日放送支所」と掲げられている」と記したが、各局のアーカイブ担当セクションを「民放連記録保存所の支所」とすることで、例外的に番組や放送同録をアーカイブして長期に保存することが可能になっている。

2　保存と公開を左右する技術的、経済的背景

記録媒体の変化

放送とは文字通り、映像や音声を電波に乗せて「送りっ放し」にする媒体である。当初は録画して保存することなど想定していなかったであろう。二一世紀を生きる私達にとって、「録画すること」は簡単だが、放送の歴史においては決してそうではなかった。映像や音声を保存し、公開できるかどうかは常に、技術面と経済面の二つの背景に左右されてきた。

テレビ草創期、映像を記録するために使われたのはフィルムである。フィルムは、撮影のあとに現像し、編集する必要がある。それぞれの工程で人手と時間がかかるため、草創期はドラマですらもフィルムに収録せず、生放送されていたものもあったという。ニュースを取材するカメラマンもカットを厳選して撮影することが求められた。フィルムは大変高価だったが、一度現像すると再利用できないため、倉庫のスペースが許す限り保管された。よってフィルム時代の映像は比較的残りがよい。

その後、2インチＶＴＲ、1インチＶＴＲなど磁気テープの時代がやってきた。現像が要らず放送までの手間は減ったが、テープは高価だったため、放送が済んだものは消磁して再利用された。もちろんこの時代には録画メデ

ィアが一般的でなかったので、放送も録画されておらず、消磁した瞬間に番組は見られなくなってしまった。一九七一年にスタートした朝日放送の長寿番組「新婚さんいらっしゃい」は一九八五年以前の放送については限られたもの以外残っていない。また、一九七五年にスタートした「パネルクイズアタック25」も、一九八四年以前の放送分は全く残っていない。

その後、業務用テープもどんどんと小型化し、価格が安くなったことで、放送を終えた番組をすべて保存することが可能になった。そして現在、番組制作は取材の段階からファイルベースで行われる。編集作業やバックアップのために媒体に移されることはあるが、基本的にコンピュータの中から書き出す必要はなく、放送が終わったものはファイルのまま保管に回っている。保管にかかる手間とスペースは、技術革新によって小さくなりつつある。

再放送によるアーカイブの活用

保管した映像を活用する機会としては、再放送がその代表であった。テレビドラマなどは、今なお再放送をすることが多いし、著名人の受賞や訃報などに際して、人物を紹介する文脈で部分的に使うこともある。またバラエティ番組で多いのは、総集編の制作や、周年記念の振り返り企画である。放送番組として制作された著作物を、ふたたび放送で活用する場合、実演家の権利処理がしやすくなっていたり、音楽の著作権処理を包括で行ったりする仕組みがあることも大きい。一般公開を前提としていないとは言え、放送アーカイブの存在がおぼろげに知られているのは、再放送という手段で露出されてきたからだろう。

再放送でアーカイブを認知させるという考え方をわかりやすく実行に移したのがＮＨＫである。埼玉県川口市のアーカイブ収蔵施設、ＮＨＫアーカイブスの開設に先立ち、古い番組を再放送する番組、『ＮＨＫアーカイブス』の放送をはじめた。これにより、放送アーカイブの存在がより広く知られるようになった。同じようにアーカイブを持っているのであれば、民放もどんどんと再放送番組を作って、その存在を周知してもよいとは思うが、ＮＨＫ

と事情が違うとすれば、それは「視聴率に支配されていること」かもしれない。視聴率が売り上げに直結するので、いかにアーカイブ的価値が高くても、視聴率が見込めない番組の再放送はきわめてハードルが高い。

その課題を考慮した活用法が、アーカイブ映像を部分的に活用した番組制作である。音楽番組で、過去の歌唱映像をランキング形式で再編集した番組は多く放送されているし、フッテージはクイズ番組との親和性が高い。目新しいスタジオ出演者と過去の映像を組み合わせることで映像の古くささを緩和できるし、視聴率を狙いつつアーカイブの存在をアピールする妙案である。

インターネット配信によるマネタイズの機会拡大

かつては、ヒットしたテレビドラマやバラエティ番組がビデオグラムとして販売され、マネタイズの一助となった。近年、インターネットで視聴させる配信プラットフォームの登場によって、二次利用の幅はさらに広がってきている。配信における音楽や実演家の権利処理の方法が整理されたこと、ドラマやアニメなど企画段階から配信によるマネタイズを前提に制作される番組が増えたことなどから「見逃し配信」という形で、民間放送局の制作番組が、インターネット上にアーカイブされる例は増加傾向にある。リアルタイムとオンデマンドで視聴者のタッチポイントが増えることは、多くの人に番組を届けたい制作側にとってもメリットがある。またこれまでは、放送することでしか制作費を〝回収〟できなかった番組が、新たなマネタイズの手段を得たことにもなり、「送りっ放し」ではなく、より恒常的な視聴環境をつくることへの大きなモチベーションとなっている。

3　ハードルが高い一般への貸し出し

二一世紀になると、家庭用ビデオカメラが大きく普及し、スマートフォンの利用が広がって、動画の撮影と保存、共有が一般的になった。新しい映像が加速度的に増加する一方で、簡単には撮影できなかった二〇世紀後半の映像アーカイブの貴重さが際立ってきている。それは第二次世界大戦の焼け跡から復興し、高度経済成長を遂げてこの国が大きく変わっていく時期とも一致する。その時期を映した映像記録は、社会や文化の変遷を見る上でも価値がある。しかし、その価値の高さとは裏腹に、当時の映像が活用されることは本当に少ない。それらの多くはテレビ局が保有しているが、テレビ局のアーカイブが公開されず、利活用されない最大の要因は、映像を公開することがすなわち、「映像に含まれるさまざまな権利の侵害」になる可能性が高いからであろう。公共放送を標榜するＮＨＫと違って、民放テレビが帯びている営利性が、その権利処理をより一層難しくしているとも考えられる。

利活用を阻む権利等の課題

映像アーカイブを公開し活用するために障害となる権利や事象には以下のようなものがある。

①著作権

テレビ局が撮影した映像そのものや、完成品である番組の著作権はもちろん放送局にあるが、原作、脚本、音楽、実演、絵画、写真、彫刻、漫画、地図、デザイン、模型、借用素材など、映像に映るものにはそれぞれに著作権があり、番組制作時にその権利がどのように処理されたか等を調べる必要がある。

②パブリシティ権

著名人の肖像や氏名のもつ顧客吸引力から生じる経済的な利益・価値を排他的に支配する権利。タレントの出演しているものは有料許諾になる可能性が高い。

③プライバシー権

私生活上の事実、当事者の立場で公開を欲しない事柄、一般の人にまだ知られていない事柄、公開で当該私人が不快や不安の念を抱く内容など、公開されると困る個人的な事情については、配慮を要する。

④肖像権

みだりに人物の容ぼう等を撮影・公表されない権利。被撮影者の社会的地位や活動内容、撮影場所、目的や必要性等を総合考慮して、被撮影者の社会生活上受忍の限度を超えるものといえるかどうかで判断される。

ドラマのように、映り込んでいる人物が限定、特定されているものは完全な権利処理の可能性があるが、不特定多数の一般の人物が写り込んでいる番組については、二次利用の許諾が取りにくいことから、アーカイブ公開はもとより、再放送の障壁にもなっている。

⑤個人情報保護法

個人情報保護法における「個人情報」とは、生存する個人の氏名、生年月日、住所、顔写真などにより特定の個人を識別できる情報をいう。単体では個人が識別できなくても、他の情報と照合することで特定の個人を識別できるものも含まれる。

⑥その他

権利のほかに、社会通念上の一般常識や差別意識、ジェンダーなどに対する考え方や、暴力表現に対する許容範囲が時代によって異なる可能性がある。コンプライアンスを重視するテレビ局にとっては、撮影、制作から時間を経てアーカイブを公開し、利活用する際の不安要素となる。

テレビ局の映像貸し出しの現状

もちろんテレビ局は、そうした映像を自社以外の第三者が使うことを全くシャットアウトしているわけではない。NHKは、局が保管している過去の素材の使用を希望する場合の料金をホームページで公開している。(5) 映像が撮られた時期によって金額は異なるが、たとえば一九八四年以前の映像を一五秒使おうとすると、五万円前後必要になる。その上検索や試写等の料金も加わってくる。NHKオンデマンドなどで公開された映像から希望する映像を指定できる場合は割安だが、映像の存在がわからないものを検索して借りようとすると割高になる。

日本テレビ放送網は二〇一八年、報道写真や映像を販売する企業、アマナイメージズを独占代理店として、テレビ取材映像の販売を開始した。(6) 戦後復興の象徴である東京タワーの完成や、ミッチー・ブームとして話題となった皇太子明仁親王と正田美智子さんのご成婚など、昭和から平成にかけてのニュース、トレンドやカルチャーなど、一七八三クリップ（二〇二四年六月二三日現在）を販売している。アマナ社がライツクリアランスを行うサービスもあり、広告目的で利用する場合はサポートを受けられるという。アマナイメージズのウェブサイトから検索はできるものの販売価格は公表しておらず、電話で問い合わせるように求めている。

ANN系列のキーステーションで関東地方をサービスエリアとするテレビ朝日も、映像アーカイブの管理を請け負うハウスプロダクション、テレビ朝日映像が、日露戦争以降の明治・大正・昭和の時代を記録した貴重な歴史資料映像を中心に、自社のウェブサイトで素材を公開し、販売している。(7) 朝日新聞社のニュース映画「朝日世界ニュース」や、東映ニュースなどのニュース映画のほか、新しい空撮素材や世界遺産の映像などが陳列されている。しかし、テレビ放送などでの利活用を前提としており、やはり一〇秒数万円というかなり高価な値段がつけられていて、一般の利用者が簡単に使えるようなものではない。

TBSは「TBS素材提供」というウェブサイトで、番組や映像の販売をうたっているが、提供する番組や素材のリストは開示していない。フジテレビは放送したドラマなど番組を販売するECサイトを立ち上げている。対象は海外テレビ局のバイヤー向けで、番組の選定から契約、納品まで一括してサイト内で行うことができるほか、各地域での権利の空き状況が確認可能だという。一般向けの映像素材販売は二〇二四年七月現在手がけていない。

4　放送ライブラリーによる公開

郵政省の肝いりで一九八八年に設置された「放送ライブラリーに関する調査研究会」は、「国民的財産である放送番組について、組織的・継続的に収集、保存し、一般の利用に供する社会的システムとして、放送ライブラリーの早急な設立が望まれる」という報告をまとめた。翌年には放送法の一部が改正され、ＮＨＫや民間放送が拠出した基金をもとに横浜市に「放送ライブラリー」が設置された[8]。これを主管する放送番組センターでは、ＮＨＫと民放各局から番組の提供を受け、二〇二四年現在で約四万本を一般に公開している[9]。

しかし、その本数はきわめて少ない。先述したように、朝日放送テレビ一社だけでもおよそ一〇万本の番組アーカイブを保有しているのだが、放送ライブラリーのアーカイブはそれより少ない。もちろん、放送番組センターはテレビ局のアーカイブ機関ではなく、公益財団法人として公共的な役割を課せられ、以下のような収集基準[10]をもって放送局に番組の提供を呼びかけているのであるから、公開本数が少ないことの誹りを受けるものではない。

- 国内および海外の賞を受けた番組
- 高視聴率、視聴者の反響など話題を集めた番組
- 表現技法、制作技術などにおいて新しいジャンルを開拓した番組
- 現代史、社会風俗、人物などの記録として価値のある番組
- 芸術、科学、伝統文化などの記録として価値のある番組
- 長期間継続して放送された番組
- 各社が当センターにおける保存・公開を希望した番組
- その他、放送史の記録として適当と認められる番組

さらに、収集基準に合致したものであったとしても、放送局側が「提供しない」と判断したものは提供されない。

筆者も、自らが制作したドキュメンタリー番組を、放送終了後に提供を求められ、権利的に問題がないか確認したことがある。放送番組センターの公開は限られた場所で行われるので、インターネットで公開するのとは条件が異なるが、出演者や取材対象者が放送以外での公開を求めていなかったり、借用素材の二次使用に厳しい条件が課せられていたりすると提供されないこともある。社会、文化史を記録する国民的財産として一般の利用に供することが求められながら、その多くが広く公開されていないことが、依然として利活用の障壁になっている。

5　一般公開へのさまざまな模索

一般公開を前提としてこなかった民放テレビの映像素材は、マネタイズという目的も重なって、「公開できるものは公開する」という方向に動き出しつつある。しかし、依然として権利処理のハードルが高く、公開が実現しているのは「極端に古いもの」や「人物の写っていない風景映像」等にとどまっている。また制作や保管管理に多大な費用がかかっているため、販売価格の面からも広く一般に活用が広がるというものでもないことは述べてきたとおりである。世界が大きく動いた戦後の七〇年あまりの時代を、動画メディアの中心に君臨しながら、その取材成果の大半が公開されないでいることは、テレビに携わる者としてとてももどかしく感じる。こうした問題意識から、筆者が所属する朝日放送グループでは、アーカイブ公開に向けたいくつかのチャレンジを行ってきた。その内容を紹介し、成果と課題をまとめる。

事例1　激震の記録１９９５　阪神淡路大震災取材映像アーカイブの公開

背景

一九九五年に発生した阪神淡路大震災は、各家庭にテレビが普及して以来、我が国で初めて発生した大災害である。また、神戸という大都市が被災したこともあって、発生直後から復興に至るプロセスをテレビがつぶさに取材し、記録した。当時はホームビデオですら普及率が二～三割程度で、スマートフォンはまだ登場していない時代である。それゆえ被害や避難生活の状況を記録した映像の大半は放送局が持っており、放送アーカイブが公開されない限り、動画での災害伝承は不可能であった。

取材映像は、震災直後こそ放送に使われていたものの、「地震を思い出したくない」という被災者、視聴者への配慮などから、震災復興が進むにつれて、放送されることが少なくなっていった。さらに、局内でも記者の世代交代が進んだこともあり、保存されているアーカイブの詳細を知る社員が少なくなって、映像が活用されにくい環境に変わってしまっていた。

この状況を変えるために、二〇二〇年の震災二五年の節目に当たり、朝日放送グループが実施したのが、「激震の記録1995　阪神淡路大震災取材映像アーカイブ」[11]の公開である。将来の防災・減災のために、これをいつでも見られるようにすることが地元放送局の社会的使命であると考え、CSR（企業の社会貢献）活動の一環として、ウェブサイトで映像を公開することとなり、筆者はその公開に向けた作業を担った（図16-1）。

概要

ウェブサイトの公開期間は定めておらず、現在も公開されている。映像は、取材場所、取材日で二〇〇〇のクリップに分割した。どこでどのような被害が発生したかを後世にわかりやすく伝えるため、映像のメタデータに緯度経度を追加し、グーグル地図上にプロットした。「取材場所」は、取材班がテープの箱に書き込んだ記録をそのまま転記していることから、同じ場所にもかかわらず、「そごう前陸橋」や「三宮駅前」などと記述にばらつきが生じていた。映像の内容を確認しつつ整理・修正し、場所名と緯度経度を一対一に対応させる作業を行った。公開映像の取材箇所は八〇〇カ所以上にのぼった。

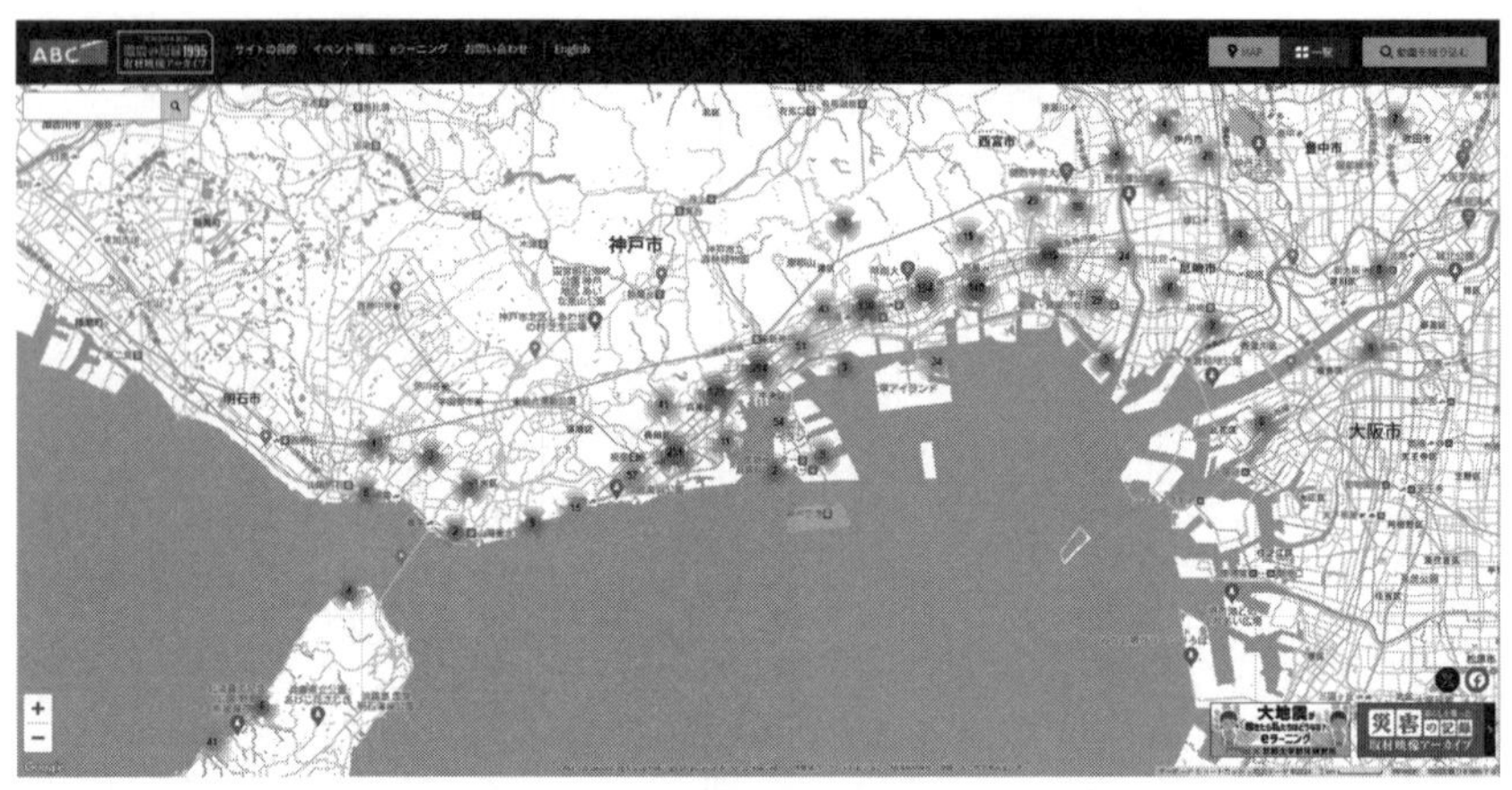

図 16-1　阪神淡路大震災取材映像アーカイブのトップページ

公開映像には五六七クリップのインタビューが含まれている。被災者がその時の気持ちを吐露した貴重な「生の声」である。映像をすべて見返さなくても発言内容がわかるよう、音声をテキストに起こし、映像の再生画面の下欄に配置して文字で読めるようにした。また四三クリップある記者リポート映像も同様にテキスト化している。

権利処理：著作権

朝日放送のライブラリーに残されている震災映像は、取材したままの「素材」と番組の同時録画の、大きく二種類に分かれる。番組録画は字幕やナレーションが入っていて、映像の文脈はよくわかるが、これをウェブサイトで公開するためには、音楽や番組出演者などの権利処理が必要となる。二五年も前の音楽や出演者の権利処理は難航することが予想されたため、現実的な選択ではなかった。

一方、「素材」には幸運にも「便利テープ」というものが残されていた。発生からおよそ半年後の一九九五年八月に、震災を振り返る特別番組をつくるために、取材テープから放送に使える部分を抜き出したものである。いわゆる「ＯＫテイク」のみなので、公開するにあたって改めて編集の必要がなかった。映像は、朝日放送のカメラマンが取材したもののほか、ＡＮＮ取材団として系列局が応援に入って取材したものも多く含まれていた。さらに神戸に本社を置くサンテレビジョンと一部の取材映像を、互いの放送で使えるように交換したものも保有していた。音楽やナレーションも付いておらず、撮影した放送局に了承を得ることのみで著作権の処理が可能であったため、これを公開することにした。

権利処理：肖像権

取材映像の公開で最も大きな課題は、映像に映り込んでいる被災者の肖像権であった。当然のことながら取材時には連絡先を聞いておらず、二五年も経ってから当該の人物をすべて探し出して許諾を取ることは事実上不可能である。肖像権は明文化された法律に基づいたものではない。過去の判例をもとに肖像権を定義すると、公開が違法になるかどうかは「目的、必要性などと、撮影された人の人格的利益の侵害の度合いとを総合的に比べて、〝受忍限度〟を超えるかどうか」で決まるとのことであった。[12] そこで、法務部や顧問弁護士の助言のもと、公開の目的や意義を固めることに注力した。

震災から二五年が経過したタイミングでは、肖像権者はまだ多く生存していることが予想された。被災して大切なものを失った心の傷を癒す「時間の経過」はもちろん重要であろうが、それにもまして、「受忍」に影響を与えるのは、何のために公開するかという「社会的意義」ではないか、と考えた。前向きに賛成して同意してくれないまでも、少なくとも「世の中がその映像を求めているなら仕方がない」と思ってもらえれば公開できる。そこで、社会的意義を確認するために以下の四つのプロセスを実施した。

①学生ワークショップ

本アーカイブ公開の最大の目的は、当時の記憶が薄い若い世代や、これから生まれてくる世代に、リアルな被災状況を伝えることである。そこで、震災後に生まれた大学生に取材映像を視聴してもらい、感じたことを語り合ってもらうワークショップを開催した。

彼らは「高速道路が倒れた写真は教科書で見て知っているが、それ以外の風景の印象はあまりない」と話し、「身近な神戸の町がこんなことになっていたとは……」と強く心を動かされていた。「目を背けたくなる映像もあるが、被災者がインタビューに答えている内容や何気ない表情に多くの情報があり、モザイクしないほうがよい」という意見が印象的だった。また、ある参加学生からは、「公開にあたっては放送局側で映像の取捨選択を極力しないで欲しい」と要望された。「見る者への配慮を理由に映像を選別すれば、後世に伝わる災害のリアルが損なわれる」という趣旨であった。このワークショップで集めた意見は、本アーカイブ公開の意義を再確認し、その方法を決定する上で大いに参考となった。

②有識者による研究会の開催

アーカイブは研究分野においても広く活用されることが望ましい。また、災害アーカイブの先行事例で確認された課題は、今回の公開の参考になる。そこで、防災やメディア、法律の研究者を招き、アーカイブの意義や課題を共有する研究会を行った。弊社担当役員や本アーカイブに関係する部署の責任者も議論を傍聴し、公開に向け社内の「位相」を合わせる機会とした。

人と防災未来センターが保有する動画の現況や、先行する東日本大震災関連アーカイブのいくつかがすでに存続できなくなっている、などの課題が報告され、アーカイブの維持と効果的な活用のためには公開機関の「覚悟」が必要であること。また、公開が「災害報道批判の再生産」につながらないよう気をつけるべきとの指摘もあった。

③肖像権処理ガイドラインに基づく試算

研究会の出席識者から、「肖像権処理ガイドライン（案）[13]」が紹介された。このガイドラインはデジタルアーカイブ学会が策定を準備していたもので、肖像権の判断ができないという理由でデジタルアーカイブが死蔵されたり、消滅したりすることを防ごうと、判断の参考となる指標を数値化して示したものである。私達はこれを活用し、公開予定の映像を類型化して点数計算を試みた。阪神淡路大震災が「歴史的事件」に分類され、二五年の経過で一五点が加点されるとした場合、「ブルー（公開可）」とならないものは、「避難所内のけが人アップ」や「西市民病院の救出風景」など、被取材者がけが人の場合でマイナス二五点。そのほかはマイナス五点以内にとどまった（表16－1）。

マイナス五点という試算結果に従えば、あと五年経たないと映像が公開できないということになるが、首都直下地震をはじめ都市型震災の発生が危惧されるなかで、いたずらに公開を遅らせる必然性はないと判断し、モザイク等をつけずに公開。本当に必要なものに限って最低限の配慮をすることとした。

④「受忍」レベルの確認作業

しかし、映り込んだ被災者の心情を全く抜きにして、独りよがりの判断でアーカイブを公開することは適切とはいえない。公開に先立って被取材者を時間の許す限り探し出し、意向確認する作業を行った。氏名などから現在の連絡先が判明した方はもとより、長田区や東灘区、淡路島などに映像を持って赴いて被取材者を探した。三〇名弱の方の身元がわかったが、数名の方は既に亡くなられ、高齢で話ができない方も数名いた。直接接触できたご本人や関係者に意向を確認したところ、公開を拒む方はおられず、むしろポジティブな評価をいただいた。クリップ数に比してサンプル数が十分とは言えないが、公開に手応えを感じる結果となった。

以上の検討に基づき、「激震の記録１９９５　阪神淡路大震災取材映像アーカイブ」は原則として映像を加工せず公開することとした（図16－2）。ただ、「災害対応に激高している」「悲しみで取り乱している」「受験生として

表 16-1　映像の主な類型別「肖像権ガイドライン（案）」適用例

		避難所内 人物込み ロング	避難所内 人物 アップ	避難所内 人物 インタビュー	避難所内 けが人 アップ	三宮 買い物客通行人	ボランティア 活動中の 人物	西市民病院 救出の シーン	焼け跡での 人物 アップ	焼け跡での 人物 インタビュー
社会的地位	一般人	± 0	± 0	± 0	± 0	± 0	± 0	± 0	± 0	± 0
活動内容	歴史的事件業務 or プライベート	+ 20 − 10	+ 20 − 10	+ 20 − 10	+ 20 − 10	+ 20 − 10	+ 20 ± 0	+ 20 − 10	+ 20 − 10	+ 20 − 10
撮影場所	屋外・公共の場 避難所内・病院	− 10	− 10	− 10	− 10	+ 15	− 10	− 15	− 10	− 10
撮影の態様	多人数 or アップ 撮られた認識 重傷者・遺体	+ 10 − 10	− 10 − 10	− 10 + 5	− 10 − 10 − 20	± 10 − 10	− 10 + 5	− 10 − 10 − 20	− 10 − 10	− 10 + 5
写真の出典	放送済み 遺族のない故人	? ?	? ?	? ?	? ?	? ?	? ?	? ?	? ?	? ?
撮影の時期	25 年前	+ 15	+ 15	+ 15	+ 15	+ 15	+ 15	+ 15	+ 15	+ 15
合計		+ 15	− 5	+ 10	− 25	+ 30 ± 10	+ 20	− 25	− 5	+ 10

取材し結果が不明」「職探しの様子を取材し結果が不明」「病歴などが分かる可能性がある」など、被取材者の名誉やプライバシーを傷つける可能性が高いものについてはモザイク等を施すこととした。

また、肖像権は消滅しているものの、慰霊祭で撮影した「遺影」や亡くなった方の名前は、遺族感情を考えて映像から削除した。家族全員が亡くなったと話す女子高校生や、母親の遺体が見つからず実家跡で再捜索を見守る女性のインタビューは、肉親の死という悲しいエピソードを経験した個人に焦点が当たっているにもかかわらず、被取材者本人とコンタクトが取れていないため、テキストのみでの公開とした。

さらに、遺体の搬出や、清掃していないトイレの様子が映っているクリップについては、タイトル横に注意の文言を加えて、見たくないと思う人の目に映像が触れないようにした。

こうした検討と配慮のもとで公開に踏み切ったが、社内では万一、被取材者本人や近親者から映像の公開をやめてほしいと要望があった場合のガイドラインも策定した。改めて公開の趣旨を説明したうえで、それでもご理解いただけない場合は速やかに公開を取りやめるオプトアウト方式での対応を予定した。しかしながら、二〇二四年六月時点においても、そうしたお申し出は一件も寄せられていない。

公開作業を実施して

このプロジェクトは朝日放送グループにとって、アーカイブ映像を大規模に公開する初めての取り組みであった。阪神淡路大震災は開局以来最大の自然災害であり、報道機関としての役割を最大限果たそうとした組織の記録でもある。

阪神淡路大震災は大都市圏で起こったため、地震の直後から多くの取材クルーが被災地入りできた。また、テレビが普及して初めての大災害だったこともあり、被災者の災害報道へのアレルギー反応も今ほど大きくなかった。その結果、取材映像には災害直後の様相がありのままに映しだされ、被災者はテレビカメラに向かって、驚きや困

図 16-2　モザイクを施さずに公開したインタビュー映像

惑に満ちた胸のうちを積極的に語ってくれている。結果論ではあるが、二〇一一年に発生した東日本大震災をはじめ、その後に起こった災害における取材映像とは全く違う、より深い内容が撮影できている。

東日本大震災は、取材拠点から距離のある沿岸部に津波が長時間押し寄せた。原発事故が発生したこともあって、テレビ局のカメラが撮影した災害直後の映像はさほど多くはない。民間の固定カメラや視聴者の提供映像にはそれぞれに著作権者があり、二次利用を包括的に判断することは難しい。放送局がつくる災害の映像アーカイブはどうしても、被災者の証言や検証など、事後に作られた番組が多くなる傾向も致し方ない。証言に盛り込まれる教訓は「語れる部分だけ」にとどまることも想像されるうえ、時間が経つにつれて記憶があいまいになったり、残したくない事実が隠されたり、記憶が美化されたりして現実に起こったことと乖離する可能性もある。取材映像が、地震直後の被災地のありのままに近い状況を描けたこと、そしてその映像が精密なメタデータとともにしっかり残されていたことが、阪神淡路大震災の映像アーカイブの価値を高めている。

防災教育での映像の利活用は、リアリティの側面からも高いニーズがあるが、教育目的であっても、映像を検索し貸し出す作業は、教育機関側、コンテンツホルダー側双方に負担が大きく、常時映像を公開するウェブサイトの完成は、防災教育での映像活用の事例として大きな一歩となった。「激震の記録1995　阪神淡路大震災取材映像アーカイブ」は公開以降、学校や地域、企業などの防災教育に活かされている。非営利の授業や研修会において本サイトを上映する形での利用を希望する申し出があった場合には、無償での使用を許諾することとしている。また、映像を視聴できるQRコードを多数掲載した書籍『スマホで見る阪神淡路大震災』を発行し、紙とネットを融合させたり、小中学生でも比較的安心してみられる映像を集め、より具体的な教訓に結びつけて学べるeラーニングサイト[14]を併設したりするなど、利用する人々の属性に合わせて、継続的に利活用ができるようたえず改善に努めている。

課題はアーカイブをサステナブルに維持・継続するための組織や費用の調達をどうするかである。設置者である朝日放送グループの社会貢献活動というだけでこれを継続することは、資金力のみならず、拡散力や持続可能性をも限定してしまう。マネタイズという言葉を使うとやや語弊があるが、目的を果たすための最低限の資金集めを実施できるよう、社会的なコンセンサスを形成することが急務である。

事例2　一九七〇年大阪万博　取材映像アーカイブ

背景

二〇二五年に大阪で再び国際万国博覧会の開催が決まり、朝日放送グループではそれに向けた機運の醸成を行うこととなった。一九七〇年の大阪万博は、総入場者数六四〇〇万人という国家的イベントであり、朝日放送は「世界の交通警官がやってくる」や「ミス・ユニバース万博大会」を実施するなど、在阪民放局の中でも特に積極的に関与したと伝えられている。[15] しかしながら開催から五〇年以上を経て、朝日放送グループで働く従業員のほとんどは、「万博とはどんなものなのか」すらも実感が持てない世代になった。二〇二五年の大阪・関西万博へも在阪企業としてコミットを求められることが予想されるため、その準備的な取り組みとして、先述の阪神淡路大震災取材映像アーカイブの公開実績に基づいて、一九七〇年に開催された大阪万博の取材映像の公開を社内提案した。

概要

震災アーカイブ同様、朝日放送テレビのウェブサイト内に「EXPO'70 映像アーカイブ～6000万人が見た未来～」[16]と題した特設のページを二〇二二年の四月に立ち上げた。二〇二四年末現在で約三〇〇のコンテンツが公開されている。大阪万博が開催された万博公園の地図上にピンを置き、それをクリックすることによってその場所にあったパビリオンの映像を見ることができる。取材時期や内容でも分類して表示できるようになっている。

権利処理

映像の著作権はすべて朝日放送テレビにあったため、ライツセクションの判断のみで公開ができた。また、関係機関である大阪府と万博協会に連絡し、了承を得た。さらに当時万博の取材チームに加わり、多くのVTRにレポーターとして登場しているタレントの末広真樹子氏（その後、参議院議員を一期つとめ、実業家としても活躍している）には直接お会いして目的を説明し、公開の了承をいただいた。

一般人の肖像権については、震災アーカイブで準用した「肖像権処理ガイドライン」[17]に照らして検討した。歴史的行事（＋20）であり、万博会場という公共の場での撮影（＋15）であり、一度は放送で公表され（＋10）ていて、撮影後五〇年以上が経過している（＋40）ことから、すべての映像において基礎的な加点が大きくなる。映像個別のプライバシーが問題になったとしても、被写体の名誉が大きく傷つけられ、受忍限度を超える公開にはなりにくいと判断した。意匠を凝らしたパビリオンがたくさん並んだ大阪万博であったが、外観については「公共の場からの撮影」であることから公開を妨げるものではないと判断し、権利者から問題を指摘された場合はオプトアウトする方針で公開することとした。

パビリオンの内部には著名な作家が手がけたオブジェが置かれたり、映像作品が上映されるなどしていることから、映像を見て著作物をピックアップし、権利を保有していると思われる企業や団体に連絡を取って了承をもらう必要があった。内部の映像が存在する七五のパビリオンについて了承取りを行ったが、実際に了承いただけたのは一四パビリオンであった。企業などの中には、先方に当時のことが分かる担当者がおらず判断ができなかったり、合併や組織変更で公開判断できる部署が判然としなかったりと、確認が難航するケースがあった。外国パビリオンは、本国への確認を必要とし、外国語での文書作成などの対応を求められることが多く、権利処理に時間がかかって、公開できないコンテンツが多く発生した。途上国が多く出展したインターナショナル・プレースは、「日本が建設した公的な施設」として、内部についても確認を省略して公開している。

公開作業を実施して

ＡＢＣに残る映像のリストを見ると一九七〇年の万博直前にも反対運動があったようだ。しかし万博は開催され、六四〇〇万人が来場して大成功を収めた。公開作業をする我々にとっても、当時の活気に満ちた大阪の空気感と、それをいきいきと伝えようとするテレビの力を再認識するきっかけとなった。

映像を公開する際に、パビリオンの出展企業に連絡を取ると、「当時の映像記録は社内に残っていないので、社内公開用に映像を貸してもらえないか」というニーズが存在することがわかった。映像を簡単に撮影できない時代のテレビアーカイブの価値がいかに高いかを示す事例である。他にも、「博物館の特別展においてアーカイブ公開した映像を使いたい」などの希望が寄せられ、映像を公開することによって二次利用ニーズが喚起できる可能性についても確認することができた。

一方で、撮影から時間が経過すればするほど、権利者の承諾を取ることが難しくなることも痛感した。権利者の名前や連絡先をしっかりと記録していたとしても連絡がつかなくなるケースがある。これを想定して、使うか使わないかにかかわらず、アーカイブ情報の定期的なメンテナンスをしておくべきであるという教訓を得た。

事例3　一九六〇年代後半～八〇年代前半に制作された番組アーカイブの公開

背景

筆者が出向しているABCリブラがメンテナンスを行っているアーカイブは、朝日放送テレビが放送した番組や、朝日放送テレビが著作権を保有する取材映像がほとんどを占める。そのため、利活用の可否に決定権はない。先述の事例1と2は、朝日放送テレビの許可のもと、委託を受けて公開作業を実施したものである。ただ、ABCリブラには自社に著作権があると考えられる一九六〇年代から八〇年代に制作された番組群が千数百本あり、事例1・2の経験から、その利活用を社内において検討することとなった。

その番組群は、かつて朝日放送がある制作会社（A社）に発注して作られた番組のアーカイブで、一五分や五分の番組枠で放送されたとみられるいわゆる「ミニ枠もの」である。A社は一九九二年に清算されたが、保管されていたフィルムは、その前後に別の制作会社（B社）に譲渡され、さらに一九九五年一月一〇日付けでABCリブラの前身であるABCアーカイブ社に譲渡された。映像はすべてファイル化されている。

番組のラインナップとしては、

・全国各地の観光名所や旧跡・銘菓・郷土料理などを紹介する「くらしの泉」

・国内・海外のおいしい料理と当地の風物、名物を紹介する「おいしい旅」「世界・あじの旅」

・京都や小京都の歴史や産業を紹介する「京に生きる」「古都は生きている」「もうひとつの京都」
・著名な芸術家の作品と人となり、制作風景を紹介する「アトリエを訪ねて」「美を創る」
・民具や工芸品を作る職人とその生活を紹介する「この人このわざ」「日本の民具」「民芸を訪ねて」

など、いずれもテレビや映画でしか残せなかった昭和時代の貴重な映像である。

概要

撮影地が日本全国、世界各国に広がっており、関西の地方局である朝日放送テレビのアーカイブ映像として保管しておくだけでは活用の可能性が限定されてしまう。どうすれば、多くの人の目に触れ、利活用の幅を広げられるかを社内で検討した。

この番組群を「ＡＢＣリブラフィルムアーカイブ＝ＡＬＦＡ」と命名し、当社のホームページにリストをアップした。[18] 番組毎にすべてのタイトルをリスト化してアーカイブの全貌がわかるようにし、利活用を希望する方向けに問い合わせ先を明示した。ただ、インターネット上で映像の検索性を高めるためには、独自のホームページだけでは限界があることから、合わせてYouTubeやＳＮＳに動画を上げることにした。ショート動画が好まれるメディア環境を鑑み、短い尺で番組のエッセンスを伝えられるように一分程度のダイジェストを順次アップしている。[19] また博物館をはじめ、自治体や開局時期の新しい地方局などにもプロモートを図っている。

権利処理：著作権・著作隣接権

古い番組で、譲渡されてきたものでもあるため、権利関係を確定させる必要があるが、契約関係書類は十分に残されていなかった。一九九五年にＢ社と交わした念書には、「平成七年一月一〇日付けで弊社より無償で譲渡しました旧Ａ社制作のフィルムの使用に際し、弊社（Ｂ社）は、著作権・版権・肖像権等により生じた利益に関して一切の権利を譲渡する」とあり、その後のフィルムの保管・利用に関する一切の責任は、当社にて処理をするようにと書かれている。しかし、これをもってすべての番組の著作権が当社にあると読み解くことはできなかった。A社の閉鎖謄本を確認したり、A社で番組制作を担当していた人物を探し出し、ヒアリングしたりして、譲渡の経緯を確認し念書の確からしさを固めた。

朝日放送テレビのライツセクションにも、番組の制作にあたって旧A社と結んだ契約書等がいくつか残っていたが、すべてが揃っているわけではなかった。当時の外部発注番組に関する業界の慣習から、二年二回などの決められた放映権が終了した後は、制作会社に著作権が帰属していると考えられたが、朝日放送テレビが著作権を持つ可能性も排除できない。残された契約書と後述する放送番組センターの資料を参考にして協議した結果、①契約書等からA社の著作権が確認されたもの＝弊社で利活用・貸出が可能、②契約書等がなく朝日放送テレビが著作権を有する可能性が残るもの＝利活用や貸出の際には朝日放送テレビの承認が必要、の二つに分類した。

番組にはナレーターとして朝日放送のアナウンサーらが出演しているため、著作隣接権は存在していて、朝日放送に全く権利がないというわけではない。現時点でインターネットの公開ではアナウンサーなどの音声は使っていないが、別の用途で使用する場合には、必要に応じて有償での権利処理の必要がある。

放送番組センターとの関係

いくつかの番組の映像内には「放送番組センター」のクレジットがあった。放送番組センターとは、一九六八年に設立されたＮＨＫと民間放送局が設立資金を共同で拠出した機関である。放送事業の免許交付にあたっては、教育番組・教養番組を放送することが条件になっていたが、当時開局が相次いだ地方局はまだまだ制作・編成力に乏しく、こうした番組の調達が難しいと考えられたため、放送局に教育・教養番組を供給する役割を果たした。[20]放送番組センターが関与した番組にクレジットが付いていたと考えられたが、権利関係まではわからなかったため、センターに問い合わせて事業報告書を調べてもらったところ、当該の番組が制作された経緯が判明した。そのやり方には、三つのパターンがあったという。

・放送番組センターが企画して放送局や制作会社に番組制作を発注し、著作権は放送番組センターが持つ「制作番組」

・放送局が企画し、放送番組センターが制作費の半分を補助、著作権は放送局が持つ「協賛番組」

・放送局が制作した既存の番組の中から、放送番組センターが「購入基準」に該当する教養番組を選び、五年間の国内放送権を譲渡してもらう「購入番組」。クレジットに『配給 放送番組センター』を表示したフィルムやビデオテープを放送番組センターに納品。五年間の配給期間を終えた番組は制作局に返却。

当該のフィルムアーカイブにも多数の、放送番組センターの「制作」「協賛」「購入」の各番組があった（表16-2）。

このうち、放送番組センターの〝制作番組〟である「若い群像～青少年を考える」については、当社に著作権がないことが明らかになったため、当面の利活用の対象から外した。

パブリシティ権・肖像権

映像の中には著名な芸術家や工芸作家が映り込んでいる。また芸術作品も映り込んでいる。そのため公開にあたっては所蔵する美術館などに連絡し、許諾が撮れたもののみを公開することにしている。また、寺社仏閣や庭園など管理エリア内で撮影しているもの、特定の企業や店舗、施設などで撮影していて、当該施設が現存するものについては、内容に応じて関係施設などに連絡をして了承をもらった上で公開することにした。

表 16-2　放送番組センターの番組

若い群像〜青少年を考える	1973	30分	26本	制作	自転車振興会補助
庭は生きている	1974・1975	15分	26本	協賛	
古都は生きている	1976	15分	52本	協賛	
京に生きる	1977・1978	15分	52本	協賛	
民謡風土記	1978	15分	13本	購入	
世界・あじの旅	1979	15分	52本	購入	
もうひとつの京都	1979	15分	52本	協賛	各局持回り制作
ふるさとの寺	1981・1982	15分	52本	協賛	各局持回り制作
ふるさとをゆく	1980・1981	15分		購入	
美を創る〜ありし日の巨匠	1985	15分	26本	購入	

一般人の肖像権についても、震災アーカイブで準用した「肖像権ガイドライン」に照らしてみると、撮影後五〇年前後が経過し（＋40）、一度は放送で公表され（＋10）ていることから、よほど恥ずかしさを感じるようなシーンで大写しになっていないかぎり、問題になることはないと考えているが、もし万が一本人や関係者から苦情があった場合には、オプトアウトで対応することにしている。

公開作業を実施して

このアーカイブの公開目的は古い映像の利活用を促すことである。七〇年万博のアーカイブ同様、利活用していただける可能性が最も高いのは、映像に映っている企業やお店、著名人のパブリシティ権を管理する関係先であることから、関係先に積極的に連絡し、公開の了承をもらうと同時に、利活用の場がないかニーズの掘り起こしを行っている。そうすることで幾ばくかのマネタイズが実現でき、継続的な公開につながる。実際にいくつかの企業や博物館などから利活用の申し出があり、貸し出しにつながっている。

公的機関とは違って民間企業のアーカイブ（民間放送局のアーカイブももちろんこれに含まれる）は、企業の経営環境によっては第三者に譲渡される可能性もある。こうした際にも権利処理ができるよう、映像データの整理に加え、譲渡の経緯などもしっかりと記録しておくことが必要であることがわかった。

6　「見えないアーカイブ」を「使えるアーカイブ」にするために

経済的側面と技術的側面によって保存がしやすくなった民間放送のアーカイブは、インターネットの普及という技術の進歩によって、さまざまな形で公開することが可能となった。さらに放送局の経営環境の変化という経済的な観点から、アーカイブの存在をどう世の中に知らしめ、放送外でどう活用するかに課題が移っている。「利活用ニーズの掘り起こし」と、「マネタイズシーズの発見」を同時に行うという高度なミッションである。

その最大の障壁はやはり「権利」の問題だ。民間放送の番組は営利を目的に作られたものであり、公開することがすなわち映像に含まれる権利の侵害になる。だとすれば、それを大胆に公開することは難しい。現時点では小さなニーズを拾い上げて検討し、権利を丁寧に処理することでしか乗り越える道がないということを、筆者はこれまでのいくつかの取り組みを通して実感している。

第5節で紹介した朝日放送グループの取り組みは、あくまで放送局側の立場で考えた「ニーズ」でしかない。放送アーカイブが閉ざされたままでは、「この映像を見せて欲しい、使わせて欲しい」という本当のニーズが社会の側から寄せられることはないだろう。映像が公開できないのであれば、蓄積したアーカイブのメタデータだけでも公開できないだろうか。そうすることで放送アーカイブの価値を広く知ってもらえる機会になるに違いない。メタデータには人権に触れる個人情報も多く含まれており、その公開も決して簡単ではないが、どうすればその理想型に近づけるかを探ることは無意味なことではない。さらに、こうした取り組みを個社で行うのではなく、百数十社にものぼる国内の民間放送局共通の取り組みとして横断検索ができるようになれば、よりアーカイブの価値は高まる。その統合の場としては、第4節で紹介した放送番組センターなどが想定できるが、アーカイブを管理する私達民間セクターでも実現できることはあるはずだ。

近い将来、クラウドやＡＩなど技術のさらなる進歩が、映像の共有や利活用を促すことは間違いない。地域に根ざしたテレビ局が持つ映像素材をどのように社会に開いてゆけるか、民間放送の新しい使命ともなるであろう。

注

（1）著作権法第三〇条　著作物は、個人的に又は家庭内その他これに準ずる限られた範囲内において使用すること（私的使用）を目的とするときは、その使用する者が複製することができる。

（2）放送法第一〇条　放送事業者は、当該放送番組の放送後三箇月間は、政令で定めるところにより、放送番組の内容を放送後において（中略）確認することができるように放送番組を保存しなければならない。

（3）著作権法第四四条③　前二項の規定により作成された録音物又は録画物は、録音又は録画の後六月（その期間内に当該録音物又は録画物を用いてする放送又は有線放送があつたときは、その放送又は有線放送の後六月）を超えて保存することができない。ただし、政令で定めるところにより公的な記録保存所において保存する場合は、この限りでない。

（4）昭和四十六年文化庁告示第八号　著作権法施行令（昭和四十五年政令第三百三十五号）第三条第一項の規定により、社団法人日本民間放送連盟が設置する日本民間放送連盟記録保存所を公的な記録保存所に昭和四十六年五月一日指定したので、同条第二項に基づき告示する。

（5）https://nhk-sozai.com/（二〇二四年七月二八日最終アクセス）

（6）https://amanaimages.com/lp/ntv-motion/（二〇二四年七月二八日最終アクセス）

（7）https://vivia-library.appspot.com/（二〇二四年七月二八日最終アクセス）

（8）https://www2.nhk.or.jp/archives/articles/?id=C0010302（二〇二四年七月二八日最終アクセス）

（9）https://www.bpcj.or.jp/（二〇二四年七月二八日最終アクセス）

（10）放送番組センター放送番組収集基準。平成二四年五月三一日改定。https://www.bpcj.or.jp/other/pdf/shushuu.pdf（二〇二四年七月二八日最終アクセス）

（11）https://www.asahi.co.jp/hanshin_awaji-1995/（二〇二四年七月二八日最終アクセス）

（12）福井健策監修・数藤雅彦編集『デジタルアーカイブ・ベーシックス　権利処理と法の実務』勉誠出版、二〇一九年、七〇頁。
（13）肖像権ガイドライン円卓会議（二〇一九年九月二六日）配布資料1　肖像権処理ガイドライン（案）第一版 https://digitalarchivejapan.org/wp-content/uploads/2020/05/ShozokenGuideline-2019-01.pdf　最新版は https://digitalarchivejapan.org/bukai/legal/shozoken-guideline（二〇二四年七月二八日最終アクセス）
（14）https://www.asahi.co.jp/hanshin_awaji-1995/e-learning/（二〇二四年七月二八日最終アクセス）
（15）朝日放送社史編修室『朝日放送の五〇年――本史』朝日放送株式会社、二〇〇〇年、一四五―一五一頁。
（16）https://www.asahi.co.jp/expo70_archive/（二〇二四年七月二八日最終アクセス）
（17）前掲「肖像権処理ガイドライン（案）」参照。
（18）https://www.abclibra.co.jp/work/library/（二〇二四年七月二八日最終アクセス）
（19）https://www.youtube.com/@ABC-LibraFilmArchive（二〇二四年七月二八日最終アクセス）
（20）伊豫田康弘・上滝徹也・田村穣生・野田慶人・八木信忠・煤孫勇夫『テレビ史ハンドブック 改訂増補版』自由国民社、一九九八年、六一頁。

第17章　テレビ番組保存体制の国際比較

辻　泰明

1　草創期のテレビ番組アーカイブ

放送番組を収集したり保存したりするアーカイブは、放送アーカイブと呼ばれるが、本稿では、ラジオ番組には触れず、テレビ番組に焦点をあてるため、また、映像アーカイブとしての側面に注目するため、テレビ番組アーカイブと称する。

テレビ放送の開始をどの時点とするかはさまざまな考え方がありうるが、ここでは、一九二八年にアメリカの放送局W2XCW（後のWRGB）[1]が実験放送をおこなった時を一つの定点とする。その後、一九二九年にはイギリスのBBC（英国放送協会）も実験放送をおこなった。日本でNHKがテレビの本放送を始めたのは、一九五三年二月一日である。

この日の放送内容にはテレビというメディアが有する、映画とは異なる特性が幾つか表れている。そして、それらの特性は、映画のアーカイブとは異なる、テレビ番組アーカイブならではの特性をも規定するものである。

特性の一つは、先行するメディアである映画をテレビが自らのコンテンツとして包含することである。表17-1に見るように、スタジオからの生放送に混じって、映画と題された番組が二枠（三時からの「映画」と七時からの

表 17-1　1953 年 2 月 1 日のテレビ放送

午後

02:00	NHK 東京テレビジョン開局に当つて 1 挨拶　2 祝辞　3 舞台劇「道行初音旅」―吉野山の場―
03:00	映画
03:30	オペラよもやま話
（04:00-06:30 放送休止）	
06:30	子供の時間 1 歌　テンテンテレビ　2 ヴァラエティ　四つの星座（上野一雄構成）
07:00	ニュース映画
07:15	きょうの天気あすの天気 1 話　2 今日の天気　明日の予報
07:20	ニュース
07:25	番組予告他
07:30	今週の明星 ―日比谷公会堂から中継―
08:00	漫才 君のあだ名
08:15	現代舞踊 日本の太鼓　伊福部昭・作曲
08:45	受信者の皆様へ 対談「テレビジョンの誕生」

出典：日本放送協会「NHK番組確定表」より作成。

「ニュース映画」）含まれている（表の白抜部分）ことが、テレビによる映画の包含という特性を示す。

もう一つは、映画では不可能だった同時性を有するコンテンツ群を含むことである。表に、スタジオ以外の場所からの生中継（七時三〇分からの「今週の明星―日比谷公会堂から中継―」）が含まれている（表の薄墨部分）ことが例である。

さらにもう一つ、この表のように時系列に沿って何が何時に放送されたという記録が、「番組確定表」という資料として残されていることである。このことは、テレビというメディアを十全にとらえて記録するためには、個々のコンテンツとしての番組を独立して保存するだけでなく、番組相互の連なりの具合すなわち編成を再現できるように保存することが必要であることを示している。

「番組確定表」は一種の業務記録であり、テレビ局で制作される資料は、おのずと組織としての記録になる。

アーカイブズ学研究者の児玉優子は、映像アーカイブ（児玉の用語では動的映像アーカイブ）を、組織内アーカイブと収集アーカイブの二種に類別した。児玉によれば、組織内アーカイブとは、「映画製作会社や放送局等の組織内」にあるアーカイブである。収集アーカイブとは、「主に公共の非営利アーカイブで、国立、公立、大学付属などの施設」であり「制作された動的映像資料を集める収集アーカイブ」である。(2)

日本におけるテレビ番組アーカイブはこの二つのうち、まず、組織内アーカイブとして形成され始めた。テレビ放送開始から四年ほど後の一九五七年、ＮＨＫの編成局に放送資料部が設置されたのである。その二年後の一九五九年、放送資料部は、資料部に改称され、下部組織としてフィルム資料課が設置された。この課はその名称が示すとおり、フィルムを素材とするニュースや番組の保存をおこなう部署だった。表17-1に示したように初期のテレビ放送は、フィルム素材による番組と生放送による番組によって編成されていた。そのうち、フィルム素材による番組が、まず残されることになったのである。

ヨーロッパでは、イギリスのＢＢＣが一九四六年末に遡る番組を保存しているといわれる。アメリカでは、議会図書館が一九四九年にテレビ番組の保存を開始した。(3) 時期としては、日本より一〇年ほど先行しているが、保存の対象は日本と同じくフィルム素材の番組である。

このように草創期テレビ放送のうちフィルム素材の番組がある程度残されているのに対して、生放送や中継による番組は、ほとんど残されていない。キネスコープという装置を用いてフィルムによってテレビ画面を撮影して記録された、一部の番組が残るのみである。『日本放送史』によれば、「テレビジョン放送開始から一年半ぐらいは、すべてなま放送と映画フィルムであったが、昭和二十九年十月からフィルム録画（「キネスコープ」(4)）」がおこなわれるようになり、「フィルム録画による初放送は、二十九年十月二十日、午後七時三〇分からの舞台中継『蘭平物狂』(5)」であるという。

キネスコープ（キネコとも呼ばれる）が用いられるようになってからほどなくして、ビデオテープレコーダーが登場した。『日本放送史』は、「昭和三十一年四月アンペックス社が、……「ビデオテープ＝レコーダー（ＶＴＲ）」を発表。……大阪テレビ放送（商業放送）がいちはやく……購入して、昭和三十三年五月十七日に初めて放送に使用し、つづいてラジオ東京も入手、六月八日にＶＴＲによる初放送」をおこなったと記している。「ＮＨＫは、これらにつづいて、三十三年五月に研究開発用として……輸入し、同年七月十一日、天皇の放送会館ご視察に際し、その実演をご覧に入れ、その機会に収録した『英語教室』を七月十七日に初放送[6]」した。

しかし、ビデオテープレコーダーが用いられるようになっても、生放送番組の記録と保存は進まなかった。ビデオテープが高価であるため、放送後、録画内容を消去して、別の番組の録画に使われたからである。一九五八年にＮＨＫが購入したビデオテープの値段は一本一〇数万円であり、「当時のサラリーマンの年収に匹敵[7]する金額」だったという記述もある。また、「こうした経費の問題に加えて当時、放送局にテレビ番組を保存する文化がなかったことも影響している。映画と異なり、放送は文字通り「送りっ放し」であった[8]」ともいう。

ビデオテープレコーダーの導入は、番組の記録や保存のためというよりも、番組の事前収録や再放送を主目的としていた。初期のテレビには放送をしない時間帯があり、次第に休止無しで放送される「全日化」へと進展した。テレビ局は増大する放送時間帯を再放送によっても穴埋めすることを迫られていた。『日本放送史』は当時の事情を次のように記している。

総合テレビでは、……（昭和）三十七年度は、一日平均三時間の時間増がおこなわれ、ここに初めてラジオ同様、朝の六時から夜の十二時近くまで、休みのない全日放送の実現をみた。定時化された午後三時から五時三〇分までの時間帯は短編映画および再放送に利用された[9]。

図17-1　草創期のテレビメディアとアーカイビングの構造

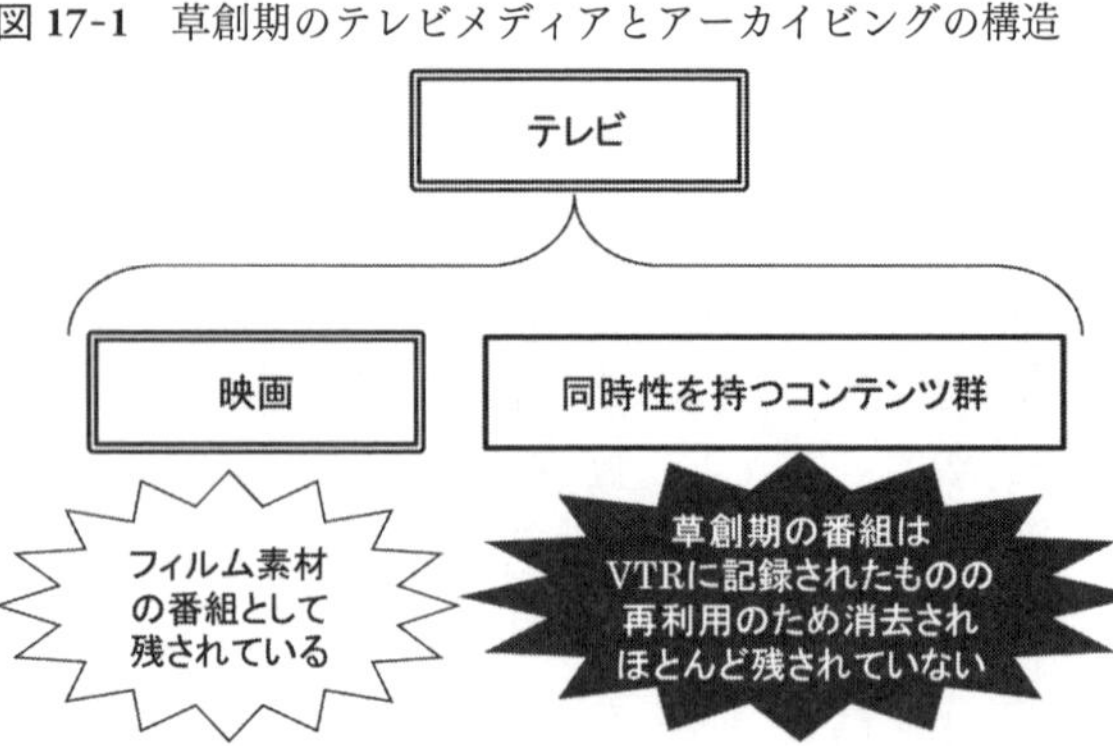

ビデオテープが番組の保存に用いられなかったことは、民放においても同様だった。たとえば、フジテレビでは、「番組は一回限りの放送で、放送した番組は消えてしまうということで実施されて」おり、録画番組も保存されることはなかったという。ビデオテープが高価だったため、「保存よりもテープの再利用に重点が置かれていた」のである。[10]

事情は国際的にみても同様だった。イギリスBBCは一九五〇年代にビデオテープでの録画を開始したが、テープが高価だったため、既存の録画の上に重ねて録画することがおこなわれた。[11] また、アメリカでは、ヴァンダービルト大学の卒業生ポール・シンプソンが、一九六八年にテレビ局を訪れたところ、どの局でもビデオテープが高価なため録画を消して再利用していることを知って衝撃を受けた。このことがきっかけとなって、シンプソンは母校に働きかけ、ヴァンダービルトテレビニュースアーカイブを創始する。[12]

このように、テレビ各局のアーカイブは組織内アーカイブとしての性格を有しながらも、組織の生産物であるテレビ番組の保存に関しては、ほとんどがフィルム素材の番組であり、テレビメディアの特性である同時性を持つ番組群、すなわちスタジオからの生放送や外部からの中継放送は保存されることが少なかった。こうした草創期におけるテレビメディアとアーカイビングの構造を図17-1に示す。

テレビ番組アーカイブは、その草創期において、ニュース映画など、フィルム素材の番組は保存される一方、同時中継など、その本来の特性である同時性を持つ番組は保存されないという二極分化を発現した。これは、映画のアーカイブと決定的に異なるテレビ番組アーカイブならではの特性である。

テレビ番組アーカイブには、テレビ局の組織内アーカイブとは別に、児玉の類別における、収集アーカイブも存在する。日本では放送番組センターがその代表的存在である。

しかし、この放送番組センターは、一九六八年三月二九日に財団法人として設立された当初は、教育・教養番組を企画段階から制作し配給することが主たる業務だった。「設立の動機は、同年一月、郵政大臣が（中略）、放送事業の免許条件の一つである教育・教養番組の義務づけと関連して、これらの番組を供給する共同機関を放送界が自主的につくることが望ましいと発言したことに始まる」[13]ものだったのである。

「教育・教養番組の義務づけ」とは、新設されるテレビ局への免許付与条件として、娯楽番組だけでなく教育番組や教養番組を編成することを求めるものだった。その背景には、テレビ番組の低俗化批判があった。とはいえ、新設される局には、採算がとりにくい教育番組や教養番組を制作する余力が無いと想定された。そこで、当面、それらの番組を制作し各局に提供する機関として放送番組センターが設立されたのである。

ところが、実際には、教育・教養番組を企画段階から制作し配給するには多くの時間と経費を要するため、提供用の番組を放送局が保存している番組から収集することもおこなわれた。「NHK・民放各社から、すでに放送された番組のうちすぐれた教育・教養番組を供出してもらい、それを同センターのライブラリーに保管して他の民放局[14]、ことに発足以来日の浅いUHF局の番組編成に役だてようとする」ためだった。

表立ってはいなかったが、実態として、放送番組センターは、番組ライブラリーを設置することで、収集アーカイブとしての性質を帯びて出発したといえるだろう。

ここまで、草創期のテレビ番組アーカイブについて検討してきたが、日本のテレビ番組アーカイブは、放送に関しては二〇年ほど、資料保存に関しては一〇年ほど、欧米よりも遅れたとはいえ、保存された番組がフィルム素材であること、一部しか保存されなかったことなどの点で、欧米との懸隔は、さほど生じていなかったと考えられる。

2　発展段階のテレビ番組アーカイブ

その後、ビデオテープの低廉化が進むにつれ、テレビ番組アーカイブは、新たな発展の段階を迎えた。

ＮＨＫでは一九八〇年前後から、ＶＴＲに収録される番組が急増した結果、番組の保存体制を整えることが必要になり、一九八一年三月に「放送素材保存委員会」が設置された。それまで、ＮＨＫは、再放送予定がある番組のＶＴＲを技術運用局所管のテクニカル・オペレーション・センター長期保存庫で暫定的に保管していた。「放送素材保存委員会」が設置された時点で、長期保存庫のＶＴＲは約一万二〇〇〇本に達していたという。委員会は保存の基準を定め、ＶＴＲを資料部に移管して本格的な保存を開始した。さらに、各所に分散して保存されていた映像資料を資料部に一括する体制も整えられた。一九八四年には、資料部が公的記録保存所に指定された。[15] そして、テレビ放送開始から五〇周年となる二〇〇三年二月に、ＮＨＫの放送番組等を保存し、活用するための拠点としてＮＨＫアーカイブスが運用を開始した。[16]

一九八〇年代初頭は、ＮＨＫだけでなく日本のテレビ業界全体としても番組保存への気運が高まった時期だった。一九八二年九月、各界を横断して放送文化財保存問題研究会が結成され、放送番組の収集と保存に向けた運動が始まった。[17] 翌一九八三年にはテレビ放送開始三〇周年記念番組として『ブラウン管の一万日』（ＮＨＫ）が放送され、大きな反響を呼んだ。

こうした動きは、放送番組センターに対しても作用し、新たな展開をもたらすこととなった。行政においても、「放送番組は、現代社会、人々の生活及び風俗を反映した記録として、貴重な国民的財産である」[18] という認識が生まれ、一方で、「現在、その一元的な収集・保存が行われておらず、また、国民が広く利用し得る体制も整っていない」[19] と判断されたのである。

放送行政を所管する郵政省（現総務省）は、「放送ライブラリーに関する調査研究会」を開催し、一九八九年二月に中間報告を公表した。報告では、過去及び現在の放送番組を、組織的、継続的に収集・保存し、それらの放送番組を一般視聴させるための放送ライブラリー設立の必要性が述べられた。[20]

一九九一年、放送番組センターは放送ライブラリーを開設し、本格的なテレビ番組アーカイブとして位置づけられることとなった。[21]その業務は、次のように規定されている。

一　放送番組を収集し、保管し、及び公衆に視聴させること。
二　放送番組に関する情報を収集し、分類し、整理し、及び保管すること。
三　放送番組に関する情報を定期的に、若しくは時宜に応じて、又は依頼に応じて提供すること。
四　前三号に掲げる業務に附帯する業務を行うこと。[22]

一が放送番組の、二が放送番組に関する情報の、それぞれ収集が主眼となっている。一九六〇年代設立時には放送番組センターの主たる事業目的は教育・教養番組の制作と提供であったが、一九九〇年代には、収集を中核事業とするテレビ番組アーカイブに変貌したといえる。

こうして、日本のテレビ番組アーカイブは、組織内アーカイブとしてはNHKアーカイブス、収集アーカイブとしては放送番組センターをその代表的存在とする二元的な体制が形成された。

こうした番組保存の動きが盛んになったのは、国際的に共通した現象だった。

イギリスのBBCが憲章に基づいて番組の保存をおこなうようになったのは一九八一年とされる。同じ組織内アーカイブである日本のNHKが組織的保存を始めた一九八一年と懸隔はなかった。イギリスでは、BBCのような組織内アーカイブとは別に、英国映画協会（British Film Institute: BFI）が運営する国立映画アーカイブ（National

Film Archive）が既に一九五〇年代に、テレビ番組の収集を始めていた。そして、一九九二年、ちょうど日本でも放送ライブラリーが事業目的を転換し本格的なテレビ番組アーカイブとしての陣容を整えつつあったころに、国立映画テレビアーカイブ（National Film and Television Archive）と名を改め、業容を拡大した。テレビ番組の収集は、法律によって認められている。[23] 収集は、録画による。[24]

フランスでは、一九七四年制定の法律で公共放送が分割されたことに伴い、アーカイブと研究を担当する組織として国立視聴覚研究所（L'Instiut National de l'Audiovisuel: INA）が活動を開始した。その誕生は、社会的要求に基づくものではなく、「偶然による（par hazard）」ものだったといわれる。[25] その後、一九八〇年代にフランスでは、それまで続いていた公共放送の独占が崩され、多くの民放局が生まれた。その結果、当面の番組不足を補うために、過去番組への需要が高まった。ＩＮＡは元々公共放送の番組しか保存していなかったが、法改正を巡る数多くの議論を経て、一九九二年に民放を含む番組の法定納入制度が導入された。[26] 以来、ＩＮＡは横断的かつ網羅的に収集と保存をおこなうという点でテレビ番組アーカイブの理想的な存在となっている。[27]

これらイギリスのＢＢＣ、フランスのＩＮＡに、西ドイツ（当時）のドイツ公共放送連合（ＡＲＤ）とイタリアのイタリア放送協会（ＲＡＩ）などヨーロッパを中心とする機関が集まって、一九七七年に国際テレビアーカイブ連盟（フランス語表記はFédération Internationale des Archives de Télévision: FIAT、英語表記はInternational Federation of Television Archives: IFTA、略称はFIAT/IFTAと併記される）が設立された。こうした連携には、ヨーロッパの放送局は長く公共放送が中核をなしており、互いに似た存在であったことも起因していたと考えられる。その後、ＦＩＡＴは世界各地へ拡大し、日本のＮＨＫも一九九〇年に加入して、世界各地のテレビ番組アーカイブとの情報交換がおこなえるようになった。

アメリカでは、放送局ではない民間の団体や組織が、既に一九六〇年代から大規模なテレビ番組アーカイブを構築し始めていた。たとえば、カリフォルニア大学ロサンゼルス校（University of California, Los Angeles: UCLA）は一九六五年に、テレビ芸術科学アカデミー（Academy of Television Arts and Sciences）と共同でテレビジョン・ライブラリーを開設した。このライブラリーは、一九七六年にUCLA映画テレビアーカイブ（UCLA Film and Television Archive）となって現在に至っている。(28) また、ヴァンダービルト大学は一九六八年八月五日からテレビニュースアーカイブを開設し、(29) アメリカの三大ネットワークであるCBS、NBC、ABCの夜間ニュース番組を録画しカタログ化することを始めた。一九九五年からはCNN、二〇〇四年からはFOXの番組の一部も加えて、ニュース番組に限ってではあるが大規模なアーカイブを形成している。(30) また、議会図書館は、二〇〇七年に国立視聴覚資料保存センター（National Audio Visual Conservation Center）を建設し、映画と共にではあるが、テレビ番組の大規模な保存体制を構築した。(31) 議会図書館は著作権法に基づき、著作権登録時に提出されるテレビ番組を収集の主な方法としている点で、(32) UCLAやヴァンダービルトとは異なる存在となっている。

このようにして、日欧米共に、一九八〇年代から九〇年代にかけて、テレビ番組アーカイブは保存体制の構築と法制度上の位置づけという発展の段階を迎え、本格的アーカイブとしての体裁を整えたのである。その発展は、草創期のように日本が欧米より遅延することなく、ほぼ同期していたといえる。

では、現状において、日本と欧米のテレビ番組アーカイブには、なんらかの相違があるだろうか。次節では、保存資料の規模と収集の態様および法制度の観点から考察する。

3　テレビ番組アーカイブの現状比較

まず保存資料の規模を、日本の代表的なテレビ番組アーカイブであるNHKアーカイブスと放送ライブラリーについて示せば、前者が二〇二二年度末時点で「ニュース映像二六六万五〇〇〇項目、番組九七万四〇〇〇本（東京管理・全国計では、ニュース映像九二九万三〇〇〇項目、番組一一四万四〇〇〇本）」(33) であり、後者が二〇二二年時点で

表 17-2　テレビ番組アーカイブの欧米日比較

国	イギリス	フランス	アメリカ	日本	
機関	BFI	INA	議会図書館	NHK アーカイブス	放送 ライブラリー
規模	大	大	大	大	小
収集態様	横断的	横断的	横断的	非横断的	横断的

「テレビ番組約二万六〇〇〇本[34]」である。

では、欧米のテレビ番組アーカイブの規模はどうだろうか。

まず、イギリスでは、BFI National Archivesが約七五万本のテレビ番組[35]、ＢＢＣアーカイブズが一五〇万件以上のテレビ資料[36]を収蔵している。フランスでは、ＩＮＡがテレビ、ラジオ合わせて二七四九万八五九五時間分の番組を収蔵している[37]。アメリカでは、議会図書館が映像資料一五〇万点、うち五〇万点がテレビ番組と推定される[38]。UCLA Film and Television Archiveは、映画三五万本、テレビ番組一七万本を収蔵している[39]。ヴァンダービルトは、四万時間以上のテレビニュースを収蔵しているとされる[40]。

それぞれ収蔵資料の算出基準が同一ではないため[41]、純粋な比較はできないが、ここに挙げたヨーロッパおよびアメリカのアーカイブは、規模の点では、ＮＨＫアーカイブスと同様の大規模アーカイブであるといえよう。

次に収集の態様を加えて、英仏米の代表的テレビ番組アーカイブであるＢＦＩ、ＩＮＡ、議会図書館と、日本の二つのテレビ番組アーカイブとを比較した結果を表17-2に示す。

ＮＨＫアーカイブスと英米仏のアーカイブを比較すると、規模の点では同程度とはいえ、英米仏のアーカイブは、単一組織のアーカイブではなく、複数の組織（テレビ局）から横断的に番組を収集しているという点でＮＨＫアーカイブスとは異なっている。

ＮＨＫアーカイブスは、放送ライブラリーに比して規模は大きいが、その番組はＮＨＫのものが大半で、民放が日々制作している番組は対象とはされていない。民放各局も自局の番組については保存をおこなっており、たとえば、フジテレビでは「二〇〇五年に、社内のインフラを構築し、デジタルアーカイブ」を開始した。その内容は、「番組アーカイブでは収録番組で、さらに自社制作の番組を中心に保存している」という。[42] 民放は東京キー局だけでも五社あり、すべてを合わせれば、制作され放送される番組はＮＨＫよりも多い。しかし、民放各局の間ではTVerのような番組のキャッチアップ配信の共同サイトはあるものの、各局のアーカイブを横断的につなぐような大規模な連携はなされていない。ＮＨＫと民放各局の連携にいたっては、アーカイブに関しては存在しないに等しい。

これに対して、放送ライブラリーはＮＨＫと民放とを問わず横断的に番組を収集しているが、その規模はＮＨＫアーカイブスに比してかなり小さい。

日本における公共的テレビ番組アーカイブ[43]は、規模の大きいＮＨＫアーカイブスは他と連携した横断的な収集はおこなっておらず、各局の番組を横断的に収集している放送番組センターは規模が小さいという相反の状態を示している。

最後に、テレビ番組アーカイブに関わる法制度について、特に番組収集の観点から欧米日を比較する。

法制度に基づく収集に関しては、欧米の三機関は、それぞれ特徴を有している。フランスのＩＮＡは、法定納入によって、ほとんど全ての番組を、いわば強制的に収集することができる。アメリカの議会図書館は、著作権登録に伴って、いわば自動的に番組を収集できる。イギリスのＢＦＩは録画が認められているため、放送局やプロダクションからパッケージを提供してもらうことなく収集できる。

このように、フランスのＩＮＡ、イギリスのＢＦＩ、アメリカの議会図書館については、放送番組センターの専務理事だった重定尚志がかつて評したように、「体系的な保存に関する法制度が整備され、大規模な保存が行われており、明確な財政的支援もなされている」[44]のである。

ところが、日本では、放送番組センターは、放送法に条項を加えるかたちで制度化され、収集に関しての法整備の度合いは、欧米との間に懸隔がある。テレビ番組収集の法制化については、国立国会図書館への法定納入が検討されたが、議論が深まってはいない。

英仏米には、大規模かつ横断的な収集をおこなうテレビ番組アーカイブが存在するのに対し、日本においては、そのようなアーカイブは存在せず、大規模であるが非横断的なアーカイブと小規模であるが横断的なアーカイブの二つが併存し、かつ分断されている。そして、その背景には不十分な法制度が伏在する。これが英仏米の代表的アーカイブと日本との相違である。

4　テレビ番組アーカイブの将来に向けて

二〇世紀末から、コンテンツのデジタル化とインターネットの普及が進展し、今日では、テレビからインターネット動画へと映像メディアの転換が進行している。

インターネットは映画やテレビには無かった双方向性を有している上に、映像コンテンツを通信回線によって伝送できる。かつてテレビが映画を包含したのと同様に、インターネットは映画とテレビのコンテンツを自らのコンテンツとして包含する。その構造を図17-2に示す。

二一世紀初頭には、世界各国のテレビ番組アーカイブがインターネットへの展開を図った。

たとえば、フランスのＩＮＡは、二〇〇六年にライブラリーのインターネット配信を開始した。また、イギリスのＢＢＣは二〇〇七年に番組を一定期間インターネットで配信するiPlayerというサービスを立ち上げた。これに加え、過去の番組を視聴できるＢＢＣアーカイブというサービスもおこなっている。

同様のことは日本のテレビ番組アーカイブでも当初より構想されていた。たとえば、二〇〇六年時点で「ＮＨＫアーカイブスの現状と未来展望」として、「①保存（貴重な映像・音声資産を次世代に継承していく）、②活用（蓄積したコンテンツを豊かで多彩な番組づくりに生かしていく）、③公開と社会還元（「番組公開ライブラリー」を通じての無料公開とディジタルネットワーク等への番組提供等二次展開）[45]という「ＮＨＫアーカイブス基本構想」が提言されていた。

このうち③公開と社会還元に関してはさらに詳しく次のように記されている。

> 「総合情報データベース」に蓄積された番組・映像は、当然のことながら制作担当者、著作権を含む権利業報、出演者、放送履歴等の各種情報、いわゆるメタデータをまとったディジタルコンテンツだ。このことは、インターネットとりわけブロードバンドの世界への二次展開をスムーズに行えるだけのいわば「商品価値」を備えていることを意味している。放送と通信の融合が進展する中、ＮＨＫアーカイブスが、通信やＩＴ関連業界から〝宝の山〟と評されている所以は（世界有数の保存数もさることながら）この点にあるといえる。[46]

図 17-2　映像メディアの三層構造

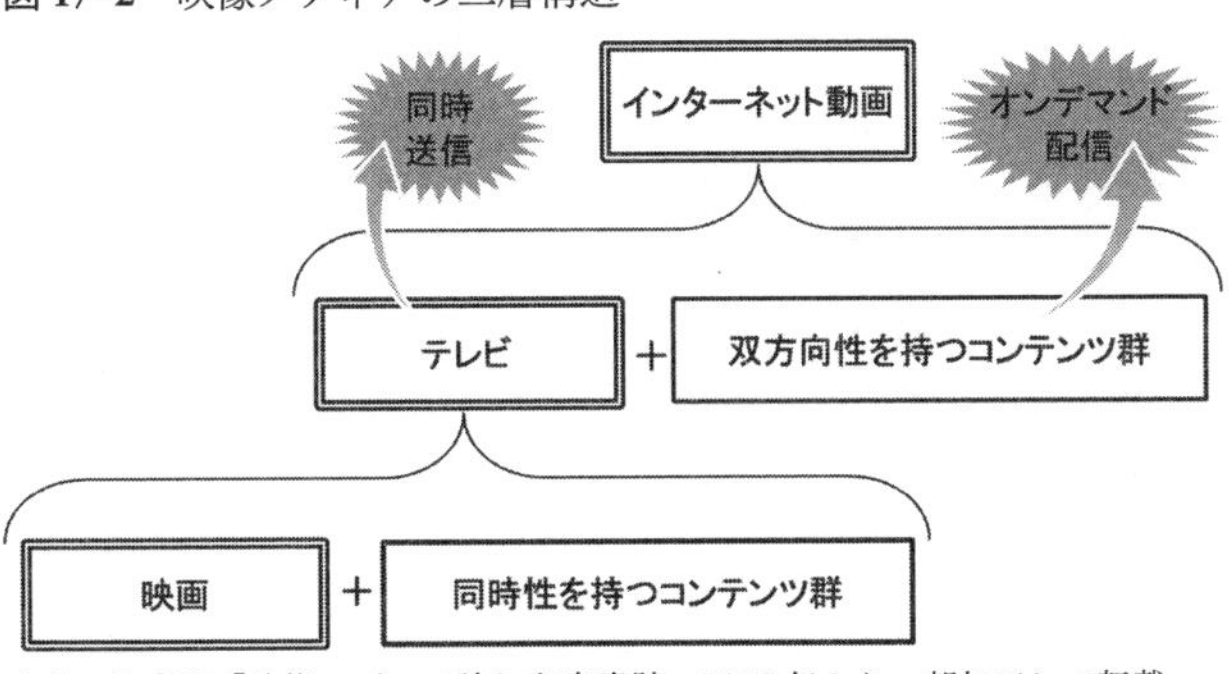

出典：辻泰明『映像メディア論』和泉書院、2016 年より一部加工して転載。

番組のインターネット配信には、著作権のクリアランス、メタデータの付与、経費と収益のバランスなど、さまざまな課題があり、必ずしも当初の期待通りにはいかない場合もあったが、以来、ＮＨＫだけでなく民放各社もテレビ番組のインターネット配信を徐々に拡充して現在にいたっている。

テレビ番組は、「日々の現実の社会、人々の生活、風俗を反映した記録であり、映像による生きた社会史、生活史を検証する国民的財産」[47]であるだけでなく、新たなコンテンツを産み出すための資源でもある。その保存と利活用が重要であることはいうまでもなく、英仏米に存在する大規模かつ横断的なテレビ番組アーカイブの必要性は、インターネット配信が加速する状況下でさらに増しているといえる。

TVerなど、テレビ番組のインターネット展開が拡充されていることから、日本の各テレビ局は、番組の保存と整理を体系的に進めていると考えられる。しかし、どのような態様で進めているかは、現時点ですべて明らかにされているわけではない。また、その動機は、テレビ番組を文化財として扱うという理念に必ずしも基づくものではなく営利目的に拠るものであるかもしれない。そうした営利目的と公共性のバランスをどのように考えるかについても議論が必要となる。また、テレビ局以外の公的な機関による横断的な収集と保存に関しても、著作権の問題と合わせて、法制度の整備について議論を続けるべきであろう。具体的には、ＩＮＡの成功例に倣い、国立国会図書館への法定納入の可能性や放送番組センターの規模拡大を改めて検討の俎上に載せることが挙げられる。

しかし、そのこととは別に、現に番組自体はすでに保存されているという事実は奇貨とすべきでないか。ウェブ上に構築された東日本大震災アーカイブが実証したように、物理的に新たに施設を建造せずとも、すでに各放送局になんらかの態様で保存され整理されているデータを、インターネット上で共有あるいは連携することでも、仮想空間に大規模かつ横断的なテレビ番組アーカイブのポータルサイトを構築することは可能だからである。

日本の放送メディアは、一九二五年の放送開始以来、ラジオに関しては長らく公共放送のみしか存在しなかった。広告収入を基盤とする商業放送（民放）の設立が認められたのは、一九五一年である。民放がラジオ放送を開始するまでに四半世紀の年月があったことになる。ところが、テレビに関しては、一九五三年二月にＮＨＫ、同年八月に日本テレビというように、公共放送と民間放送（当時の用語では商業放送）がほぼ同時に開局した。

国際的な観点にたてば、放送メディアとしては先進的な地位にあったのはアメリカとヨーロッパであるが、そのうちアメリカでは商業放送、ヨーロッパでは公共放送が主力だった。フランスで商業放送が開始されたのは、一九八〇年代になってからである。

今日では多くの国で公共放送と商業放送が並立しているが、先進国でテレビ放送の開始当初から両者が対等の規模で並立し、現在に至っているのは、日本だけである。日本におけるこうした体制を『放送五十年史』は「公共放送と商業放送の並立という世界でもまれな形式による放送[48]」と規定している。ＮＨＫと民放の並立は、両者が切磋琢磨し、互いに異なる個性をもって番組を制作し編成するという点で利点があった。その一方で公共放送と民間放送の間に横断的な連携が形成されにくいという難点もあった。

日本でテレビ番組の保存が本格的に開始され始めた頃の一九八五年九月四日、放送文化財保存問題研究会が「今日の映像文化とビデオライブラリー」と題するシンポジウムを開催した。席上、民放連研究所の野崎茂所長（当時）が、「関係団体を網羅した全日本映像ライブラリーの構想に触れ、これと個々のライブラリーを関連させた情報交換システムの必要性を強調[49]」した。ところが、その後、番組活用に関しては著作権問題を中心にさまざまな議論が重ねられてきたものの、番組保存に関する横断的な情報交換と統合に関しては、日本ではほとんど議論されてこなかった。

公共放送と民間放送の横断的連携を可能とする技術的要件は、コンテンツのデジタル化とインターネットの普及によって整っている。足りないのは、連携へ向けての社会的コンセンサスである。日本に、欧米のような横断的かつ大規模なテレビ番組アーカイブを仮想的にでも構築するためには、テレビ番組アーカイブの意義と価値について、産官学の協働によるコンソーシアムなどの場を設け、社会的コンセンサスの醸成に向けて、改めて議論することが望まれる。

注

（1）　Ｗ２ＸＣＷのテレビ放送はWGY-Televisionの名でも知られる。

（2）　児玉優子「アーカイブズと動的映像アーカイブ――近くて遠い隣人？」『アーカイブズ学研究』第一一号、二〇〇九年。

（3）　その目的は、著作権登録のためだった。この点で、映画の草創期にアメリカ議会図書館が著作権登録のため映画（ただし、フィルムは受け付けていなかったため紙焼きでの受け入れ）の保存を開始したのと同様であるといえよう。William T. Murphy, *Television and Video Preservation 1997: A Report on the Current State of American Television and Video Preservation*, vol. 1, Washington, D.C.: Library of Congress, 1997.

（4）日本放送協会放送史編修室編『日本放送史』下巻、日本放送出版協会、一九六五年、六四二頁。

（5）同前、六四三頁。

（6）同前、六四五頁。

（7）ＮＨＫ放送総局ライツ・アーカイブスセンター『ＮＨＫは何を伝えてきたか』日本放送協会、二〇〇八年、一三頁。なお、一九五八年におけるサラリーマンの年収を賞与込みで表す公的データはないが、月間給与額は一万六六〇八円だった（「賃金構造基本統計調査 昭和五八年」）。

（8）ＮＨＫ放送総局ライツ・アーカイブスセンター編『ＮＨＫは何を伝えてきたか』日本放送協会、二〇〇八年、一三頁。

（9）前掲日本放送協会放送史編修室編『日本放送史』下巻、四八二頁。

（10）小山孝一「フジテレビアーカイブの現状と課題」『情報の科学と技術』第六〇巻一号、二〇一〇年、一七頁。

（11）BBC Archives - Wiped, Missing and Lost（2024, July）, *BBC*. https://www.bbc.co.uk/archive/bbc-archives--wiped-missing-and-lost/z4nkvk7

（12）Vanderbilt University, *Vanderbilt Television News Archive*, Association of Research Libraries, 2013.

（13）日本放送協会編『放送五十年史』日本放送出版協会、一九七七年、七六七―七六八頁。

（14）同前、七六九頁。

（15）前掲ＮＨＫ放送総局ライツ・アーカイブスセンター『ＮＨＫは何を伝えてきたか』。

（16）総務省編『情報通信白書　平成十五年版』二〇〇三年。

（17）平原日出夫「テレビ映像はだれのものか――映像資料保存・利用の現状と課題」『歴史評論』第四九五号、一九九一年。

（18）郵政省編『通信白書　平成元年版』一九八九年、一一二頁。

（19）同前。

（20）同前。

（21）郵政省編『通信白書　平成四年版』一九九二年。

（22）放送法第九章第百六十八条（平元法五五・追加、平一一法一六〇・平一八法五〇・一部改正、平二二法六五・旧第五十三条繰下・一部改正）。

（23）時実象一「欧州の映画アーカイブ」『デジタルアーカイブ学会誌』第三巻四号、二〇一九年。

（24）武田光弘・野尻裕司「欧米の放送ライブラリー事情」『月刊民放』二〇〇〇年一〇月号。

(25) Raconte-Moi…, *L'Ina*, NANEditions, 2006.
(26) エマニュエル・オーグ、西兼志訳『世界最大デジタル映像アーカイブＩＮＡ』白水社、二〇〇七年。
(27) 辻泰明『映像アーカイブ論』大学教育出版、二〇二〇年。
(28) William T. Murphy, *Television and Video Preservation 1997*, 1997.
(29) Vanderbilt University, *Vanderbilt Television News Archive*, 2013.
(30) 前掲辻『映像アーカイブ論』。
(31) 資料の閲覧はワシントンＤＣのマディソン館でおこなう。
(32) Television in the Library of Congress (2024, July), *National Audio-Visual Conservation Center*. https://loc.gov/rr/mopic/tvcoll.html
(33) ＮＨＫ放送文化研究所編『ＮＨＫ年鑑２０２３』ＮＨＫ出版、二〇二三年。
(34) 放送ライブラリーのウェブサイト「放送番組センター概要」（二〇二二年七月アクセス）。なお、二〇二四年七月時点では、テレビ番組約二万八〇〇〇本を保存となっている（二〇二四年七月アクセス）。
(35) What the archive contains (2024, July), *British Film Institute*. https://www2.bfi.org.uk/archive-collections/about-bfi-national-archive/what-archive-contains
(36) Television (2024, July), BBC ARCHIVE. https://www.bbc.co.uk/archive/television/zr6vmfr
(37) RAPPORT D'ACTIVITÉS 2023, *Institut national de l'audiovisuel*, 2023.
(38) 渡邉太郎「米国における放送アーカイブの現状」『カレントアウェアネス』第三二六号、二〇一五年。
(39) Explore Collections (2024, July), *UCLA Library Film & Television Archive*. https://www.cinema.ucla.edu/explore-collections
(40) Association of Research Libraries, *Vanderbilt Television News Archive*, 2013.
(41) たとえば、三つの番組が一つのテープに収録されているような場合もあると考えられ、その場合、番組三本と数えるのかテープ一本と数えるのかは曖昧である可能性がある。
(42) 前掲小山「フジテレビアーカイブの現状と課題」一七―一八頁。
(43) ここにおける公共性とは収蔵する資料の公共性だけでなく、一般に公開されているという点での公共性をも指す。民放各局のアーカイブも放送番組を収蔵している点で公共性を帯びてはいるが、一般には公開されていない。
(44) 重定尚志「新・放送ライブラリーが開館――豊かな放送文化創造のために」『月刊民放』二〇〇〇年一〇月号、一五頁。
(45) 大井康祐「ＮＨＫアーカイブスの現状と未来展望」『学習情報研究』第一九一号、二〇〇六年、四六頁。

(46) 同前、四七頁。
(47) 今泉至明・長澤幸一郎「放送番組センターの指定について」『情報通信ジャーナル』第九巻四号、情報通信振興会、一九九一年、三〇頁。
(48) 前掲日本放送協会編『放送五十年史』三一四頁。
(49) 「ビデオライブラリー構想に関心高まる」『月刊民放』一九八五年一〇月号、四一頁。

第18章　アニメと中間素材

石田美紀

1　困難なミッション

アニメのアーカイブが目指されるとき、すぐさま物量という壁に阻まれる。周知のとおり、アニメは音声を備えた動画であるが、わたしたち視聴者が楽しむこの形態に至るには、数多くの工程を経なければならない。その複雑さたるや、被写体がすでにこの世界に存在している実写映像の比ではない。劇中世界に存在する事物のすべてを一から描き、動かし、そこに音声を加えていく。これらの工程は分業化が徹底されており、それぞれに多数のスタッフが参加する。そして、各工程からは多種多様な、そして大量の素材が産出される。たとえば、作画工程からはレイアウト、背景画、原画、動画、セル画などが、録音工程からはアフレコ台本等が生み出されるが、それらは平均的な三〇分ものの連続アニメ一話分で一五〇センチ程度に積み上がるという[1]。ただ、それも元請け会社に限った場合である。作業が下請けに、さらには孫請けへと発注されていくなかで参加するスタッフの数だけ複製されるため、その量は加速度的に増えていく。これらをどう管理するのかという問題に、常に制作会社は悩んできた。管理コストを考慮すれば、作品完成後に廃棄するということも企業判断としては正しく、事実、多くが廃棄されてきた。あるいは、ファン・グッズとして価値が見出されるモノ、たとえばセル画などは販売されてきた[2]。

しかしそのいっぽうで、制作の実態を如実に示すこれらのモノこそ、産業として、技術として、表現として、文化としてのアニメを理解し、次世代に継承するためには必要不可欠である。アニメを作り出す多種多様な仕事のなかでは、完成版で見えなくなってしまうものが少なからず存在する。その代表例といえるのが原画の描線である。緩急をもつ生き生きとした線は、次の工程である動画作成では、均質な線、つまりセルアニメならセルに転写されたのちに彩色しやすく、キャラクターの輪郭を明確に際立たせるために特化された線に引き直される。作画に関わるクリエイターの多くが動画から研鑽を積み、原画を目指すことに鑑みても、原画は完成版の単なる副産物でないことは明らかであるのだが、皮肉なことに、わたしたち視聴者はそれを完成版で目にすることができない。もちろん、実写映像も完成に至るまでに多種多様な素材が生み出される。九〇年代以降、世界各地の映画アーカイブはそれらの価値を認識し、「ノンフィルム資料」と呼び、積極的に収集・保管・展示している。日本の国立映画アーカイブもノンフィルム資料に力をいれている。(3) とはいえ、実写映像について語るアンドレ・バザンのように述べるなら、わたしたちが完成版で見る映像は撮影時の光の痕跡があってのものであり、モーションキャプチャーでも用いない限りは、すべての人物の輪郭が改めて引き直されることはない。とすると、原画をはじめとするクリエイターの仕事の痕跡であるモノ、映画アーカイブの用語を借りればノンフィルム素材をアーカイブすることは、実写映像の場合よりも、ずっと大きい意義をもつのである。それらは、制作会社が管理する完成版のフィルムやデータとともに、アニメを知り、楽しむためには必要なのである。(4)

筆者は二〇一六年から二〇二三年まで新潟大学アニメ・アーカイブ研究チーム（発足当時の名称は新潟大学アニメ・アーカイブ研究センター）の一員として、アニメ制作過程において産出される「中間素材」の整理と利活用に従事した。「中間素材」という名称は、新潟大学独自のものである。アニメ制作会社では「中間成果物」と呼ぶことが一般的である。他のアーカイブ、たとえばクリエイターの庵野秀明氏が二〇一七年に設立した「アニメ特撮アーカイブ機構」では「中間制作物」と呼ばれている。こうした名称の違いに、アーカイブの運営者の立場が反映されている。制作会社にとってこれらのモノは、自社の成果、つまり知的財産の一部である。そして、クリエイター主体のアーカイブにとっては、クレジットが明記されていない場合でも、それを制作したクリエイターが存在したことを何よりも重んじ、[5]文化庁のメディア芸術アーカイブ関連の諸事業で採用される「中間生成物」という呼び名とは興味深い対比をみせている。そして、新潟大学アニメ・アーカイブ研究チームは、それらが物理世界に確固たる容量をもって存在する有体物の集積である事実を重視して、「中間素材」と呼んでいる。この名付けは、新潟大学のアーカイブが研究者の学術的関心だけに依拠するアーカイブであること、誤解を恐れずのべれば、それがアニメ業界にとっては野良のアーカイブであることを示している。いうまでもなく、新潟大学はアニメ業界の外に位置しているし、ディプロマポリシーにアニメ産業のための人材育成は記載されていない。加えて、アーカイブ作業に従事する研究者は、著作権者でもないし、ましてやクリエイターでもない。

なぜ新潟大学においてアニメ・アーカイブは始まったのか、また何を、どのようにアーカイブしてきたのか。本稿はその理由と内実を記述していく。起点はアーカイブ開始時の二〇一六年であり、終点は二〇二三年である。中心的に記述するのは、筆者がアーカイブ活動に従事した最後の年である二〇二三年である。この年、新潟大学は「渡部コレクション」を事例とするアニメ中間素材利用活用ルール策定に向けての調査と協議」(以下、「渡部コレクション」調査・協議事業と表記)を、令和五年度文化庁メディア芸術アーカイブ推進支援事業として実施した。筆者は同事業の統括者として、各種調査と報告書作成を担当した。同事業の目的は、アニメ業界の外で保管されている中間素材について、またそれらの学術利用について、著作権者・クリエイター・業界団体・アーカイブ運営者・法律家といったステークホルダーがどのように捉えているのかを調査し、中間素材利活用のルールづくりに向けての協議を行うことであった。その全容については、新潟大学アジア連携研究センターウェブサイト内にある「渡部コレクション」を事例とするアニメ中間素材利活用ルール策定に向けての調査と協議」を参照いただきたい。[6]

本稿は、「渡部コレクション」調査・協議事業の内容に基づきながら、新潟大学におけるアニメ・アーカイブの意義を改めて振り返る。本稿で記録するアーカイブ活動の実践は、制作会社の管理の外で生き抜いてきた無数の中間素材が辿るかもしれない道のひとつであり、近い将来に公的リソースが投下されるだろうと筆者が期待するアニメ・アーカイブの可能性のひとつを示すものであると考える。ただし、それはあくまでも筆者の視点から記述されたものであり、他のアーカイブ事業従事者の見解と異なったり、齟齬をきたしたりする可能性があることを予め申し添える。

2　新潟大学におけるアニメ・アーカイブの発端

二〇一六年、一九七〇年代半ばからアニメ業界で活躍してきた渡部英雄氏は、氏が長年保有してきたアニメ中間素材の管理と保全を、アニメーション研究を専門とする、新潟大学人文学部（当時）の教員キム・ジュニアン氏に打診した。この打診の背景については、後に詳述する。キム氏は筆者を含めた人文学部教員と協議した。結果、アニメ中間素材の受け入れが決まり、これらの教員が研究組織「アニメ・アーカイブ研究センター」（現在はアニメ・アーカイブ研究チームに改称）を結成した。受け入れの理由は、セルアニメが発達し成熟を見せた七〇年代から九〇年代の様々な作品、ジャンル、制作会社を横断する多種多様な中間素材が含まれていたことにくわえ、その資料的価値が、制作の多くの工程がデジタルに移行している二〇一六年において、ますます貴重なものになっていたからである。受け入れ先となった「アニメ・アーカイブ研究センター」は、センターと名乗るものの、小規模の研究グループであり、大学から配分される研究費はささやかなものであった。しかしそれでも、同センターが大学に設置された研究組織として認可されたため、新潟大学は世界に先駆けてアニメ・アーカイブに着手した大学となった。渡部氏から寄託された三〇箱以上の段ボールには、氏自身が制作に参加したアニメ作品を中心に多種多様の中間素材が収められていた。アニメ・アーカイブ研究センターではこれらの中間素材群を「渡部コレクション」と名づけた。

3 「渡部コレクション」の形成過程とその目的

「渡部コレクション」には、企画書、キャラクター等各種設定、脚本、絵コンテ、タイムシート、原画、セル画、背景画、アフレコ台本、スタッフによる手書きのメモなどが含まれている。どのように「渡部コレクション」は形成されていったのか。なぜ渡部氏は中間素材を保管してきたのか。二〇二三年九月に渡部氏へのインタビュー調査を改めて行い、同コレクションを構成する中間素材の入手と保管の経緯を確認した。

一九七〇年代なかば、日本大学芸術学部の学生であった渡部英雄氏はアニメ撮影会社であるスタジオ珊瑚礁でアルバイトを務め、卒業後同社に就職した。以降、グリーン・ボックス、東映動画（現・東映アニメーション）にて、制作進行兼演出助手として、TVシリーズ『一休さん』（一九七五―八二年）や『SF西遊記スタージンガー』（一九七八―七九年）などで仕事を行った。また、日本サンライズ（現・バンダイナムコフィルムワークス）、タツノコプロ等の制作会社から多くの仕事を受注してきた。同氏は、撮影、編集、制作進行、演出など多岐にわたる業務を務めてきた。自身が関わった工程のなかで生まれた中間素材を、渡部氏は保管してきたのである。一九九七年以降、渡部氏はアニメ業界での仕事に加え、日本工学院八王子専門学校、湘南工科大学、桜美林大学、開志専門職大学において後進育成を行っている。

中間素材の入手・保管状況は以下の二つに大分される。それぞれの詳細は次のとおりである。

渡部氏が参加した一九七〇年代から九〇年代の制作現場

一九七〇年代から九〇年代まで、渡部氏が参加したいずれの制作現場[7]においても、元請・下請を含む制作会社から作業のために配布される資料の管理は、インタビュー調査を行った二〇二三年時点の状況、つまり制作会社とクリエイターの契約で中間素材の取り扱いについても明記されている状況とは大幅に異なっていた。

すでに述べたとおり、中間素材は、制作スタッフに行き渡るようにコピーされ、配布される。ただ、かつては絵コンテや各種設定等にナンバリングが施されることもなく、配布されていたという。元請から下請へと業務が発注される際も、同じであった。コピーからコピーも作成されていた。「渡部コレクション」の多くがコピーであり、それも同一素材のコピーが複数含まれている場合も少なくないのは、このためである。中間素材の取り扱いについての取り決めはとくになく、渡部氏が回収の手順や廃棄の指示を受けたことはなかった。また勤務する制作会社が担当する他作品の中間素材についても、担当者の了承を得られれば、入手することができた。アメリカを中心とした海外からの受注作品においても同様の状態にあった。

原画に関しては、一旦その話数が納品されてしまうと、ゴミとして廃棄されるのが暗黙のルールであった。渡部氏が演出助手を務めた連続テレビアニメ『夢戦士ウイングマン』（一九八四―八五年）第一二話の原画も、ゴミとして処分されるはずであった。しかし、原画とタイムシートの関係から、渡部氏が師と仰ぐ、同作品シリーズ・ディレクターの勝間田具治氏(8)の演出手法の詳細がわかるため、捨てることができなかった。演出家としての自己研鑽のために、渡部氏は、第一二話の原画および作監修正、タイムシートを、絵コンテと脚本とともに捨てず、二〇一六年に新潟大学に寄託するまで保管してきた。『夢戦士ウイングマン』第一二話の原画はおよそ九〇パーセントが残存しており、当時のテレビアニメシリーズの原画がこのようにまとまって残っていることは極めて珍しいと評価されている。

渡部氏のインタビュー調査からは、中間素材の入手と保管の経緯が、氏の職歴と深く関わっていたことが確認された。一九七〇年代から九〇年代における中間素材の取り扱い状況は、当時のアニメ制作に従事していた他のクリエイターも、渡部氏と同様の見解を示しており、制作会社による中間素材の管理は実質的には行われてなかったこ

とが窺える。(9)

九〇年代末からの専門学校等での教育現場

「渡部コレクション」には、渡部氏が制作に参加していない作品の中間素材も含まれている。それらの入手・保管の状況は、アニメーター養成と深くかかわっている。

一九九七年から、渡部氏はアニメーター養成専門学校である日本工学院八王子校に教員として勤務した。渡部氏は自身が保管する中間素材を、学生のための一級の教材であると考え、その取り扱いについて十分注意したうえで、講義や実習で使用してきた。日本工学院八王子校の教員には、作画監督を務める者もいた。彼らも渡部氏と同様に、自身が参加した作品の中間素材を教材として用いていた。学生への指導を円滑に行うべく、教員間で情報を共有するなかで、同僚が教材として使用する中間素材を譲り受けることが何度かあった。

教育：中間素材の保管目的

「渡部氏本人が参加した一九七〇年代ばから九〇年代半ばの制作現場」と「九〇年代末からの専門学校等での教育現場」の双方において形成された「渡部コレクション」であるが、いずれの場においても「教育」という目的が存在していた。前者においては、自分自身への教育、つまり職業人として成長するための自己研鑽であり、後者においては後進の育成である。渡部氏は現場で使用された中間素材を、クリエイターの能力を涵養し、向上させるために必要な「教材」とみなしており、中間素材を教育現場で使用することがアニメ業界の維持・発展のために必要であると考えている。

渡部氏は中間素材についての考えを次のように述べている。

・中間素材は、ながらくゴミや不用物とされ、捨てられ、放置されてきた。しかし、自分にはとてもそう思えず、自身の手元で持ち、それらの素材から演出について学んできた。そうしたことは、アニメ産業にとって大切なものを守ってきたことになるのではないか。
・中間素材は第一級の教材であり、自身の研鑽にくわえ、後進の育成にも大変有効である。
・二〇〇三年に日本大学大学院に入学し、アニメーションの表現と歴史を研究し、修士論文『英語能ハムレット』のアニメーション制作」(二〇〇六年)にて修士号を取得した。その後博士後期課程に進学し、日本アニメーション学会に入会し、アニメーション研究を継続している。学術研究に導かれたのも、中間素材からの学びに負うところが大きいと感じている。
・二〇〇〇年代後半には、ネットオークション等でセル画や原画などの中間素材が売買されることが問題になってきたが、教育現場での中間素材の使用は、そうした売買とはまったく異なるものだと認識している。
・中間素材のアーカイブがいずれ「国会図書館」のようになり、アニメ制作を支える機関のひとつになってほしいと願っている。

渡部氏が述べるとおり、アニメの制作現場で生まれ、使用された中間素材は、アニメのメディア的特性をもっともよく体現する。それは、研究者だけでなく、クリエイター自身にとっても、そしてもちろんのこと、アニメ業界にとっても必要なものであり、できる限り守るべきである。渡部氏の意見に賛同するクリエイターは少なくない。『シティハンター』シリーズ(一九八七―九〇年)等でキャラクターデザインと作画監督を務め、大学での後進育成の経験をもつ神村幸子氏に二〇二三年一〇月にインタビューをした際にも、神村氏は中間素材のアーカイブについて「後進育成と指導にとって、クリエイターが現場で作成した中間素材を用いることは、非常に有効である」[10]と述べている。そして「中間素材は膨大な点数にのぼる。それを保管するのは、個人はもちろん、制作会社にとっても大変な負担である。残したくても、残せない実情がある。保管にはコストがかかるため、制作会社が残すものと捨てるものを選択するのは、企業判断として当然である。しかし、一人のクリエイターとしては、残っているものは全部残すべきだと考えている[11]」と述べ、「すべてのアーカイブは人類にとっての財産になる。あらゆる過去の遺産がデータ化され、メタバース空間に存在する未来がある。夢を語れば一千年後のメタバースライブラリーで、アニメ原画を見つけた少女が、その絵の素晴らしさに感動し涙する。そうした可能性がアニメ中間素材のアーカイブにあると思うし、それはクリエイターにとって非常にありがたい[12]」とアーカイブへの期待を語っている。

中間素材の重要性を訴える渡部、神村両氏の発言からは、中間素材の多くが廃棄や散逸を免れ得ない事情を理解しつつも、どうにかして保管する手立てを講じたいという思い、そして自身が制作した中間素材に対する愛着と自負が窺える。両氏ともに、中間素材のアーカイブ化が、アニメ制作のみならず、アニメ文化の継承にも大いに貢献するという確信を抱いている。

4　個人による保管の限界――スペースと高齢化

次に、渡部英雄氏が新潟大学への「渡部コレクション」の寄託を打診した主たる理由について述べる。そこには、神村氏も指摘する、個人で中間素材の保管を行うことの限界が存在する。二〇一五年、渡部氏は当時の本務校である湘南工科大学の定年を数年先に控えていた。「渡部コレクション」の大部分は大学の研究室に教材として保管していたが、定年になれば自宅に持ち帰らざるを得なかった。しかしながら、自宅での保管については、同居の家族から理解を得られていなかった。そのため別の保管場所を探さざるを得ず、以前より日本アニメーション学会等で学術交流があったキム・ジュニアン氏に寄託を打診したのである。結果的に、渡部氏は、自身が築いた研究者のネットワークをいかして、「渡部コレクション」の次なる居場所を見つけることができたのである。

「渡部コレクション」が新潟大学へ寄託されるまでの経緯からは、中間素材は行き場を失う可能性と常に隣り合っているという事態が露わになる。もし仮に渡部氏が学術コミュニティに知己を得なかったとしたら、「渡部コレクション」は氏が直接管理できなくなった時点で、廃棄されてしまったことだろう。制作会社による中間素材の管理が徹底していなかった時代に仕事をしてきたクリエイターで、中間素材を手元で管理している場合は、渡部氏同様に個人による管理の限界に直面していると想像される。

自宅に保管されている中間素材が将来的にどうなるのかについて、複数のクリエイターは、家族がオークションに出すならまだ理解があるほうであり、大抵の場合は廃棄されてしまうだろうと予測している。セルアニメ制作を支えたクリエイターの高齢化とともに、現在、セルアニメ時代の中間素材は再び廃棄の危機に瀕しているのである。

5　アニメ制作会社の見解

制作会社の関知しないところで生き残ってきた「渡部コレクション」について、著作権者であるアニメ制作会社はどのように考えるのだろうか。二〇二三年八月から一一月にかけて、中間素材の主たる著作権者であるアニメ制作会社五社にインタビュー調査を行った。その際に「渡部コレクション」に含まれる素材のリストを提供し、同コレクションの保管状況および「渡部コレクション」のデータベースを説明したうえで、大学が中間素材をアーカイブ化し、学術利用することについての見解を尋ねた。(13) なお、ここで言う学術利用とは、研究資料としての中間素材の保管と、中間素材データベースの構築と閲覧、そして研究成果としての論文執筆や学会発表等のことであり、いずれも非営利の媒体と活動が前提となっている。

中間素材の返却を求める可能性に言及したのは、五社のうち一社だけであった。研究教育機関で中間素材が保管され、アニメ研究のための資料として利用されることに、ある程度理解が寄せられているという実感を得ることができた。また、社内アーカイブに入っていない中間素材については、たとえコピーであっても現存するだけで貴重であるという見解とともに、今後の協力の可能性に言及する社も複数あった(14)。

6　デジタルデータ化とその目的

新潟大学アニメ・アーカイブ研究チームでは、中間素材をスキャンニングし、デジタルデータとしても保管している。その目的は、これ以上の劣化を防ぎ、閲覧時の破損等から中間素材を守るためである。図像データには検索が可能になるようメタ・データを振り、データベースに収納している。

同チームによるスキャンニングは、アニメ制作会社によるスキャンニングとは、様々な点で異なる。解像度もそうであるが、なによりも一点、一点にかける時間が極端に長い。というのも、中間素材の裏面に書き込みがある場合、裏面も漏れなくスキャンニングするからだ。素材に挟まれていたり、貼付されたりしているメモ等がある場合は、それらも本体と同様に扱う。また、同一の中間素材が複数存在する場合でも、どれか一点を選ぶことはせず、すべて等しくスキャンニングを行い、データベースに収納する。このように時間をかける理由は、それぞれ中間素材に書き込まれたメモ等が異なっているのなら、独自の資料的価値をもつと判断しているからである。

たとえば、同じ作品の同じエピソードの絵コンテが二部あったとする。いっぽうには、ある女性キャラクターの名前に朱でチェックが入っている。もういっぽうには朱は入っていない。絵コンテの見栄えからいえば、チェックが入っていないほうが良いかもしれない。また商品としての価値から判断すれば、チェック入りの絵コンテの意義は見出せず、廃棄される可能性はかなり高くなるだろう。ただし、学術資料としてはそうではない。チェック入りの絵コンテは、かつての使用者の業務上の関心事が残されており、彼・彼女が制作において担っていた役割を考える契機となる。考察は、なぜもういっぽうはチェックが入っていないのかという点にも及ぶだろう。完成版と比較すれば、ある女性キャラクターだけにチェックが入っていた理由の手掛かりを得られるかもしれない。

中間素材の調査から得られる研究成果のひとつは、制作現場では当然のこととして行われている仕事を言語化できることである。徹底した分業制を機能させるクリエイター間の協働は、これまでにもイアン・コンドリーの『アニメの魂』等で、アニメの中核にある事象とされ、議論されてきた[15]。では、具体的にはどうやって作業は行われているのか。この問いに、中間素材は様々な角度から応答することができる。つまり中間素材は、クリエイターへのインタビュー調査と等しい意義をもつのである。研究者にとっては、中間素材の付随物として捉えられるメモや書き込みは、作画の巧みさやレイアウトの素晴らしさと同等に重要であり、作業効率を犠牲にしてもスキャンニングする価値が十分あると判断するのである。

7　正解のない問題

学術研究という目的に特化した方法で、デジタルスキャンニングされた図像を格納したデータベースは、現在は登録制で運用し、アーカイブ活動を支える主たるファンドである科研費[16]に参加する研究者とアーキビスト、そして「渡部コレクション」に中間素材が含まれるアニメ制作会社の関係者のみが閲覧可能になっている。閲覧時には、閲覧者名が中間素材の上に透かしで入ることで図像の流用を防止する仕組みを採用している。上述のアニメ制作会社のインタビューでは、こうしたセキュリティ処置について理解が得られ、現行の運用でとくに問題はないのではないかという意見が大多数であった。

とはいえ、すべてがこれで解決したのかというと、そうではない。新潟大学アニメ・アーカイブ研究チームの実践は、デジタルコピーを作成することと変わりはないのも事実である。同チームによる中間素材のスキャンニングとデータベース構築に関しては、知的財産を専門とする出井甫弁護士が、著作権法の立場から分析している。細部にまで行き届いたその分析の全容は、出井甫「中間素材保管と利活用に関する法的留意点――「渡部コレクション」とその学術利用を事例として」[17]をお読みいただきたいが、筆者が理解したのは、新潟大学アニメ・アーカイブ研究チームによる図像つきデジタルデータベースの構築と運用は、著作権法の規定ですぐさま対応できる事例ではない、ということである。著作権者からの許諾がどこまで必要で、どこからがそうでないのか。その判断は、著作物の種類によって、提示方法と提示範囲によって、目的によって、微妙に異なり、動き続けることになる。したがって、スキャンニングと学術利用、そして著作権の関係は、今後も制作会社をはじめとするステークホルダーと引き続き協議していくべき課題として残されている。

8　アニメ・アーカイブを「公」のものにするために

アニメ業界の外で始まった新潟大学のアニメ・アーカイブの活動を振り返ってきた。筆者が「渡部コレクション」の受け入れとアーカイブ化にすぐ賛同したのは、「渡部コレクション」に含まれる一九七〇年代から八〇年代のアニメを見て育ったという自覚があったからである。そのいっぽうで、大学の研究者として「渡部コレクション」に携わっている間、自身の状況を不思議に感じたことも少なくなかった。アニメの社会的・文化的位置づけが、ずいぶん変わったことに否応なく気づかされたからだ。自身も含めて、多くの大学教員が大学でアニメ研究を行っていることがまさしくそうであるのだが、クリエイターがアニメ制作において果たした仕事への関心はかつてないほど高まっており、中間素材の意義を理解し、支持してくれる味方は意外にも多いのではないかと感じている。この関心を、いかに「公」のものに、渡部英雄氏の表現を借りれば「国会図書館」のようなアニメ・アーカイブ設立へと、繋げられるのだろうか。

二〇〇〇年代初頭から、アニメ制作会社が自社の中間成果物をコンテンツとして活用する動きが活性化している。

二〇〇一年に、スタジオジブリはジブリ美術館を開館し、自社の中間成果物を含む常設展示を設置した。その二年後の二〇〇三年には、東映アニメーションが、東映アニメーションギャラリーを開設した。中間成果物を含む関連資料によって同社の歴史を呈示していたこのギャラリーは、二〇一八年には内容を拡充させて、東映アニメーションミュージアムとしてリニューアル・オープンとなった。いずれの施設においても、中間成果物とともに、クリエイターたちの仕事場が展示されており、来場者にクリエイターの仕事とアニメ表現の仕組みを伝えながら、作品を新たに、さらに深く楽しむ機会を提供している。プロダクションI・Gは、二〇〇二年に同社一五周年事業の一環として中間成果物のアーカイブ化に着手した。二〇一六年には、山川道子氏が率いる同社のアーカイブチームがそのノウハウを公開し、アニメ業界の外に対してもアーカイブの実践と意義を伝えている[18]。

中間成果物の管理とそれに基づくアウトリーチ活動は、各社ごとの取り組みだけでなく、アニメ業界を横断する動きとして現在まで続いてきている。二〇〇二年に発足した業界最大の団体である「一般社団法人日本動画協会」は、二〇〇五年からアニメ制作関連会社の集積地である杉並区の文化施設「杉並アニメーションミュージアム」（二〇一八年には「東京工芸大学　杉並アニメーションミュージアム」に改称）の運営を担い、二〇〇六年には秋葉原において「東京アニメセンター」を開設した。二〇一八年に「東京アニメセンター」は市ヶ谷に移転したのち、二〇二一年からは大日本印刷と共同運営となり「東京アニメセンター in DNP PLAZA SHIBUYA」と改称し、渋谷に開設されている。なかでもアニメ・アーカイブにとって重要なのは、二〇二三年一〇月には同協会が運営管理を請け負う東京都の文化施設「アニメ東京ステーション」がグランドオープンし、地下一階が「Archiveアニメ制作資料保存」に当てられたことである。そこでは、テレビアニメの黎明期である一九六〇年代初頭からの中間成果物の展示とともに、セルアニメの制作工程が解説されている。

そしていよいよ、アニメ制作への社会的関心の高まりとともに活性化してきたアニメ・アーカイブの流れが「公」のものになるのではないかという動きが具体的に出ている。二〇二四年六月一五日、読売新聞が「政府が

「メディア芸術ナショナルセンター（仮称）」を整備する指針を固め、二〇二八年度の運営開始を目指す[19]」と報道した。記事には「収蔵庫を国立映画アーカイブ相模原分館（相模原市）に設置し、人材育成機関は国立新美術館（東京都港区）の敷地に建設する方向で、展示も同美術館の活用を検討する。原画やセル画に加えて作家の取材メモやアイデアメモなども収集するほか、著作権者の合意の下で作品のデジタル化に取り組むことも想定している」とあり、本稿で論じてきた中間素材の保管とデジタル化が、文化庁管轄の同センターの業務の一部に組み込まれるのではないかと予測される。この報道に、筆者はいよいよと感じつつも、思い出したのが、二〇〇九年の「国立メディア芸術総合センター（仮称）」の頓挫である。アニメ、マンガ、ゲームの収集と保管、展示と研究を目指す、文化庁管轄の「国立メディア芸術総合センター（仮称）」設立が準備されていたが、自民党から民主党への政権交代に伴って同構想は撤回された。センターを建設するという箱物行政の側面が否定しがたく存在していたとはいえ、「税金の無駄遣い」というお決まりの批判が勢いづいたのは、サブカルチャーへの公的リソースの投入に対する社会的な同意が十分形成されていなかったのではないかと考える。

「国立メディア芸術総合センター（仮称）」に対する厳しい批判ののち、二〇一〇年度から文化庁は「デジタルアーカイブ」の構築のためのデータ収集とデータベース開発に舵をきり、「メディア芸術デジタルアーカイブ」事業を開始した[20]。新潟大学が二〇二三年度に行った「渡部コレクション」調査・協議事業は、メディア芸術デジタルアーカイブ事業に属するメディア芸術アーカイブ推進支援事業であり、新潟大学アニメ・アーカイブ研究チームも間接的であるにせよ、文化庁のデジタルアーカイブへの方向転換に参画したといえる。ただ、アーカイブ事業に従事した経験に即して述べるなら、デジタルアーカイブと同時にフィジカルなアーカイブもやはり必要である。なぜなら、一九七〇年代から九〇年代までの中間素材は、今この瞬間にも行き場をなくし、廃棄に直面しているからである。その状況にすこしでも手当できるように、「渡部コレクション」調査・協議事業の報告書は、クリエイターの、あるいはその縁者の手元で保管されている中間素材の情報を収集し、著作権者と繋ぐ機能をもつ「中間素材相談窓口」と、その窓口を介して、国、自治体、美術館、アーカイブ、制作会社、業界団体、そして大学が連携する「アニメ中間素材アーカイブ・協力ネットワーク」の提案を行っている。[21]

デジタルであれ、フィジカルであれ、いずれにせよ、アーカイブを運営するには相応のリソースが必要である。アーカイブと名乗るかぎり、それは永続的であらねばならないし、あるいは少なくとも、永続的であることを目指さなければならない。「アーカイブ」という語は、記録保存を意味するだけでなく、「公文書館」という制度を指しているからだ。公文書館は、国及び独立行政法人等の諸活動や歴史的事実の記録を整理し保管し、公的に利用可能な状態に保つ場所を管理する組織である。もちろんモノには保管する場所が必要であり、その場所を管理する人員が必要となる。モノを管理する体制が整備されなければ、モノは思わぬ契機で思わぬ場所に運ばれ、散逸する。たとえ散逸を逃れたとしても、適切に管理され、利活用されなければ、社会から存在じたいが忘れ去られ、結局は死蔵されてしまうだろう。

リソースの重要性というこの結論は、ある意味、身も蓋もないものではある。しかし、それは徒手空拳で挑んだアーカイブ活動のなかで身をもって知った嘘偽りのないものである。

注

（1）令和五年度文化庁メディア芸術アーカイブ推進支援事業「「渡部コレクション」を事例とするアニメ中間素材利活用ルール策定に向けての調査と協議」では、中間素材に関する有識者・ステークホルダーからなるアドバイザリーボードを形成し、ボードメンバーが新潟大学事業者に対して専門知識の提供と助言を行った。この証言は、二〇二三年一一月に開催されたアドバイザリーボードにおける、ボードメンバーの山川道子氏によるものである。山川氏は、アニメ制作会社プロダクションI・Gの社内アーキビストであると同時に、アニメ業界におけるアーカイブ構築の第一人者である。アドバイザリーボードのメンバー構成をはじめとする本事業の実施体制と趣旨については、令和五年度文化庁メディア芸術アーカイブ推進支援事業「「渡部コレクション」を事例とするアニメ中間素材利活用ルール策定に向けての調査と協議」報告ページ内の「本事業について」を参照されたいい。https://www.arc.niigata-u.ac.jp/anime-materials/3770/（最終アクセス：二〇二四年七月一三日）。

（2）「アニメ中間素材とその保管についての課題：竹内孝次氏（元・テレコムアニメーション代表取締役、プロデューサー、東京アニメアワード・フェスティバル・ディレクター）」「「渡部コレクション」を事例とするアニメ中間素材利活用ルール策定に向けての調査と協議」報令和五年度文化庁メディア芸術アーカイブ推進支援事業「「渡部コレクション」を事例とするアニメ中間素材利活用ルール策定に向けての調査と協議」https://www.arc.niigata-u.ac.jp/anime-materials/3771/（最終アクセス：二〇二四年七月一三日）。

（3）「映画ファンのための映画アーカイブ最新事情——知られざるノンフィルム資料の価値」「ＶＩＰＯ」https://www.vipo.or.jp/interview/list/detail/?i=1768（最終アクセス：二〇二四年七月一三日）。

（4）テレビ用と劇場用ともに、完成版のフィルムの保管は制作会社が行っている。フィルムは、現像を担当した現像所のラボにデュープネガが保管され、ソフト化の都度、ソフトの販売会社がテレシネ化などを行っている。

（5）アニメ特撮アーカイブ機構「保存のために」https://atac.or.jp/preservation/（最終アクセス：二〇二四年七月一三日）。

（6）新潟大学、令和五年度文化庁メディア芸術アーカイブ推進支援事業「「渡部コレクション」を事例とするアニメ中間素材利活用ルール策定に向けての調査と協議」報告ページ https://www.arc.niigata-u.ac.jp/anime-materials/（最終アクセス：二〇二四年七月一三日）。

（7）渡部氏が制作に参加した主な作品には、『宇宙大帝ゴッドシグマ』（一九八〇―八一年）、『わが青春のアルカディア 無限軌道ＳＳＸ』（一九八二―八三年）、『夢戦士ウイングマン』（一九八四―八五年）、『Ｇ・Ｉ・ジョー』（一九八三―八六年。日米合作）、『11人いる！』（一九八六年）、『北斗の拳２』（一九八七―八八年）、『機動戦士Ｚガンダム』（一九八五―八六年）、『機動戦士ガンダムＺＺ』（一九八六―八七年）、『新世紀エヴァンゲリオン』（一九九五―九六年）などがある。

（8）『さらば宇宙戦艦ヤマト　愛の戦士たち』（一九七八年）、『宇宙戦艦ヤマト　完結編』（一九八三年）をはじめ数々の劇場版を監督し、東映動画の巨匠として名高い。

（9）「渡部英雄氏と「渡部コレクション」形成過程」「「渡部コレクション」を事例とするアニメ中間素材利活用ルール策定に向けての調査と協議」https://www.arc.niigata-u.ac.jp/anime-materials/3772/（最終アクセス：二〇二四年七月一三日）。

（10）「神村幸子氏の意見」「「渡部コレクション」を事例とするアニメ中間素材利活用ルール策定に向けての調査と協議」https://www.arc.niigata-u.ac.jp/anime-materials/3772/（最終アクセス：二〇二四年七月一三日）。

（11）同前。

（12）同前。
（13）「「渡部コレクション」とその学術利用についてのアニメ制作会社の見解」「「渡部コレクション」を事例とするアニメ中間素材利活用ルール策定に向けての調査と協議」https://www.arc.niigata-u.ac.jp/anime-materials/3778/（最終アクセス：二〇二四年七月一三日）。
（14）同前。
（15）イアン・コンドリー、島内哲朗訳『アニメの魂——協働する創造の現場』ＮＴＴ出版、二〇一四年。
（16）基盤研究（Ｃ）「渡部コレクションに基づくアニメ制作過程の実態研究」（17K02356）代表者Kim Joon Yang、基盤研究（Ｂ）「アニメ中間素材」の分析・保存・活用モデルケースの学際的研究」（20H01218）代表者Kim Joon Yang。
（17）出井甫「中間素材保管と利活用に関する法的留意点——「渡部コレクション」とその学術利用を事例として」「「渡部コレクション」を事例とするアニメ中間素材利活用ルール策定に向けての調査と協議」https://www.arc.niigata-u.ac.jp/anime-materials/3779/（最終アクセス：二〇二四年七月一三日）。
（18）プロダクションＩ・Ｇアーカイブチーム編『アニメーション・アーカイブの機能と実践　Ｉ・Ｇアーカイブにおけるアニメーション制作資料の保存と整理β版』（二〇一六年）https://www.slideshare.net/MichikoYamakawa/ig-production-ig-archives-manual-2016（最終アクセス：二〇二四年七月一三日）。
（19）読売新聞「漫画原画やアニメのセル画、国が収集拠点整備へ……世界市場は半導体の１・６倍」https://www.yomiuri.co.jp/culture/subcul/20240615-OYT1T50063/（最終アクセス：二〇二四年七月一三日）。
（20）三原鉄也「メディア芸術に関する行政施策の展開とデジタルアーカイブ」『デジタルアーカイブ学会誌』第六巻一号、二〇二二年、一五—一九頁。
（21）「「文化財」としてのアニメ中間素材保管と利活用推進に向けて」「「渡部コレクション」を事例とするアニメ中間素材利活用ルール策定に向けての調査と協議」https://www.arc.niigata-u.ac.jp/anime-materials/3781/（最終アクセス：二〇二四年七月一三日）。

第19章　インターネットをめぐる諸問題と可能性

喜多千草

本章では、インターネットが映像研究にどのような役割をもちうるかを考察する。

まず、もはや生活基盤となったインターネットであるが、現在は映像視聴のインフラとしての役割も担っていることを統計的に確認する。そして、映像視聴市場を切り拓いたサービスのひとつとしてNetflixを取り上げ、そのサービスの変遷を確認しつつ、インターネットによる映像視聴が、従来の映画、テレビドラマといったカテゴリーを解体しつつあることの意味を考える。

次に、インターネットアーカイブの活動を取り上げ、インターネット上のデジタル映像アーカイブの役割についての考察材料を整理する。特にプレリンガー・コレクションのオンライン化は、映像アーカイブという観点からインターネットの役割について考えるための最適な事例のひとつと考えられる。

そして最後に、いまや膨大な情報が検索できるようになったインターネットが、映像研究資料の蓄積の場としてはどのような要件が求められているのかについて、いくつかの論点を検討する。

1　映像を見るインフラとしてのインターネット

通信トラフィック

いまやインターネットは世界の映像の流通や視聴のインフラとなった。そのことは複数の統計データから、はっきりと確認することができる。

インターネット全体の通信が、どのようなデバイスから、どのような通信規格で接続され、どのようなサービスに使われているかは、世界中のネットワーク関連企業がさまざまな観点から統計をとっている。例えばスウェーデンの通信機器メーカー、エリクソン（Ericsson）が行っているモバイルネットワークについての統計と将来予測では、これからのインターネット利用のモバイル機器がいつごろどのような通信規格に移行していくかといった観点からさまざまな統計データが分析されている。自社のモバイルネットワークの利用実態に照らしながら複数のソースを分析して、現在と近い将来のインターネット利用統計を予測した二〇二三年一一月の報告によれば、機器の種類や地域にかかわらずモバイルネットワークの通信量の三割から六割が映像（動画投稿サイトやＳＮＳでの映像利用からビデオオンデマンドまでを含む）に費やされていると指摘している。(1)

また世界のインターネットサービスプロバイダを顧客として、ネットワークの分析とサービスの最適化情報の提供を行っているサンドヴァイン社の二〇二四年のグローバルインターネット現象レポートによれば、モバイルのみならず固定端末やケーブル、衛星通信も含んだ全インターネット利用の受信の五四パーセントをオンデマンドの映像受信が占めているという。(2)

こうした統計が扱う通信量は「パケットのトラフィック」に基づいている。

現在のインターネット上の通信では、どのような内容の情報でも一定のサイズ・形式のデータの単位（パケット）に分割されて通信網を流れている。このパケット通信方式では、通信回線は常にどこからでもパケットを受け入れて流れ続ける高速道路のようなもので、その中を流れるパケットがそれぞれ目的地を目指す。そして目的地に到達したパケット群は分割される前の本来の順番に並べ直されて情報の中身が復元される仕組みなので、高速道路のようなインターネットの通信網に大量のパケットが流れている状態をトラフィック（交通量）と捉えて測定するようになっている。

コンピュータネットワーク機器の開発・販売の最王手のシスコの報告では、インターネットに接続したハイビジョンテレビ受像機で映像をストリーミングで視聴する場合には、毎日二、三時間の視聴をすると、それだけでこれまでの一世帯の年間のパケット量を消費してしまうと指摘しており、今後４Ｋテレビが増えるとインターネット上のパケット量はさらに大きく増加することになると注意喚起している。[(3)] つまりパケット量でみると映像がかなりの分量を占めている状態は、高品質テレビ受像機での映像のストリーミング再生の普及に大きく影響されていることが推測されるわけである。いずれにしても現在のインターネットはもはや映像の流通を支えるために多くの資源を費やしているのであり、将来はさらにその度合いが高くなるのは間違いない。

Netflixの登場

前述のサンドヴァイン社の報告によれば、インターネットの映像関係アプリケーションで、二〇二四年現在もっとも受信のトラフィックが多いのは動画投稿サイトのYouTube（視聴者ひとりあたり一・九ＧＢ／日）、次いでＶＯＤ（ビデオオンデマンド）のサブスクリプション（定額会費制）事業を展開するNetflix（視聴者ひとりあたり一・四ＧＢ／日）である。ここでは、Netflixを取り上げ、インターネット利用における映像優位の状況が生み出されてきた流れを確認しておこう。

Netflix社は一九九七年の創業時から続けていたＤＶＤレンタル事業を二〇二三年秋に終了した。映画ファンの支持をうけて拡大した祖業に加えて、現在の主力事業であるVODへと同社が進出したのは二〇〇七年のことである。同社の投資家向けの報告書などを遡って確認すると、海外進出は二〇一〇年にカナダから始め、ラテンアメリカ（二〇一一年）、英国とアイルランドを皮切りに西欧諸国（二〇一二—一五年）、太平洋地域を含む一三〇カ国以上へ拡がり、世界一九〇カ国二一言語を対象地域としてグローバル化（二〇一六年）を遂げた。(4)

VOD事業を拡大するなかで、Netflix社が主たる競争相手として意識し続けてきたのは、番組表に基づいた放送事業を行っているテレビ局である。また逆に同社が放送業界での存在感を増していった過程は、二〇一二年と一三年のエミー賞受賞で確認できる。エミー賞はアメリカ国内でテレビ放送が開始された翌月の一九四六年に設立されたテレビ芸術科学アカデミーが主となって贈る複数の賞で構成されている。このうちもっとも有名なのが、プライムタイムに放送された番組に贈られるプライムタイム・エミー賞で、単にエミー賞という場合、この賞を指す。しかしそのほかにも年間を通じていくつもの賞が贈呈されており、Netflix社がまず二〇一二年に獲得したのは、現在の工学・科学技術エミー賞の前身、工学エミー賞であった。(5) Netflix社の受賞理由は、その安定したクラウド上のインフラと権利処理方法の確立によりテレビ放送の新しいビジネスモデルを示し、「テレビ業界のありかたを根本的に変えた」からである。(6)

さらに翌二〇一三年には、オリジナル作品シリーズの配信を開始した初年度にもかかわらず、オリジナル三作品のうちの『ハウス・オブ・カード　野望の階段』（*House of Cards*）がプライムタイム・エミー賞の三部門（ドラマ・シリーズ部門の監督賞とキャスティング賞、シングルカメラ・シリーズ部門の撮影賞）を受賞した。これはストリーミング配信のドラマ・シリーズとして初の快挙であった。この二年間を端緒にしたNetflix社のテレビ業界における存在感はさらに確固たるものになり、現在に至っている。二〇二四年時点で同社が投資家に示している長期展望においても、ストリーミング・エンターテインメントは「番組表に沿ったテレビ放送に置き換わる」という位置付けである。(7)

カテゴリーの流動性とコンテンツ化

『諸国のNetflix――デジタル配信の地理学』（*Netflix Nations*）の著者ラモン・ロバト（Ramon Lobato）は、Netflixをテレビの延長と捉えるか、インターネット上の新しいデジタルメディアと捉えるかで、メディア研究者の間で立場が分かれていることを指摘している。ロバト自身はその両者の融合的なアプローチが必要だと述べているのだが、そもそもNetflix社自体が場合によって自分たちの位置付けを使い分けているという。前項で確認した通り、テレビの未来型という位置付けはテレビ業界からの眼差しであるし、またNetflix社が視聴者に向けて行っているものでもある。一方で同社は、各国の放送関連規制の縛りを受けないように、自社のサービスはデジタルメディアサービスであり放送事業ではないという立場もとっている。(8)

また放送番組型のシリーズだけではなく、映画の制作も手がけるようになっており、二〇一七年には、オリジナル作品『ホワイト・ヘルメット　シリアの民間防衛隊』（*The White Helmets*）でアカデミー賞の短編ドキュメンタリー賞を取ったのを嚆矢として、二〇一九年には『ローマ』（*ROMA*）が、作品賞こそノミネートのみで逃したものの、監督賞・撮影賞・外国語映画賞を獲得するに至った。劇場公開がほとんどなされていない作品はオスカーの対象にすべきではないという映画人らの反対意見にもかかわらず、配信を主とした映像作品が映画の最高賞のひとつであるアカデミー賞の対象になったのである。(9)　そして二〇二〇年以降、Netflix社はエミー賞とアカデミー賞双方で対象作品を世に出す制作会社として定着している。

同社は先にも触れた「長期展望」で、もっぱら、映画、テレビドラマ、ゲームのみを扱い、ニュース、ユーザ作成映像、スポーツ中継、ポルノ、音楽ビデオは扱わないという方針を打ち出しており、このプロフェッショナルが製作する質の高いエンターテインメント映像というくくりが、従来のテレビドラマと映画（さらにはゲーム）といった区分の境界を曖昧にしている。そもそも同社の祖業であるＤＶＤレンタル業の基盤は、ビデオテープ、ビデオディスク、ＤＶＤといった媒体に記録された映画やテレビドラマ作品のエンドユーザ向けコンテンツ化である。この意味するところは、映像作品の鑑賞機会を、作品選択の余地が少ない時間と場所を限定するプログラム（映画館での上映スケジュールや放送枠）に縛られるものから、コンテンツ化された作品群からある程度自由に選択できるように拡大したものとも捉えられるし、その作品群は現在同社が対象にしている映像コンテンツ群の原型であったと言えるだろう。コンテンツ化の流れはテレビ放送で映画が放映されたときに始まり、まず映画館という場の縛りが外され、さらにＤＶＤ化により時間（スケジュール）の縛りもなくなることで、主として映画館で鑑賞されていた映画作品から、映像コンテンツとしての価値を独立させた。そしてインターネット時代のオンデマンド配信とそのオリジナル作品のオスカー受賞によって、映画のコンテンツ化が完成するに至ったといえるだろう。

こうして膨大なコンテンツカタログからユーザが行うストリーミング再生がインターネット上の交通量のかなりの部分を占めるようになった現在、コンテンツカタログを含む検索・利用可能な映像のデジタルデータがインターネット上に集積してきている。そのことを次にもう少し掘り下げて考えていこう。

2　デジタルデータの集積

「アーカイブ」的なもの

二〇一七年に設立されたデジタルアーカイブ学会の特設部会として、二〇一九年から活動を続けてきた「デジタルアーカイブの理論に関する研究会」のメンバーがまとめた『デジタル時代のアーカイブ系譜学』では、「情報が「集積」と捉えられる文脈はどのようなものか？　その「集積」をひとが「アーカイブ」として認識し行動してしまうのはどのようにしてか？　さらにそうしたものとしてのアーカイブと社会の諸関係とはどのようにつながっているのか？」を基本的な問いとして、[10]日本での「デジタルアーカイブ」の政策上の用法の変遷や、博物館、図書館、文書館分野での議論の流れなどを整理した上で、さまざまな（時に境界的な）事例の検討を通じて問いを深めている。同書では、伝統的な「アーカイブズ学」が「紙媒体を主体とした文書を、その記録のまとまりとしての構造や伝来に関する情報とともにいかに保全していくか」という課題のもとに深化してきたこと、また二〇〇〇年代初期に文書館での電子情報の記録管理に関して、「アーカイブズのためのメタデータのセットや標準化の問題は、資料の原秩序の維持、資料の階層構造、資料の配列（原本資料の整理体系における順序尊重）など」や、電子記録の長期保全に関連づけられて議論された。これにより、伝統的な「アーカイブズ」とは別物になっている現在のさまざまなデジタルアーカイブにおいても、標準的なメタデータセットや長期保存の重要性が認識されることに繋がっていると指摘している。(11)

ただし公文書館のような伝統的「アーカイブズ」とは機能や目的が異なる現代の多様なアーカイブの実装例を検討する際には、デジタルアーカイブの要件として「信頼性（真正性）、継続性、アクセシビリティ、ネットワーク性、双方向性、ハイパーテクスチュアリティなどが語られることが多い」ものの、一律に定義することが困難であるという。ただ、できるだけ幅広く「デジタルアーカイブ」と認識されているシステムの実装や系譜を検討している同書においても、アメリカのカリフォルニアに本拠地を置く非営利組織インターネットアーカイブのサイトをアーカイブとして扱うことについては違和感が示されている。特にウェブサイトの資料保全の取り組みについては、「コンピュータのコードのバージョン管理と似ている」として、「こうしたものはアーカイブだろうか？」との疑問が提示される一方で、「ウェブ上で「アーカイブ」と言うとき、多くの人々には、伝統的な文書館よりこうした履歴のことを想像しているのではないか」との認識も示されている。(12)

ウェイバックマシーン（Wayback Machine）

それでは、バージョン管理に似ているとも指摘されるウェブサイトの資料保全の取り組み（ウェイバックマシーン）にどのような史料価値がありうるかを、第1節で触れたNetflix社の変遷を例に探ってみよう。

公式ウェブサイトをはじめとする資料では、Netflix社が現在の主たるサービスとなっている映画のストリーミング視聴サービスに取り組み始めたのは二〇〇七年だったと記されている。しかしDVDレンタルを祖業としていたNetflixがVODを始めた当初は、その新しいサービスがどのような位置付けだったのかについては、ウェブサイトの変遷が一次資料として役にたつ。ウェイバックマシーンに記録が残っている最初のNetflixのウェブサイトのトップページは一九九九年一月一七日の履歴である。二〇〇一年のウェイバックマシーンの公開に先立つページが含まれているのは、その公開時点で五年ほどの蓄積分を公開したためであり、Netflixのウェブページは二〇二四年五月までに一一万三〇〇〇回ほど履歴が残されている。ストリーミング視聴サービスが始まった二〇〇七年の記録を確認していくと、七月までは図19-1のようにDVDレンタルしか記載されていないが、ウェイバックマシーンに残っている履歴では図19-2（二〇〇七年八月四日）で初めて「映画の配達――速い」「それに加えてパソコンでも映画が見られる――即座」との一行が加えられた。しかし、このDVDレンタルをした人がその映画をパソコンでも見ることができるサービスについては、二〇〇七年から二〇〇八年の間は記載がほぼ現れず、それほど前面に出すサービスとはなっていなかったことが確認できるのである。これが二〇〇九年二月二六日になるとその前までの履歴とは異なる図19-3のレイアウトに変化しており、ここでDVDレンタルをした人に「ボーナスとしてインターネット経由でテレビで映画がいくつかすぐに見られる」という記述が現れる。二〇〇七年に現れた「パソコンで見られる」ではなく「インターネット経由でテレビで見る」という視聴形態の宣伝であることも注目される。このの ち、ウェイバックマシーンに残っている履歴の記録では二〇一〇年四月一四日以降に、ストリーミングが主、DVDレンタルが従になるという大きなレイアウトの変更が行われていた。こういったウェブサイトの変更時期の特定には、履歴の残っている日のカレンダーを表示してひとつひとつページを表示して差分を確認していくことになる。このようにして、二〇〇七年にストリーミングが始まったNetflixではあったが、このサービスが定着しはじめ、やがて同社の主力サービスになっていくまでに三年ほどかかっていたらしいことが見てとれる。二〇〇七年から二〇一〇年当時は、のちにストリーミングが主流になることがはっきりしていたわけではないため、その新サービスの定着過程を記録しようという動機は同時代的には起こりにくいが、何を残すべきかを判断せずとりあえず履歴を取り続けて蓄積しているからこそ、後年に注目されるようになった事業の初期の経年変化がそれなりに記録されていると考えられる。他のリソースから得られるデータと重層的に検討することは必要だが、ＤＶＤレンタルからストリーミングへの移行の流れを追うには、ウェブサイトの履歴が史料として研究の一助になりうるのがわかる。

インターネットの普及に呼応して、こうしたウェブサイト保全に乗り出した機関はインターネットアーカイブだけではなく、同時期に各国の国立図書館や文書館も取り組み始めた。その結果、データ収集技術の共同開発などを含む連携が必要となり、二〇〇三年七月に国際インターネット保存コンソーシアム（International Internet Preservation Consortium: IIPC）が発足した。この組織に属する一一の国会図書館とインターネットアーカイブが、二〇〇三年から二〇〇六年にかけてデータ収集技術（クローラー）を協同開発した。また二〇〇九年には、インターネットアーカイブが使用してきたフォーマットを改良したＷＡＲＣ（Web Archiving に由来）が国際標準化機構で標準規格として認められた。さらに閲覧アプリケーションであるウェイバックマシーンもオープンソース化して世界で使われるようになった。こうした動きに日本から参加しているのが国立国会図書館であり、日本国内のインターネット資料収集保存事業を進めている。(13) こうしてアーカイブとはなにかの議論よりも先に、ウェブ上の公開データの保全に取り組み始めた各機関の実践・実装が横につながり、現在の世界標準のウェブアーカイビングの定着に結びついた。

インターネットアーカイブの射程

こうした流れを技術的に牽引した、人類の文化遺産としてのデジタルデータを保全する「研究者、歴史家、学者のためのインターネット図書館」を標榜するインターネットアーカイブを創始したブルースター・ケイル（Brewster Kahle）は、インターネット起業家としての輝かしい経歴を持っている。ケイルが二〇一二年にインターネット協会の「インターネットの殿堂」入りした際の受賞者紹介などによれば、まずマサチューセッツ工科大学で人工知能研究を学んで卒業後、指導教員のひとりのダニエル・ヒリス（W. Daniel Hillis）らが創始した人工知能のためのコネクションマシンと呼ばれるスーパーコンピュータを開発製造する会社に主要エンジニアとして参加した。そこで、ＷＡＩＳと呼ばれる分散型インターネット検索システムを開発し、一九九二年にＷＡＩＳ社の創業者のひとりとなった。一九九五年に同社をＡＯＬ（America Online）に売却後、翌一九九六年に営利企業のウェブトラフィック解析

図 **19-1**　Wayback Machine に残る 2007 年 7 月 6 日のトップページ

図 **19-2**　2007 年 8 月 4 日。説明に「PC ですぐに見る」が増える

図 **19-3**　2009 年 2 月 26 日。レイアウトが大きく変わり下の欄に「ストリーミング」が入る

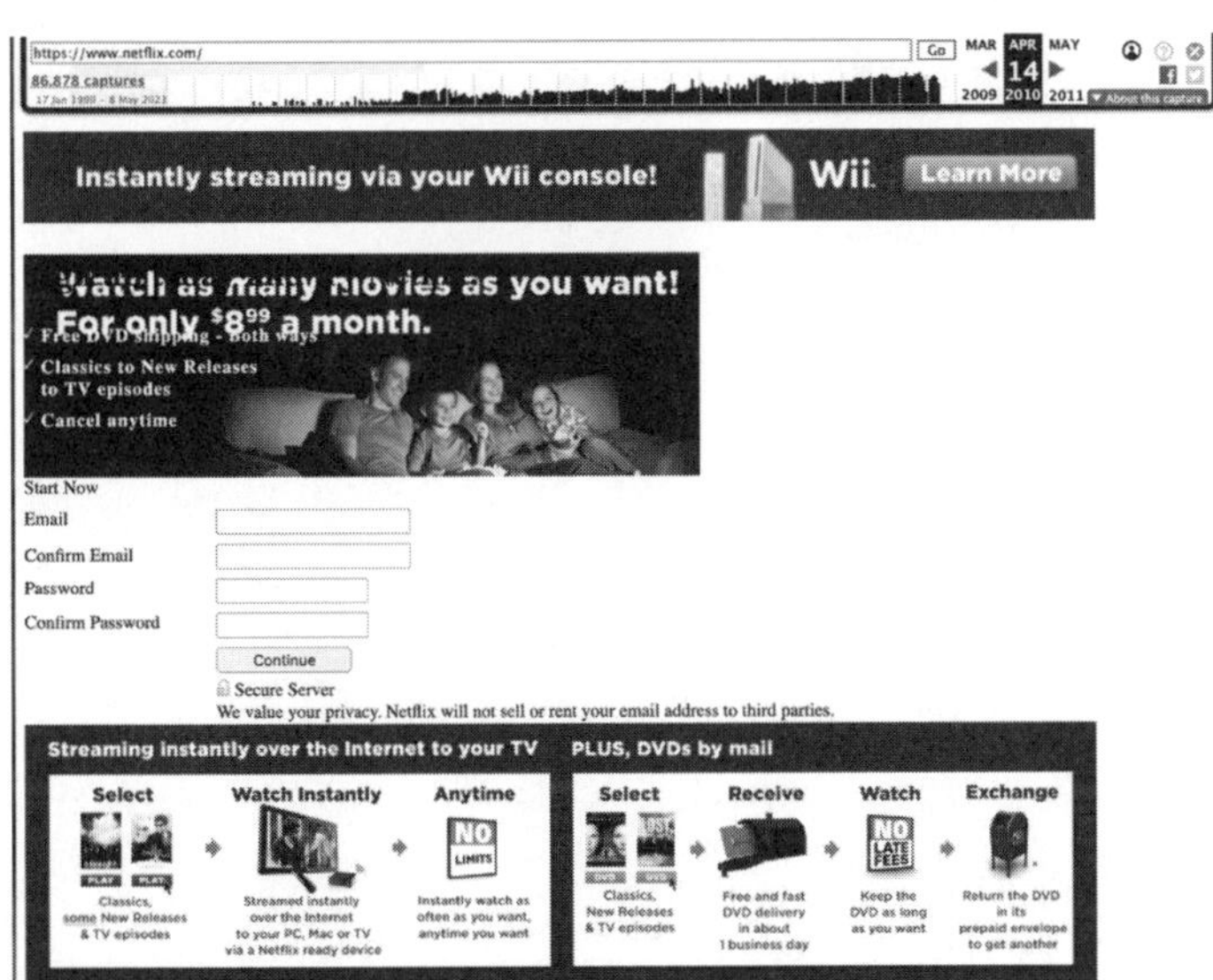

図 **19-4**　2010 年 4 月 14 日。記録ではレイアウトがくずれているものの, 下の欄で「ストリーミング」が主になるという変化が確認できる

会社、アレクサ・インターネット（Alexa Internet）と、非営利団体のインターネットアーカイブを設立した。アレクサ・インターネットでウェブ上の情報を収集する技術を開発しウェブサイトのランキングなどを公開していたが、のちにこの技術により取得されたデータの集積をインターネットアーカイブで閲覧できるようにしたのがウェイバックマシーンの始まりである。ちなみにアレクサ・インターネットは一九九九年にアマゾン社（Amazon）に買収され、完全子会社になった。『フォーブス』（*Forbes*）誌などが報じるところによると、その巨大な売却益は二億五〇〇〇万ドルにのぼった。(14)

二〇〇二年九月八日の『ニューヨーク・タイムズ』（*New York Times*）紙のインタビューによれば、ケイルがウェブ上の情報を収集、蓄積、公開することを思いついたきっかけは、初期のインターネット検索エンジン、Alta Vista（一九九五年リリース）の開発グループを訪問した際に、自動販売機五、六台分の大きさのコンピュータに大量のインターネット上のデータが蓄積されているのを見たことだったという。(15)二〇〇七年九月に「無料のデジタル図書館」という演題で自らのビジョンについて語った際には、大富豪となり財団も運営するケイルは、未来の世代のためにこれまでに発行された本を全て残すための予算は十分あるとし、データ量から考えてどのくらいの大きさのコンピュータに保存可能かを算出してみせた。そして実際にインターネットアーカイブでは、講演当時で版権の切れた本を毎月一万五〇〇〇冊ほどスキャンしており、一二五万冊のデータをすでに公開していると述べた。次に音声データは、これまでに公開されたレコードやCDなどは二、三万ディスクであり、著作権の問題が簡単に解決されないものの、技術的にはそれらをすべて一ディスクあたり一〇ドルほどでデジタル化することができるため、データ化して公開可能であるとした。そして本章で着目している動画については、劇場公開用に配給された映画の総作品数は一五万から二〇万程度なのでデータ量自体は大したことはなく、すでに著作権が切れているものからアーカイブに登録しているという。またその他の記録映像が大量にありどこかが保全しなければならないため、インターネットアーカイブでもその収集を行っていることを発表した。こうした映像のデジタルデータ化コストはビデオで一時間一五ドル、フィルムで一時間一〇〇ドルから一五〇ドルなのでコスト的にもデータ量的にも収集することは可能であるとして、公開できるかどうかは主に著作権の問題によると指摘した。そしてインターネットアーカイブは公共図書館として全ての人々に無料でデータを公開していきたいとの夢を語ったのである。(16)

しかしもちろん、著作権をはじめとするさまざまな社会的課題が存在する。次にはそのことも含めて、デジタル化された映像資料を例にもう少し詳しく確認していくこととする。

インターネットアーカイブの映像データ

ケイルが講演でふれたとおり、インターネットアーカイブではさまざまな映像データを閲覧可能にしている。ウェブサイト同様、テレビニュース映像も履歴的な保存を行っており、教育・研究用に二〇〇九年以降の映像の一部を記録・公開している。(17)こうした「履歴」の保存は、前節で触れた「アーカイブ」的な情報の集積に他ならないが、一九六八年からアメリカ国内のニュース映像を記録してきたヴァンダービルト大学のテレビニュースアーカイブのような先行例がある。この場合は、著作権に配慮して、研究者等にのみ主にビデオテープのかたちで記録の利用を許可してきた。近年はデジタル化はしているものの、館内か大学図書館などでの閲覧に限られている。(18)

つまりこうした履歴の保全そのものは、すでに学術的にも意義は認められてきたと言えるが、その閲覧・利用は従来の文書館などと同様に慎重であった。これに対しインターネットアーカイブは当初からデジタル記録の時代に生まれた仕組みであることから、最低限著作権を尊重はしながらも、公開データの記録をインターネット上で共有してしまっているところに特徴があると言えるだろう。

インターネットアーカイブでは、放送映像記録を共有知としたほうが、著作権に配慮して利用を控えるより、政治的あるいは教育・研究的な意義があると、実例を示しながら世に問うている。こうした記録保全の価値を示すプロジェクトとして筆頭に挙げられるのは、9・11から一週間のテレビニュース報道の記録である。(19)このケースでは、大事件が起こった際の世界各局の報道内容をタイムラインに沿いながら比較できるインタフェースが提供されている。その他にも二〇一六年の大統領選挙に関する政治的テレビ広告のアーカイブでは、フローの情報として消えてしまいがちな放送映像の記録、特に政治的な放送映像記録を事実確認（fact-checking）の素材とする可能性を示すプロジェクトなども公開されている。[20] 著作権の観点からはさまざまな課題が未解決のまま、インターネットアーカイブは、テレビニュースの映像データの活用可能性を一目瞭然にすることで、なかば強引に放送映像データの公開共有の意義を示している。こうした技術的実装により示されたあらたな基準が社会に定着すると、それは「デファクト・スタンダード」とよばれる。インターネットそのものを含め、コンピューティング関係の技術では、アメリカの技術者らはそのような実装の力で世界を変えようとしてきたし、成功も収めてきた。こうした指向は技術力を誇るインターネットアーカイブらしいとも言えるが、既存の映像アーカイブが慎重に進めてきた著作権の扱いに関わる諸問題はそう簡単には解決はせず、これからも訴訟を含めて議論は続くと思われる。

一方でインターネットアーカイブは、映画に関しては著作権の切れた劇場公開映画のデジタル化と公開のほか、プレリンガー・アーカイブズをはじめとする「はかないフィルム」のデジタル化と公開にも積極的に取り組んでいる。この母体となったプレリンガー・コレクションは、一九八三年からリック・プレリンガー（Rick Prelinger）によって収集された広告、教育映画、産業映画、アマチュア映画、ドキュメンタリーなどのフィルムで、二〇〇二年に議会図書館に「貴重フィルムのコレクションとして四万八〇〇〇本ほど」が納められた。このフィルム群は、「著作権登録もされておらず、また議会図書館の納本制度でフィルムを納める必要が無かった時代に撮られたもの」であり、フィルムの素材が「非常に燃えやすい硝酸塩がつかわれていた一九五一年以前のもの」であることから、議会図書館が保全のためにフィルムを受け入れたことが議会図書館ニュースで報じられた。[21] プレリンガーは、二〇二四年現在、UCサンタクルーズの映画・デジタルメディア学部の名誉教授で、二〇〇七年には企業・慈善団体・普及委員会・州および連邦政府などがスポンサーになって、一八九七〜一九八〇年制作のフィルムのうち「歴史的、文化的に意義のある四五二本」を紹介する研究ガイドを、研究者・アーキビスト、コレクターらと協力して全米映画保存基金から刊行した。(22) 彼は研究者であると同時にインターネットアーカイブの理事として、プレリンガー・アーカイブズの八五〇〇本以上のフィルムをデジタル化して公開してもいるのである。プレリンガー・アーカイブズではゲッティ・イメージ（Getty Image）を通じて映像の再利用のために放送可能な質の映像クリップを提供するサービスを提供しており、著作権侵害などを避けられるよう権利関係を処理してもいる。つまり公共図書館のようにすべての人々への知の提供をインターネットで大胆に行うことと、従来型の映像ビジネスで要求される厳密な著作権処理を並行して行っているのである。一般的な映像アーカイブとしての活動のほかに、インターネットアーカイブで積極的にデジタル化した映像を公開する理由は何なのだろうか。

複数のインタビューで繰り返しプレリンガーが述べているのは、パブリックドメインの映像を誰もが編集できるデジタル素材として提供する意義があること、また公開した映像に人々がコメントを寄せれば映像に関する情報が増えうること（つまり映像のアノテーションのクラウドソーシング）がデジタル化および公開のメリットだということである。(23) またインターネットアーカイブで保有するフィルムをデジタルテータ化する装置が十分に高性能であることを基礎に、専門性を有するフィルムの保存や映写が、デジタル化によって保管場所もほとんどいらず扱いやすくなる。それにより誰にでもアクセス可能になるというメリットも折に触れて言及される。(24) こうして物理的なメディア（映画の場合はフィルム）の収集・保全を行う活動が、それらのデジタル化とその公開のメリットを認めてインターネットアーカイブをプラットフォームとして、アーカイブそのものではないが「アーカイブ的」なデジタル情報の集積の公開へと合流しているのである。

3　情報共有の場としてのコンピュータネットワーク

世紀の転換と新しい情報共有の仕組み

本章は、現在のインターネットが映像を見るインフラとなっていることに着目するところから始まったが、ここにインターネットが「アーカイブ的」な情報の集積を共有する場として立ち上がってきたことを確認する作業にたどり着いた。

プレリンガーらが指摘する、集積されたデジタル情報の共有のメリットが最大限に発揮されるためには、それを可能にする技術や社会の仕組みが整っていることが必要だ。興味深いことに、インターネットアーカイブのウェイバックマシーンが公開された二〇〇一年には、公共の百科事典であるウィキペディアも発足している。また複製可能なデジタル情報の流通に合わせた新しい著作権表明（共有表明）のしくみの提言と普及のためのクリエイティブ・コモンズ（Creative Commons）財団の発足も、同じく二〇〇一年だ。もちろんそれぞれに前史があり、この年に急になにかが起こり始めたわけではない。ウェイバックマシーンが五年間ほどのクローラーの運用で蓄積したデータの公開によって始まったように、ウィキペディアも一九九四年にワード・カニンガム（Ward Cunningham）が始めたウィキウィキウェブ（WikiWikiWeb）というウェブ上の共同作業の仕組みの上に展開したシステムである。またクリエイティブ・コモンズも、米国での著作権保護期間を延長した一九九八年の著作権延長法に抵抗する運動のなかから生まれた。いずれもウェブとその関連技術が一九八九年から一九九〇年代初頭にフランスのＣＥＲＮで生まれ育ち、それらが一般公開され、ウェブブラウザ、モザイク（Mosaic）が公開された一九九三年を経て、ちょうどインターネットが一般に普及し始めた時期に準備されていた公共的なデジタル情報共有を促進する技術的・社会的な仕組みであり、それらが、ちょうど二〇〇一年ごろから実を結び始めたことになる。

もちろん新しい技術的・社会的な仕組みは必ずしも長続きするとは限らないし、社会に受け入れられたとしても、定着するのに時間がかかる。例えばウィキペディアの場合、当初は誰でも編集できるために信頼性に問題があるという批判が多く見られたが、ネイチャー誌が、科学関係の項目については、ウィキペディアはエンサイクロペディア・ブリタニカと信頼性の上では大きく変わらないという記事を載せた二〇〇五年あたりからプラスの評価もみられるようになっていく。(25) 並行して、ウィキペディアを更新する人々のコミュニティが育ち、優良記事執筆方法の共有と洗練が進んだ。またウィキペディア財団が、ウィキペディアにクリエイティブ・コモンズの著作権表示方式を取り入れることを評議会の賛成多数で決定したのは二〇〇九年であった。(26) このようにして徐々に、一般の人々も参加するかたちで公共的な知識を集積する複数の試みが横に繋がりながら定着してきたのである。

企業が集積するデジタル情報

二〇二四年現在、コロナ禍で図書館の貸し出し業務が停止している時期に、インターネットアーカイブがオープン・ライブラリーで一〇冊まで図書の無料貸し出しを始めようとしたことに対して、大手出版社が著作権法違反で訴えた裁判が係争中であり、インターネットアーカイブの公共的性格を支持する意見と、違法性を指摘する意見の双方が各方面から出されていることから、まだ同団体に対する評価はゆれていると指摘せざるを得ない。ただ同団体への社会的認知の定着の要因には、先にも挙げたとおりアメリカ議会図書館をはじめとする公共図書館・文書館との連携・技術提供を経てＷＡＲＣフォーマットが二〇〇九年に技術標準になったことのほか、グーグル・ブックスと全米作家協会ほかとの訴訟の過程に関わって、その公共性がはっきりとした輪郭をもったことが挙げられるだろう。

二〇〇四年にグーグル社が始めたライブラリー・プロジェクト（大学等の図書館の蔵書をデジタル化して全文検索できるようにするプロジェクト）に対し、著作者の同意を経ない全文スキャンとその検索サービスの公開、および全文スキャンデータの協力図書館への配布が著作権違反であるとして、二〇〇五年に全米作家協会が連邦地裁に訴えた裁判は、一般にグーグル・ブックス裁判と呼ばれている。このグーグル社のプロジェクトは、二〇〇五年にグーグル・ブック・サービス（現在のGoogle Books）での図書の全文検索サービス開始へと発展した。この裁判は、原告がクラスアクションと呼ばれる多数の権利者の代表として起こした裁判で、日本を含む多数の国外の著作権者が当事者としてまきこまれたことで世界中の関心を集めた。またこの訴訟は長期にわたってかなり複雑に推移したが、結局最終的には、二〇一六年にグーグル社のサービスはフェアユースの範囲であるという判決が下され、原告の上訴が認められず決着がついた。(27)

この裁判の過程で原告と被告の和解案が提示されたが、それに対し和解が成立してしまうとグーグル社が書籍のデジタル版について独占的な権利を獲得することになるなどとして、和解に反対する動きがおこった。このときヤフーやインターネットアーカイブが結成したのがオープン・ブック・アライアンス（Open Book Alliance）で、図書館団体やアドビ社、マイクロソフト社などが参加した。オープン・ブック・アライアンス側では、実際にコンテンツのデジタルコピーを作成し、永続的に公共の財産として公開保全するプロジェクトであるオープン・コンテント・アライアンス（Open Content Alliance）により、グーグル社のプロジェクトに対抗する書籍のデジタルデータ作成を行った（これが現在のインターネットアーカイブのオープン・ライブラリーへと繋がった）。このときのインターネットアーカイブは、私企業によるデータの独占に対抗する公共的な立場を代表したのである。(28)

グーグル・ブックスのサービスは現在も公開されており、その全文検索機能や検索結果の表示機能は、フェアユースの範囲とされている一方で、インターネットアーカイブのオープン・ライブラリーの著作物のデジタルデータの貸し出し機能やその拡張はフェアユースの逸脱と見なされていることは皮肉である。しかしもしインターネットアーカイブが行っているＣＤＬ（Controlled Digital Lending: CDL. 図書館が所蔵するコンテンツのデジタルコピーを、所蔵冊数分だけ貸し出す仕組み）が否定されれば、購入した著作物を貸し出すという図書館の存立の基本的な機能が否定されることにもなりかねないため、問題は単純ではない。デジタル時代において、電子書籍のライセンス購入のみが図書館の選びうる唯一の選択肢となってしまえば、永続的な資料の保全が営利企業にコントロールされ、長期にわたるライセンス収入の財源となり続けることにもなるし、ライセンスを発行する企業ごとの閲覧デバイスの制限の問題も解消できなくなる。またＣＤＬは映像の貸し出しにも適用可能な新しい仕組みとして注目されており、単に書籍の問題にも止まらない。(29) こうしてインターネットアーカイブの活動方針やその活動の定着、それらが引き起こす既存の仕組みとの軋轢に起因する問題群には、デジタル時代の新しい図書館やアーカイブのあり方を考える材料が、その功罪をふくめ豊かに提示されている。

さらに歴史的に広いパースペクティブをもつならば、デジタル時代の世界の公共図書館をめざすインターネットアーカイブが、グーグル・ブックスなどの私企業によるデジタルデータ集積および囲い込みに対するオルターナティブとなりえた構図は、実はデジタル的な知的財産に関して、コンピュータ科学者・技術者の間で長らく続いている対立の構図に淵源を見出すことも可能だろう。ワールド・ワイド・ウェブが公共的な道をとることで、デジタル情報の共有に関する先行の技術的提案・実装をしのいで普及したことが、本章で確認してきたデジタル的なアーカイブや図書館の起点にもなっていることも想起される。この問題はソフトウェアを自由に共有・改変・配布する権利をめぐって、一九六〇年代後半から今日まで続いている対立軸の現代的展開と見ることも可能であろう。(30)

「草の根活動の集積」のアーカイブ性

プレリンガー・コレクションが収集してきた「はかないフィルム」の現代の姿のひとつは、いうまでもなくYouTubeなどの動画投稿サイトやＳＮＳに日々大量にアップロードされている動画群である。先にも参照した『デジタル時代のアーカイブ系譜学』においても、「草の根活動の集積」のひとつとしてYouTubeが取り上げられており、「アーカイブの持つべき、オープン性、公共性、永続性、網羅性、検索可能性のすべては担保されず、あくまでもアーカイブ的機能の一部をもっているにすぎない」といったデメリットがあるものの、それゆえに「多種多様なあり方や発展の可能性」もあり、また「インターネット上のデータベースや情報は必ずしも永続性が担保されているわけではない。しかしひとたびSNSで話題になれば、誰かが見つけてくれたり、個人的に蓄積されていた情報がインターネット上にアップロードされ、再び共有され閲覧可能な状態にすることが可能になったりする。そのため、アーカイブの全消失などの危うさはなく、ある種の頑健性を持つといえる」という興味深い点が指摘されている。(31)

インターネットアーカイブでは、ユーザ自身がYouTubeに投稿したビデオを、自分のサイトのアーカイブを作成して公開または限定公開するための有料サービスのアーカイブ・イット（Archive-It）で残す方法が開拓されている。しかし一般的なウェイバックマシーンでは、YouTubeのような動的に生成されるウェブページはうまく履歴が保存できないうえ、そもそも閲覧履歴や登録サイトによりユーザごとに表示される視聴環境も異なっているため、その多様なウェブページのありようの記録を静的に残すことは不可能である。つまり、YouTubeに投稿された動画や、閲覧システムの全体は、運営主体の履歴を使ってしか復元はできない。デジタル時代の「はかない映像」は、そもそもが技術的には蓄積が比較的容易なデジタル情報であるだけに、記録として残せないとなるともったいなく思えるが、しかしこれまでも人々の生活の全てが残されてきたわけではないことを考えれば、どのように選択的に残すかも考える必要があるかもしれない。多くの人々の関心をあつめる映像は、先に触れた「頑健性」により誰かが繰り返し閲覧可能にし続けるという指摘が正しければ、それがこれまでの歴史資料でもみられた淘汰の新しいありようなのかもしれない。いずれにしても、インターネット前とインターネット後では、歴史学が対象とする資料そのものの質と量が大きく変容している。

一〇年ほどの長い裁判を争ったグーグル・ブックスは、現在、大量の書籍データの蓄積により、Ngram Viewerというサービスを公開している。これはある言語のフレーズを入力すると、当該言語で書かれた本の全データを検索し、それがいつ頃からどのくらいの頻度で出版物に現れているかを示してくれるサービスだ。(32) グーグル・ブックスの全文検索がフェアユースとなりうる例を示しているといえよう。大量のデジタルデータを握る私企業がこうした公共的なサービスをどれだけ社会に還元できるかも問われている。インターネットアーカイブにせよ、グーグル社にせよ、ときとして対立することもある高度なデジタル技術を駆使する人々が、外からも中からもデジタルデータの高度な再利用のための蓄積・公開に尽力しつづけることが映像研究を含む人文学にとっても重要であり、また人文学の側もそうしたデジタルデータの作成・利用のあり方の議論に寄与していくことが必要になっている。

注

（1）Ericsson Mobility-report, 2023. URL: https://www.ericsson.com/en/reports-and-papers/mobility-report/reports/november-2023（執筆時［二〇二四年六月］存在確認。以下、インターネット上の情報の存在確認時期は改めて記さない限り同様）

（2）Sandvine, The Global Internet Phenomena Report, January 2024. URL: https://www.sandvine.com/global-internet-phenomena-report-2024

（3）Cisco Annual Internet Report 2018–2023. URL: https://www.cisco.com/c/en/us/solutions/collateral/executive-perspectives/annual-internet-report/white-paper-c11-741490.html

（4）ネットフリック社の事業の拡大の記録は、投資家向け情報の年間レポートをたどると確認できる。URL: https://ir.netflix.net/ir-overview/profile/default.aspx

（5）歴代の工学・科学技術エミー賞（Engineering, Science & Technology Emmy Award）およびその前身、工学エミー賞（Engineering Emmy Award）の受賞記録は、テレビ芸術科学アカデミー（Academy of Television Arts & Sciences）のウェブサイトから確認できる。URL: https://www.emmys.com/awards/engineering-emmys/winners

（6）二〇一二年工学エミー賞受賞理由。URL: https://www.emmys.com/news/awards-news/olivia-munn-hosts-64th-primetime-emmy-engineering-awards

（7）Netflix, Long-Term View, 二〇二三年一〇月一九日更新。URL: https://ir.netflix.net/ir-overview/long-term-view/default.aspx

（8）Ramon Lobato, *Netflix Nations: The Geography of Digital Distribution*, p. 43.

（9）例えば、*The Hollywood Reporter* は、映画館での上映作品以外を締め出すカンヌ映画祭が『ローマ』を受賞候補作から締め出したにもかかわらず、ベネチア映画祭では同作品が金獅子賞をとったことを報じ、作品の配給方式で映画賞の対象になりうるか否かが決まることについての議論が起こっていることを報じている。URL: https://www.hollywoodreporter.com/news/general-news/what-roma-oscars-wins-mean-cannes-netflix-problem-1191665/

(10) 柳与志夫監修、加藤諭・宮本隆史編『デジタル時代のアーカイブ系譜学』みすず書房、二〇二二年、一二頁。

(11) 同前、七〇−一頁。

(12) 同前、九一−一〇頁。

(13) 国立国会図書館の「インターネット資料収集保存事業（Web Archiving Project: WARP）」。URL: https://warp.ndl.go.jp/info/WARP_Intro.html

(14) Quentin Hardy, The Big Deal: Brewster Kahle, *Forbes*, Nov. 27, 2009. URL: https://www.forbes.com/2009/11/25/alexa-amazon-entrepreneur-intelligent-technology-kahle-big.html?sh=6472c1f2583f

(15) Judy Tong, Responsible Party, Brewster Kahle; A Library Of the Web, on the Web, *The New York Times*, September 8, 2002

(16) Brewster Kahle, "A free digital library," TED, EG2007. URL: https://www.ted.com/talks/brewster_kahle_a_free_digital_library

(17) Television Archive. URL: https://archive.org/details/tvarchive?tab=about

(18) Vanderbilt Television News Archive. URL: https://tvnews.vanderbilt.edu/about

(19) Understanding 9/11. URL: https://archive.org/details/911

(20) Political TV Ad archive. URL: http://politicaladarchive.org/ 他に、ドナルド・トランプ元大統領のテレビ報道記録アーカイブである Trump Archive なども公開されている。URL: https://archive.org/details/trumparchive?tab=about

(21) Library of Congress, Information Bulletin, Library Acquires Rare Films: Prelinger Collection Features Ephemeral Films, October 2002. URL: https://www.loc.gov/loc/lcib/0210/prelinger.html?loclr=blognsh

(22) Rick Prelinger, *The Field Guide to Sponsored Films*, National Film Preservation Foundation, 2006. URL: https://www.filmpreservation.org/dvds-and-books/the-field-guide-to-sponsored-film

(23) 例えば C-SPAN3 によるインタビューでは、インターネットアーカイブでのフィルムのテレシネの様子を紹介した上で、フィルムをデジタル化してインターネット上にアップロードすることで、一般の人が内容についての説明を加えてくれること（クラウドソーシング）に意味があることを述べている。フィルムの歴史資料としての価値について実例を紹介しながら語ったあと、最後に一般の人々が映像制作の素材として歴史的映像を使えることの意義を訴えている。URL：https://www.c-span.org/

video/?315693-1/prelinger-archives-part-2

（24）Pioneering Internet Archivists Brewster Kahle and Rick Prelinger on Preservation in the Digital Age, Democracy Now!, August 24, 2011. URL: https://www.youtube.com/watch?v=_dR8f3SFKvM

（25）Jim Giles, Internet encyclopaedias go head to head, December 14, 2005. URL: https://www.nature.com/articles/438900a

（26）「Wikipedia のライセンスがクリエイティブ・コモンズに！」、クリエイティブ・コモンズ・ジャパン、二〇〇九年一〇月七日。URL: https://creativecommons.jp/2009/10/07/wikipedia/

（27）この複雑な裁判の判決の解説は、例えば https://masudalaw.wordpress.com/2016/05/04/google-books-2nd-cir-decision/ などで詳しく論じられている。

（28）和解案阻止に成功して解散したアライアンスのウェブサイト www.bookalliance.org の記録は、当のインターネットアーカイブのウェイバックマシーンにアーカイブされている。

（29）国立国会図書館、「学校図書館における映像コンテンツへの Controlled Digital Lending の導入（文献紹介）」、二〇二二年一月五日。URL: https://current.ndl.go.jp/car/45432

（30）ここではその詳細を記述する紙幅は尽きているが、フリーソフトウェア財団（https://www.fsf.org/）、特に自由ソフトウェアの理念（https://www.gnu.org/）を見ることで、概略は把握できる。

（31）前掲柳ほか『デジタル時代のアーカイブ系譜学』一六四頁。

（32）グーグル社が集めたデータを利用した検索サービスは一般に無料で公開されている（https://books.google.com/ngrams/）。

第Ⅴ部

周辺化されたシネマ

第20章　宙づりになる非市民の遺産

小川翔太

ジョルジョ・アガンベンは次のように指摘する。現在の工業国が共通して抱える「国籍を取得することも本国に送還されることもできず、またそれを望みもしない」非市民の存在は、一般的にグローバル化によって引き起こされる国民国家制度の綻びのように語られがちだが、歴史的に考えれば地球をまるごと主権領土として分割し、全ての人がどこかしらの国民であることを求める国民国家制度に内在する矛盾の露見にすぎないと。彼がここで参照するのは、第一次大戦後の帝国崩壊に伴う現象として立ち現れた大規模な難民化と無国籍者の台頭を論じたハナ・アーレントの洞察だ。[1]アーレントは、無国籍者の存在を世界のすべての国民国家に向けた「呪詛」と総括した。つまり、無国籍者が体現するのは、法のもとの平等という世界の国民国家化を下支えする原則にもかかわらず、実際には「法の埒外に立たされ、事実上法の保護から追放され」る例外状態を生きる人がいること、つまり法の秩序に例外があるということだ。[2]そして、その例外を解消すべく何人も生まれながらに持つ人権という概念に頼っても、人権を保護する主体が、そもそも例外を作ってしまう国民国家の他に求めることができない構造的な矛盾に陥る。世界のすべての人や物をいずれかの国家の管理のもとで統監されるべきものとする領土主権主義から派生するこの矛盾を、アガンベンは端的に「包含的排除」と呼ぶ。[3]

本章の目的は、こうした無国籍者が喚起する一連の問題が、映像アーカイブの未来をめぐる議論に重要な示唆を与えることをいくつかのステップを踏んで示すことだ。まず、領土主権主義の矛盾が意外にもフィルムアーキビストの倫理規定や実践理論に深く結びついていることを、とくにフィルムの返還／帰国事業に関するアーキビスト自身による議論を参照しながら確認する。次に、無国籍の状態に置かれる人たちとの交流を通してフィルムアーカイブの倫理規定とは異なるオルタナティブな映像遺産保存の方法を模索するヨーロッパや中東のデジタルアーカイブの実践例を検討する。最後に、領土主権主義の矛盾と映像アーカイブの未来の関係を、近代日本の文脈で理解するために在日コリアンのアーティストである琴仙姫（クム・ソニ）の映像インスタレーションを取り上げる。この最後のステップは、映像作家によるアーカイブ映像の再利用を、現存しないアーカイブをヴァーチャルに認知させる重要な場として捉える昨今のアーキビストの議論を踏襲するものだ。

1　フィルムアーカイブの倫理規定と無国籍者

東京の国立映画アーカイブやソウルの韓国映像資料院をはじめとする各々の国や地域で代表的な収蔵機関が加盟する国際フィルムアーカイブ連盟（一九三八年発足、以後ＦＩＡＦ）の倫理規定を見ると、前文に次のような一節が見つかる。

> フィルムアーカイブ及びフィルムアーキビストは、世界の「映像遺産」を保護する者である。フィルムアーカイブ及びフィルムアーキビスト……の使命は、この世界遺産を守り、製作当時の状況に最も忠実な形を、できる限り最良の条件で保持し、後世へと責任をもって伝えていくことである。[4]

境界線を越えて世界の映像遺産を守ろうとするフィルムアーカイブ事業のコスモポリタンな理念が垣間見える一

節だ。この理念を伝えるのに不可欠なキーワードが映像遺産（フィルム・ヘリテージ）という造語だろう。これは、しかし、美学的な基準に基づく映画フィルムの蒐集を目的とする初期のフィルムアーカイブによって一九三八年に立ち上げられたＦＩＡＦが初めから使っていた用語ではない。映画フィルムを文化遺産として位置付ける着想は、考古学の遺跡や美術品、その他の文化創造物をいかにして武力紛争による破壊や散逸の危機から保護するかが講じられた第二次大戦以後の一連の国際的な議論に由来する。文化遺産学では、近代の文化遺産（カルチュラル・ヘリテージ）の概念が、もともとは貴族社会の家督相続（パトリモニー）から派生し、それがフランス革命によって継承の主体を子孫ではなく後世、すなわち来たる未来の国民の総称に置き換えられて変化していったことがよく知られる。[5]こうして近代の国民創生装置の一つとして再編成された文化遺産の保護事業が、二度の世界大戦を経て今度は超国家的な枠組みで再編成される。一九四六年に発足したユネスコ（国際連合教育科学文化機関）が一九五四年に採択した「武力紛争の際の文化財の保護のための条約」（通称一九五四年ハーグ条約）では、その前文で「いかなる国民に属する文化財に対する損害も全人類に対する損害を意味する」と謳い、後世の概念を国民から全人類に拡大するとともに、文化遺産を保護する倫理的枠組みも「世界のすべての国民にとって多大の重要性を有する」ものの保護と捉え直している。[6]遺産継承の主体を従来の国民から全人類あるいは世界のすべての国民と言い換えながらも、皮肉にも領土主権主義、すなわち領土内のすべての人や物に対して国家が行使する排他的な統治は強化されていく「包含的排除」の矛盾がすでに露呈している。この矛盾は、どこの国家の領土内にも存在するマイノリティの文化遺産に関しても、その保護事業を統監する責任ならびに権限が批准国の行政にあることに国際的なお墨付きを与えることでもある。

アーキビスト兼研究者のキャロライン・フリックによれば、ユネスコの定義に孕むコスモポリタンな建前と方法論的なナショナリズムの矛盾は、フィルムアーカイブの仕事のさまざまな側面でも垣間見えると言う。[7]彼女が取り上げる事例の一つにフィルムの返還／帰国事業がある。祖国を指すパトリアや上記の家督相続を指すパトリモニーと関連する返還／帰国（レパトリエーション）という言葉は、否応なしに文化財を移動することが正しいかのように感じさせる効力を持つ。もともとは考古学や博物館学において、戦争や植民地支配を背景とする略奪で正当な持ち主のもとを離れたものについて使われてきた言葉が、とくに一九八〇年代からアメリカの映画史のコレクションの空白を埋めるために、国外の機関が所蔵するアメリカで製作された映画のフィルム素材を国内収蔵機関に移動する事業を正当化するために使われてきた。この場合、略奪ではなく、もともと産業的な商品として世界市場に流通していたフィルムがそのまま生産国を遠く離れた収蔵機関に所蔵されてきたことが背景となる。例えば、世界の流通経路の末端にあったニュージーランドや豪州には、アメリカに現存しない映画フィルムの多くが残っていたことから一九八〇年代から一九九〇年代まで両国から合計二〇〇〇本以上のフィルムがアメリカの複数の機関に移管され、そのことが返還／帰国と表現されてきた。

同じくアーキビスト兼研究者として著名なパオロ・ケルキ・ウザイもアメリカへのフィルム返還ブームについて批判的な見方を示す。彼は、しかし、情動に訴える擬人化された表現の問題点を、また別の擬人化された表現で巧妙に指摘する。返還／帰国の名のもとで起こっていることは、単に国境なき映画史というアイディアに反するだけでなく、アーカイブズ学ではとても許容されない原秩序を乱す史料の移動であると主張するために、それはフィルムの「返還／帰国」どころか「ディアスポラ」（離散）だと断言する。[8] 例えばオーストラリアやニュージーランドで流通・受容した映画がその地の機関で保護されることは、現地の映画受容を伝えるためにも意義があるのではないか。[9] そうした問題提起を促すため、ウザイはさらにもう一つ擬人化した表現を投じる。それは、アーキビストは、返還／帰国といった情動を喚起するレトリックに流されるのではなく、それぞれのフィルムの来歴を調べて総合的に理想的な処遇を判断する、いわば「市民権を証明」する仕事をすべきだという主張だ。これらの擬人化した表現を単にウザイの語り口の問題として捉えることは間違いだろう。文化遺産研究では、前出の一九五四年のハーグ条約が、戦争による負傷者や捕虜の扱いを定めたジュネーヴ諸条約を文化財に適応した「文化財の赤十字憲章」として知られるが、これは第二次大戦後の文化財保護の議論において常に人や集団の庇護の議論が地続きのものとして参照されていたことを示唆する一つの例だろう。(10)

ウザイの求める市民権の証明は、しかし、それぞれのフィルムについて安定した帰属先を見つけることができることを前提としている限りで、アーレントやアガンベンが指摘する送還不可能な無国籍者の問題を踏まえたものではない。文化財の市民権を証明する仕事の複雑さを確認するために、次にデジタルアーカイブをめぐる議論を見てみよう。

2　無国籍者の存在証明とデジタルアーカイブ

メディア研究者のクリスチャン・ロシパルは、フィルムアーカイブであれ公文書のような活字資料ベースのアーカイブであれ一律に重要視する長期的な保存を目指すこと自体が定住者中心のバイアスを持つと指摘する。彼の考えを支えるケーススタディは、ストックホルムの芸術家や活動家が立ち上げた移住者支援団体であるノンシティズンが運営するデジタル映像アーカイブだ。その名も非市民アーカイブ（The Noncitizen Archive）というこのヴァーチャル・アーカイブは、主にノンシティズンの活動と接点を持ったサンパピエ（正規の滞在許可証を持たない難民やその他の移住者）がアップロードする動画ファイルを、この団体が存続する限りのタイムスパンで保管を引き受けるという仕組みだ。また、デジタルアーカイブ全般がそうであるように、非市民アーカイブも保存を一義的な目的とするものではなく、参加者の希望に沿って、館内アクセス、遠隔地からの研究調査あるいは支援目的のオンラインアクセスといった条件付きの拡散を想定している。

彼が挙げる利用事例はいくつかあるが、一つは、支援団体ノンシティズンが主催する映像制作ワークショップへの参加を通して移住者自身が作った作品を、他のワークショップに立ち寄る別の移住者が閲覧できるように、あるいは、時間が経ってから自分でアクセスできるように預かるというケースだ。もう一つは、二〇一七年にアフガニスタン出身の難民申請者を強制送還するスウェーデン議会の決議に対して展開された抵抗運動に関わるものだ。その時ひとりの一八歳の青年が同じく児童として祖国を離れてスウェーデンに移住してきた他の未成年らとコレクティブを作って座り込み運動を展開し、その様子を自身のスマホなどで撮影していた。その運動の記録とも青春の記録ともつかない貴重な映像データは、のちにこの青年がノンシティズンの活動に参加するようになったことをきっかけとして非市民アーカイブに託された。彼らの抗議運動の映像は、テレビ局が撮影したものも相当量あるので希少性はない。しかし、滞在許可証を持たない当事者たちが随時アクセスできる環境は公的な機関では担保しづらい[11]。また、映画アーカイブを擁するスウェーデン映画協会は、ノンシティズンの活動の協賛団体の一つではあっても、スウェーデンの映画史に関するフィルムや資料の長期的な保護を目的とする機関であるためアマチュア作品を扱うことは現実的でない。そこで、デジタルアーカイブによる短期的な保護にロシパルは積極的な意義を認める。この時、彼が使う比喩が文化財の保護と難民・亡命者の庇護をつなぐアジール（非難所）という表現だ。アガンベンが言うように、国籍の付与が包摂を通じた排斥という側面を持つことを考えれば、ノンシティズンのような支援活動が強制送還の危機に瀕する若者たちのためにできることが無国籍状態の根本的な解決ではなく、教会や地方自治体との協力による移民局の執行権の及ばないアジールを作ることに限られていることは必ずしも弱点ではなく、積極的な意義を見出すこともできる[12]。

無国籍者が置かれる特異な状況とデジタルアーカイブの特性を接続させる議論は、ドキュメンタリー映画の学術誌 *World Records Journal* のハナ・アーレント特集（二〇二〇年）に採録された対談にも見られる。登壇者の写真家ヤスミン・エイド゠サバーは、彼女が関わるヨルダンのパレスチナ人難民キャンプの写真、動画ファイル、音声ファイルを収集する活動について紹介する。彼女は、ロシパルとは異なり、長期的な保存を目的とする狭義のアーカイブの目的も無国籍者にとって無用とは見なさない。むしろ、しかるべき政治的、社会的、経済的な条件が整った時には、パレスチナの土地でパレスチナ人のための視聴覚アーカイブが開設される未来像を描くために、彼女が行うような暫定的なデジタルコレクションの収集が必要だという。エイド＝サバーがデジタルコレクションという呼称にこだわる理由は、一つには、写真の提供をキャンプ住人に乞うだけでなく、撮影状況、撮影者、撮影場所などのメタデータもキャンプ住人との関わりあいから多層的にコレクションすることに重きを置くからでもある。もう一つには、アーカイブという言葉を避ける必要があるという。彼女は、住人から「これもデジタル化しなさい、でも、公開はしないように」と写真を寄託されることが少なくないことに触れ、それを「贈与と同時に差し控える」重要なジェスチャーだと説明する。それが示唆するのは、七〇年越しで帰還の機会を待ち続ける難民キャンプの住人にとって、「いまここ」の次元の利用者のために「贈与」することも、キャンプの延長線上にはない解放後の「後世」のためにアーカイブ資料を残すために「差し控える」ことも共に重要だということだ。[13]

以上は、もともとは専門知識と中立的な立場で扱うとされてきた映像遺産が、デジタルデータの媒介によって多様な参加主体を巻き込んで模索されている事例だ。ここで言う中立的な立場とは、原秩序を維持した正当な手続きを経たアーカイブ文書であれば、文書自体が歴史を語り出すことができるとする一九世紀的な実証主義に立脚している。[14]動的映像保存協会（ＡＭＩＡ）の機関誌『ザ・ムービング・イメージ』は、運動家とアーキビストの関係に焦点を当てた特集号で、この中立性を不安定化する主な方法として、既存のコレクションの盲点を指摘するデジタルアーカイブを含む蒐集活動、そして、実験映画などによるアーカイブ映像の再編集の二つを挙げている。[15]この節で見た前者の例では十分考慮できない問いの一つに、無国籍者とは言え、例えば国立映画アーカイブなどの主流の収蔵機関にある映像の継承者として認められるべきではないのかというものがある。この問題を考えるため、次はアーカイブ映像の再編集の事例を考える。

3　アーカイブ映像の再利用から紡ぎ出す無国籍者の世界

日本語のメディア空間で「隠れ移民大国」[16]はすでに常套句になりつつあるが、映像アーカイブをめぐる話題として「市民でない定住民からなる大衆」が焦点化されることはほとんどない。国立映画アーカイブから社会的に発信されるメッセージの主旋律は、「フィルムを集め、整理し、アクセスを可能にするための情報化を行い、さらに永続的な修理・保存を」行う専門的な機関の重要性であり、それに抗った非専門的なモデルを模索する論者のキーワードは「地域」あるいは「市民」だ。[17]どちらも国民国家や領土主権の妥当性や正当性を疑問視するものではない。

こうした中、グループ展『朝露——日本に住む脱北した元「帰国者」とアーティストとの共同プロジェクト』（以後「朝露プロジェクト」）は、重要な切り口を提示する。公共空間での人々との交流を通してアートを創作するSEAこと社会的芸術実践（ソーシャリー・エンゲイジド・アート）として実現した朝露プロジェクトは、琴仙姫、竹川宣彰、山本浩貴、高川和也からなる四名のアーティストが「元〈帰国者〉」と言及される人々に会って話を聞いた後、それぞれ多様なメソッドで作品を作っていく形式をとる。[18]その限りでは、前述のストックホルムの移住者の映像記録を収集する試みや難民キャンプ住人と共同でメタデータを多層的に記録する事業と共鳴するが、朝露プロジェクトでは収集された映像がどのように展示されるかが最大の関心ごとだ。ここでは紙幅の関係からプロジェクト全体ではなく、膨大なアーカイブ映像を使用して構成される琴仙姫の映像インスタレーション『朝露 Morning Dew: The Stigma of Being "Brainwashed"』（以後『朝露』）に焦点を絞って話をすすめる。

グループ展の題目で言及される元「帰国者」に関して、展示資料は次のように説明する。

現在日本には約二〇〇人の元「帰国者」が暮らしている。彼らの多くは、一九五〇年代後半から一九八〇年代前半にかけて行われた「帰国事業」で北朝鮮に移住した在日朝鮮人やその子孫である。当時大々的に報道された「地上の楽園」という幻想を信じ北朝鮮に移住した。そのほとんどが、現在の韓国出身の在日コリアンであった。……彼らの多くは、身分を隠して日本でひっそりと暮らしている。[19]

高度経済成長に差し掛かる日本を後にして朝鮮民主主義人民共和国（以後北朝鮮）へ渡った九万三三四〇人にも上る「帰国者」の内訳は、朝鮮人八万六六〇三人とその配偶者・扶養家族の日本人六七三〇人ならびに中国人七人だとされる。[20]日本人や中国人はもちろんのこと、「帰国者」の多数を占めた朝鮮人に関しても、日本に住む朝鮮人の九七パーセントが朝鮮半島南部出身であったことを考えれば、「帰国事業」（国際赤十字社が用いた英語は、例の祖国への帰還を意味するリパトリエーション）という呼称は中立的ではない。もともと「皇国臣民」として日本に移住した人たち、また、彼ら・彼女らの日本生まれの子や孫をこのように大規模に日本と国交もない北朝鮮に送還することは、ウザイの表現を借りれば「帰国」ならざる「離散」（ディアスポラ）だと言えよう。ウザイの言うような厳粛な（無国籍者として居住する国での）市民権の判断を求めることは、しかし、現在だから為せることだとも言える。人種差別、民族差別のない、努力する能力のある者に教育や就職の機会が与えられる地上の楽園を宣伝する北朝鮮のニュース映画やグラフ雑誌、そしてその宣伝を結果的に単に拡張するだけでなく承認することになった好意的な日本の主流メディアは、見ず知らずの地への移住を躊躇する人々に強力な「プル（＝引きつける）要因」を与えたことが知られる。また、朝露プロジェクト批評集の中で、参加アーティストの山本浩貴が指摘するように、総力戦の一環として被植民者の皇民化政策すなわち日本人化を推し進めていた日本が、敗戦した途端に、選挙権の剝奪（一九四五年一二月）や国籍の剝奪（一九五二年）といった国内法の保護から除外する政策を打ち出し、脱植民地化の拠点として朝鮮人コミュニティが自律的に整備した朝鮮語の教育の場も閉鎖し（朝鮮学校閉鎖令、一九四九年）、さらに次世代の希望も挫く国籍や民族による職業差別といった幾重にも重なる日本の排外主義という強固な「プッ

インスタレーション 2020 年)，3 つのスクリーンに投影されるイメージを横に並べたコンポジット

シュ（＝押しだす）要因」があったことを踏まえることは重要だ。[21] 同じ批評集の琴の文章には、ややもすれば「押し出す」国と「引きつける」国を固定ポイントとして人の動きを想起しがちな移民研究的な枠組みは端から登場しない。かわりに採用されるのがアーレントの無国籍者の考えだ。彼女の構図では、元「帰国者」は、現在の東アジアの国民国家創生プロセスと同時に例外状態として生まれた無国籍者であり、まるで北朝鮮や日本という共同体が先にあってその間を移動するものかのように捉えた「移民」の説明は妥当でない。

以上のような複雑な歴史背景の論理的な解説が、琴のヴィデオ・インスタレーションから読み取れるわけではもちろんない。むしろ、キュレーターの近藤健一がまとめるように、三つの大きなスクリーンに映し出される「壮大な映像モンタージュ詩」から鑑賞者が受ける印象は、「必死に映像と映像の関係を想像しようとするが、謎が解けない場合もあり、夢を見ているかのような錯覚」であり、論理的な理解とは正反対だ。[22]『朝露』は、厳密にはアーカイブ映像のほかにもモデルを用いた戦争画の再現タブローやロケーションショットが使われる多層的なテクストだが、ここでは多様な形態の映像アーカイブから収集した映像が有機的に再構成されることで生まれる効果について具体的なシーンを一つだけ挙げて考えよう。「火山島」のタイトルを冠する第二章は、主に米国国立公文書館ならびにニュージーランド国立視聴覚アーカイブ所蔵の済州四・三事件（一九四八―一九

図20-1　琴仙姫『朝露 Morning Dew: The Stigma of Being "Brainwashed"』(3channel ヴィデオ・

四九年）から朝鮮戦争（一九五〇―一九五三年）にいたる期間に、それぞれ米軍とニュージーランド軍が撮影した16ミリフィルムの映像で始まる。米国国立公文書館がきわめて寛容なアクセスポリシーで世界への再流通を促進する米軍の映像を、例えばアジアや中東などの米国覇権下の映像作家が自国のアーカイブでは得られない貴重な「証拠」として使用する時、そもそも米軍がその比類なき予算規模やマンパワーで実現した映像記録のコーパスの磁場を逃れることができないジレンマが研究者によって意識されつつある。[23] その点で、三つのスクリーンを横断した琴のモンタージュが、一方では、戦闘機操縦士の視線から着弾「キル」の瞬間を記録するために機体にキャメラを装填して撮影された米空軍の悪名高いガン・キャメラのフッテージを、他方では、線路沿い漢江（ソウル）の岸を歩く非難民の顔が見えるヒューマニスティックな米軍記録映像を、その対比の意味を論理的に考える猶予を与えない形で編み込んでいることは興味深い。鑑賞者を、客観的な距離から「証拠」を検証する第三者としてではなく、作品の題目が示唆するような洗脳（brainwashed）の、あるいは、重層的なトラウマの擬似体験の治験対象として扱う編集のように思える。

このシークエンスに続く場面で、突如、左スクリーンと右スクリーンが同じ河川を異なる時代に撮影したものだと気が付く瞬間が訪れる。まずは、左スクリーンに、大河の流れをゆっくり辿るような旋回パノラマショットが濃淡の強いきめ細かいモノクロ画像で浮かび上がる。ほどなくそのキャメラの旋回とほとんど同じような速度で、同様なアングルでどうやら同じ大河をパンするショットが右スクリーンに浮かび上がる。こちらは目の荒いカラービデオ画像だ（図20-1）。

これら二つのショットが平壌の観光名所である牡丹峰から撮影された大同江であること、一方が神戸映画資料館が所蔵する昭和初期の16ミリ、9・5ミリで撮られた「満鮮旅行」のアマチュアフィルムであり、他方が一九九〇年代に琴自身が東京の朝鮮高校の祖国訪問ツアーで平壌を訪れた際の記念ビデオであることは、今作の解説や琴の過去作品に関する文献を読めばわかることだが作品鑑賞に必須な情報ではない(24)。重要なのは、アーカイブ映像を用いる作品作りの特性として、アーカイブ機関の秩序の中でそうした記録映像を観ている限り露呈することがない強力な歴史観の喚起力を解放する効果があることだろう。端的に言えば、帰国事業がいかに帝国主義、冷戦・朝鮮戦争、在日朝鮮人のディアスポラといった多層的な歴史の連環を抜きにして語れないことを示す喚起力に他ならないが、『朝露』はその歴史の多層性を感覚の次元で、つまり、個々の記録映像の単位に分解できない有機的なイメージの知覚として身体化させる。この分解不能性は、上に述べたように旧来の移民研究が、プッシュ要因・プル要因といった形で出身国・ホスト国の二国間関係の問題として本来は流動的な人の移動を分解してしまうことへの解毒剤とも理解できる(25)。分解不能な印象を演出する作業を、琴は、「呪文を呟くように、そして過去の幻影と対話するよう」と意味深に語る。この呪文という特異な表現を、無国籍者をすべての国民国家に継承される「呪詛」と呼んだアーレントの表現と合わせて考えることに意味があるとすれば、それは呪文が呪詛をどう解き得るかという思考回路ではないだろう。むしろ、呪詛をふたたび読み上げることで可読化するような作業として捉え直すことだ(26)。アーレントは、ロシア革命を逃れた亡命者が一方的に国籍を剥奪された事件を、誰でも潜在的な無国籍者である事実が露見したものと位置付けるが、その事件と類似した在日朝鮮人の国籍剥奪も、無国籍化した彼らの「帰国」も、これまで必ずしもそうした呪詛として一般的に認知されてきたわけではない。琴が世界中のアーカイブ機関から映像を収集し、その呪詛を可視化するような呪文＝モンタージュを編み上げるとき、それは、同時にエイド＝サバーが言及する「贈与と同時に差し控える」ジェスチャーでもあるだろう。すなわち、誰でも潜在的な無国籍者であることの一種の脆弱性を認知して初めて可能な来るべき共同体＝後世の想像を促すジェスチャーだ。(27)

4　「返還フィルム」特集からディアスポラ特集へ

本章では、無国籍者の存在とデジタル映像アーカイブの未来を同時に考えることの妥当性と重要性を、三つの段階にわけて考察した。まず、ＦＩＡＦの倫理規定に見られる映画遺産の概念のルーツや返還／帰還のレトリックの問題を事例に、文化財保護の枠組みと少数者の庇護の枠組みが近代において無関係でないこと、つまり、どちらも国民国家制度の矛盾と密接に関わる形で同時派生的に台頭してきたことを確認した。次に、ヨーロッパの正規の滞在証を持たない移住労働者やパレスチナ難民キャンプ住人を対象としたデジタルプロジェクトのケーススタディを参照しながら、一見あたりさわりのないように思える長期保存を一義的とするアーカイブ倫理が、「国家─国民─領土」の隙間からこぼれ落ちる人や集団を排除して成り立つとの批判を検討した。最後に、琴仙姫の映像インスタレーションを事例として、英語圏の議論に比べて大きく立ち遅れた日本語公共圏における無国籍者・非市民と映像アーカイブの関係について議論の切り口を提示した。

折しも本章執筆時に、国立映画アーカイブで大規模な返還映画コレクション特集が始まった。第二次大戦中に敵性財産として接収されたイタリア、ドイツ、日本、ヴィシー政権（フランス）映画をそれぞれの国に戻す事業は、第1節で言及したフィルムの帰還／返還の体系的な取り組みの嚆矢だとされる。一九六〇年代に米国議会図書館に約四〇〇〇本保管されていることが確認されていた日本映画の可燃性フィルムを東京国立近代美術館に移管するプロジェクトは、これまでとくに批判的な省察を経ないまま「返還」あるいは「里帰り」と呼ばれ、それらのフィルムの「市民権」が日本にあるとする根拠も特に論じられてこなかった。(28) とはいえ、今回の特集には、変化の兆しが見られる。例えば、二〇二四年夏季の「返還映画コレクション(2)」に寄せた総説で、板倉史明は返還映画を一律に捉えては埋没してしまうフィルムの来歴の複雑さや複数性を論じている。[29] 中村秀之によるまた別の総説を見るとわかるように、一般的には返還映画の来歴は、一九六二年に始まる日米の代表者間の折衝のドラマに着目した形で分析される。[30] それに対して板倉の総説は、日系人経営の興行会社による敵性財産管理局を相手取った一九四六年の返還要求まで遡って複雑な様相をあきらかにしている。接収映画の多くは日本人移民労働者向けに米国で流通されていた日本映画フィルムであることは、板倉が以前から実証的にあきらかにしてきた点だが、ここで日系人企業への「返還」と日本の窓口機関への「返還」と二つの要求があることはどう理解されるべきだろうか。[31] 前述のウザイの言葉を借りれば、これらのフィルムの市民権は、在米日系人コミュニティの歴史としてアメリカにあるとする主張も成り立つはずだし、また、一つの機関での占有を問題視する主張もあり得るだろう。[32] さらに、板倉は、一九四六年五月までソウルにあった占領軍の検閲局の存在に言及し、仮に植民地朝鮮で流通していた日本映画フィルムが連合軍軍政期の検閲で没収され、アメリカに移管され、日本側の調査にひっかからず現在でもアメリカ議会図書館の所蔵庫で「迷子」になっていることが考えられるかどうか、あくまで仮説として投げかける。本章にとってこの推測が示唆に富むのは、その迷子のフィルムが発見された途端「市民権の証明」が求められることだろう。日本に移管して次なる返還映画特集に包摂されるのか、韓国映像資料院に移管して同院が積極的に開拓してきたコロニアル、ディアスポラの映画の一部となるのか。第三の道があるのか。

韓国映像資料院は、国外で発見された植民地期の朝鮮映画の調査、移管、修復からなる一大プロジェクトが軌道に乗った二〇〇八年、「返還」のレトリックを問題視するシンポジウムを主催して、こうした「市民権を証明する」複雑極まりない問題を公的に議論する場を設けている。[33] 国立映画アーカイブの歴代の「返還映画」特集で、同様の場が設けられた様子は管見の限りない。日系人の映画受容史を国立映画アーカイブがどのように位置付けて、どのような試みから多層的なメタデータの収集を行うべきか、公的に議論すれば、それは、転じて、帰国事業に関わる貴重な映画に関しても、例えば元「帰国者」の言葉をメタデータに反映させる試みなどを検討する契機になるのではないだろうか。そして、もしそうしたメタデータの多層化を図るにあたって、アーキビスト以外の研究者やアーティスト、活動家の手に委ねたデジタルアーカイブの形式が望ましいのであれば、館内コレクションがこうした共同プロジェクトに開かれていくことに期待をかけたい。

注

（1）無国籍者の理屈上の送還不能性と実質上の非合法的な送還や追放については、ハンナ・アーレント、大島通義・大島かおり訳『全体主義の起原2　帝国主義』みすず書房、二〇一七年、二九五―二九六頁。
（2）同前、三〇三頁。
（3）ジョルジュ・アガンベン、高桑和巳訳『ホモ・サケル――主権権力と剝き出しの生』以文社、二〇〇三年、三四頁。
（4）東京国立近代美術館フィルムセンター・斉藤綾子訳「国際フィルム・アーカイヴ連盟（ＦＩＡＦ）倫理規定」『ＮＦＣニューズレター』第二三号、一九九九年、一〇―一一頁。「フィルム・アーカイヴ」「フィルム・アーキヴィスト」の表記のみ現在より主流である「フィルムアーカイブ」ならびに「フィルムアーキビスト」の表記に修正した。
（5）Caroline Frick, *Saving Cinema: The Politics of Film Preservation*, Oxford University Press, 2010, pp. 6, 13-15.
（6）西村幸夫・本中眞編『世界文化遺産の思想』東京大学出版会、二〇一七年、五、一一頁。
（7）Frick, *Saving Cinema*, pp. 5, 13.
（8）二〇〇三年の初版ではＦＩＡＦの「原則」として言及するに過ぎなかったフィルム返還が、二〇一八年の第三版（和訳は二〇二三年）では批判的な解説により補足されている。Paolo Cherchi Usai, *The Silent Cinema Reader*, Routledge, 2003, pp. 82-83（パオロ・ケルキ・ウザイ、石原香絵訳『無声映画入門――調査、研究、キュレーターシップ』美学出版、二〇二三年、三九六、三九九頁）.
（9）前掲、ウザイ『無声映画入門』三九八頁。
（10）フィルムの保護を疑似化するレトリックがうまく効力を発揮してきた事例として、オーファン（孤児）が挙げられる。同前、三九四頁。

（11）Christian Rossipal, "The Noncitizen Archive: Transversal Heritage and the Jurisgenerative Process," in *Migrant, Multicultural, and Diasporic Heritage: Beyond and Between Borders*, eds., Alexandra Dellios and Eureka Henrich, New York: Routledge, 2020, p. 42.

（12）Ibid., p. 47.

（13）Diana Allan et. al., "Dossier\Before, Within, Around, Beyond: World-Making in the Digital Archive," *World Records Journal* vol. 4, 2020, p. 226.

（14）Sven Spieker, *The Big Archive: Art from Bureaucracy*, Cambridge, MA: MIT Press, 2008, p. 6.

（15）Paalman, Floris, Giovanna Fossati, and Eef Masson, "Activating the Archive," *The Moving Image* 21（1-2）, 2021, pp. 1-25. 中立性についてはとくに四頁を参照。

（16）この表現は『週刊東洋経済』（二〇一八年二月三日号）が特集で使ってから随所で見られるようになったように思う。

（17）岡島尚志「デジタルアーカイブは「保存」に役立つか」文化資源戦略会議編『アーカイブ立国宣言――日本の文化資源を活かすために必要なこと』ポット出版、二〇一四年。パラダイム転換を求める声の例は、せんだいメディアテークが東日本大震災後に立ち上げた「三がつ一一にちをわすれないためにセンター」の活動を紹介する佐藤和久・甲斐賢治・北野央『コミュニティ・アーカイブをつくろう！』晶文社、二〇一八年。概ね非市民アーカイブに近い性格の参加型のアーカイブの試みだが、参加主体として想定される「コミュニティ」や「市民」が「市民でない定住民」を含むのかどうかの議論はない。『現代思想』（二〇二三年九月臨時増刊号　総特集＝関東大震災100年）に詳しいように、大震災後に地域コミュニティを守るための自警団の手で、数多くの被植民者・移住労働者の朝鮮人が各地で虐殺された史実を踏まえれば、この盲点は重大な欠陥だろう。

（18）山本浩貴「ポストコロニアリズムの時代におけるソーシャリー・エンゲイジド・アート」琴仙姫編『朝露　日本に住む脱北した元「帰国者」とアーティストとの共同プロジェクト』ART DIVER、二〇二三年、二〇―二二頁。毛利嘉孝「『朝露』――記憶と記録へと向かう芸術的想像力」琴仙姫編『朝露　日本に住む脱北した元「帰国者」とアーティストとの共同プロジェクト』ART DIVER、二〇二三年、四頁。

（19）帰国事業は、一九五九年から一九八四年まで続いた。会場で配布された資料には、年代表記に誤りがあるため、ここでは、会期後に出版された批評集の中にある改訂ヴァージョンを引用する。琴仙姫「朝露プロジェクト――深い空白への挑戦」琴仙姫編『朝露　日本に住む脱北した元「帰国者」とアーティストとの共同プロジェクト』ART DIVER、二〇二三年、九―一〇頁。

（20）テッサ・モーリス＝スズキ、田代泰子訳『北朝鮮へのエクソダス――「帰国事業」の影をたどる』朝日新聞社、二〇〇七年、二二五頁。

（21）山本浩貴「ポストコロニアリズムの時代におけるソーシャリー・エンゲイジド・アート」琴仙姫編『朝露 日本に住む脱北した元「帰国者」とアーティストとの共同プロジェクト』ART DIVER、二〇二三年、一六―二三頁。「帰国」の言葉の欺瞞をとくに鋭く問題視してきた歴史家のテッサ・モーリス＝スズキらが国際赤十字社のアーカイブ文書の調査から主張するように、在日朝鮮人コミュニティ内部から北朝鮮への帰国を求める運動が巻き起こる以前から日本政府が積極的に在日朝鮮人を減らす策を講じていた事実も考慮する必要がある。菊池嘉晃『北朝鮮帰国事業の研究――冷戦化の「移民的帰還」と日朝・日韓関係』明石書店、二〇二〇年、二四―二五頁を参照。

（22）近藤健一「さまざまな「夢」が繋ぐ「朝露」プロジェクト」琴仙姫編『朝露 日本に住む脱北した元「帰国者」とアーティストとの共同プロジェクト』ART DIVER、二〇二三年、九八頁。

（23）例えば、Kim Han Sang, "Can the 'Comfort Women' Footage Speak?: The Afterlives of Camera Images as Document and the Flow of Life," *Positions: Asia Critique* 31 (4), 2023, pp. 803–838.

（24）彼女の初期作 *Beast of Me*（二〇〇五年）の冒頭でもハンディカムで撮られた朝鮮学校コミュニティの舞踊大会のヴァーナキュラーな映像が用いられている。

（25）クリスティアーネ・ハルツィヒ、ディルク・ヘルダー、ダナ・ガバッチア、大井由紀訳『移民の歴史』ちくま学芸文庫、二〇二三年、一七頁。

（26）前掲琴「朝露プロジェクト――深い空白への挑戦」一四頁。前掲アーレント『全体主義の起源2　帝国主義』三〇三頁。

（27）前掲琴「朝露プロジェクト」一五頁。

（28）中村秀之「「返還映画」とは何か――コレクションの解明に向けて」『ＮＦＡＪニューズレター』第二二号、二〇二三年一〇月、九―一八頁。

（29）板倉史明「返還映画コレクションの来歴を紐解く――接収と収奪の先に」『ＮＦＡＪニューズレター』第二五号、二〇二四年七月、六―九頁。

（30）米国公文書館の資料や一九六〇年当時の資料を分析した中村の総説は、板倉や石原香絵による最近の研究を踏まえて書かれていないが、概ね両者の結論を裏付ける内容になっている。石原のフィルムアーカイブ事業の沿革に関する先駆的な研究でも、返還映画は、第一に、川喜多かしこが牽引するフィルム・ライブラリー助成協議会と米国代表者の折衝の物語としてアプローチしている点で中村とかわらない。第二に、大量のフィルムを目録化する作業や公的機関と現像所の共同作業として米国に移管する16ミリデュープが作られたことが後のフィルムアーカイブ事業に欠かせない前例となったことが指摘される。石原香絵『日本におけるフィルムアーカイブ活動史』美学出版、二〇一八年、二〇〇—二〇五頁。

（31）板倉史明『映画と移民——在米日系移民の映画受容とアイデンティティ』新曜社、二〇一六年を参照されたい。

（32）しかし、日系人の映画受容史を移民国家アメリカの映画受容史に包摂することは、実際には日本人の移民労働者が、「帰化不能外国人」として一九二四年に入国禁止扱いとなっていた歴史を都合よく覆い隠す側面も否めない。同前、四八頁。

（33）「返還、あるいは映画遺産の分かち合い：東アジアの流失映画収集と歴史記述」（반환, 혹은 영화유산의 나눔：동아시아의 유실영화 수집과 역사 기술）二〇〇八年。

本研究はＪＳＰＳ科研費 20H01219、ＪＳＰＳ科研費 21K12899 の助成を受けた。

第21章　想起メディアとしてのホームムービー

久保　豊・藤城孝輔

ホームムービー研究に不可欠な論集『ホームムービーを発掘する』（*Mining the Home Movie*）において、アマチュア映画を研究するパトリシア・ジンメルマンは、ホームムービーを「個人的な使用と上映を目的に、親密なイベントや儀礼を視覚的に記録する個人あるいは家族による実践に位置付けられるアマチュア映画運動の部分集合」と定義する。[1]このような映画運動を支えたのが一九二二年に発売された9ミリ半のパテベビーであり、その後に登場した8ミリフィルムやビデオという新しい撮影・上映媒体である。

個人がフィルムやビデオを用いて撮影した映像の公開や上映イベントは、近年たびたび行われるようになった。例えば、静岡県浜松市の木下惠介記念館が所蔵する映画監督・木下惠介のホームムービーもその一つであり、研究者や愛好家にとっては貴重な資料となっている。[2]しかし、アーカイブなどの適切な環境で保管されて一般に公開されるのは、映画産業や地元企業の家族など、著名人や有力者が残してきたホームムービーが大半である。そうした映像が優先して収集・保存・公開される一方で、市井の人々が残してきたホームムービーはどうなるのか。前者のみを歴史資料として珍重しつつ、再生機器や記録媒体の劣化と不在に任せて後者を歴史に埋もれさせることは、記憶に優劣をつけることと同義である。こうした問題意識をもって積極的に個人のホームムービーの収集や公開に努める草の根的なアーカイブ事業も現れ始めている。[3]

本章では、ホームムービーのアーカイブをめぐる現状と諸問題を京都と沖縄の事例に基づき検討する。これらの事例を通じて、市井の人々が個人的な映像に残した地域や家族との記憶を未来の利活用に向けてアーカイブするうえで、フィルムの物質性のみならず、世代の異なる人々の積極的な参加や、経済的な公的サポートが不可欠であることを示したい。

1　京都の事例――「ホームムービーの日in一乗寺」

二〇〇三年、「ホームムービーの日」[4]は日本を含む世界四カ国（アメリカ、カナダ、メキシコ、日本）で、家庭や地域に残る小型映画を持ち寄り上映する記念日として始まった。日本では、映画保存研究会[5]を前身とする映画保存協会（ＦＰＳ）[6]が普及に努め、現在まで毎年各地域の世話人によって開催されている。草の根的なフィルム収集および上映の活動は、三好大輔制作の記録映画『あだちのきおく』（二〇一三年）など、地域の記憶保存に関わる取り組みへと発展してきた。

二〇一三年、京都の「ホームムービーの日」は二つの会場――京都市中京区の元立誠小学校と京都市左京区にある焼肉屋「いちなん」――で開催された。後者は、IMAGICA WESTに勤める柴田幹太氏が二〇一一年と二〇一二年にも利用した会場であり、二〇一三年には久保がその会場で世話人を務めた。本節では、久保が担当した「ホームムービーの日in一乗寺」の経験をもとに、個人的なアーカイブの実践とその限界について論じる。

一般家庭において8ミリフィルムが廃棄されるとき、その背景に根強くあるのが技術的困難である。ホームムービーは二〇世紀を通じて「動く写真アルバム」と親しまれたものの、写真アルバムが有する保存と鑑賞の容易さは共有していない。映画研究者の常石史子が的確に指摘するように、「フィルムでホームムービーを楽しむ文化」はフィルムや撮影・上映機材の取扱方法が継承されなくなると維持が難しくなる。[7]そのため、世話人として8ミリフィルムの収集・内容調査・上映に携わるにあたり、その取扱方法や劣化の仕組みに関する基礎的知識を身につけておく必要がある。8ミリフィルムに関する実践的な知識に乏しかった修士院生時代の久保も例外ではなく、世話人としての体験は、京都にある吉岡映像のフィルム修復師・吉岡博行氏からフィルムの劣化具合の種類や修復方法を実践的に学ぶことから始まった。

「ホームムービーの日」で上映する8ミリフィルムの提供は、地道な広報・上映活動を通じて少しずつ地域の人々と信頼関係を築くことで達成される。柴田氏からも、フィルムを提供してもらうのは上映会の初回が最も難しく、次第に8ミリフィルムを箱いっぱいに持った提供者が現れ始めると聞いた(8)。後述する8ミリフィルムの媒体的特質も大きく関わるが、世話人と提供者の間に信頼が必要な理由は、提供者さえ把握しておらず、家族以外には公にしづらい過去の出来事を、世話人がフィルムの内容調査を通じて掘り起こしてしまう可能性があるからだ。だからこそ、提供者との対話を通じてフィルムについてわかる範囲の情報を内容調査の前に得る行為は、提供者と世話人の間に信頼関係を形成するだけでなく、フィルムの内容調査と目録作成の充実化にもつながる。

二〇一三年八月から一〇月初旬にかけてフィルムの提供を呼びかけた結果、以下の方々から提供を受けることが叶った。①柴田氏が二〇一二年にも8ミリフィルムの提供を受けた高野氏、②「いちなん」主人の高校時代の教員であった藤川氏、③月桂冠の企業フィルムを紹介してくれた河瀬氏、④建築家の父がフィルムを残した富家氏、以上四件である。この中でフィルム数がとりわけ多かったのが高野フィルムと富家フィルムであり、内容調査と目録作成はこの二つのフィルム群に大きく時間を費やした。本節では、高野フィルムについて詳細に見ていく。

二〇一三年九月、京都にある高野家を訪れた柴田氏と久保は、撮影者であった故高野光男氏の配偶者・まきへ氏とその孫・恵美氏からフィルムに関する思い出話を伺った。ステレオスピーカーのような既製品ですらも改造してしまうほどに機械好きであった光男氏は、フィルム写真の撮影を好み、その関心は一九六〇年代末にアマチュア映画制作へと拡大していったという。光男氏が愛用していたカメラ機材やフィルムなどは大切に保管されていた。家庭用の防湿庫のドアを開けたとき、酸っぱい臭いがあったものの、8ミリフィルムの状態は上映に問題ない良好なものであった。私たちが8ミリフィルムを整理する間、まきへ氏は自宅で夜に開催したフィルム上映会などについて鮮明な記憶を語ってくれた。

掘り起こされるホームムービーの多くは、その撮影者をすでに失っていることが多い。しかし、映画史家のトマス・エルセサーが父親の残した8ミリフィルムを再編集する過程で経験したように、撮影者の死後に見つかったフィルムについて語ることは、撮影者が生きた過去だけでなく、フィルムに映った／映らなかった記憶を非直線的に現在や未来へと繋いでいく作業にもなる。(9) 実際、まきへ氏の回想は、光男氏が8ミリフィルムを通じて遺した記憶の輪郭に肉付けする力強さに溢れていた。例えば、「ホームムービーの日in京都2012」で上映された『恵美のいたずら』は祖父母宅の庭で撮影されたもので、私たちがまきへ氏の話を聞く間、同じ庭が視界に入っていた。これは、一歳九カ月の恵美氏が庭で見つけた小さな瓶を舐めようとして、まきへ氏がそれを阻止する様子を捉えた三分間のホームムービーだ。二〇一三年の庭の様子はフィルムに映った三〇年前の景色とは異なったものの、光男氏がカメラを構えていたであろう位置から庭を覗くことで、撮影者や被写体がかつて経験した時間性を共有しているような感覚を覚えた。

世話人は、上映会を終えたら8ミリフィルムを提供者の元へ返却することとなっている。第一の理由は、世話人個人が8ミリフィルムを適切な温度と湿度で管理できる保存場所の確保と維持を担うことは困難だからだ。保存に関する課題は、フィルム返却をめぐる第二の理由と関わっている。すなわち、そのほとんどがリバーサル・フィルムで撮影されてきたホームムービーは基本的に一点ものであり、代替がきかないことだ。(10) この点は、国立映画アーカイブのようなフィルムアーカイブが網羅的なホームムービーの収集に乗り出せない理由とも結びついている。(11)

他人が見ればごくありふれた一本のホームムービーに過ぎなくても、提供者やその家族にとっては重要なライフイベントを記録した、かけがえのない映像である。そのフィルムが一度もビデオ化されておらず、コピーが存在しないケースも多い。それほど個人的な思いのこもったものを紛失または破損することのリスクを考えると、いったん収蔵したフィルムの現物を収蔵庫からふたたび取り出し、内容調査のために映写機やビューアーに繰り返しかけるといった運用を継続的に行うことは考えにくい。(12)

常石がここで指摘するように、アーカイブ事業の一環として上映も視野に入れたフィルムアーカイブにとって、ホームムービーの恒常的な保存は難しい。デジタルシフトがもたらしたフィルムのデジタル化技術が公的・民間アーカイブとホームムービーの収集・保存の関係を変化させる可能性は十分にあるものの、世話人が個人的に助成金などの援助なしに実践することは依然として容易ではない。言い換えれば、世話人に期待される役割の中には、地域のアーカイブを形成することは含まれていない。世話人が果たせる役割は、第一に、フィルムの内容調査を通じて得られた情報を提供者と共有し、提供者が最終的にどのフィルムを優先的に手元に残し、またデジタル化を行うのか相談にのることである。第二に、次節の沖縄アーカイブ研究所も実践するように、上映会を通じてフィルムに映る景色や出来事を地域の人々と共有し会話を促し、参加者同士がそれぞれの体験を対話形式で語る内容を記述しておくことである。

このような役割を達成するために必要な作業が提供フィルムの目録作成である。国内の「ホームムービーの日」に提供される8ミリフィルムの多くが一九五〇—一九八〇年代に撮影されたものであり、撮影者がすでに他界している場合もある。その場合、内容調査による目録作成は、提供フィルムの将来を決める判断材料として役立つ。ホームムービー研究を牽引してきたロジャー・オーディンが述べるように、「ホームムービーほどそれぞれの作品が類似していないものはない(13)」。確かに、内容調査によると、子供の成長、運動会、遊園地や行楽地への家族旅行、地域の催事／祭事、結婚式や葬式など、被写体として登場する人々が異なるだけで、ホームムービーに映る出来事

図 21-1　2013 年に提供された 8 ミリフィルムの一部

には共通点が多いことがわかる。その共通性の背後には、雑誌『小型映画』（一九五六―一九八二年）に見られた撮影裏話や撮影指南の記述からも明らかなように、特に一九五〇年代末の8ミリフィルムブーム以降、類似した撮影機会の模倣を経てフィルムを通じて再生産された家族像がある。[14] しかし、映像に映る家族の記憶／記録は提供者たちにとっては唯一無二のものである。目録は、提供者がフィルムの未来を考える際の判断材料になるだけでなく、デジタル化後、どの映像を観るかを決める際のきっかけ作りになる。

二〇一三年の「ホームムービーの日」へ提供された四件の8ミリフィルムの総数は三六〇本以上となり、高野フィルム（一六八本）と富家フィルム（一七九本）がそのほとんどを占めた（図21-1）。フィルムの返却後に提供者と世話人が各フィルムの文字情報を参照できるように二カ月をかけて目録化を進めた。高野フィルムと富家フィルムは共通して、フィルムの箱やリーダー部分に映像のタイトル、撮影日、被写体の名前、撮影に使用したカメラの種類、フィルムの種類、フィルターの種類、撮影時の天候などに関する濃密な文字情報を有していた。これらの文字情報をエクセルで目録作成すると同時に、フィルムが上映に耐えうる状態にあるかを確認するために、①ビネガーシンドロームの進度、②パーフォレーションの破損状況、③フィルムのワカメ化や裂傷の有無などを調査した。[15]

二〇一三年一〇月一九日の一五時から一七時まで開催した「ホームムービーの日 in 一乗寺」では、久保が制作した『ある水曜日の午後』を含め、藤川フィルム（『義之歩き始め　京都電報・電化式』）、富家フィルム（『国立博物館』

図21-2　「ホームムービーの日 in 一乗寺」上映前のフィルム確認作業

『告別式』）、高野フィルム（『ドリームランドの一日』『上賀茂神社』『恵美運動会』他五本）、以上一二本を上映した(16)。フィルムの形式はレギュラー8かシングル8で、ほとんどがカラー作品であり、尺は三分から一五分までさまざまであった。参加者は三歳から七〇歳まで幅広い年齢層に恵まれただけでなく、フィルム提供者の富家大器氏と高野恵美氏の参加が実現したことで、柴田氏や久保が内容調査でわからなかった京都近辺の風景や気候の変化について上映中の笑いの混じった会話を通じて明らかになっていった（図21-2）。

ホームムービーの映像体験は、旅行先など公的空間で撮影された映像から、私的空間で撮影された極めて私的なものまで、映像を撮る／撮られる／観る者同士の間にある親密さの強度が撮影される映像と上映に影響を与える。例えば、自宅で撮影されたと考えられる『義之歩き始め』では、母親がオムツを交換し、授乳する様子が捉えられている。カメラへの母親の乳房と男児のペニスの露出は、撮影者に対する被写体の居心地の良さだけでなく、この映像があくまでも私的な空間での上映を想定して撮影されたものであることを示唆する。他にも富家フィルムに含まれた『告別式』は、一九六〇年代末当時の京都でどのように葬式が開かれていたのかを記録した民俗史的価値を有するものであったが、上映に際しては事前に許諾を得ることで、提供者へ失礼のないように細心の注意を払った。

「ホームムービーの日」で体験できる視覚的な面白さの一つに街並みや気候の変化の記録が含まれる。[17]『国立博物館』では、現在の京都国立博物館とは異なり舗装が整っていない玄関の外観が楽しめるほか、雪合戦の様子には一九六〇年代の京都では現在よりも多くの積雪が例年あったと参加者から声が上がった。高野フィルムは一九七〇年代の記録を多く残しており、一九七八年九月に廃止になった京都市電が市内を走る様子が若い観客を驚かせた。また、カラーで撮影された高野フィルムは、二〇〇五年の景観法による規制以前、大きく雑多な企業看板が四条通りや河原町通りを色鮮やかに染めていた風景を蘇らせる。さらに、上賀茂神社や神護寺などの建築物を捉えた記録は建造物の修復などにも活用しうる視覚的資料として貴重なものであった。他にも、関西圏在住の多くの観客が歓声を上げた『ドリームランドの一日』は、奈良ドリームランド（一九六一年開園―二〇〇六年閉園）への訪問を描く。さまざまなアトラクションを巡りながら、夫婦が交互に撮影し、最後に池沿いのベンチに座る夫婦を見て「『東京物語』（一九五三年）のようだ」と盛り上がったのが強く印象に残っている。

提供者にフィルムを返却する際、「フィルムを捨てないでください」と映画保存協会発行の『家庭でもできるフィルム保存の手引き』を手渡して呼びかける。なぜなら、「ホームムービーの日」にはフィルムを残すための統括された映像アーカイブが存在しないため、上映会後のフィルムの未来は提供者に委ねるのが現状だからだ。だからこそ、その判断を補助するためにも、事前の内容調査と上映中に得た情報も併せたフィルムの返却が重要である。しかし、それらの作業自体にも時間や資金の労力がかかる。「ホームムービーの日」とそこから派生しうる地域のフィルム収集・保存・上映の活動を維持し発展させるには、少なくとも以下二つの課題があると考えられる。第一に、予算確保の課題がある。「ホームムービーの日」自体への参加は無料が基本とされているため、会場の使用料やフィルムの収集および修復など機材関連の予算は、参加者からのカンパを募るなど共助で成り立っている場合もあるだろう。とはいえ、各地域の世話人個人が実践できる取り組みは、その地域の人員や予算の規模によって異なるため、継続した活動に向けて予算面の計画を立てることは必須であろう。第二に、少子高齢化の時代におけるフィルムや映写機の取扱技術の継承をめぐる課題である。「ホームムービーの日」がデジタルデータではなく、物理的なフィルム上映にこだわる以上、その活動を支えるための技術と知識を備えた次の世代の担い手を育成することも視野に入れる必要がある。このような課題を抱える現状において、提供されたフィルムに残された情報を可能な限り目録化したり、イベントの様子を写真や映像に残したりすることは、ホームムービーを貴重な映像資料としてアーカイブ化する実践に対して大きな貢献になっているはずだ。

2　沖縄の事例——沖縄アーカイブ研究所の活動を中心に

日本の南西端に位置する沖縄県は、明治初頭の琉球処分によって日本の一部となって以来、本土とは大きく異なる歴史をたどってきた。県民の四分の一の命が奪われた沖縄戦、戦後二七年間におよんだ米軍による統治、一九七二年の日本復帰、そして島の約二〇パーセントを米軍基地が占める現在などはその代表例である。県内では、こういった独自の歴史を記録し、次世代に語り継ぐためのさまざまな努力が払われてきた。

そんな取り組みのひとつとして近年注目を集めているのが、デジタルアーカイビングである。県内の季刊誌『モモト』二〇二三年冬号では「沖縄とデジタルアーカイブ」と題した特集が組まれた。県の公的機関と民間で行われている主要なデジタルアーカイビング事業が紹介されるとともに、それらの利活用の事例や意義の違いが論じられている。[18] また、デジタルアーカイビングに関するシンポジウムなどのイベントも散発的に県内で開催されている。このような沖縄におけるデジタルアーカイビングに対する注目には、沖縄戦の記憶を証言する生存者の減少にともなう歴史の継承への懸念や、復帰五〇年を迎えたことによる米軍統治時代や復帰当時への関心の高まりが少なからず反映されていると見られる。

デジタルアーカイブを運営する県内の公的機関として代表的なもののひとつは、南風原(はえばる)町にある沖縄県公文書館である。公文書館のウェブサイトでは、アメリカの国立公文書館から入手した沖縄戦の記録映像が部分的にダウンロードできる。全編を見るためには直接公文書館に行く必要があるものの、内容を把握するサムネイル動画として大変有効である。さらに二〇一九年からは「琉球政府の時代　一九四五―一九七二」という特設ページをもうけ、米軍統治時代の行政機関である琉球政府の公文書をインターネット上で閲覧可能にしている。同ページでは「米軍基地・軍用地」「沖縄戦・慰霊」「文化・芸術」「移民・移住」などトピック別の注目資料の紹介や歴史年表の掲載を行っている。このような工夫により、行政関係の書類である公文書に当時の生活を理解する手がかりとなる歴史資料としての価値を付加しており、研究者のみならず一般の利用者にとっても利用しやすいものとなっている。

しかし、公的機関によるデジタルアーカイビング事業には、課題も少なくない。沖縄県文化振興会公文書主任専門員の小野百合子によれば、県のデジタルアーカイブ事業は国からの沖縄振興一括交付金が財源となっており、予算の変動に大きく影響を受けるという[19]。職員が一年ごとの契約雇用であるため、予算の削減によって専門的な知識をもった職員が減ってしまう点や、作成したデジタルアーカイブの運営費が確保できなくなる点が懸念されている。また、利用の面でも、政策の転換や人員の異動により、デジタルアーカイブを持続的に利用してもらうための取り組みが中断してしまうこともある。

沖縄県が二〇一二年にオンライン公開した「沖縄平和学習アーカイブ」はその一例である[20]。沖縄戦の証言を集めたマルチメディア・アーカイブであり、当時の記録写真と一〇〇を超える沖縄戦の証言を沖縄の地図上で検索し、再生することができる（図21-3）。証言の映像には六カ国語の翻訳がついており[21]、県外のみならず国外の利用者も想定されている。ところが、県が七五〇〇万円近い予算を投じて構築したこの平和学習アーカイブは、公開から五

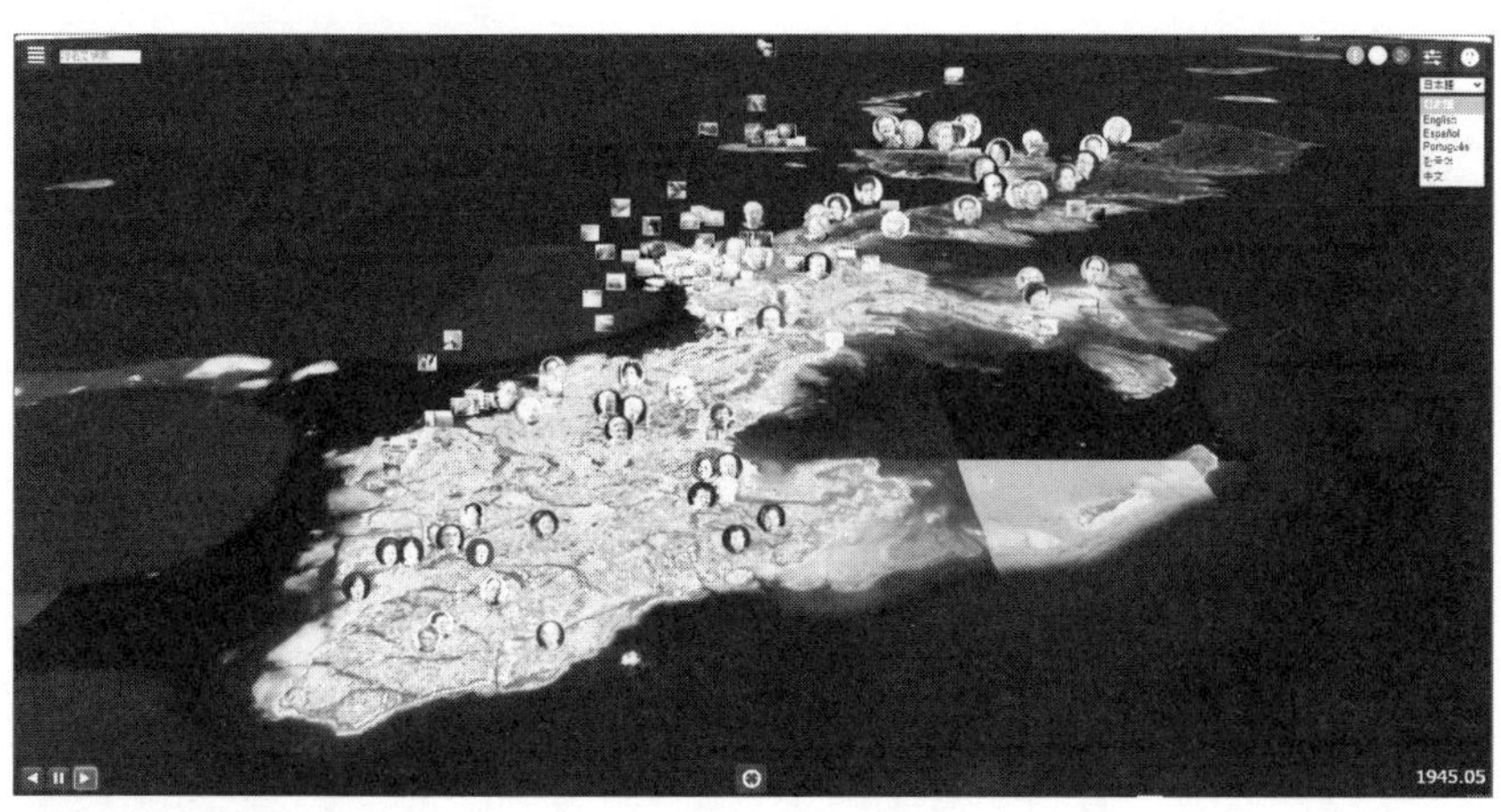

図 21-3　沖縄平和学習アーカイブ

年後の二〇一八年四月に県によって閉鎖された。[22] 二〇一七年度に年間閲覧者数が約八〇〇〇件にまで落ち込み、年に一五〇万円程度かかる維持費に見合わないという判断が下ったためである。県側の説明によれば、低コストで閲覧者数を増やす方法を見つけられなかったという。しかし、県内の新聞や一般市民からの批判を受け、同年一二月にサイトは再び公開された。現在も閲覧できる状態にあるが、県は閲覧者数を増やすという課題に対し、画期的な解決策を今もなお打ち出すことはできていない。

この県の失敗談の教訓は、いくら充実したアーカイブを作ってもそれをただ公開しているだけでは不十分であり、アーカイブされた資料が利用され続けるようにする工夫が必要だということである。県の「平和学習アーカイブ」を制作した渡邉英徳は、記憶の「解凍」というメタファーを用いてアーカイブされた資料を用いたコミュニケーションや学習のきっかけ作りの創発の必要性を説いている。[23] 渡邉らによると、アーカイブに保存された情報は、ユーザーがアクセスして利用しない限りは「凍っている」状態にある。そのため、アーカイブされた資料のクリエイティヴな利用手段が必要になる。例えば、渡邉は戦時中のモノクロ写真をカラー化するワークショップを開催している。実際の色彩を正確に再現することの困難はあるものの、彼がワークショップで重視しているのは、参加者が年配の生存者から写真が撮られた当時の話を聞くことで、世代間の交流が生みだされることである。このようなワークショップ、展覧会、またソーシャルメディアの活用によって生まれる世代を超えたコミュニケーションは、デジタルアーカイブの利用を高める上で効果的であることを渡邉は示している。

一方、民間のデジタルアーカイブ事業としては、アマチュアの8ミリフィルムの収集とそのデジタル化を行っている沖縄アーカイブ研究所の活動に注目したい。この機関は、二〇一四年に地元の映画製作会社シネマ沖縄が「東アジア映像館」という名前で開設したウェブサイトが母体となっている。「東アジア映像館」はシネマ沖縄が自社制作の16ミリフィルム映画をデジタル化して公開したウェブサイトで、本土のウェブサイト「科学映像館」がモデルとなっていた。しかし二〇一六年七月、アマチュアが撮影した8ミリホームムービーの収集に重点を置くに伴い、名称をアーカイブとしての役割と実験精神を強調した「沖縄アーカイブ研究所」に変更した。彼らは一般家庭に眠っている古い8ミリフィルムを募集し、家電メーカーのサンコー株式会社が廉価なフィルムスキャナーとして発売したスーパーダビング8を用いて無料でデジタル化を行った。このフィルムスキャナーは五万円台で買える一般向けのものであり、プロの映像修復業者が用いるものと同レベルの画質は望めない。デジタル化をしても安易にフィルムを破棄することはできないことから、フィルムはブルーレイディスクに保存した映像とともに持ち主に返却することになっている。しかし、実際のところ、多くの場合は沖縄アーカイブ研究所がフィルムを引き取って保存している。沖縄アーカイブ研究所は映像のクリエイティブ・コモンズ・ライセンスの許諾をフィルムの所有者から得て、ウェブサイトでの無料公開を行っている。

二〇二一年三月の時点で、沖縄アーカイブ研究所は約一八〇〇本のフィルムを収集し、そのうち四四六本をウェブサイト上で公開した。フィルムが撮影された期間は一九五〇年から一九八八年に及ぶ。沖縄アーカイブ研究所のプロデューサーを務めている映画監督の真喜屋力(つとむ)によると、初期の8ミリフィルム撮影者は、米軍関係の技師や中小企業の社長、ハワイ移民で財をなした人物など、沖縄の地元でも裕福な階層の人々であったという(24)。これに加え

図21-4　小型映画友の会 沖縄大撮影会（沖縄アーカイブ研究所）

て一九五〇年代後半に入ると、日本本土では小型映画のブームが起こり、雑誌『小型映画』の創刊や小型映画友の会が全国で作られるようになった。一九七〇年には小型映画友の会のメンバーたちが復帰前の沖縄を訪れ、撮影会を開いている。[25] プロの踊り手や楽器演奏者を雇って沖縄の史跡で撮影をするという大がかりなものであった（図21-4）。一般的に言って、8ミリフィルムのホームムービーは高価な趣味であり、カメラとフィルムストックを購入できる富裕層に限られていた。しかし、六〇年代にはアメリカとのつながりをもった資産家のほかにカメラや時計店、土産物店といった観光関連の職種の人々の手による映像が増え、復帰後には教職関係に従事する撮影者が目立ちはじめる。撮影機器の所有者の職種は、沖縄の経済や社会構造の変化と足並みをそろえて変遷を見せている。

コロナ禍のさなか、沖縄アーカイブ研究所は毎月約一万件のページビューを維持していた。新型コロナのためステイホーム期間中だった二〇二〇年五月には、ひと月だけで約六万件のページビューが記録されている。ページビューと実際の来訪者数は別なので一概に比べることはできないものの、二〇一七年にサイトビューが年間約八〇〇〇件だった「沖縄平和学習アーカイブ」と比べても、沖縄アーカイブ研究所が提供する映像は多くの視聴者を獲得しているといえる。このような持続的な取り組みにより、二〇二一年三月一九日にはデジタルアーカイブ学会から沖縄アーカイブ研究所に対して実践賞部門での学会賞が授与された。同研究所の成功の秘密は、単にアーカイブの内容を充実させるだけにとどまらず、フィルムを沖縄各地の地域コミュニティに届け、人びとの間に対話を生み出すさまざまな活動を行ってきたことにある。以下では、多岐にわたる活動内容を上映会、テレビ放送、そして学術領域におけるイベントの三種類にわけて紹介したい。

まず、二〇一七年三月を皮切りに二〇二一年三月までに沖縄アーカイブ研究所は少なくとも六七回の上映会を実施してきた[26]。彼らはまず公的な支援金を得た上で、公立図書館、老人ホームなどの会場で無料上映会を実施している。上映会に集まる観客の大半はフィルムが撮られた時代を実際に生きてきた高齢者であることから、上映は通常、対話形式をとっている。上映者が映像について一方的に解説をするのではなく、上映者はたびたび映像を止め、自分たちが知っているものについて「これって何でしょうね？」といったかたちで問いかける。映像について話をするなかで、観客は映像とのつながりを見出していくという。例えば、ある男性観客は車の型に関心をもち、時代の特定を熱心に始める一方で、別の女性観客は家庭内のものや母親がおむつを替える手つきといったしぐさに注目し、自分が若かった頃のことを話し始めるといった具合である。

8ミリの上映会は、毎年四月に県内で開催された沖縄国際映画祭（二〇二四年四月をもって終了）や、那覇市の若狭海浜公園で不定期に行われるうみそら上映会、さらに東京・練馬で毎年開かれるねりま沖縄映画祭でも恒例のイベントとして催されている。映画祭での上映は若い観客も多く参加することから、高齢者の記憶の語りは世代を超えて共有されることになる。また、世界的なパンデミックの直前だった二〇二〇年二月には、ハワイに出向いて現地のうちなーんちゅ（沖縄人）コミュニティを対象とした上映会を開き、一九六五年に沖縄移民六五周年を記念して撮影されたフィルムが上映された。このときは約五〇人が参加し、活発な議論が交わされたという[27]。

一方、アーカイブの映像はテレビでも放映されている。二〇一七年、沖縄アーカイブ研究所は地元テレビ局の沖縄テレビから夕方のニュースの五分間の枠を提供された。当初、この「沖縄アーカイブ」の枠は月二回の放映だったが、視聴者から好意的な反響があったこと、さらに地元の建設業者がスポンサーとして資金を提供したことにより、毎週水曜日の深夜帯に放送枠が拡大した。現在も夕方は月一回、深夜は週一回の放送が続けられている。(28)この番組もまた、沖縄アーカイブ研究所が収集したフィルムを紹介し、8ミリホームムービーに対する県民の関心を高めるための有効な手段のひとつとなった。

さらに、同研究所はシンポジウムやワークショップなどのアカデミックなイベントを定期的に開催し、沖縄のデジタルアーカイブに関する知識の普及に努めている。二〇一八年、沖縄アーカイブ研究所は沖縄デジタルアーカイブ協議会を発足し、真喜屋力が代表に就任した。これは、民間ならびに公的機関を含む、県内のさまざまなアーカイブ事業者を結ぶネットワークの構築を目的とする団体である。複数の団体で映像の著作権や肖像権に関する共通のガイドラインをもつことで、映像の公開に対する過剰な自粛を防ぐこともこのような連携の役割である。もっとも、協議会が作られる以前から、沖縄アーカイブ研究所は県の予算を得て本土からの講師を招き、デジタルアーカイブの利活用に対する理解を深める研究会を開催するなど、行政との連携や映像をめぐる権利問題の周知を図ってきた。沖縄デジタルアーカイブ協議会が開催するイベントは、専門家だけでなく一般の観客にも開かれ、幅広い意見交換の場として機能している。

藤城が行ったインタビューの中で、真喜屋氏は「街」の重要性を繰り返し強調した。(29)彼は、若い世代が自分たちの生まれ育った街の歴史をイメージする上で8ミリフィルムの映像はとても効果的であり、上映会で彼が高齢の観客から得る情報は、次の世代にとって貴重なものになると考えている。だからこそ、現時点では、高齢者世代が健康なうちに上映会を通し、なるべく多くの話を引き出すようにしていると彼は語った。このような沖縄アーカイブ研究所の活動は、アーカイブに保存された記憶の解凍という渡邉の考えを敷衍した実践として理解することができる。アーカイブの映像を用いて研究所が〈解凍〉しているのは、高齢者の頭の中にある記憶であり、高齢者世代の記憶を後の世代に受け継いでいくことが意識されている。

また、民間団体である沖縄アーカイブ研究所の活動は、行政の役割についても示唆を与える。平和学習アーカイブの例からもわかるとおり、県が予算のあるときに潤沢な資金を費やしてアーカイブを作成したとしても、継続的な運用には課題が残ることが多い。これに対し、沖縄アーカイブ研究所は民間団体であることの身軽さを生かし、収集したホームムービーの公開や上映イベントを積極的に実施している。また、権利者不明のいわゆるオーファン（孤児）フィルムの映像についても、調査・研究を目的としてサイト上で映像を公開することで、視聴者からの情報収集に努めてきた。真喜屋氏の言葉を借りれば、公的な組織でないからこそ、「鉄砲玉的なことができる」ことも民間機関のアーカイブの強みのひとつである。一方で、フィルム収集、デジタル化、上映といった沖縄アーカイブ研究所の一連の活動は行政からの助成金があるからこそ成立している。つまり、地域におけるデジタルアーカイビングにおいては、官民の連携が不可欠であるといえよう。

3　歴史と個人の記憶

本章では、二〇一〇年代に京都と沖縄で実践された8ミリホームムービーの収集・保存・上映をめぐる個人的な取り組みや官民の活動について検証してきた。どちらの事例も、個人的な記憶／記録を残し、私的な空間で楽しまれてきたホームムービーを公的空間で新たに映写し、地域の人々と共有することを実践の軸としている。「ホームムービーの日」においては世話人が8ミリフィルム所有者と個人的な関係性を築き、必要に応じて照会に応じることはあるものの、世話人自体は収集したフィルムでアーカイブを作ることはない。これに対し、沖縄アーカイブ研究所は、より恒常的なアーカイブ実践を民間運営の強みを生かして展開することに成功している。それは、新潟大学の「にいがた地域映像アーカイブデータベース」やNPO法人20世紀アーカイブ仙台による「仙台の昭和史映像ライブラリー」といった、地域特化型の映像アーカイブと並ぶ取り組みだといえる。

沖縄の事例で指摘したように、ホームムービーの未来を考える上で、沖縄アーカイブ研究所の活動を可能としてきた助成金の存在は無視できない。沖縄という特定の地域に特化させることでアーカイブに特色を持たせ、地元のテレビ放送とも連携をとることで、ホームムービーを公的空間から私的空間へと繋げる戦略は、アーカイブの持続の必要性を訴える上で有効に働いている。アーカイブに地域的な特色を付与する方法は、二〇世紀末から欧米の図書館や博物館が地域のアーカイブとしてアマチュア映画を受け入れてきた末にたどり着いたアーカイブ運営の実践と似ている。[30] それらの草の根的な実践があったからこそ、欧米では映画学だけでなく、社会学、歴史学、映像人類学などに携わる研究者たちによってホームムービーが重要な映像資料として活用されてきた。[31] その点で、沖縄アーカイブ研究所の映像アーカイブが今後さらに利活用されることが期待される。

本章で紹介した京都と沖縄における取り組みは、共同体の記憶の保存と想起におけるホームムービーの役割を顕著に示す事例である。ホームムービーを含む小型映画のアーカイビングに対する世界的な関心は、一九九〇年代以降高まってきている。[32] そのような中で、「ホームムービーの日」や沖縄アーカイブ研究所が継続的に行ってきた上映活動は、歴史からこぼれ落ちた個人の記憶を地域の共同体で分有し、次世代へ継承していく試みとして理解できる。どちらの事例においても、市井の撮影者が残した家族の記録、あるいは旅行先や日常で撮影された映像を触媒として、撮影者の家族だけでなく、観客にも自身の記憶を語らせる、想起メディアとしての特質がホームムービーには見られる。その特質が地域の人間を結びつける公算は大きく、だからこそ、上映会、ウェブサイト、地方テレビを通じた映像公開が重要になる。しかし同時に、映像が映す地域の記憶／記録や歴史的側面に対する感度は、世代、ジェンダー、民族といった観客それぞれの属性によって異なる可能性も否定できない。

ホームムービーを未来へ託すには個人と個人のつながりを欠かすことはできない。そのつながりなしには、官民に関係なくフィルムの収集・保存・上映活動は難しく、その延長としてのデジタルアーカイブは成立しないだろう。アーカイブ事業を今後支えていく世代に向けた映像を用いた教育機会の拡大や、その教育を経た世代の人々がその知識と経験を生かすための職の確保などの課題も残る。そうした課題を乗り越えるためにも、すでに存在する事例が示唆する問題点を整理しつつ、各地におけるホームムービーの収集および上映活動の将来的な活性化へとつなげることに期待したい。

注

（1）Patricia Zimmerman, "Introduction. The Home Movie Movement: Excavations, Artifacts, Minings," in Karen L. Ishizuka and Patricia R. Zimmerman eds., *Mining the Home Movie: Excavations in Histories and Memories*, Berkley: University of California Press, 2008, p. 8.

（2）映画人が撮影したホームムービーの一般公開の例としては、国立映画アーカイブの開館記念イベント「映画を残す、映画を活かす。」で上映された阪東妻三郎が家族を撮影した映像が挙げられる。

（3）「記録と表現とメディアの組織」と掲げるＮＰＯ法人「remo」（record, expression and medium-organization の略）が運営するデジタル・アーカイブ・プロジェクト「ＡＨＡ！」は、水戸芸術館現代美術センターと協力し、二〇一七年から茨城県水戸市内で収集したフィルムを用いた「Home-Moving!」という企画を行った。他にも、「穴アーカイブ」というプロジェクトでは、一九三六年から一九八三年までに世田谷で撮影された映像をデジタル化し、「世田谷クロニクル」で公開している。https://ana-chro.setagaya-ldc.net/list/（最終アクセス：二〇二四年七月一日）。

（4）英語名はHome Movie Dayである。日本でも開催当初は英語をカタカナにした「ホーム・ムービー・デイ」や「ホームムービー・デー」など表記がいくつかあったが、現在はホームムービーの日で統一されている。毎年一〇月の第三土曜日を中心に世界中で開催されている。映画保存協会「ホームムービーの日／ＨＭＤ」『映画保存協会』掲載日不明、http://filmpres.org/project/hmd/（最終アクセス：二〇二四年七月一日）。

（5）ＦＰＳは、Film Preservation Society の略であり、小規模なボランティア・グループとして活躍した。

（6）二〇一〇年代までの日本におけるホームムービーの日の開催状況については、岡田秀則『映画という《物体Ｘ》――フィルム・アーカイブの眼で見た映画』（立東舎、二〇一六年）所収の「〝私たち〟の映画保存に向かって　対談：石原香絵」に詳しい。

（7）常石史子「日常の記録と記憶――オーストリアにおけるホームムービー収集の事例を中心に」『日本写真学会誌』第八五巻一号、二〇二二年、二七頁。

（8）柴田幹太、インタビュー（聞き手：久保豊）、二〇一三年一〇月二日。

（9）Thomas Elsaesser, "The Home Movie as Essay Film: On Making Memory Posthumously," in Julia Vassilieva and Deane Williams eds., *Beyond the Essay Film: Subjectivity, Textuality and Technology*, Amsterdam: Amsterdam University Press, 2020, pp. 216–219.

（10）リバーサル・フィルムでは、撮影で用いたフィルムが現像を経てそのまま上映用ポジとなる。ネガからポジへの現像過程がないため、コストを抑えられる点から、多くのアマチュアや個人映画作家に好まれた。

（11）郷田真理子の調査によれば、国立映画アーカイブ（旧・フィルムセンター）は一九九〇年代から8ミリや9ミリ半の小型映画（アマチュア映画）の収蔵に力を入れ始めた。しかしその過程において、「フィルムに関する情報が少なく、どこに何があるかという特定の難しいアマチュア映画を網羅的に保存するには、その数が膨大すぎるという問題」に直面している。数の多さに加えて、個人的を情報を特定する困難が調査や利活用の幅を狭めてきた。郷田真理子「フィルムセンター所蔵の小型映画コレクション95　9・5㎜フィルム調査の覚書」『東京国立近代美術館研究紀要』第一七号、二〇一三年、九六頁。

（12）前掲常石「日常の記録と記憶」二七頁。

（13）Roger Odin, "The Family Home Movie as Document," in Karen L. Ishizuka and Patricia R. Zimmerman eds., *Mining the Home Movie: Excavations in Histories and Memories*, Berkley: University of California Press, 2008, p. 261.

（14）『小型映画』の記述に関する分析は、以下に詳しい。後藤一樹「アマチュア小型映画のメディア文化論――9・5ミリ映画・16ミリ映画・8ミリ映画のテクノロジーと文化、一九二三―一九八二年」東京大学大学院学際情報学府提出修士論文、二〇一一年。

（15）FUJIシングル8のリーダー部分がワカメ状になっている傾向が強く見られた。高野コレクションの多くが当該フィルムを用いていたため、上映対象とした作品のリーダー部分は新しいものと取り替え、古いものはフィルムの箱に封入した。

（16）上映したフィルムの詳細は以下の通りである。藤川フィルム（『義之歩き始め　平野花見　京都電報・電化式S三四～三五』）、富家フィルム（『国立博物館　とうさん小学校同窓会　他一九六六秋』、『告別式　納骨供養　六八．四』）、高野フィルム（『第五回高島屋体育祭　S四五．一一．二』、『ドリームランドの一日　S四八．一〇．六』、『高雄の紅葉　S四八．一一．六』、『上賀茂神社、植物園見学　S五〇．四．二五』、『葵祭　川端通りと下鴨神社にて　S五六．五．一五』、『祥子結婚式　S五二．五．五』、『秀和　S五七．九．一三』、『恵美運動会　S五八．一〇．一五』）。

（17）久保豊「「ホームムービーの日」を知っていますか?」『neoneo web』二〇一五年一月一一日。http://webneo.org/archives/28738

（18）「特集　沖縄とデジタルアーカイブ」『モモト』第五二号、二〇二三年、二一—五七頁。

（19）野添侑麻「デジタルアーカイブのトップランナー　沖縄県公文書館」『モモト』第五二号、二〇二三年、二〇—二一頁。

（20）沖縄県「The Peace Learning Archive in Okinawa: 沖縄平和学習アーカイブ」二〇一二年、https://peacelearning.jp/

（21）日本語、英語、スペイン語、ポルトガル語、韓国語、簡体字中国語が選択できる。

（22）與那覇里子「「沖縄平和学習アーカイブ」が見られない　制作費は8千万円以上　県は早急に再公開へ」『沖縄タイムス』二〇一八年八月二日。https://www.okinawatimes.co.jp/articles/-/293108

（23）渡邉英徳・庭田杏珠「「記憶の解凍」：カラー化写真をもとにした〝フロー〟の生成と記憶の継承」『デジタルアーカイブ学会誌』第三巻三号、二〇一九年、三一七—三二三頁。

（24）真喜屋力「沖縄の8㎜フィルム地域映像デジタル配信とコミュニティでの利活用」『デジタルアーカイブ学会誌』第三巻一号、二〇一九年、三一—三二頁。

（25）真喜屋力「【FILMS】小型映画友の会 沖縄大撮影会」沖縄アーカイブ研究所、二〇二〇年四月三〇日、https://okinawa-archives-labo.com/?p=6351

（26）真喜屋力のFacebookタイムライン上での告知回数などにもとづく。Makiya, Tsutomu Facebook、https://www.facebook.com/tmakiya

（27）Makiya, Tsutomu Facebook、二〇二〇年二月二三日、https://www.facebook.com/tmakiya/posts/pfbid02LbVTn8DiYh1YHWqHu672ckV7pNYXqLz8HFJitzbVugi6fU2PpYWgRqwkxUC2Qgsl

（28）「沖縄アーカイブ」沖縄テレビ放送、https://www.otv.co.jp/nsp_okiarchive/（最終アクセス：二〇二三年三月一七日）。

（29）真喜屋力、Zoomインタビュー（聞き手：藤城孝輔）、二〇二一年三月一八日。

（30）本書の第7章「大学博物館の生存戦略」が事例として扱うイースト・アングリア・フィルム・アーカイブは地域的な特色に注力する実践の一例である。

（31）例えば以下の論文は、一九三〇年にアルプス山脈へ登ったチューリッヒ在住の家族が撮影した小型映画を対象に、映像人類学の観点からカメラに対する振る舞いの違いを分析している。Alexandra Schneider, "Homemade Travelogues: Autosonntag—A Film Safari in the Swiss Alps," in Jeffrey Ruoff ed., *Virtual Voyage: Cinema and Travel*, Durham: Duke University Press, 2006, pp. 157–173.

（32）Zimmerman, 2008, pp. 8–24.

第22章　違法とされるブルーフィルム

吉川　孝

1　ブルーフィルムと土佐のクロサワ

ブルーフィルムとは、日本の刑法第一七五条によって上映などが違法とされるポルノグラフィックな映画のことであり、実際に行われた（とされる）性行為——本番の性行為——が撮影され、無修正の露呈された生殖器が映像に含まれる。本章では、ブルーフィルムの歴史を代表する「土佐のクロサワ」という製作者に焦点をあわせ、そのアーカイブをめぐる問題を考察する。一般的な日本映画史には、本番の性行為を描く作品は一部の例外——『愛のコリーダ』（大島渚監督、一九七六年）や『白日夢』（武智鉄二監督、一九八一年）など——を除いて見出されない。映画館のスクリーンにフィルムで映写される作品を念頭におく日本映画史は、本番の性行為を撮影するジャンルを視野に入れることができない。ブルーフィルムは刑法で上映が禁じられていたし、その後に登場したアダルトビデオはビデオという媒体で製作され流通することから、映画をめぐる考察の主題にはならなかった。「ハードコアポルノ」と呼ばれる本番を描く映画のジャンルは、日本において学術的に研究されることがほとんどなく、そのアーカイブについても独特の困難な課題がある。

ブルーフィルムとは何か

「ブルーフィルム」と呼ばれている違法のポルノ映画の歴史を概観しておきたい。[1]そうした映画はもともと「猥褻映画」「猥映画」「わい映画」「Y映画」「エロ映画」「エロフィルム」「性的映画」「秘密映画」「怪映画」「桃色映画」などと呼ばれていた。帰山教正の『映画の性的魅惑』（一九二八年）によれば、それは「性交の映画」として、「四十八手様々な奇異な状況を何の考もなく撮影したもの」である。[2]

こうした映画の歴史はそれなりに古く、大正時代（一九一二―二六年）の初めに「桜夜会」という会員組織で秘密映画が鑑賞されていた。[3]一九一〇年代に上映された作品は、基本的には海外から輸入したものであったが、一九二〇年代には日本で製作された作品の記録があり、昭和初期（一九二〇年代後半）にはそうした作品の流通が本格的に始まっていた。[4]『新婚夫婦』という作品がこの頃を代表する作品と言われ、そこでは春画を見ている殿様と腰元を描いているようである。[5]一九二四年八月一九日の読売新聞には『人の花』という「猥褻フィルム」の製作者が、一九二九年六月二〇日の読売新聞には『春の夢』という「怪映画」の製作者が取り締まりを受けたとあり、この頃から製作者の摘発の記事が新聞に掲載されている。

このジャンルは文学の題材にもなり、一九一六年に出版された永井荷風の小説『腕くらべ』には「いつかのやうな会員組織の、猛烈な封切はないでせうか」という会話のシーンがあり、[6]一九一八年の上山草人『煉獄』にも秘密上映会の記述がある。[7]一九二三年には谷崎潤一郎によって『肉塊』が発表されるが、ここで登場人物が製作する猥褻な映画はブルーフィルムと解釈されうる。[8]一九三〇年には、竜胆寺雄が「階段を下りる」という短編を発表しており、これもまた「V・M・プロダクション」という猥褻映画を製作するグループを描いている。[9]一九一〇年代の文学が上映会に言及するのに対し、二〇年代の文学作品は作品の製作にも光を当てており、国内での製作が始まった当時の状況が反映されている。

一九三〇年代にも一定の作品が製作され、一九三二年には『すゞみ舟』（後述）のようなアニメーションも製作された。上海事変によって日中間の戦争が本格化した一九三八年頃に『白衣の愛』という中国人男性と日本人女性との愛を描いた作品も製作されている。[10] 戦争で途絶えてから戦後にふたたび流通が始まるが、しばらくは戦前のものや輸入されたものが上映されていた。一九四八年には京都で『情慾』[11]というモノクロの作品が製作されており、このジャンルにおける戦後の最初の作品と言われている。一九五〇年には後述する「土佐のクロサワ」と呼ばれる製作者がデビューし、翌年には名作とされる『風立ちぬ』が製作された。一九五一年には製作者が不明であるが、女性の同性愛を描いた『女の砂漠』（別名『沙漠の女』）も製作されている。[12] こうした映画は劇場公開されるわけではなく、秘密の鑑賞会において上映されるため、16ミリや8ミリのフィルムを用いた小型映画として製作・流通している。戦前から戦後の一九五〇年代前半にかけては16ミリが、一九五〇年代には次第に8ミリが用いられ、一九六〇年代半ば以降になるとカラーの8ミリ作品が大量生産されるようになる。[13]

「ブルーフィルム」という名称ははじめからあったわけではなく、一九六〇年代から用いられている。開高健は、一九六〇年の『新潮』（七月号）に発表した「ユーモレスク」において、浅草で「ブルーフィルムを見物」する人物を描いている。一九六一年の週刊誌には「Y映画すなわちブルーフィルム」という表現が見いだされる（『週刊文春』一九六一年一二月一八日号）。一九六三年には野坂昭如がブルーフィルムの製作者を描いた小説『エロ事師たち』を発表し、一九六三―六四年には『ハードボイルド・ミステリー・マガジン』（久保書店）にエッセイ「告白的ブルーフィルム論」を連載した。さらに一九六四年の読売新聞では「ブルーフィルム」を題材にした小説『エロ事師たち』の映画化（今村昌平監督）のことが記事になっている。このように雑誌を中心として違法のポルノ映画を示すのに「エロ映画」と並んで「ブルーフィルム」が用いられた。

新聞紙上でも一九六〇年代半ばから次第に「ブルーフィルム」が用いられ、読売新聞では一九六四年から、毎日新聞では一九六七年から、朝日新聞では一九七〇年からこの表現が登場している。[14] ブルーフィルムのほかに「青映画」と言われることもあったし、製作者自身が「帯（オビ）」という隠語を用いることもあった。[15] 一九六〇年代中頃に8ミリブームがあり、その一翼を担うかたちでブルーフィルムは広く知られるようになった。開高健や野坂昭如のほかにも藤本義一や吉行淳之介などの作家がブルーフィルムを紹介しているが、その際に彼らは一九五〇年代の土佐のクロサワの作品や戦前の作品などをも「ブルーフィルム」と表現しており、この名称が時代を遡って適用されるようになった。

土佐のクロサワ

「土佐のクロサワ」は「ブルーフィルム界の黒澤明」と名乗り、高知から良質の作品を送り出した製作者（たち）の異名である。最初の作品『未亡人の火遊び』は一九五〇年に製作されている。翌年に第二作として『風立ちぬ』を製作し、これがブルーフィルム史上もっとも有名な作品となる。この作品は高知の物部川の下流でロケされ、小舟のうえでの男女の性の営みを描いている。続く一九五二年に『柚子ッ娘』が高知の名高い観光地・竜河洞の付近の山間部で撮影され、山小屋での男女の逢引を描いており、三島由紀夫の『潮騒』を彷彿させると言われている。一九五〇年代後半には、土讃本線の大杉駅の付近で撮影された『戦国残党伝』は時代劇の大作であり、もともとのタイトルは『落城の賦』だったが、警察に押収されて『戦国残党伝』というタイトルが付けられた。[16]竹にカメラマンをくくりつけてのクレーン撮影も行われ、製作者がこの作品を「会心作」として自作のベスト1に挙げている。[17]このほかには、『女生徒と教師』『好色アンマ』『山道』『鍵穴』『天狗のいたずら』『女学生とオシッコ』『慟哭』『女性指南』『望遠』『久米仙人』『春の湖』などがクロサワ作品とされている。[18]こうしたタイトルは製作者によってつけられたものもあるし、押収後に警察などによってつけられたものもある。

土佐のクロサワは、野坂昭如、藤本義一、吉行淳之介などの作家、性科学者の高橋鐵や画家の山口玄珠などの性表現のコレクターによって高く評価されており、さらに断片的に伝えられるそのエピソードは、今村昌平『「エロ事師たち」より　人類学入門』、神代辰巳『黒薔薇昇天』、林功『若妻日記　悶える』、森崎東『ロケーション』などの映画の登場人物に投影されている。[19]『切られた猥褻』という著作もあるジャーナリストの桑原稲敏は、一九六九年に今村昌平の紹介で土佐のクロサワを取材し、再び一九八〇年代に雑誌『MAZAR』の企画で取材しており、一九七三年、一九七五年、一九八三年、一九九一年に雑誌記事を発表している。[20] 一九七〇年代のインタビュー記事の内容は映画関係者にも注目され、そうした記事の情報がさまざまな映像作品に反映されている。

2　ブルーフィルムのアーカイブ

以下では、まず一般的にハードコアの映像を含むポルノグラフィーをアーカイブする意義と課題を確認しておきたい。[21] 次いで日本固有の「ブルーフィルム」のアーカイブについても考察する。

ポルノ映画のアーカイブの意義と課題

当然のことながら、ポルノ映画のアーカイブにも研究のための資料を提供するという意義があり、何らかのアーカイブがなければそもそも研究が成立しない。L・ウィリアムズの『ハードコア　権力、快楽、「見えるものの狂乱」』（一九八九年）は、サイレントの「スタッグフィルム」[22]や一九六〇年代後半以降のポルノ解禁後のハードコアポルノ映画の先駆的研究である。この著作は、性に関する資料を収集するキンゼイ研究所（インディアナ大学）のスタッグフィルムのコレクションとレンタルショップでアクセスできる商品としてのポルノ映画のビデオが活用された。[23] 現代では、デジタル映像のインターネットアーカイブが一定の役割を果たしており、収集されうる情報の量とアクセスの範囲の広大さが注目されている。さらには、ポルノ映画は、通常の映画には描かれにくい人たちの生の記録という意味を持っており、とりわけ特定のジェンダーやセクシュアリティや職業ゆえに抑圧された人々の感情や身体などの映像は、歴史における抑圧やそれに対する抵抗の資料になることもある。[24]

ハードコアポルノのアーカイブが道徳や法の観点から問題になりうることにも十分に留意しなくてはならない。性行為の映像は、誰がどのような意図で所持するのか、どのような文脈でどのような範囲において拡散されるのかに応じて、被写体となる人物の生活を破壊する力を持つことがある（デジタル画像とインターネットはその力を格段に増大させた）。また、古くからこのジャンルにおいては、制作のプロセスで人権侵害が生じやすく、しかもそのことが明るみになりにくかった。出演者は、不同意のまま性行為を強いられうるし、同意があっても意図せずに妊娠することがあるし、さらには中絶や性感染症などのリスクもつきまとっており、アーカイブにおいてもこの点を踏まえた扱いが求められるだろう。もともと「ポルノグラフィー」は猥褻なものに関わる概念であり[25]、そうした論争を呼びおこすものを扱うことはアーキビストや研究者にとっても一定のリスクがある。それゆえに、このジャンルのアーカイブの公益性を一般に理解してもらうにはかなり高いハードルがあり、必要な予算を正当化するのもきわめて難しい[26]。

作品をどのように鑑賞するかをめぐる美学的観点からも問題が生じうる。ポルノグラフィーは、同時代に消費されるものであり、そのように鑑賞されることでポルノとしての真正な役割を果たしている。レンタルショップのアダルトビデオの「旧作」が古典としての価値づけがなされにくかったように[27]、ポルノがポルノであるためには、作品と鑑賞者のあいだに歴史的な距離が介在しない方がよい。ポルノは、アーカイブ施設に収蔵されて古典としての権威を得ることで、快楽をもたらす力を失い、ポルノとして「死」をむかえる[28]。また、図書館や博物館などでポルノがポルノとして鑑賞されることは避けるべきこととされる[29]。こうした意味において、プライベートな状況で鑑賞されるべきポルノをアーカイブすることは「不可能」な試みなのかもしれない[30]。アーカイブされた作品がもはやポルノとして鑑賞されえないのであれば、ポルノのアーカイブとは何を意味するのかが問われることにもなる。新作が次々とアップされ、それらをプライベートな空間で視聴できるインターネットアーカイブこそが、ポルノの真正なアーカイブを実現しているのかもしれない。あるいは、ポルノが死を迎えるにしても、特定の鑑賞者の利用の文脈とは切り離して映像を映像として何らかの施設でアーカイブすることには意義があるのかもしれない。

ブルーフィルムに特有の課題

日本のブルーフィルムが欧米各国におけるポルノ映画と状況が異なっているのは、刑法第一七五条がいまだに露骨な性表現の映像を取り締まりの対象としている点である。

わいせつな文書、図画その他の物を頒布し、販売し、又は公然と陳列した者は、二年以下の懲役又は二五〇万円以下の罰金若しくは科料に処する。販売の目的でこれらの物を所持した者も、同様とする。

二〇一一年の改正によって、「電気通信の送信によりわいせつな電磁的記録その他の記録を頒布した者」や「有償で頒布する目的で、前項の物を所持し、又は同項の電磁的記録を保管した者」についての罰則も設けられている。「公然と陳列」や「電気通信の送信」などが禁じられているために、映画館や学校などにおいてスクリーンで上映することも、インターネット上で配信することもできない。販売ではなく研究や教育という目的で所持するのはかまわないが、上映や配信によって罪に問われる可能性は否定できない。現代でも無修正のアダルトビデオのデジタル映像の配信や販売によって検挙される者もいる。

こうしたことから、ブルーフィルムのアーカイブは収集や公開の点で独特の困難をかかえている。欧米においては、収集家や研究者がインターネットオークションでスタッグフィルムを購入することは珍しいことではない。収集に値する作品を購入することでコレクションが成り立つことは言うまでもない。これに対して、日本のブルーフィルムの場合には、そもそも販売することが法に抵触するので、基本的にはインターネットオークションに出品されることはない。インターネットオークションにかぎらず、実店舗であれ販売することが同様の意味を持ちうるので、金銭で購入することが困難である。

通常の小型映画であれば、製作者・鑑賞者に関わる血縁関係や会社や地域や政治活動などの一定のコミュニティのなかで活用や保存がなされている。フィルムやそれに関係する資料がともに残されることで、関係者のあいだでどのようにフィルムが用いられていたのかなどの情報が得られることも多い。映像アーカイブにおいては、コンテンツ（内容）、キャリア（素材）、コンテキスト（文脈）の三つをともに保存することが重視される。[31] しかしながら、ブルーフィルムは小型映画でありながらも、製作や上映や鑑賞のコンテキストが記録として残ることはなく、基本的には作品がいつ誰によって製作されて、どこでどのように鑑賞されたのかなども判然としない。そもそもブルーフィルムは、生まれながらの「オーファンフィルム」[32]であり、製作者は名前を明かすことなく作品を手放すのであり、製作者との関係を断たれて作品が流通する。

もちろん、個人のコレクターや上映された場所（旅館など）の関係者が所持していることが考えられるが、そうしたコレクションの存在を公にすることは珍しく、所有者が死去したりコレクションを手放したりした場合、残されたフィルムの内容や価値を確認することがいっそう難しくなる。内容が確認できたとしても、もともとの収集の状況を離れてしまえば、多くのフィルムはゴミ屑同然のものであるか、所持することでリスクを負うものでしかなく、単純に廃棄されてしまう可能性が高い。[33]

さらには、もしフィルムがアーカイブされても、それを公開することに困難がある。確かに、スクリーンに映写するのではなく、個人がモニターを視聴するのであれば、刑法第一七五条における「公的に陳列する」ことにあたらないかもしれないし、生殖器の部分を修正処理することで違法ではなくなり、そうした状態において上映することも可能である。しかしその場合にも、製作者の著作権や出演者のプライバシーをめぐる問題が残されている。[34] 上映について誰がどのような権利を持っているのか、出演者は何に同意して出演しているのかを見極めることは困難である。とりわけ、そもそもブルーフィルムは製作者や出演者の名前がクレジットされておらず、誰が製作して誰が出演したのかもわからない。さらには、作品のタイトルもつねにあるわけではなく、無題の作品もかなりあるし、通常は製作年代を正確に確定することも難しい。上記の土佐のクロサワの場合には、例外的にインタビューがなされており、製作年代が判明している作品もあるし、新聞での逮捕や検挙の報道によって製作者の実名を知ることができる。

『柚子ッ娘』と国立映画アーカイブ

第1節でブルーフィルムの歴史を振り返り、著名な作品を挙げたが、現在はほとんどの作品についてその所在が判明しておらず、消失している可能性も高い。ブルーフィルムはこれまで収集がなされてこなかったジャンルであり、今後の発見が期待される。ここでは、二つの施設においてフィルムが収蔵されている事例をとり上げて、ブルーフィルムアーカイブの実情を紹介する。これらは、作品名や製作者や出演者などがある程度まで同定されている例外的な事例である。

『柚子ッ娘』は土佐のクロサワ作品であり、野坂昭如によって『風立ちぬ』と並ぶ二大名作の一つと評価されている。一九五二年に製作したとクロサワ自身がインタビューで答えているので、製作年が確定できる。野坂のエッセイ「告白的ブルーフィルム論」に二つの作品のタイトル部分の映像が掲載されており（図22－1）、製作から一〇年が過ぎた一九六〇年代前半には野坂の周辺にはフィルムがあった。[35] その後、一九七三年の雑誌『週刊文春』[36]の企画で『風立ちぬ』の鑑賞記録が掲載されているが、『柚子ッ娘』についてそうした情報はない。長らくフィルムは失われたと考えられていたが、筆者は高知にて二〇一五年に知人を介してフィルムを入手した。

そのフィルムの冒頭部分は切れており、そこにあったはずのタイトル部分の映像は欠損している。したがって、タイトルから作品を確認することはできなかった。フィルムのケースには「柚子ッ娘」と、フィルム本体の枠には「山小屋で六時に」と記した紙が貼り付けられているが（図22－2）、これはフィルムの所有者によるものであって、

ート・三カイントロ・四カラーといわれる。ポリ
ュームは容姿もふくめた女性モデルの良し悪し。
ムードは、ストーリーのことといっていいだろう。
筋書きがあまりにトッピョウシもないものや、
ズバリそのことだけというフィルムはよろしくな
い。
　イントロは、これこそそのフィルムのポイント
である。本論は常にきまってるのだから。最後の
カラーについていえば、以前はこれが重視されて
二位にランクされていたのだが、ちかごろフィル
ム、カメラともに進歩して、ほとんど失敗がなく、
あまり問題にされなくなったもの。
「実はこの女性のほうは、あるヤクザの二号でご
ざんして、男のモデルは子分にあたるんですよ。

ンクされるだ
タレントは、
ブルが本当の
けた理由の一
ろう。
　ともあれ、
ーム百二十フ
たたび手順よ
　あとの室内
うで、私はい
新聞配達があ
て始まる一日
りなんとなく
えると――。

図 22-1　野坂昭如「告白的ブルーフィルム論」より

この作品が『柚子ッ娘』であることの決定的な証拠にはならない。しかし幸いにも、『柚子ッ娘』はブルーフィルム史上の名作とされており、一九七〇年代の雑誌では、次のようにその内容が紹介されている。(37)

――段々畑が連なる山村。その田舎道を背負籠（しょいご）を背に、野良着姿の若い男女が歩いている。畑仕事の帰りらしい。別れ際、青年は女の耳もとで「今夜、六時に……」と囁（ささや）く。美しい夕暮れ。約束の時間に、村外れの納屋で落ち合った二人は、おずおずと抱き合う。燃えるような瞳。小川のせせらぎを聞きながら、二人は野良着を一枚、また一枚と脱ぎ捨てる。青年の日焼けした肉体と透きとおるような娘の白い肢体……。

三島由紀夫の『潮騒（しおさい）』のラブシーンを思わせるような、美しい作品である。(38)

こうした記述をもとに、私が入手したフィルムの内容を確認すると、この記述と重なっており、手元のフィルムが『柚子ッ娘』であることが判明した。

この作品は、二〇二二年に国立映画アーカイブ（ＮＦＡＪ）に筆者によって寄贈され、現在ではそこに収蔵されている。この作品をどのように扱うかについての判断は、施設の側に任されているが、現時点で通常の映画と同様に公開することはできないし、望むべきではないだろう。研究者などに向けた特別映写という形でのアクセスにつ

いても、性描写だけではなく出演者のプライバシーの観点からも慎重な判断がなされるべきである。

ＮＦＡＪには、このほかにもいくつかのブルーフィルムが収蔵されており、そのような作品とともに公開のあり方が模索されるべきであろう。二つの例をあげることができる。一つは一九三二年に製作されたアニメ『すゞみ舟』である。[39] この作品は警察の摘発を受けて以降八五年以上にわたってフィルムの所在が不明となり、失われた映画として長らく伝説化していた。このフィルムは二〇一七年から東京国立近代美術館フィルムセンター（現・ＮＦＡＪ）に収蔵されており、公開しないという条件のもとで警察の関係者が押収品を寄贈したとも言われている。[40]

もう一つは、ＮＦＡＪには小型映画の製作者・荻野茂二のコレクションがあり、ここにブルーフィルム作品が含まれている。荻野のコレクションを調査した原田健一や水島久光らのグループは、コレクションのなかにはヌード撮影をした「ソフト路線」の作品のみならず、販売目的と見られるブルーフィルムを発見している。

図22-2　『柚子ッ娘』のフィルム。

こうしたソフト路線とは別に、ハードなブルー・フィルムというべきものを三本製作してもいる。白黒・サイレントのこの三本の映画は本格的なブルー・フィルムで、出演者の男性と女性は顔を写されることなく、性器のアップが多用される。撮影のフレームは安定しており、しっかりしたカメラ・アングルを可能にするライティング、さらには細かな移動をするための機材を使用し、それに見合った予算を使っていることから考え、16㎜のネガ・フィルムで撮影し、8㎜フィルムにプリントして販売していた可能性が高い。これは明らかにビジネスである。[41]

荻野のブルーフィルムの特徴は、出演者の顔を写さずに生殖器をアップで見せることにある。一般的に男性の顔がサングラスで隠されることはよくあるが、ここでは女性を含めた出演者の顔がまったく写されていない。出演者のプライバシーに配慮しなければならない事情があったとも推察される。アーカイブの公開の観点から興味深いのは、出演者の顔というプライバシーの問題を気にすることなく、性表現の問題だけが焦点になる点である。[42]『すゞみ舟』と荻野茂二のブルーフィルム作品の事例からわかるのは、アーカイブに収蔵されている作品へのアクセスは、寄贈者の意向や映像になっている人物のプライバシーによって左右されうるということである。このようにブルーフィルムにおいては、出演者、製作者、寄贈者、所蔵アーカイブの状況などによって、公開の可能性が大きく異なっている。

『猟人秘抄』と神戸映画資料館

神戸映画資料館には一五〇本を超えるブルーフィルムがあり、そのほとんどが海外の「洋物」であるが、一部は日本のブルーフィルムである。いずれも製作者や出演者や製作年代は不明であるが、『猟人秘抄』は例外である（図22－3）。この作品も一般的なブルーフィルムと同様に、製作スタッフや出演者や製作年はクレジットされていないが、この作品は土佐のクロサワ作品であると判断できる。というのも、そこには『柚子ッ娘』と同じ男女が出演しており、とりわけ女性の顔をしっかり確認できるからである。男性の顔は頭全体を覆う帽子を被っているため判別しにくく、決定的なことは言えないが、筆者が判断するかぎりでは同一人物であるように思われる。『柚子ッ娘』に出演したカップルは『風立ちぬ』の主演と同じ夫婦とされており、この作品にも出演したことになる。

作品の内容は、鳥を撃っている猟師が山で女性と出会い、屋外で性行為をするというものであり、『柚子ッ娘』

と同じく山間部でロケされている。女性はモンペを履いている点も共通している。二つの作品は同じ時期に製作された可能性があるが、製作年代を正確に確定することはできない。雑誌などの記事にはこの作品についての記載がまったくなく、土佐のクロサワ作品として話題にあがることもない。リーダーのプロデューサー的人物から隠れてメンバーが作品を製作することもあったようであり、この作品もそうしたものなのかもしれない。山中における男女の（強姦とも解釈されうるような）性行為が描かれており、さらには人物に木漏れ日が差し込むような撮影もなされているシーンがある。こうしたことから、黒澤明の『羅生門』の同様の撮影を強く意識していると思われる。[43] この作品は、神戸発掘映画祭２０２３（神戸映画資料館主催）の企画「見てはいけない映画のアーカイブを考える」

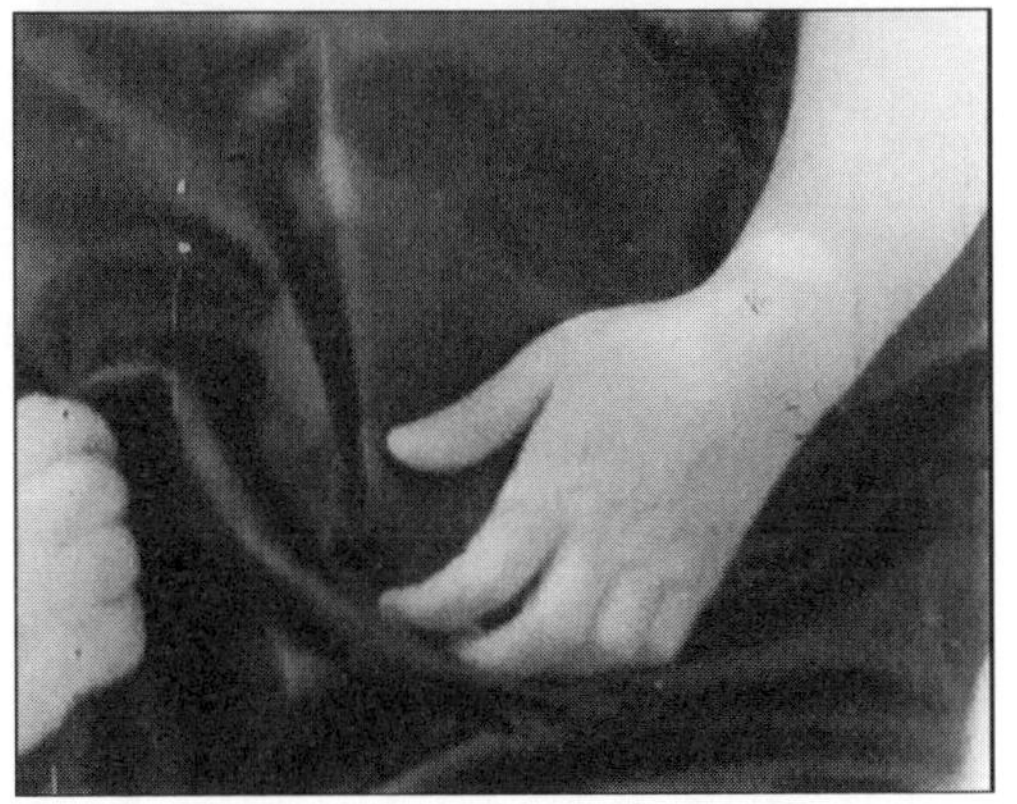

図 22-3　『猟人秘抄』。神戸映画資料館所蔵。

（二〇二三年一〇月二二日）にて、映像を修正することで刑法第一七五条に触れないかたちで、参考上映がなされた。

神戸映画資料館に収蔵されている注目すべき作品をさらに挙げるならば、16ミリの作品であろう。整理番号32414と31060は16ミリの作品であり、ブルーフィルムの歴史のなかでは古いものであり、年代は確定できないが、一九五〇年代までに製作されたものであろう。32414は、登場人物の会話が字幕になっており、サイレント映画の手法が影響をもっていた一九三〇年と推定されるが、内容も欠損部分を含んでおり、完全なものではない。31060も16ミリの作品であるが、この作品も『柚子ッ娘』や『猟人秘抄』と同じ女優が出演している可能性がある。それらの二作品では女性がモンペを履いて山仕事していたのに対して、この16ミリの作品では室内でしっかりとした着物をまとっており、別人のようにも見える。顔立ちや体型などから同一人物である可能性も高く、『風立ちぬ』や『柚子ッ娘』に先立つ土佐のクロサワの作品であるかもしれない。

このほかに8ミリ作品で土佐のクロサワに関連するものもある。『招かぬ客』は、筆者が二〇二二年に神戸映画資料館に寄贈したものであり、冒頭のタイトルがあったと思われる部分が欠損している。しかし、この作品は、ブルーフィルム作品がＶＨＳに納められた『風俗小型映画2　四国高知編』の『招かぬ客』と同一内容である。このＶＨＳの巻には土佐のクロサワ作品が収められていることから、このフィルムもそうであると判断できる。整理番号33916はフィルムに「女一人旅」というタイトルがあり、女性と犬の性行為を描いた「獣姦もの」「シロワンもの」であり、屋外が舞台となるカラー作品である。女性が犬を連れて野原を散歩しているときに男女のカップルの性行為を目撃する。それを見ていた女性が興奮して犬と性行為を始めるという内容になっている。土佐のクロサワには『生きる歓び』という「獣姦もの」の作品があり、瀬戸内海の小島で屋外ロケされている。[44] この作品は、女性が犬と性行為をするところを男女が目撃して、それに刺激を受けて性行為を始めている。二つの作品のプロットは似ているため、同一の製作者の可能性もあるだろう。

神戸映画資料館のコレクションには戦前の作品や土佐のクロサワ作品などの貴重なものが含まれている。このようなアーカイブが実現しているのも、どんなものでも分け隔てなく収蔵するというコレクションの方針によってである。[45] 通常は廃棄されてしまうものまで保存していたからこそ、新しい観点からは宝のような作品が発掘されうる。とはいえ、ここでもブルーフィルムのコレクションは一般公開されているわけではなく、一部の賛助会員や研究者などに研究目的での利用という基準をもうけて閲覧を許可している。露骨な性表現やプライバシーなどにかかわる映像を扱う手法として、これ以外のやり方は現状では考えられない。

3　二一世紀のシークレット・ミュージアム

こうしたアーカイブの現状から、収蔵作品の公開をめぐる大きな問題が生じている。刑法第一七五条があるかぎり、ブルーフィルムを収蔵していても一般的に公開することは困難であり、作品へのアクセスは制限せざるをえない。民間アーカイブはアクセスの基準をそれなりに自由に決定できるが、国公立のアーカイブは原則的には収蔵作品の公開が求められるため、公開しにくいものを公開するよう迫られて対応に苦慮する可能性もある。[46] いずれにしても、作品の内容やさまざまな関係者への配慮によって、何らかの制限を設けざるをえないことは確かである。

こうしたことがまさに「ポルノグラフィー」の歴史的起源を想起させる。W・ケンドリックの『シークレット・ミュージアム』によれば、現代のポルノグラフィーの一つの起源は、一九世紀のヨーロッパにあり、ポンペイ遺跡からの出土品のアーカイブをめぐるものであった。古代ローマにおいて庭や室内に公然と飾られていた彫刻や絵画の一部は、近現代の基準からすると「猥褻」であり、公にできるものではない。しかし、それらは歴史的価値ゆえに保存すべきものとされて「ポルノグラフィック・コレクション」(Raccolta Pornografica) として、秘密裡に収蔵されることになる。

ポンペイの貴重な猥褻物がしかるべく管理されるためには、それらを体系的に名づけ、一定の場所に置く必要があった。そこで選ばれた名前が「ポルノグラフィー」だったのである。そしてそれらは〈秘密の博物館(シークレット・ミュージアム)〉に収蔵された。(47)

ケンドリックによれば、こうしたシークレット・ミュージアムの誕生の背景には、女性、子供、「下層階級」の人などによるアクセスを避ける目的があった。この傾向は、二〇世紀のある時期まで継承され、大英博物館やフランス国立図書館などでも所蔵品を完全には公開しない（アクセスしにくくする）ことが行われていた。現代では、猥褻の基準の変化や平等を重んじる社会正義の観点から、一部の人たちが鑑賞・閲覧できないという状況は歓迎されず、開かれたアーカイブを目指すような「民主化」が進んでいる。しかしながら、実際には予算や人員の不足などによってアクセスへの制約や条件が設けられてしまうのであり、(48)ブルーフィルムの場合には刑法第一七五条が以前と同じように機能しているために、法によっても万人に公開することが許されない。さらには、寄贈者やその関係者の意向や出演者のプライバシーへの配慮が強く求められることもあり、この点からアクセスを制限する必要が生じている。さらには、近年、映像の製作現場での人権侵害をめぐる問題が注目を集めており、アダルトビデオのみならず一般映画に関しても、改善が求められている。過去の人権侵害が明らかになった作品をどのように扱うのかについても、大きな課題となっている。(49)

ハードコアのフィルムやビデオは、映像アーカイブの中で無視され、すてられたオーファンたちである。この遺産を保存しようとする（さらにはあえてする）機関はほとんどない。しかし、なかには公表していないアイテムを所持しているところもある。研究者や学生にとっての最善の策は、アーキビストと関係を築き、ハードコアの資料について尋ねることである。(50)

二〇〇四年にL・ウィリアムズがハードコアポルノについて記していることは、日本のブルーフィルムにそのまま該当する。ブルーフィルムは限られた人だけしか鑑賞できず、このことは「開かれたアーカイブ」の理念と折り合いが悪いと言えるだろう。しかしながら、このように「シークレット・ミュージアム」が二一世紀に形を変えて維持されていることは、皮肉にも、ブルーフィルムのもともとの魅力をアーカイブにおいて継承することにつながるかもしれない。ポンペイのポルノグラフィック・コレクションは、そのままでは猥褻とされて捨て去られてしまう作品を「隠匿という逆説的な方法」によって「保存」することでアーカイブの機能を果たし、ポルノグラフィーというジャンルを成立させたのであった。[51] アーカイブはそのときどきの社会で禁じられたものを隠し持つことで後世に残すという役割をも果たしてきた。そもそもブルーフィルムにかぎらずポルノグラフィーの鑑賞は「見てはならないものを見る」のであり、そこにかなり特異な美的経験が成立することになる。[52] このような経験は、通常、アーカイブで収蔵されて一般に公開される作品については生じることはない。しかし、現代日本におけるブルーフィルムのアーカイブは、刑法第一七五条のために、ある種の「シークレット・ミュージアム」にならざるをえないのであり、見てはいけないものが見てはいけないものとして収蔵されている。[53]

注

（1）長谷川卓也『いとしのブルーフィルム』青弓社、一九九八年を手がかりとする。以下の論述は、吉川孝『ブルーフィルムの哲学――「見てはいけない映画」を見る』NHK出版、二〇二三年、第一章と内容が重複する部分がある。
（2）帰山教正『映画の性的魅惑』文久社書房、一九二八年、九六頁。
（3）前掲長谷川『いとしのブルーフィルム』七二頁。
（4）島崎五郎「対談　秘密映画を映つす男」『人間探究』第二七号、一九五二年。
（5）前掲長谷川『いとしのブルーフィルム』八三―八五頁。

（6）永井荷風『荷風全集　第一二巻　腕くらべ』岩波書店、一九九二年、一二一頁。
（7）上山草人『煉獄』新潮社、一九一八年、四一四頁。
（8）佐藤未央子『谷崎潤一郎と映画の存在論』水声社、二〇二二年、第四章。
（9）竜胆寺雄「階段を下りる」『かげろふの建築師——竜胆寺雄創作集』新潮社、一九三〇年。
（10）前掲長谷川『いとしのブルーフィルム』一〇九頁、長澤均『ポルノ・ムービーの映像美学——エディソンからアンドリュー・ブレイクまで　視線と扇情の文化史』彩流社、二〇一六年、八〇頁。
（11）この作品は『強盗』とも呼ばれた（前掲長谷川『いとしのブルーフィルム』一三八頁）。
（12）『人間探究』一九五二年五月号。
（13）矢野卓也『実録ポルノオビ屋闇の帝王——史上最大ブルーフィルム密造団の全貌』徳間書店、一九八二年、八二頁。
（14）読売新聞、朝日新聞、毎日新聞については、各社のデータベース（「ヨミダス」「朝日新聞クロスサーチ」「毎索（マイサク）」）を参考にした。
（15）前掲矢野『実録ポルノオビ屋闇の帝王』四二頁。「帯」というのは、帯状のフィルムを扱うことに由来している。
（16）タイトルの表記は「残党伝」と「残盗伝」という二種類の表記があり、多用される前者を採用する。
（17）桑原稲敏「土佐・エロ事師列伝　ブルーフィルム界の「クロサワアキラ」たち」『ひめごと通信』1、白夜書房、一九九一年。
（18）『MAZAR』一九八三年八月号、七〇—七三頁。『風俗小型映画2　四国高知編』九鬼、一九九四年。
（19）この点については、前掲吉川『ブルーフィルムの哲学』第六章を参照。
（20）桑原稲敏「ブルーフィルム界にも〝黒澤明〟あり」『月刊噂』一九七三年九月号、桑原敏「ブルーフィルム界の〝黒澤明〟監督一代記」『宝石』一九七五年四月号、桑原「名作「風立ちぬ」の舞台　南国土佐は初夏なりき……。」『MAZAR』一九八三年八月号、前掲桑原「土佐・エロ事師列伝」。
（21）以下の論点はディーンを参考にしつつ独自に整理した。Tim Dean, "Pornography, Technology, Archive", in Tim Dean, Steven Ruszczycky, and David Squires, eds., *Porn Archives*, Duke University Press, 2014, pp. 1-26.
（22）ヨーロッパや南米や北米では一九〇〇年代から一九一〇年代に製作が始まって秘密裏に流通する違法のポルノ映画は「スタッグフィルム」と呼ばれる（Dan Erdman, *Let's Go Stag! A History of Pornographic Film from the Invention of Cinema to 1970*, Bloomsbury Academic, 2021）。
（23）Linda Williams, *Hard Core Power, Pleasure, and the "Frenzy of the Visible,"* University of California Press, 1989, p. 8. キンゼイ研究所以外に

も、The Institute for the Advanced Study of Human Sexuality (IASHS) には、映像作品を含む性に関する資料が収集されている（Eric Schaefer, "Dirty Little Secrets: Scholars, Archivists, and Dirty Movies", *Moving Image*, 5 (2), 2005, pp. 96–97）。

(24) Katariina Kyrölä and Susanna Paasonen, "Glimmers of the Forbidden Fruit: Reminiscing Pornography, Conceptualizing the Archive", in *International Journal of Cultural Studies* 18, 2015, pp. 595–610. David Church and Eric Schaefer, "In Focus: Why Adult Film History Matters", in *Journal of Cinema and Media Studies* 58 (1), 2018, pp. 141–146.

(25) ウォルター・ケンドリック、大浦康介監修、大浦康介・河田学訳『シークレット・ミュージアム――猥褻と検閲の近代』平凡社、二〇〇七年、第一章。

(26) Eric Schaefer, "Dirty Little Secrets: Scholars, Archivists, and Dirty Movies", *Moving Image*, 5 (2), 2005, pp. 92–94.

(27) 服部恵典「アダルトビデオからビデオ史を逆照射する――「アーカイブ」の困難に着目して」第九六回日本社会学会大会、二〇二三年一〇月九日、立正大学。

(28) Frances Ferguson, *Pornography, the Theory: What Utilitarianism Did to Action*, University of Chicago Press, 2004, pp. 22–23. Geoff Nicholson, *Sex Collectors: The Secret World of Consumers, Connoisseurs, Curators, Creators, Dealers, Bibliographers, and Accumulators of 'Erotica'*, Simon & Schuster, 2006, p. 33. David Squires, "Pornography in the Library", in *Porn Archives*, pp. 78–99.

(29) Jennifer Burns Bright and Ronan Crowley, "A Quantity of Offensive Matter: Private Cases in Public Places", in *Porn Archives*, pp. 103–126.

(30) Katariina Kyröläand Susanna Paasonen, "Glimmers of the Forbidden Fruit: Reminiscing Pornography, Conceptualizing the Archive", in *International Journal of Cultural Studies* 18, 2015, p. 28.

(31) 岡島尚志「ディジタル時代の映画アーキビストが理解すべき〝3つのC〟という原則」『学習情報研究』第一九一号、学習ソフトウェア情報研究センター、二〇〇六年。

(32) この言葉は、当初は著作権の切れた作品のみを指示したが、やがて製作者（著作権者）の分からない作品へと拡大されている（パオロ・ケルキ・ウザイ、石原香絵訳『無声映画入門』美学出版、二〇二三年、八三―八四頁）。

(33) 山口玄珠のブルーフィルム・コレクションやその保存をめぐる問題が一九六〇年代に報じられた。「ブルーフィルムに命を賭けた芸術家」『週刊サンケイ』一九六七年一月二日号、「ある好事画家のブルーフィルム遺産」『週刊サンケイ』一九六八年六月三日号。

(34) 出演者のプライバシーについては、デジタルアーカイブ学会の指針が参考になる。デジタルアーカイブ学会「肖像権ガイドライン」二〇二一年。

(35) 野坂昭如「告白的ブルーフィルム論1　私は鑑定人だった」『ハードボイルド・ミステリー・マガジン』一九六三年八月号、久保書店。
(36) 「人われを「ブルーフィルム界の黒沢明」とよぶ」『週刊文春』一九七三年九月一〇日号。
(37) 前掲桑原「ブルーフィルム界の〝黒澤明〟監督一代記」。
(38) 三島由紀夫の『潮騒』が発表されたのは『柚子ッ娘』の二年後の一九五四年である。
(39) 毛利厄九「「すゞみ船」鑑賞」『人間探究』一九五二年七月号。
(40) Wikipedia『すゞみ舟』の項目を参照（二〇二三年三月二〇日閲覧）。
(41) 原田健一「工房としての荻野茂二――多産な映像器械の産出構造」原田健一・水島久光編『手と足と眼と耳――地域と映像アーカイブをめぐる実践と研究』学文社、二〇一八年、二五〇頁。
(42) ＳＭに関連する資料を収集する「風俗資料館」（ＳＭ・フェティシズム専門図書館）には、関連する8ミリフィルムが収蔵されている。マニア向けに浣腸などを描いたものなどを含むコレクションは、そうした欲望への偏見ゆえに実際の売買をめぐるハードルはあったにしても、生殖器を撮影する必要がなかったために刑法第一七五条に抵触しないで販売されていた。これに対して神戸映画資料館に収蔵されている作品（『グロの道』『木刀と男』）は、生殖器や生殖器に関わる性行為を描くものであり、ＳＭマニア向けのものではない。以上の論点は河原梓水氏の知見を手がかりにしている。
(43) 前掲吉川『ブルーフィルムの哲学』二三〇頁。『羅生門』が強姦の映画であることは、鷲谷花『姫とホモソーシャル――半信半疑のフェミニズム映画批評』青土社、二〇二二年、第三章を参照。
(44) 『風俗小型映画2　四国高知編』九鬼、一九八四年。
(45) 「その時代の評価や人気にとらわれずに収集してきたことにより、忘れられていた作品や軽視されてきたジャンルの映画なども保存されてきました。それが幻の映画を多数発掘することにつながりました」。神戸映画資料館公式サイト https://kobe-eiga.net/cinema/（二〇二三年五月二〇日閲覧）。
(46) 私がある公的な施設においてブルーフィルムを閲覧した際、寄贈者への配慮から内容の公表を控えるよう口頭で要請されたことがある。それはまさに収蔵作品について公言しないよう求められるシークレット・ミュージアムの貴重な経験であった。施設の判断は、利用者が可能なかぎり作品にアクセスできるようにするためであったと思われる。
(47) 前掲ケンドリック『シークレット・ミュージアム』二九頁。
(48) 石原香絵『日本におけるフィルムアーカイブ活動史』美学出版、二〇一八年、三二四頁。

（49）前掲吉川『ブルーフィルムの哲学』第四章。リンダ・ウィリアムズは、スタッグフィルムをめぐって、出演した女性たちが人権を蹂躙された奴隷のような存在だったのか、一定の自律が尊重されて主体的に働くセックスワーカーだったのかという問いを立てている（Linda Williams, “White Slavery’ versus the Ethnography of ‘Sexworkers’: Women in Stag Films at the Kinsey Archive,” in *The Moving Image*, 5, no. 2, 2005, pp. 107–134）。

（50）Linda Williams, “Pornographic Film and Video: A Select List of Archives and Commercial Sites,” in Linda Williams ed., *Porn Studies*, Duke University Press, 2004, p. 491.

（51）Tim Dean, “Pornography, Technology, Archive”, in *Porn Archive*, pp. 1-6.

（52）吉川孝「ブルーフィルム鑑賞者であるとはどのようなことか？　土佐のクロサワのために」『フィルカル』第三巻二号、ミュー、二〇一八年、八六―一三九頁。前掲吉川『ブルーフィルムの哲学』第二章、第三章。

（53）D・チャーチによれば、まさにこのような「ヴィンテージ・ポルノ」のアーカイブでは、死せるポルノへの愛としての「ネクロ・エロティック」な欲望の充足がなされる（David Church, *Disposable Passions: Vintage Pornography and the Material Legacies of Adult Cinema*, Bloomsbury Academic, 2016, pp. 23–60）。

本研究はＪＳＰＳ科研費 JP20H01219、JP23K00013 の助成を受けたものです。

終章　研究から実践へ

ミツヨ・ワダ・マルシアーノ

序章では、映像アーカイブ・スタディーズについて話をした。なぜ映像アーカイブ研究が必要とされるのか、特に日本社会に眼を向け、読者の多くが住んでいる社会と「アーカイブをすること」との齟齬の成り立ちを、幾つかの参照点を用いながら説明した。全ての社会問題を悪政のせいにするつもりはないが、映像をアーカイブすること、言い換えれば貴重な文化遺産をアーカイブするには、国政による経済支援や、司法による保護が不可欠であるが、それらに関して日本は未だに開発途上というか、その必要性に対する自覚に欠けていることを指摘した。

また、序章では、映像をアーカイブすることの難しさと、それをどのように克服していくかに関わる可能性や方法論を提唱した。

そして最後に、日本に現存する映画アーカイブズについて、その歴史を考えるにあたっての重要なポイント――それがトップダウンではなくボトムアップから生まれてきたこと――に光を当てた。映像アーカイブの未来を考えるとき、残念ながら現在の日本の場合、国任せではダメだと思う。戦後、経済を成長させることだけに専心し、国力の発展を推進してきた政治体制と変わらぬ政権下で、教育や福祉、ましてや文化に関して、山積みの問題を解決し、人々のより良い生活を保証するだけの発想が、今の日本の政治には不在だからだ。われわれ市民が毎日の生活の中で直面する問題の多くは、国家レベルの決定によって解決されることは少ない。むしろ、生活政治（informal life politics）といった考えを継承しながら、同心円を膨らませるような形で、様々な問題に対して解決の糸口を見つけるしかない、といった話をした。

序章で「映像をアーカイブすることの難しさをどのように克服するか」と問い、人材育成が不可欠だと提案した。この観点から映像アーカイブの未来や可能性について思いを馳せるとき、ジョアン・ベルナルディによる第11章で示された「映画保存教育」は、私にとって羨望の的である。ジョージ・イーストマン博物館とロチェスター大学との協賛から生まれた教育課程〈セルズニック・プログラム〉のような人材育成のプロセスがもし日本にも存在していたら、本書が危惧する映像アーカイブの未来には、僅かばかりでも光が見えるかもしれない。しかしながら、映像文化のエコロジーが異なる米国と日本を比較し羨ましがるのではなく、われわれは日本の現状をどうにかしなければならない。ベルナルディは「専門的なトレーニングは、ヨーロッパでは遅くとも一九八〇年代からあったが、北米では一九九六年にジョージ・イーストマン博物館が取り組んだのが最初である」と述べている。わたしたちは、今、何から始めれば良いのだろうか。

映像研究者である私自身や本書の執筆者たち——多くは大学で教える教員——がまずできることは、「映像をアーカイブする」こと自体がいかに重要なことなのか、自分の所属する学部、大学、そしてもう少し拡げて学会のようなアカデミック・コミュニティの中で発信することだ。あるいは、本書のように、書籍といった媒体を通して、より多くの読者へ、そしてできるならば政府機関へと語りかける必要があるだろう。しかし、こういった長期に渡る粘り強さが必要とされる行為とは別に、もう少し実践的な貢献もできるのではないだろうか。それが人材育成だと思う。終章では、この人材育成がいかに必要か、またどうやって日本でそれが可能になるかを、謂わば、研究レベルから実践レベルに移行するための構想について考えてみようと思う。

1　人材の所在

映像アーカイブ研究の根幹ともいえる幾つかの質問の中に、「映像アーカイブの可能性や限界は何なのか？」を挙げた。一つの限界は、人材の不足だ。改めて、職業としてのアーキビストとは何かを考えてみよう。まず、図書館でアーカイブの仕事をするのは「司書」であり、彼らは通常、図書館情報学を学び、図書館司書の資格を得る。どんな本をどのようにアーカイブするか、それを学ぶのが図書館情報学だが、「器」が図書館から博物館に代わると、そこでアーカイブの仕事をするのは「学芸員」へと名称が変わる。博物館学芸員たちの資格は、文化庁によって以下のように規定されている。「学士の学位を有し、大学で文部科学省令の定める博物館に関する科目の単位を修得したもの[1]」。この記述からも感じ取れるだろうが、学芸員の場合、図書館司書に比べ、絶対的な人数が少ないことも要因となり、図書館情報学と同じレベルの学問体系がいまだ確立されていない。文化庁のサイトには、大学生だけではなく、短期大学生の場合や、学芸員資格認定合格者の場合も記述されており、謂わば「ごた混ぜ（hodge-podge）」の構造から人材をかき集めている様子が窺える。

さて、学芸員が「ごた混ぜ」であれば、市場のニーズがさらに限られている映像アーカイブについてはどうだろう。彼らは一般的に「アーキビスト」と呼称される。序章でも言及したが、国が二〇二〇年に設立した認証アーキビスト制度が、アーキビストの公的資格化の第一歩となった。認証アーキビスト制度の発足にあたり、国立公文書館が認定した養成課程は、学習院大学大学院人文科学研究科アーカイブズ学専攻のみであることも驚きである。その他では、例えば大阪大学のように、二〇二〇年以来、大学院横断的コース「アーキビスト養成・アーカイブズ学研究コース」を開始しているところもある。

その横断コースを支えるために、大阪大学では『アーカイブズとアーキビスト――記録を守り伝える担い手たち』（二〇二一年）という書籍を刊行している。そこには、同書が横断コースと深く結びついており、養成課程の一役を担う入門書であることが明記されている。(2) しかし、このアーキビストを養成するためのアーカイブ学研究書を詳しく見てみると、映像アーカイブに関する章は一つもない。全八講から成るこの教科書は、記録管理学、行政法、法制史、経済・軍事史、日本近代史、経済・商業史、図書館情報学といった専門分野から選ばれた八名の研究者によって執筆されているのだが、全ての執筆者が男性研究者である点も気になる。このような記録管理や行政学といった学術分野は、人文社会学圏の中でも所謂文学研究などから遠く離れた、周辺領域と見なされているのかもしれない。それよりなにより、同書では、アーカイブをめぐる法律といったアーカイブの「外側」や、公文書管理制度に関する研究のような、「枠組み」に関する内容に重点がおかれ、アーカイブの「内側」や「活動」——例えばアーカイブの仕組みや実践における問題——といった実務的な報告は限られている。新しい学問（discipline）が生まれる際には、既存の知的系列からの借用は免れないことであり、それは一九七〇年代に映画学が欧米で胎動し始めたときも同じであった。研究の方法論や理論が、既存の学問体系から借用されただけではなく、新しい学問を教える人材も既存の異なる学部から集められた。大阪大学のアーカイブズ学も、まさにその過程にあると思われる。この研究コースがどのように発展し、ここからどのような卒業生が現れてくるのか、興味深く見守って行きたい。

2　映像アーカイブ学の可能性

映像に特化したアーカイブ学を、日本で新たに打ち立てることはできないのだろうか？　そんな学問領域を開講したとしても、卒業生たちの仕事の受け皿は充分にあるのだろうか、と考える人も多いに違いない。しかし、大阪大学が実施したような方法論を用いながら、まずは大学院横断コースとして開始することは難しくない。私は、映像アーカイブを学ぶための大学院生（修士）向け「コープ・プログラム（Co-op Program）」システムが、この学問には最も適したアプローチではないかと考える。[3] また、デジタルアーカイブ実験を行うための「ラボ作り」も必要だ。こういったアイデアが机上の空論ではなく、具体化されることを望みながら、例えば、私が現在住んでいる京都市内のどこかの大学で実施すると仮定した場合、どんな可能性があるだろう。

映像アーカイブを学ぶためのコープ・プログラムを実施するには、単体の大学内の教育で完結するのではなく、地域の企業や公共施設との連携が不可欠となる。例えば京都市の場合、構成員として考えられる場として、以下のような教育機関、産業機関、公共機関が考えられる。①京都精華大学、京都芸術大学、京都市立芸術大学といった芸術系大学、②映画・映像学を教えている京都大学、立命館大学、同志社大学、③大学内に常設されている京都大学博物館、京都大学図書館機構、④そして、文化庁京都庁舎、京都文化博物館、おもちゃ映画ミュージアム、イマジカラボ大阪プロダクションセンター、国立国会図書館（関西館）、京セラ株式会社、任天堂株式会社、京都アニメーションと裾野は広がる。また連携機関は、必ずしも京都という地域に限定されるものではない。日本各地に点在する映像アーカイブ（福岡、広島、神戸、山形等）に加え、東京では国立映画アーカイブや記録映画保存センターといった中枢映像アーカイブ機関との結びつきも重要だ。このような府外のアーカイブ機関との実質的な結びつきをどうするかに関しては、後ほどコープ・プログラムのカリキュラムについて言及する際、改めて説明しよう。

コープ・プログラムとして参考にしたい既存教育システムは、カナダのオンタリオ州にあるウォータールー大学（University of Waterloo）である。ウォータールーは、第二次世界大戦後に林立した新しい大学の一つである。一九五七年の大学設立と同時に、このコープ・プログラムを導入した総合大学であるが、今ではカナダを代表する最強の理工系を有する大学と目されている。特に、数学とコンピューターサイエンスに力を入れ、長年にわたって先進的な学部学科を設置してきた。例えば、二〇〇二年には世界屈指の量子コンピューティング研究所（Institute for Quantum Computing）を新設し、ナノテクノロジーにも力を入れている。数学やコンピューターサイエンスと映像アーカイブ学とは毛色を異にするわけだが、注目したいのは、このコープ・プログラムを導入する意義を共有している点だ。つまり、映像アーカイブ学の場合、映像の製作、配給・配信、受容のどの段階でもデジタル化が進んでおり、同時に、コンピュータ化による新しいアーカイヴィングの方法論を実践する必要がある。所謂、コンピュータを含めた新しい技術開発と深く結びつく必要のある映像アーカイブ学にとって、映画誕生以来一三〇年間にわたるアナログ及びデジタル映像両方のアーカイブや、各地に分散された多くのアーカイブを水平展開で連携する技術的な実践に必要な技術を考えるとき、既存の学問体系に全面的に頼れるものではない。そうなるとウォータールーが採用したようなコープ・プログラムを運用しながら、学問の場を大学の壁の中に押し込めず、大学の外にある、実践に伴う知識や技術を取り込む必要があるというわけだ。日本では長年、大学生が企業に就職すると、仕事内容をゼロから学ぶ、といった考え方が未だに強いが、映像アーカイブ学にとっては、このような「知」の分断——大学と企業の無関係さ——ではなく、大学と企業とを「知」で連携するという、理系的な発想への転換が必要である。

ウォータールー大学のコープ・プログラムは、むしろ一般的に聞き馴染みがある「インターンシップ」とは大きく異なっていることを強調しておきたい。両者間には、大学と学外機関との連携の度合いや目的が大きく違っている。俗に言うインターンシップの場合、学生がインターンとして訪れる学外機関では、既存のポジションに就いている正規の職員の「お手伝い」をしながら、その機関がどのように運営されているのかを内部から見たり、自分が興味のある仕事そのものが実際にはどういった性質のものなのかを、謂わば観察することが目的である。一方、「コープ・プログラム」では、学生が少なくとも二年間のうち（修士課程の場合）、充分な時間を学外機関の一員として、文字通り仕事をする。そしてその仕事を通して、自分の研究対象を見つけ出し、それを大学院卒業のための研究論文にしていく。「インターンシップ」では、無給であるが単位にはなるといった条件が一般的だが、一方「コープ・プログラム」では、学生たちには彼らの仕事に対する代価、つまり給与が与えられ、それぞれの仕事／研究は単位にもなると同時に卒業するための最終プロジェクトにもなっていく。

ウォータールー大学におけるコープ・プログラムの成功は、いろいろな面から実証されているのだが、総合的に見て何が一番大きな魅力かと言うと、若い世代に強い起業家精神を育成する点ではないだろうか。つまり、コープ・プログラムを通して自己の知力や技能に自信を持ち、社会に一歩踏み出すときに、自分の中でどういったスキルをこれからさらに発展させ、仕事をどのように継続するかといった、ある種のビジョンを持つことができる。現代の人社系の多くの学生が卒業するにあたり、安泰を求めるがゆえに会社組織に勤め、その中に自分を流し込むようにして定形化しながら社会人になっていく過程とは異なる機会を若者たちに与えることができる点かもしれない。言い換えれば、自信のある人材、自分で考えながら行動のできる人材を育てることができるのではないだろうか。

数字的な面を見ると、ウォータールー大学のコープ・プログラムには七五〇〇以上の企業が雇用者として名を連ねている。学生はコープ・プログラムを通して、学びながら九〇〇〇〜二万一五〇〇ドル（約一〇〇万〜二三六万円、二〇二四年一一月現在）／四カ月の収入を得ることができるとされており、他の大学の学生に比べ、学生ローンを借りる必要性が低くなるという特典もある。驚くべきことに卒業生の就職率は非常に高く、二〇二二年のカナダ国内の就職ランキングでは全国第二位につけている。[4]また、二〇一八年の世界大学ランキング（U.S. News & World Report）によれば、工学部がカナダ国内一位、数学部のコンピューターサイエンスが国内二位にランキングされているという事実も注目に値する。ウォータールー大学と、私が本書で提唱する映像アーカイブ学におけるコープ・プログラムとの違いは、後者が人文社会学領域で行われる点であり、大学院教育に限定するプログラムである点だ。つまり、学生を社会や企業に送り込むだけでなく、大学院内部で映像アーカイブ研究を進める可能性も残していく。

「起業家精神」を育成するという話をした。実際のところ、現時点で、学問をどのように仕事に結びつけるのだろう。①映画・映像資料のデジタル・コンテンツ化に関しては、例えば記録映画保存センターが一九九〇年代からドキュメンタリー映画に関して行ってきたように、全国の中小企業や公共機関が保有していながら行き場のなくなったフィルム映像をデジタル化する仕事は重要だ。②また、企業だけではなく、多くの既存図書館、公文書館、博物館、文書館での映像や文書のデジタル化及びデジタル図書館の構築は必須だ。③一九九〇年代からのデジタル資料（メール、インターネット、SNS資料等）の収集、保管、公開のプラットフォーム構築は、今後の映像文化にとっては不可欠であるにもかかわらず、それをどのように組織化しながら実践するかは、未だ見取り図さえできていない。④デジタル・コンテンツの制作及び有料配信の事業化はすでに企業として成り立っている分野だが、個人レベルで行い稼げるようになる可能性は無限である。⑤国、地方自治体、企業の文書・情報・住民サービスのデジタル化支援の事業化においても、映像アーカイブ学で学んだ技術は活かされる。⑥次世代への教育、特に映像アーカイブの活用教育や、自分たちで映像を作成し、そしてそれをアーカイブする教育といった新しい科目も開拓できる。⑦震災や災害によって壊滅した地域に残る映像を含めた貴重な資料をアーカイブ化することによって、失われたかに見える過去の記憶や記録を、未来の人々へと残す。これは単に地域の記憶や記録作りだけではなく、震災や災害に対する、今後の防災に取り組むための貴重な資料ともなり得るだろう。⑧最後に、海外のアーキビスト養成機関への交換留学という過程を踏むことにより、今後、東アジア圏あるいはそれよりも広範囲での映像アーカイブリーグの組織化を開拓する等、このように考えると、可能性は大きく広がっている。

今まで日本では、映像アーカイブについて学ぶためには、それぞれのアーカイブに所属し、その職場で学ぶか（例：国立映画アーカイブ）、あるいは海外へ留学して学位を取得するといった選択しかなかった。海外のアーキビスト養成機関への交換留学と言えば、まず米国東海岸にあるL・ジェフリー・セルズニック映画保存学校（ジョージ・イーストマン博物館）が有名だ。また、ニューヨーク大学やUCLAも同様に映像アーキビストを養成するプログラムを兼ね備えている。カナダでは二〇二二年にトロント州立大学と名称を変更した旧ライアソン大学が、起業家の育成、イノベーションに注力する都市型大学として脚光をあびている。この大学ではトロントという立地を活かしながら、ウォータールー大学と同様、多岐にわたるコープ・プログラムを展開している。ヨーロッパにも映像アーカイブ学が学べる優れた機関が数多くある。中でもオランダのアムステルダム大学、ドイツのベルリン工科経済大学、ゲーテ大学大学院は良く知られているが、その他にもドイツにはアカデミー・デア・シュトゥットガルト芸術大学がある。また、オーストラリアにはチャールズ・スタート大学が映像アーカイブ学の場を学生に提供している。日本から比較的近い台湾では、国立台南芸術大学が音像記録研究所を保持しており、筆者自身はまだこの研究所を訪れていないのだが、できるだけ早く見学をしてみたい研究所である。(5)

3　映像アーカイブ学で学べること

こういった世界中に散在する映像アーカイブ学を学べる機関を眺めるにつけ、同じような学問の場を日本で立ち上げる可能性があるはずだという思いに至るわけだが、はたしてこのような機関の運営を、どういったカリキュラムを構築しながら、どういった人材で行うことができるのだろう。修士課程という前提で基幹コースを考えるならば、まず三つのコア・コースを提供するのはどうだろう。

最初は「映像アーカイブ学序論」、それから「映像アーカイブ史」、そして最後に「映像アーカイブ理論」という授業を核としながら、異なるメディアに関する講義や、特化した地域のアーカイブに深掘りした講義を添える。また、夏休み、春休みを最大に利用しながら、学生はその時期に学外の企業や公共施設に学習の場所を移し、コープ・プログラムを実践する。

映像アーカイブ学のこういったプログラムで一番の難関は、コープ・プログラムを共催する大学側と企業や公共施設とが、どれだけ同じ目標や理想を共有できるかが鍵であり、それを先述したような多くのプラットフォームで展開するためには、アドミニストレーターやコーディネーターの学外担当者側との不断のコミュニケーションが要求されるだろう。二年間という修学期間を、以下のようにデザインすることを提案する。

四月入学（一年目）

修士一年　前期：アーカイブ学序論＋三講義
修士一年　夏期：アーキビストになるためのコープ実施期間1
修士一年　後期：映像アーカイブ史＋三講義
修士一年　春休み：アーキビストになるためのコープ実施期間2
（二年目）
修士二年　前期：映像アーカイブ理論＋三講義
修士二年　夏休み及び後期：国立映画アーカイブでのコープ実施期間3＋プロジェクト制作
三月卒業

私は、本書が、日本における映像アーカイブ学教育の一助になることを、心より期待している。また将来の人材を育てるための教育者として、本書の執筆者の方々が、各章で提示したトピックをさらに深化させ、超越し、映像アーカイブに関するリサーチの裾野を拡張することで、より興味深い研究を展開することを望む。映画研究の対象が、単に映画というテクストではなく、映画・映像アーカイブという時間と空間の集束体に向けられることで、これからどういった新しい研究が生まれるのかがとても楽しみだ。ヨーロッパや北米が牽引するアーカイブ学に関連した理論や歴史を学ぶだけではなく、またイタリアを中心とした西欧における映画祭とアーカイブとの親和性を単純に模倣するのではなく、現代日本社会での現状に適応する、柔軟性の高い映像アーカイブ学が生まれることを、本書執筆者一同、心待ちにしている。

注

（1）「文化庁　学芸員になるには」https://www.bunka.go.jp/seisaku/bijutsukan_hakubutsukan/shinko/about/gakugeiin/（二〇二三年八月九

日アクセス）。その他、短期大学学士の場合や、学芸員資格認定合格者の場合といったようなバリエーションも、このサイトには記述されている。

（2）大阪大学アーカイブズ編『アーカイブズとアーキビスト――記録を守り伝える担い手たち』大阪大学出版会、二〇二一年。

（3）Co-opは「cooperative協力的な」の略語で、大学と企業とが協力をして学生に教育の機会を与えるという意味である。「学校での授業」と「就労体験」がセットになるというよりは、コープ・プログラムは大学の外で行う一つの授業と捉えられており、学生が企業へ「出稼ぎ」に行くようなものだと考えられる。しかし、その過程では、大学と企業との深い連携が前提視される。インターンシップと違って、単に会社の様子をみせてもらったり、経験を与えてもらうのではなく、実際に自分で企画を立て、企業内での仕事について、正社員たちと共に働き、そのco-opの期間中に自分が立てた企画を形にするのである。もちろん職種によってはそう簡単に企画が達成されないケースもあるが、最終的にこの過程を通して、学生は企業から給料を貰い、大学からは単位を貰うことになる。

（4）https://uwaterloo.ca/future-students/co-op（二〇二四年七月一八日アクセス）。

（5）これら海外の映像アーカイブ研究ができる大学及び研究所に関するリンクは以下のとおりであるが、石原香絵が主催をしている「映画保存協会」のURLでは、こういったフィルムアーキビスト養成に関する情報が網羅されている。http://filmpres.org/link/#about06（二〇二三年八月一〇日アクセス）。

1．L・ジェフリー・セルズニック映画保存学校（ジョージ・イーストマン博物館）／米国
https://www.eastman.org/l-jeffrey-selznick-school-film-preservation-0
The L. Jeffrey Selznick School of Film Preservation (MA or Certificate)

2．ニューヨーク大学ＮＹＵ　ティッシュ・スクール・オブ・アートＭＩＡＰ／米国
http://www.nyu.edu/tisch/preservation/
Moving Image Archiving and Preservation (MA)

3．カリフォルニア大学ロサンゼルス校UCLA MLIS／米国
https://is.gseis.ucla.edu/programs/mlis-degree/
Graduate School of Education & Information Studies
Media Archival Studies (MA)

4．トロント州立大学（元ライアソン大学）／カナダ

https://www.torontomu.ca/graduate/programs/film-photography-preservation/
Film & Photography Preservation & Collection Management（MA）

5. アムステルダム大学／オランダ
https://gsh.uva.nl/content/dual-masters/preservation-and-presentation-of-the-moving-image-heritage-studies/preservation-presentation-of-the-moving-image.html?1567030819106
Heritage Studies: Preservation and Presentation of the Moving Image（MA）
Graduate School of Humanities – Faculty of Humanities

6. ベルリン工科経済大学（(Hochschule für Technik und Wirtschaft, HTW Berlin）／ドイツ
https://kr.htw-berlin.de
Conservation & Restoration（MA）

7. ゲーテ大学大学院（フランクフルト）／ドイツ
Film Culture
http://www.uni-frankfurt.de/45978235?
Filmkultur: Archivierung, Programmierung, Präsentation（MA）
＊ DIF（Deutsches Filminstitut）の協力の下、Film presentation と Film archiving を実践的に学ぶことができる。

8. アカデミー・デア・シュトゥットガルト芸術大学／ドイツ
http://www.mediaconservation.abk-stuttgart.de/english/
Conservation of New Media & Digital Information（MA）

9. チャールズ・スタート大学／オーストラリア
https://study.csu.edu.au/courses/library-information-studies/graduate-certificate-audiovisual-archiving#highlightsListAudiovisual Archiving（Certificate）

10. 国立台南芸術大学（台湾）音像記録研究所

あとがき

本書は、たくさんの方々の支援なしには編纂することができなかった。ここで彼女／彼らの名前を全て記載することはできないが、この場を借りてできるだけの御礼を述べたい。

映像アーカイブの未来を見据えながら、現状を少しでも良くしたいと願う二三名の研究者、アーキビスト、テレビ局制作職員たちによって本書は執筆された。序章でも書いたが、映像アーカイブ研究を始めたのが二〇一九年秋であり、その後二〇二〇年から五年間、科研プロジェクト「デジタル映画のアーカイブの未来研究」（基盤B、課題番号20H0129）による研究費支援を受けた。科研費を通じて研究を支援してくれた日本学術振興会に感謝の意を表したい。

大学研究者の多くは「競争的研究費」と称される科研費を獲得し、申請時に提案した目標に向かって研究を進める。そのタイムスパンは通常五年だ。こういった研究環境の中で、息の長い研究を提案し、研究の成果を社会に浸透させることは至難の業だ。未来へのビジョンを培いながら、映像アーカイブについて考える本研究は、科研の五年という枠組みとは「どう考えても相性が悪いな」という考えが当初頭をかすめたのを覚えている。アーカイブについて考えるということは、文書や映像を含めた文化遺産を残すこと、つまり長期に渡る保存とそれを可能にするための土台作りについて考えることであり、文字通り気が遠くなるほど長い時間を見据えた研究である。本著は、やっとそのスタートラインに立つための布石に過ぎないと思っている。この本は、特に次世代の視覚文化の担い手となる若者たちに読んで貫いたいと切望する。なぜならば、われわれがやり残した課題とも言える、映像アーカイブを可能にするための〈実践〉を、彼女／彼らに実現して欲しいと思うからだ。

改めて二〇二〇年から二〇二四年という時間軸を振り返ってみると、本書プロジェクトが新型コロナウイルスの影響と常に併走していたことに気付く。二〇二〇年一月末に始まった緊急事態宣言は、ＷＨＯ（世界保健機関）による二〇二三年五月の宣言終了と共に、三年以上にわたる自粛期間が終焉へと向かった。今になってみれば、随分以前の出来事のように思えるCOVID-19現象だが、あれだけ長い期間、隔離された生活空間で、言葉に尽くしがたい閉塞感や虚無感を味わったこの時期に書かれた一つ一つの文章が、コロナという不条理の影響を受けないはずはないだろう。コロナはわれわれからあらゆる活動を奪い取り、隔離し、あたかも思考を停止させたようにさえ感じる。しかし、コロナという不条理は、同時に「solitude」を私に与えもした。「solitude」は日本語では「孤独」と訳されるが、この単語が意味する孤独は、「loneliness」が意味するものとは異なる。一人ぼっちで寂しい気持ちを表現する後者に比べ、「solitude」は寂しさだけでなく孤独の自由を歓迎する意味合いをも含んでいる。本書の全ての章が、この「solitude」という日常に浮遊する新しい意識から生まれてきたように感じる。じっくりと生きる事の意味や価値を見つめ直し、目の前に横たわる研究対象を時間をかけて観察し直し、そしてその本質の真贋を新たに見分けるという作業を、全ての章から読み取ることができる。編者として、まずは執筆者全員へ、彼女／彼たちの静謐であり、かつ力強く摯実な文章に対し、心から感謝の気持ちを伝えたい。また、嵩のある本書を手に取り、読み通して下さった読者の皆様にも、心から感謝の思いを送りたい。

京都大学文学研究科が、本書執筆のための研究会やシンポジウムの主な場所を提供してくれた。大学の同僚である喜多千草氏、木下千花氏、吉岡洋氏（現、京都芸術大学）だけでなく、原稿の執筆や翻訳の仕事を通して院生や学部生も本書のために大きな貢献をしてくれた。國永孟氏（現、大谷大学）、ハムザ・ファラズ・カラマット氏、富久保冴子氏（翻訳）、石川祥伍氏（翻訳）に心から御礼を言いたい。京都大学（文系）共通事務部経理課外部資金掛の福井智加子氏及び福元隆氏には、科研の煩雑な事務処理を通して何かとお世話になった。

二〇二一年七月には、研究会の有志と共に川崎市市民ミュージアムの視察に出かけた。その際、当時学芸室で映画担当をしていた中西香南子氏（現、国立映画アーカイブ）に大変お世話になった。二〇二二年三月、新潟大学で第二回目の研究会を開催した。その節は、新潟大学の石田美紀氏、キム・ジュニアン氏、原田健一氏に、ことのほかお世話になった。石原香絵氏の企画力は抜群で、彼女の発案から、二〇二二年一〇月には神戸発掘映画祭にて「連携企画〈シンポジウム〉デジタル映画アーカイブの未来研究　8㎜フィルムの可能性篇」を、そして神戸発掘映画祭２０２３では、「連携企画〈ワークショップ〉見てはいけない映画のアーカイブを考える」を行った。神戸映画資料館の田中範子氏、安井喜雄氏、そして神戸大学の板倉史明氏の援助は計り知れないものがある。二〇二三年一〇月には山形国際ドキュメンタリー映画祭の連携イベント「小型映画アーカイブ・ナイト」を主催し、多くの参加者と共に小型映画『9½』を上映し、吉川孝氏によるブルーフィルムのアーカイブについての講演を行った。山形国際ドキュメンタリー映画の藤岡朝子氏、畑あゆみ氏、加藤到氏には大変お世話になった。山形では多くの新しい出会いもあった。山形ドキュメンタリーフィルムライブラリーの成田雄太氏には二〇二三年一二月に資料リサーチに訪れた際にご尽力頂き、山形大学の大久保清朗氏や映画作家である峑利子氏との会話も弾んだ。

第Ⅲ部「国外を眺める」では、残念ながら限られた地域しかカバーすることができなかったけれども、刺激的な論考を集めることができたと自負する。ジョアン・ベルナルディ氏が回想する自身の一年に渡る映像アーカイブでの学習過程は、これこそがわれわれが目指す実践のプロットタイプだ！と感動すると共に羨望した。アブバカール・サノゴ氏が提案する「Film Archival／映画アーカイバル」という概念は、映像アーカイブ研究をさらに広義の領域へと導くことになるだろう。「アーカイバルとは、アーカイブに関する概念を指し、単にアーカイブの保存方法や保存施設についての専門分野だけでなく……〔多くの〕分野で発展した理論を含む」と、サノゴ氏は「Film Archival」という表現によって、われわれの映像アーカイブに対する意識をさらに拡大する道筋を提案する。国内だけでなく、国外からのこのような優れた論文には心が躍った。

最後になったが、本書の編集担当である奥田のぞみ氏に一言御礼を書き残したい。五年間の伴走、心から感謝している。奥田氏の掛け値のないコメントの数々は私の心に響き、さらなる精進へと向かわせた。京都大学で行った最初の研究会に奥田氏も参加してくれ、参加者全員に激励を投げかけたことを今も忘れない。あの時の奥田氏の一言が、本書の行方を決定する試金石となったことは間違いない。素晴らしい編集者に恵まれて幸せだと思う気持ちを、ここに書き留める。

二〇二五年睦月　京都にて

ミツヨ・ワダ・マルシアーノ

や 行

ら 行

わ 行

ま　行

な 行

は 行

さ　行

た　行

事項索引

あ　行

わ 行

ま　行

や　行

ら　行

な　行

は　行

さ　行

た　行

人名索引

あ 行

か 行

主な業績：『インターネットの思想史』青土社，2003年，『20世紀の社会と文化――地続きの過去を知る』（編著）ミネルヴァ書房，2024年，ほか。

小川翔太（おがわ・しょうた）第20章
名古屋大学大学院人文学研究科准教授（映像学，Global Screen Studies）
主な業績：「日本軍政下インドネシアのPOW Camp謀略映画」大塚英志・星野幸代編『労働と身体の大衆文化』水声社，2024年，「国内洋画ビジネスとしての韓国映画配給」谷川建司編『戦後映画の生き残り戦略』森話社，2024年，*Routledge Handbook of Japanese Cinema*, Routledge, 2020（共編），ほか。

藤城孝輔（ふじき・こうすけ）第21章
岡山理科大学教育学部講師（映画学，英語学）
主な業績：『村上シネマ――村上春樹と映画アダプテーション』森話社，2024年，ほか。

吉川 孝（よしかわ・たかし）第22章
甲南大学文学部教授（哲学，倫理学）
主な業績：『フッサールの倫理学――生き方の探究』知泉書館，2011年，『ブルーフィルムの哲学――「見てはいけない映画」を見る』NHK出版，2023年，ほか。

國永 孟（くになが・はじめ）第 13 章
京都大学大学院人間・環境学研究科博士後期課程（映画研究）
主な業績：「「スター・キャラクター俳優」に関する考察——『ノートルダムのせむし男』（1939）のチャールズ・ロートンを例に」『芸術文化講座論集』第 1 号，2024 年，ほか。

楯岡求美（たておか・くみ）第 14 章
東京大学大学院人文社会系研究科教授（ロシア演劇・文化）
主な業績：「メイエルホリドの演劇性——チェーホフ，コメディア・デラルテとの出会い」『講座 文学 5 演劇とパフォーマンス』岩波書店，2004 年，「過去を創る　映画 « Лето »（レト，2018 年，セレブレンニコフ監督）に描かれた青春群像」『SLAVISTIKA』第 36 号，2022 年，ほか。

アブバカール・サノゴ（Aboubakar Sanogo）第 15 章
カールトン大学映画学部准教授（映画学）
主な業績："The Indocile Image: Cinema and History in Med Hondo's *Soleil O* and *Les Bicots-Nègres, Vos Voisins*," in *Rethinking History: The Journal of Theory and Practice*, 19 (4), 2015: 548-568; "Certain Tendencies in Contemporary Auteurist Film Practice in African Cinema," *Cinema Journal*, 54 (2), Winter 2015: 140-149, ほか。

石川祥伍（いしかわ・しょうご）第 15 章翻訳
京都大学大学院文学研究科国際連携文化越境専攻修士 1 年

木戸崇之（きど・たかゆき）第 16 章
（株）エー・ビー・シー リブラ ビジネス開発部長（朝日放送テレビより出向）。近畿大学法学部非常勤講師。人と防災未来センターリサーチフェロー
主な業績：『スマホで見る阪神淡路大震災』西日本出版社，2020 年，『現代語版「大震の日」—— 一高生が見た関東大震災 』西日本出版社，2023 年，ほか放送番組を多数制作。

辻 泰明（つじ・やすあき）第 17 章
東京科学大学特任教授（人文社会情報学）
主な業績：『映像メディア論——映画からテレビへ，そして，インターネットへ』和泉書院，2016 年，『映像アーカイブ論——記録と記憶が照射する未来』大学教育出版，2020 年，ほか。

石田美紀（いしだ・みのり）第 18 章
新潟大学経済科学部教授（視聴覚文化論）
主な業績：『アニメと声優のメディア史』青弓社，2020 年，「「ジブリ顔」とは何か」米村みゆき・須川亜紀子編『ジブリ・アニメーションの文化学』七月社，2022 年，ほか。

喜多千草（きた・ちぐさ）第 19 章
京都大学大学院文学研究科（コンピューティング史，現代技術文化史）

キム・ジュニアン（Kim, Joon Yang／김준양）第８章
新潟大学経済科学部学際日本学プログラム準教授（アニメーション研究）
主な業績："The East Asian Post-human Prometheus: Animated Mechanical 'Others'," Suzanne Buchan ed., *Pervasive Animation*, Routledge/AFI, 2013,「航空機体の表象とその運動ベクトル――宮崎駿『風立ちぬ』の戦闘機は何を演じているのか」米村みゆき・須川亜紀子編『ジブリ・アニメーションの文化学――高畑勲・宮崎駿の表現を探る』七月社，2022 年，ほか。

馬 然（MA Ran）第９章
名古屋大学大学院人文学研究科准教授（インターアジア映画研究，華語語系映画研究）
主な業績：*Independent Filmmaking across Borders in Contemporary Asia*, Amsterdam Univ Press, 2019, ほか。

ハムザ・ファラズ・カラマット（Hamzah Faraz Karamat）第 10 章
京都大学文学研究科博士後期課程（現代文化・南アジア映画）
主な業績："Pride and the Politics of Activism in South and South-East Asia: A Transdisciplinary Conversation," *Gender & Development* 32 (1-2): 379-94, 2024（共著），ほか。

富久保冴子（とみくぼ・さえこ）第 10 章翻訳
映像作家
主な業績：短編映画『何処に』（監督），2024 年，同『水の夢』（監督），2024 年，ほか。

ジョアン・ベルナルディ（Joanne Bernardi）第 11 章
ロチェスター大学現代言語・文化学科／視覚文化研究教授，メリオラ・デジタル＆学際プログラム主任（映画学）
主な業績：*The Routledge Handbook of Japanese Cinema* (co-ed. Shota Ogawa), Routledge, 2021, "Animate Objects," Lucy Fischer ed., *Recollecting Collecting: A Film & Media Perspective*, Wayne State University, 2023, ほか。

河原大輔（かわはら・だいすけ）第 11 章翻訳
同志社大学グローバル・コミュニケーション学部グローバル・コミュニケーション学科准教授（映画学）
主な業績：「映画の死亡証明」『ユリイカ』第 51 巻 16 号，2019 年，「Storm of Light: A Critique of the Discourse Surrounding 3D Filmmaking at the Digital Threshold」『コミュニカーレ』第 11 号，2022 年，ほか。

小川佐和子（おがわ・さわこ）第 12 章
北海道大学大学院文学研究院准教授（映画史）
主な業績：『映画の胎動――一九一〇年代の比較映画史』人文書院，2016 年，『新派映画の系譜学――クロスメディアとしての〈新派〉』（共編著）森話社，2023 年，ほか。

執筆者

吉岡 洋（よしおか・ひろし）第１章
京都芸術大学教授（美学，芸術学）
主な業績：『〈思想〉の現在形』講談社，1997年，「美学のアップデート①〜⑦」佐伯啓思監修『ひらく』エイアンドエフ，2019-2024年，ほか。

常石史子（つねいし・ふみこ）第２章
獨協大学外国語学部准教授（映画・メディア研究）
主な業績：「ポジ編集からネガ編集へ―― 1920年代ドイツ語圏におけるポストプロダクションの変容」『映像学』第109号，2023年，「トーンビルダー（音＝画）――ドイツ語圏における初期「無声」映画の一形態」『映像学』第111号，2024年，ほか。

早川和宏（はやかわ・かずひろ）第３章
東洋大学法学部教授（行政法）
主な業績：『こんなときどうする？ 自治体の公文書管理――実際にあった自治体からの質問36』（監修）第一法規，2019年，「公文書等の適正な管理と公開を通じた公権力作用統制の意義と課題」『公法研究』第83号，2022年，ほか。

とちぎあきら 第４章
フィルムアーキビスト，一般社団法人日本映像アーキビスト協会代表理事（映画保存）
主な業績：『独立行政法人日本芸術文化振興会委託事業 フランスにおける映画振興に対する助成システム等に関する実態調査報告書』（共編著）特定非営利活動法人映像産業振興機構，2021年，ほか。

石原香絵（いしはら・かえ）第５章
NPO法人映画保存協会代表
主な業績：『日本におけるフィルムアーカイブ活動史』美学出版，2018年，パオロ・ケルキ・ウザイ著『無声映画入門――調査，研究，キュレーターシップ』（翻訳）美学出版，2023年，ほか。

木下千花（きのした・ちか）第６章
京都大学大学院人間・環境学研究科教授（日本映画史，表象文化論）
主な業績：『溝口健二論――映画の美学と政治学』法政大学出版局，2016年，ほか。

久保 豊（くぼ・ゆたか）第７章・第21章
金沢大学人間社会学域准教授（映画学，クィア批評）
主な業績：『夕焼雲の彼方に――木下惠介とクィアな感性』ナカニシヤ出版，2022年，“Feeling the Friction: Reworking Japanese Film Studies/ Criticism from a Queer Lens,” *Beyond Diversity: Queer Politics, Activism, and Representation in Contemporary Japan*, edited by Kazuyoshi Kawasaka and Stefan Würrer, Düsseldorf University Press, 2024, ほか。

編者

ミツヨ・ワダ・マルシアーノ　序章・終章
京都大学文学研究科教授（映画・メディア研究）
主な業績：『ニッポン・モダン――日本映画 1920・30 年代』名古屋大学出版局，2009 年，『デジタル時代の日本映画――新しい映画のために』名古屋大学出版局，2010 年，『NO NUKES――〈ポスト 3・11〉映画の力・アートの力』名古屋大学出版局，2021 年，*Japanese Filmmakers in the Wake of Fukushima: Perspectives on Nuclear Disasters*, Amsterdam University Press, 2023, ほか。

映像アーカイブ・スタディーズ

2025 年 1 月 20 日　初版第 1 刷発行

編　者　ミツヨ・ワダ・マルシアーノ
発行所　一般財団法人　法政大学出版局
〒102-0071　東京都千代田区富士見 2-17-1
電話 03（5214）5540 ／振替 00160-6-95814

組版　閏月社　印刷　平文社　製本　積信堂
装幀　香坂弓（the Pleiades）

ISBN 978-4-588-42022-1　　Printed in Japan